제2판

국제 통상법의 이해

WTO, FTA, 트럼피즘

최원목

박영사

제2판 서 문

3년 전 출간한 '국제통상법의 이해'는 국제통상법 분야를 한눈에 조감할 수 있는 체계를 제시하고 그 체계에 따라 WTO협정으로 대표되는 다자통상규범의 토대를 분석하였다. 이러한 토대가 FTA와 같은 양자협정에 어떻게 반영되어 줄기로 변화하고 있는지에 대한 각론도 제시한 바가 있다. 다만 이러한 작업이 다자통상규범이라는 총론에 초점을 맞추다 보니 FTA를 중심으로 한 각론 부분의 분석이 부족했다.

그동안 미국 트럼프 대통령의 제2기 행정부가 출범함에 따라 미국발 통상조치들이 국가안보 차원에서 본격적으로 취해지고 있다. 이러한 조치들의 정치경제적 배경과 더불어 국제통상법적 분석도 절실히 요구되고 있는 시점이다. 디지털 교역에 관한 국제규범들도 속속들이 형성되고 있어, 이러한 새로운 규범들을 기존의 국제통상법 체계 속에서 한꺼번에 이해하는 일도 중요하다.

이러한 필요를 충족하기 위해, 제2판에서는 FTA를 비롯한 자유무역협정에서의 통상법 원칙에 대한 각론적 분석을 강화하고, 디지털교역 및 전자상거래 관련 국제규범을 심층 분석했다. 트럼피즘이 상징하는 일방적 국가안보 우선주의도 규범적 맥락에서 평가했다.

이젠 국제통상법은 단순한 국제법적 연구에 머물러서는 안 된다. 국제정치 현실과 각국의 경제적 갈등관계에 대한 이해를 바탕으로 기존의 국제규범이 어떻게 거버넌스의 한계를 드러내고 있는지에 대한 정치경제학적 연구가 필수적이다. 우리는 국제법은 법이 아니라는 것이 오히려 국제법인 시대를 살고 있다. 규범의 본질은 결국 상호주의적 필요성이라는 지극히 상식적이고 원초적인 출발점에 다시 돌아왔다. 이 발판을 딛고 국제통상관계를 재정립해 나가는 작업은 세계평화를 꿈꾸는 자에게는 항상 즐거운 일이다.

2025년 8월

최 원 목

서 문

필자가 '국제통상법'을 주 전공으로 삼기로 마음먹은 때는 지금으로부터 25년 전이었다. 당시 외교통상부 통상교섭본부에서 나름대로 탄탄한 실무지식과 문제의식을 쌓아 놓고 있던 터라 나름대로 친숙한 분야이기도 했다. 다만, 수시로 접하는 통상 실무 이슈들을 정확한 논리에 입각해 처리하기에는 무언가 부족한 점이 있음을 항상 절감했었다. 그 부족한 점이 국제통상법이라는 학문의 '전체적인 틀'이라는 걸 필자는 알고 있었다. 당시 국내에 몇몇 선행 연구자들이 계시기는 했고 관련 서적도 몇몇 있기는 했지만, 필자의 부족한 점을 채우기에는 모자랐다. 마침 외교관 해외연수의 기회가 있어 조지타운대학교 로스쿨로 입학할 기회를 잡았다. 사실 하버드, 콜롬비아, NYU, 코넬, 존스홉킨스 등 여러 명문대학교에 입학허가를 받아 놓은 상태였으나, 갑자기 John H. Jackson 교수님이 조지타운대로 부임한다는 이야기를 듣게 되어, 부랴부랴 그곳을 지원해 입학했던 것이다.

석·박사 학위과정을 밟는 동안 Jackson 교수님은 필자에게 있어 단순한 학위논문 심사위원장이 아니었다. 냉철한 논리성과 조약해석력을 지녔으면서도, 항상 법과 외교의 갈등과 조화를 생각하며 국제법의 방향성을 제시하는 특유의 균형감각. 아무리 초보자인 학생이라도 상상의 나래를 펼치며 자신의 주장을 펼치는 것을 무한정 존중해 주는 태도. 오히려 비전문가의 순수이성이 제기하는 엉뚱한 질문과 코멘트들을 꼼꼼하게 받아 적으며, 왜 저런 생각과 사고가 가능한지까지 탐구하려 하는 모습. 그리고 항상 국제법전을 허리에 끼고 다니며, 질문이 제기될 때마다 관련 조문의 문구를 몇 번이라도 확인하는 모습까지. 한 학문분야의 세계 최고 권위자란 자신의 지식이나 선입관이 인간의 이성을 가리지 못하도록 무한정 노력하는 사람이란 걸 그때 알게 되었다.

Frieder Roessler 초대 WTO 법률국장님을 만난 행운도 조지타운에서 잡았다. 이분이 당시 조지타운대 객원교수로 워싱턴 D.C.에서 강의하고 있었기 때문이다. Roessler 교수님은 세계 최고 수준의 '리걸 마인드'로 국제통상법을 해석한 분이지만, 필자가 이분으로부터 배운 것은 경제학적 접근법이었다. 국제통상법의 처음과 끝이 David Ricardo의 국제경제학적 사고방식과 접목되어 있다는 걸 제대로 이해하게끔 해 준 분이다. 필자가 접한 수많은 경제학자들로부터 배우지 못한 것을 최고의 법학자에게서 배운 셈이다. '법'을 '법'으로 이해해서는 결코 최고 수준의 이해를 갖지 못하기에 이분의 가르침은 소중하다.

Gary N. Horlick 변호사님으로부터도 정말로 많은 논리적 접근법들을 배웠다. 국제통상법의 부분 부분이 따로 떨어져 있는 주제들 같으면서도 결국은 하나로 연결되어 있는 거대한 생명체라는 것을 이분이 부분 부분에 대해 논쟁하는 것들을 밤낮으로 되새겨 본 이후에 알게 되었다. Richard D. Diamond 조지타운대학교 교수님은 '만인의 만인에 대한 질문투쟁'을 이끌며, 끊임없는 질문을 통해 부족한 부분을 스스로 발견하고 전체 체계를 잡아 나가는 방식의 중요성을 일깨워 주셨다. 필자가 박사논문을 완성하기 위해 방문했었던 콜롬비아대학교에서 강의와 세미나를 통해 깊은 감명을 주신 Jagdish Bhagwati 교수님, 그리고 평소 많은 개인적 교류와 토론을 통해 필자의 안목을 넓히는 데 도움을 주신 Mitsuo Matsushita 전 WTO상소기구위원님도 이 책의 서문에 그 존함을 남겨야 할 분들이다.

25년이 흘렀다. 그동안 영원한 안식을 취하신 Jackson 교수님의 가르침을 되새기며 필자를 비롯한 제자들은 2018년 싱가폴에서 'John H. Jackson Moot Court Competition'을 출범시켰다. 필자는 그동안 20여 권의 책과 100여 편의 논문도 출간했다. 수많은 WTO 패널 보고서에서도 인용되었고 세계적인 국제법 분야 백과사전에도 필자의 연구결과가 실렸다. 국내적으로도 여러 번 국제통상 분야의 중요한 주제에 대한 사회적 논쟁이 제기될 때마다 나름대로 심도 있고 정확한 분석을 한 학문적 결과물을 내놓기도 했다. 그래도 항상 필자의 마음속에 뭔가 부족한 점이 있다고 느껴 왔다. 국제통상법 전체를 바라보는 나만의 큰 그림을 한권의 책으로 세상에 내놓는 일이다. 지금에서야 이런 책을 출간하게 되어 만시지탄이지만 마음의 부담을 덜게 되었다.

위에서 언급한 국제통상법 분야의 기라성 같은 대가들의 직·간접 도움과 영향 없이는 필자가 궁금해 했던 큰 그림은 결코 완성될 수 없었을 것이다. 결국 가장 큰 그림은 누구의 책을 읽고 누구의 논쟁을 지켜보며 잡을 수 있는 것이 아니고, 자기 자신의 순수이성이 수천 번의 고민과 경험 끝에 그릴 수밖에 없다는 것도 이분들로부터 배운 것이다. 이제 이 책을 후학들이 읽고 똑같은 것을 배울 수 있었으면 좋겠다. 20여 년간 이화여대에서 강의하면서 필자가 느낀 다양한 학생들의 무수한 반응과 질문들 또한 이 책을 세상으로 내놓게 한 밑거름이다. 그동안 필자의 그림에 물감이 되어 주고, 붓이 되어 주고, 종이가 되어 주고, 풍경이 되어 준 분들에게 진심으로 감사드린다. 그리고 그 누구보다도, 먼저 떠나간 사랑하는 아내 Jessy에게 고마움을 전한다.

출판사로서는 가장 부담이 되는 여름방학 기간 동안 꼼꼼하게 출간을 도와주신 박영사 관계자 여러분과 원고 정리 관련 도움을 준 이화여대 로스쿨 이회현 학생께도 감사를 드린다.

2023년 1월

최 원 목

차 례

제 1 장

국제통상법의 의의와 출범 논리 이해

제1절 국제통상법의 정의와 개념요소

제2절 국가는 왜 무역을 하는가?

제3절 무역정책 수단과 우선순위

제4절 무역정책 수단의 경제적·정치적 효율성 순위

제1절 국제통상법의 정의와 개념요소

'국제통상법'(international trade law)의 의의를 정확히 정의하는 것은 쉽지 않은 일이다. 이를 광의로 이해하는 경우 '국제통상 활동에 관한 법'을 의미하게 되어 국제통상 관계를 규율하는 모든 형태의 법규범이 포함되게 된다. 즉, 국제무역에 영향을 미치는 모든 형태의 성문법(국제법 및 국내법)은 물론 불문법(국제상관습법)까지도 의미하게 될 것이다. 이러한 의미의 국제통상법을 연구하는 것은 국제무역 활동을 종합적으로 이해하게 할 수 있게 하는 장점이 있는 반면, 독립된 학문 분야로서의 국제통상법의 대상 범위를 지나치게 확대하게 되어 국제거래법(international transaction law), 상법, 국제사법, 국제금융법, 공정거래법, 행정법 등 타 인접학문과의 구별을 불가능하게 하는 문제점이 있다. 국제통상법에 대한 좀 더 전문화되고 깊이 있는 이해를 위해서는 타 인접학문과의 구별이 필요함에 비추어 볼 때, 본 글에서는 국제통상법을 "국제법 주체의 국제통상관계에 있어서의 권리와 의무를 규율하는 국제법"으로 정의하기로 한다.

우선 국제통상법은 "국제법 주체"에 대해 적용되는 법이다. 일반적으로 국제법 주체는 국가와 국제기구임을 고려해 볼 때 국제통상법은 이들 주체에 귀착되는 행위에 대해 적용된다. 따라서 A국가가 B국가에 대해 행한 행위, A국가가 B국 국민에 대해 행한 행위, A국가가 C국제기구에 대해 행한 행위, C국제기구가 A국가에 대해 행한 행위, C국제기구가 A국 국민에 대해 행한 행위, C국제기구가 D국제기구에 대해 행한 행위에 대해 국제통상법이 적용될 수 있는 것이다.

또한 대표적인 국제통상법인 세계무역기구협정(WTO협정)이 국가가 아닌 "독립된 관세영역"의 국제통상법 주체성을 인정하고 있음에 비추어 볼 때, 그 한도 내에서 이러한 독립된 관세영역이 다른 독립된 관세영역, 국가, 국제기구 또는 외국인에 대해 행한 행위에 대해서도 국제통상법이 적용된다고 볼 수 있다. 아울러 비록 사적(private) 주체가 행한 행위일지라도 그 권한을 국가로부터 위임받아서 행한 행위라면 국제법 주체에 행위 귀속성(attributable)이 인정되어 국제통상법이 적용될 수 있음은 국가책임(state responsibility)의 일반원칙상 이해될 수 있는 것이다. 예를 들어 국가기관이 직접 보조금을 지급하지 않고 사적 재정기관에 맡겨서 지급하더라도 보조금협정상의 보조금에 해당하게 되는 것이다. 또한 국영무역에 관한 GATT의 규율은 민간업자에게 정부가 수출입의 독점적 권한을 부여된 경우에 대비하여 적용되도록 고안되었다.

둘째로 국제통상법은 이들의 "국제교역 관계"에 있어서의 권리와 의무를 규율한다. 따라서 국제통상법 주체의 행위일지라도 그것이 국제인권 보장과 관련된 문제, 환경보호 조치, 또는 해양에 대한 문제 등은 각각 국제인권법(international human right law), 국제환경법(international environmental law), 국제해양법(international maritime law) 등의 규율을 받게 된다. 물론 이러한 문제들이 국제통상 관계에서의 권리와 의무에도 동시에 영향을 미치는 경우에는 그 한도 내에서 국제통상법이 적용되게 된다.

셋째, 국제통상법은 국제법(public international law)의 한 분야이다. 따라서 '공법'(public law)인 것이며, 사인의 행위를 규율하는 '사법'(private law)과 구별된다. 즉, 위의 예에서 B국 국민이 개인적으로 A국에 대해 행한 행위는 그것이 국제교역 행위일지라도 국제통상법의 대상이 되지 못하는 것이며, 사법의 규율을 받게 된다. 물론 WTO협정은 민간 기업의 덤핑행위에 대한 규정을 두고 있으며, 민간인에 의한 선적전 검사(preshipment inspection)에 대한 규정도 포함하고 있다. 그러나 이는 WTO협정이 이러한 기업이나 민간인에 권리·의무를 창출하려는 것이 아니고, 기업의 덤핑행위에 대한 "국가의 규제행위"(즉 반덤핑 조사나 조치)에 대한 각종 요건 및 절차를 규정하고 있는 것이며, 또한 민간인에 의한 선적전 검사행위가 비차별적이고 투명하게 이루어질 것을 보장할 의무를 "WTO회원국에게" 부과하고 있는 것이다. 그러므로 결국 이들 규정들은 국제법 주체인 국가에 대해 권리·의무를 부여하고 있는 것이다.

제 2 절 국가는 왜 무역을 하는가?

왜 국가는 국제무역을 통해 국제통상 관계를 형성하려는 유인을 지니고 있는 것일까? 과연 무역의 이익은 무엇인가? 국제통상법의 출발점을 이해하기 위해서는 이러한 질문부터 답변되어야 한다. 무역에의 유인과 무역의 이익이 있기에 국가들의 국제통상 활동은 계속되는 것이고 이러한 활동에 있어서의 권리와 의무를 규율해 나가고 있는 국제통상법은 그 존재 가치가 있기 때문이다.

무역의 이익을 간단히 이해하기 위해서 A국이 X제품을 B국에 수출하고 B국은 Y제품을 A국에 수출하는 단순 국제경제를 상정해 보자. 우선 X제품의 교역을 통해서 수출국인 A와 수입국인 B 모두 이익을 얻게 된다. 세계시장에서 A국은 결국 X제품의 생산자이므로 생산자잉여에 해당하는 이익을 얻게 되는 것이고 B국은 세계시장에서의 X제품 소비자로서 소비자잉여에 해당하는 만큼의 효용의 증대가 있기 때문이다.

이는 교역으로 인해 X의 국제시장가격이 Pw에서 형성되었기 때문에 수입국인 B의 소비자들은 상대적으로 더 낮은 가격으로 X를 소비할 수 있어 그 만큼 효용이 증대되었기 때문이고, A국의 생산자들은 교역으로 인해 더 높은 가격으로 X를 수출할 수 있게 되어 그만큼 이익이 증대되었기 때문이다.[1)]

1) 수입곡선이나 수출곡선이 수평선인 경우는 교역에도 불구하고 소비자잉여나 생산자잉여가 발생하지 않게 되나, 이러한 경우는 특수한 경우라 볼 때, 일반적으로 국제교역은 소비자잉여와 생산자잉여를

교역의 이익

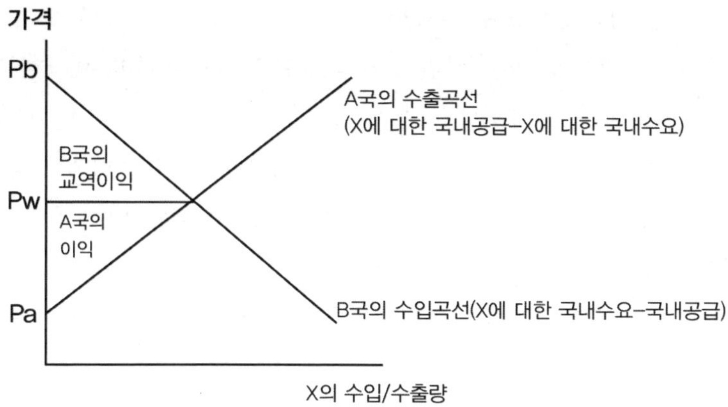

Pw=X의 세계시장가격
Pa=(교역전) X의 A국 내 시장가격
Pb=(교역전) X의 B국 내 시장가격

이러한 교역으로 인한 이익은 Y제품의 경우에도 마찬가지로 발생하게 된다. 즉, Y의 수출국인 B는 생산자잉여를 누리게 되고 그 수입국인 A는 소비자잉여를 향유하게 된다. 결국 X와 Y라는 상품의 교역으로 인해 양국 모두 이익을 교환하게 되는 셈이다.

물론 이러한 일반적 교역모델이 아니고 A국이 X와 Y 두 제품을 모두 B국에 수출하고 B국은 이 두 제품을 모두 수입하기만 하는 일방적 교역모델의 경우에는 이야기가 달라진다. 이러한 경우에는 A국은 꾸준히 생산자잉여를 쌓아가는 반면, B국의 소비자들은 소비자잉여를 누리기는 하나 이들의 국부가 한정되어 있는 만큼 계속되는 수입으로 인해 국부가 해외로 유출되게 되고 결국에는 재원이 고갈되어 수입마저 할 수 없게 되는 것이다. 그런데 이렇게 한나라는 일방적으로 수출만 하고 다른 나라는 일방적으로 수입만 하는 것이 과연 국제교역의 일반적 모델이라고 할 수 있는 것인가?

이러한 질문에 대해 비교우위설(Theory of Comparative Advantage)은 명쾌

동시에 발생시킨다고 볼 수 있다.

하고 단호한 해답을 제시하고 있다. 즉, X와 Y생산 모두에서 우월한 위치에 있는 A국과 두 제품 생산에서 모두 열등한 위치에 있는 B국 간의 모델을 상정하더라도, 양국이 비교우위가 있는 산업이 각각 존재하기 마련이며, 이러한 산업으로 생산을 특화하여 상호 교역을 하게 되면 양국모두에게 이익이 발생한다는 것이다. 다시 말하면, A국은 X와 Y 모두의 생산에 있어 B국에 비해 절대우위(absolute advantage)가 있으나 그 중 상대적으로 더 우위(비교우위)에 있는 제품부분(예를 들어 X)이 있기 마련이므로 이러한 제품 생산에 특화하고, B국은 A국과 비교해 모든 부분이 열등하나 그 중 상대적으로 덜 비교열위에 있는 생산(예를 들어 Y)에 특화하여, A국은 X를 B에 수출하고 B는 Y를 A에 수출하게 되면, A와 B 모두 극대화된 이익을 볼 수 있다는 것이다. 따라서 교역에 대한 외부장벽이 존재하지 않는 상황에서는 A국과 B국 모두 극대이익을 추구할 것이므로 결국 A국은 X, B국은 Y를 생산하여 서로 교환하는 식의 무역이 이루어지게 된다는 것이다. 이는 국제무역에서의 비교우위라는 '보이지 않는 손(invisible hand)'의 작용에 의해 각국이 자연스럽게 무역패턴을 형성해 나가게 되고 그 결과 국제통상 체제의 극대이익이 보장된다는 논리를 이야기 하고 있는 것이다.

사실 이러한 비교우위설은 그동안의 많은 비판에도 불구하고 국제무역의 발생과 이익에 대한 가장 근본적이고 명쾌한 설명을 제공해 주고 있다는 점에서 국제통상에 대한 논의의 출발점으로 삼을 수 있을 것이다.[2)]

그렇다면 이러한 비교우위의 발생 요인은 무엇인가? 그동안 일반적으로 제기되어 온 요인으로는 국가 간의 기술력의 차이, 부존자원의 차이, 기술격차, 규모의 경제, 국가의 산업(무역)정책(trade and industrial policies) 등을 들 수 있다. 이 중에서 국가의 산업정책을 제외한 나머지 요인들은 비교우위 발생의 자연적 요인으로 볼 수 있어, 국제교역을 통한 무역의 이익을 창출해 내는 소중한 요인들이라 말할 수 있을 것이다. 반면에 국가에 의한 산업정책을 통해 특정 산

2) "Free trade promotes a mutually profitable division of labor, greatly enhances the potential real national product of all nations, and makes possible higher standards of living all over the globe." - Paul Samuelson (economist).

업부분에 대한 비교우위를 인위적으로 창출해 내는 것은 국제경제 전반적으로 바람직하지 않은 경우가 많다. 정치적이고 관료적인 요인으로 인해 그 국가 자체가 가장 비교우위 잠재력이 있는 산업에 대한 정책적 지원이 이루어지지 못하는 경우가 허다하며, 한 나라에서 행해지는 무역정책에 대한 보복으로 다른 나라가 동일한 무역정책을 시행함으로써 국내산업을 보호하는 악순환이 발생하기도 한다. 보다 근본적으로는 자기 나라가 어떠한 부문에 비교우위가 있는지를 인위적으로 파악해 내는 것은 결코 쉬운 일이 아니다. 결국 이러한 산업정책들은 자연적인 상태에서의 비교우위에 따른 국제적 교역을 저해하게 되고, 무역장벽의 증가를 초래하게 되어 국제 무역의 이익을 전체적으로 감소시키는 역할을 하게 된다. 그만큼 전세계적인 자원 배분이 왜곡되게 되는 것이다.

따라서, 국제무역을 통한 이익을 극대화시키기 위해서는 비교우위의 인위적 발생요인인 산업정책을 전세계적으로 규제해야 할 필요가 있는 것이다. 국제교역을 저해하고 자원배분을 왜곡하는 국가의 행위들을 억제하고 합리적으로 규제하기 위한 공통된 국제규범을 수립해 나가야 하는 것이다. 이는 국제경제법의 근본적인 사명이 아닐 수 없다. 이러한 필요성에 대한 국제적인 공감대가 형성되고 이를 위한 규범이 하나 둘씩 마련되어 오늘날의 국제통상법 체계가 구축된 것이며, 이는 결국 국제통상법이 경제와 법의 접점에 서있음을 보여주고 있다.

제 3 절 무역정책 수단과 우선순위

1 무역정책 수단

일반적으로 국가의 산업무역정책의 수단으로는 재정정책(관세나 조세 부과), 수량규제(quotas), 보조금(subsidy), 자율수출규제(VER) 등을 들 수 있다. 따라서 이들의 개념을 우선 명확히 정의하고 국제무역에 미치는 영향을 이해할 필요가 있다.

가 재정정책

(1) 재정정책으로서 관세와 조세

① 관세(tariff, duty)

관세란 수입품에 대해 수입시점에 부과되는 재정적 부과금을 말하며 일반적으로 수입품의 판매가격을 높이는 효과가 있다. 따라서 관세를 부과하는 주요목적은 수입품의 가격경쟁력을 낮추어 국내산업을 보호하는 데에 있다. 아울러 납부된 관세액만큼 수입국의 정부재정이 증가하게 되므로 정부재정 확충을 위해 관세는 좋은 수단을 제공한다.

예를 들어 설명해 보자. 한국산 옥수수 1t 가격이 미화로 환산하여 $200이라 하자. 반면에 미국산 옥수수 1t은 $90, 중국산은 $110, 호주산은 $120이다. 이에 한국정부는 100%의 관세(종가세, ad valorem tariff)를 옥수수에 대해 부과하였다. 일반적으로 관세부과는 그만큼의 판매가격의 상승을 불러오므로, 한국내의 옥수수 판매가격은 미국산은 $180, 중국산은 $220, 호주산은 $240이 될 것이다. 반면에 한국산 옥수수는 관세를 부과받지 않으므로 그대로 $200에 팔리게 된다. 그 결과 중국산과 호주산은 가격경쟁력을 상실하게 되어, 주로 미국산과 한국산이 국내시장에서 경쟁하게 될 것이다. 물론 한국정부는 미국·중국·호주산 옥수수 각각 1t 수입으로 인해 $320(90+110+120)만큼의 재정수입을 올릴 수 있게 된다.

U.S.-China Tire War to Benefit Local Makers

In September, Washington decided to levy an additional 25 to 35 percent tariff on $1.8 billion worth of tire products from China over the next three years.

In response, the Chinese government launched anti-dumping and anti-subsidy investigations into the U.S. poultry and automobiles industries, crucial American exports. This year, China exported $1.3 billion worth of tires to the United States while the United States exported $800 million worth of cars and $376 million in poultry products to China.

U.S. President Barack Obama approved the action to slow the rapid growth of U.S. imports of Chinese-made tires, which has led to the loss of thousands of American jobs.

An infuriated Beijing criticized the move as a violation of free trade. The feud between the two countries expanded to other products including steel pipes, auto parts, movies and music.

-Korea Times, November 23, 2009

Mushrooms With Garlic and Tariffs

Garlic was the immediate problem with South Korea, where garlic farmers form a potent lobby. Though imports of Chinese garlic amounted to only $10 million last year, they infuriate the farmers, and the protectionist measures the farmers win in Seoul irritate China, to the point that it threatened retaliation.

Over the weekend, South Korea acknowledged defeat in the latest skirmish. At a special cabinet meeting, the government agreed to buy 10,500 tons of Chinese garlic and send a delegation to Beijing to defuse tensions.

China wielded a very big stick to win the concessions: a halt to purchases of polyethylene and mobile telephone handsets made in South Korea. China stopped buying those products from Korea last July, the last time the dispute flared up, after South Korea raised the garlic tariff from 30 percent to 315 percent. Korean manufacturers estimated they lost $100 million of sales to China in the 40 days the tariff was in effect.

China and South Korea settled that round with an agreement that South Korea would import 32,000 tons, but China has complained since then that only 21,500 tons have gone through. The tariff increase prompted China to retaliate, analysts said.

Chinese-Japanese trade relations may have started down the same road last week, when Tokyo moved to apply exclusionary tariffs on some Chinese farm produce, again to protect a powerful farm lobby. The tariffs, ranging up to 266 percent, are scheduled to take effect on April 23.

The Japanese government defended its action by saying it complied with the World Trade Organization's so-called safeguard rules, which allow temporary barriers lasting up to 200 days in cases of a sudden surge in imports that damage a local industry. (China is not yet a member of the organization.)

Just as Chinese garlic had surged tenfold in 1999 to capture 35 percent of the Korean market, Japanese imports of Chinese-grown leeks -- an important ingredient in Japanese cooking -- have swollen by 25 times since 1995, according to the Japanese government. Imports of shiitake mushrooms and igusa straw, used in tatami mats, have each doubled in the period. The new tariff applies only to imports above the average level of the last three years.

-The New York Times, April 17, 2001, By Miki Tanikawa and Don Kirk

② 조세(tax)

조세(tax)란 상품이나 사람, 기업 등의 경제주체 또는 경제행위에 대해 부과되는 재정적 부과금으로 상품이나 서비스의 가격을 상승시켜 그 소비를 억제하고 정부의 재정수입을 올리기 위해 부과된다.

주의할 점은 조세는 관세와 구별되는 개념이라는 점이다. 혹자는 그 구별기준으로 부과시점을 드는 경우가 있다. 즉, 수입품의 수입시(통관시)에 부과되는 것은 관세이고 통관이 이루어진 후의 운송·판매·소비 등의 단계에서 부과되는 것은 조세라는 것이다. 그러나 이러한 기준은 대체적으로 참조할 만한 것이나, 조세와 관세를 구분하는 절대적인 기준은 될 수 없다. 수입품에 대한 조세의 경우에는 부과의 편의상 수입품의 수입시점에 관세와 더불어 부과되는 경우도 많기 때문이다. 이렇게 조세가 수입시점에 부과된다고 해서 그 성격이 관세로 바뀌는 것은 아니며, 그대로 조세의 성격을 지니는 것이다. 따라서 보완적인 구별기준이 필요한바, 수입품과 국내제품에 동시에 부과 되는가(조세), 아니면 수입품에만 부과되는가(관세)를 파악하는 것이 그것이다. 즉, 관세는 그 성질상 수입품에만 부과되는 것이고, 조세는 그 부과시점에 관계없이 수입품과 국내제품에 모두 부과되는 것이다.

이렇게 양자를 구별해야 하는 실익은 후술하는 내국민대우 의무(national treatment obligation)의 적용여부에 있다. 내국민대우 의무란 수입품이 국내제품에 비해 불리한 대우를 받지 않는 것을 의미하므로 내국민대우가 문제시 되는 경우는 조세의 경우가 해당되게 되며 수입품에 부과되는 조세율과 국내제품에 부과되는 조세율간의 형평성이 이슈가 된다. 관세의 경우에는 그 성질상 국내제품과는 무관한 제도이므로 내국민대우 의무가 적용될 여지가 없는 것이다. 이렇게 조세의 경우에는 내국민대우 의무가 적용되므로 조세부과를 통해 국내제품을 보호하는 것은 일반적으로 허용되지 않는 셈이다. 관세가 기본적으로 국내제품을 보호하는 정책수단인 점과 구별되는 것이다.

위의 예에서 한국정부가 관세부과와 더불어 한국산 옥수수에는 20%의 조세(종가세)를 부과하고 미국산 옥수수에는 50%의 조세를 추가적으로 부과한다고 가정해보자. 이 경우 한국산 옥수수의 판매가격은 $240(200+40)이 될 것이고 미국산은 $270(180+90)이 될 것이다. 따라서 궁극적으로 미국산마저도 한국시장에서 가격경쟁력을 상실하게 된다. 이 과정에서 한국정부는 $130(40+90)만큼의 재정수입을 올리게 된다. 이렇게 옥수수에 대해 부과된 재정적 부과금은 수입품과 국내제품에 모두 부과되었으므로 관세가 아니고 조세라고 볼 수 있다. 그런데 한국정부는 조세율에 차이를 두어 국산품에 대한 보호를 시행하였으므로 내국민대우 의무에 반하게 된다. 그렇다면 이렇게 수입품과 국산품 간의 차별을 명시적으로 두는 경우에는 국제법에 위반하게 되므로, 옥수수의 알의 굵기에 따라 차등을 두는 것은 어떠한가? 즉, 알이 굵은 옥수수에는 40%의 조세를 부과하고 알이 잘은 옥수수에는 20%를 부과하는 것은 어떠한가? 아니면 모든 옥수수에는 단일 세율만을 적용해야 하는가? 이러한 어려운 문제들이 제기될 수 있는바, 이에 대해서는 후술하는 비차별주의 원칙 부분에서 상세하게 논의하기로 한다.

③ 재정정책 선택의 신중성

이상에서 논의한 바와 같이 관세는 국내산업 보호와 재정수입을 주요목적으로 시행되고, 조세는 소비억제와 재정수입을 주요 정책목적으로 한다. 다시 말하면, 국제경제법이 국내산업보호의 수단으로 인정하고 있는 몇 안 되는 수단 중의 하나가 관세인 것이다. 따라서 관세장벽을 설치할 경우에는 국내산업에 대한 보호효과를 신중하게 생각해서 할 필요가 있다. 그렇지 않은 경우 국내산업에 대한 보호효과도 없으면서 무역의 이익만 저해하게 되는 결과가 초래하게 되는 경우가 종종 발생한다.

그 대표적인 사례가 한국과 중국 간의 마늘분쟁이었다. UR협상에서 한국정부는 수입마늘에 대한 양허를 하면서 보통마늘(신선, 냉장, 건조 및 일시저장 마늘)에 대해서는 396%의 관세율을 적용한 반면, 냉동마늘과 초산조제마늘에 대해서는 30%의 관세율로 양허하였다. 이는 당시에 냉동마늘과 초산조제마늘에 대한 한국 내 수요가 없거나 미미할 것으로 판단하였기 때문에 낮은 관세율을 설정한 것이었다. 그러나 그 이후 신선마늘이나 냉장마늘에 대한 대체품으로 중국산 냉동마늘과 초산조제마늘이 대량으로 국내에 수입되면서 국내 마늘농가에 산업피해를 끼치게 되었다. 이에 한국정부는 1999년 11월 중국산 냉동마늘에 대해 315%의 잠정 긴급관세를 부과하는 조치를 취하게 되고, 이에 대한 보복으로 중국정부는 2000년 6월 한국산 휴대폰과 폴리에틸렌에 대한 수입금지 조치로 맞서게 된다. 그 후 양국은 중국산 제품 30,000여 톤을 30-50%의 낮은 관세율로 수입하고 긴급수입제한조치의 시한을 단축하는 대신 한국산 휴대폰과 폴리에틸렌에 대한 금수조치를 철회하는 것에 합의하게 되었다. 그러나 이 과정에서 합의 내용에 대한 투명성 문제가 제기되고 한국정부의 피해농가에 대한 보상 문제가 정치적 쟁점으로 되어 또 한 번 홍역을 치르게 되었다. 이러한 모든 분쟁의 불씨는 냉장마늘과 냉동마늘간의 관세율의 차이를 키다랗게 인정함으로써 결국 냉동마늘의 수입증가를 불러일으킨 데 기인한 것이어서 한국의 근시안적인 관세정책의 문제점을 드러내주고 있는 것이다.

나 수량규제(quota)

수량규제란 주어진 기간 동안 수입이나 수출이 가능한 최대물량이나 최대금액을 부과함으로써 수출입을 규제하는 것을 말한다.

예를 들어 내년의 국내 옥수수 수요가 3000t이고 국내의 옥수수 생산은 2000t이라 예상된다고 가정하자. 이럴 경우 1000t의 옥수수 수입을 허용하게 되면 비록 값싼 외국 옥수수가 수입될지라도 국내에서 생산된 옥수수가 소비될 수 있을 것이다.

Russia Cuts U.S. Poultry, Pork 2010 Import Quotas

Russia, a top market for U.S. meat, has cut its 2010 import quotas, meaning fewer pork and poultry imports will be allowed in at low duty rates compared to 2009, industry officials said on Friday.

The news comes as U.S. livestock farmers and meat exporters try to recover from the blow caused by high feed prices and weak global demand, and as Russia aims to become more self-sufficient in meat production.

U.S. industry officials and analysts said they were disappointed in the quota cuts, but hoped Russia might raise the volumes during the year.

Russia set its annual import quota for U.S. poultry at 600,000 tonnes, down from 750,000 tonnes in 2009. For pork, the quota was cut to 57,500 tonnes, down from 100,000 tonnes in 2009.

"Fifty-seven percent of year-ago is not encouraging news" for pork, said Ron Plain, a livestock economist at the University of Missouri. "But they have been known to change their mind."

U.S. exporters can ship pork to Russia outside the quota -- at higher tariff rates -- but that normally happens only when the economy is strong, said Joe Schuele, a spokesman for the U.S. Meat Export Federation.

-The New York Times, December 18, 2009

다 보조금(subsidy)

보조금이란 정부가 특정한 산업의 이익을 위해 부여하는 재정적 기여를 말하여 종종 국내산업의 경쟁력 강화를 위해 주어진다.

예를 들어 국내 옥수수 생산 농가에 보조금을 주는 경우 이들의 가격경쟁력을 높일 수 있어 수입옥수수와 경쟁할 수 있게 된다.

Truck Drivers Critical of Oil Subsidy Offer

Truck drivers and bus operators Sunday denounced the government's new countermeasure to help them cope with the soaring diesel fuel prices as an "unpractical temporary remedy." The criticism came as the government announced it will implement a tax rebate system from July 1 as a measure to help truck drivers and bus operators survive the diesel price hike. Through the new system, the government will return them 50 percent of the increase in the diesel prices in tax rebate if the average diesel prices surpasses 1,800 won per liter. As of the fourth week of May, the average diesel price is 1,877 won per liter, and under the new scheme, a truck driver can have 39 won refunded per liter in a tax rebate.

Despite the measure, truck drivers are planning to hold a massive strike on schedule.

"The measure is not a solution at all," Shim Dong-jin, director general of the Korea Cargo Transport Workers' Union, told The Korea Times. "It doesn't reflect the reality and our sufferings. We were already in loss when diesel prices surpassed 1,700 won."

As the high diesel prices are eating away the thin profit margin of freight and transportation businesses, the government should come up with more practical solutions to hike transportation fare, Shim said.

-Korea Times, June 8, 2008

라 수출자율규제(VER)[3)]

수출자율규제란 수출업자들이 자발적으로 수출물량을 제한함으로써 수입국의 각종 무역규제를 회피하는 것을 말한다. 흔히 수입국과 수출국 간의 협상에

3) "Voluntary Export Restraint"의 약자이다.

의해 이러한 합의가 이루어지게 된다.

예를 들어 점증하는 옥수수 수입으로 인해 한국이 미국에 대해 무역규제 움직임을 보일 경우, 미국 정부 및 옥수수 생산자들이 한국정부와 합의함으로써 내년도의 미국 옥수수의 한국에 대한 수출을 1000t으로 제한하는 대신 한국정부는 미국산 옥수수에 대해 무역규제를 취하지 않을 것을 약속할 수 있을 것이다.

2008년 4월 한-미 쇠고기협상에서 국제기준에 따라 월령제한 없이 쇠고기 수입을 허용하는 내용의 조약이 맺어졌지만, 일부 언론의 광우병관련 과장보도와 정부의 졸속협상 추진에 따른 국민과의 소통부족 문제가 상호작용을 일으키면서 장기적인 촛불시위로 이어졌다. 그 결과 두 차례의 추가협상을 거쳐, 동년 6월 30개월령 이상 쇠고기를 한시적으로 교역 중단하는 것으로 추가합의가 이루어졌다. 이러한 추가합의도 대표적인 수출자율규제의 예로 들 수 있을 것인바,[4] 수출자율규제 조치의 정치적 성격을 잘 보여주고 있다.

쇠고기 '포퓰리즘'에 푹 빠진 대한민국

미국 쇠고기 수입 졸속협상에 대한 시민들의 촛불 저항이 결국, 정부의 검역주권 회복과 미국 내수·수출용 쇠고기 간의 SRM(특정위험물질) 동등성을 확보하는 추가협상을 이끌어 냈다. 반드시 확보했어야 할 세이프가드(긴급수입제한조치) 발동권한을 뒤늦게나마 찾아온 것이기에 시민운동의 승리, 민주주의의 승리로 볼 수 있다. 그러나 그 후 상황은 포퓰리즘의 질곡으로 빠져들고 말았다.

'촛불'은 현재 어떠한 파국이 오더라도 재협상을 요구하고 있다. 선거철을 앞둔 미국 측이 수용할 수 없는 상황에서 재협상을 하라는 것은, 현재 합의된 문안을 우리가 파기하고 일방적으로 재협상을 선언하라는 것이다. 이는 미국 내 반발을 불러일으킴은 물론, 자동차 부문 불균형을 이유로 한미 FTA를 재협상해야 한다는 목소리를 미 의회가 거부할 수 없게 만들 게 뻔하다.

30개월 이상 쇠고기의 수출길이 공식적으로 막힌 미국은 한국이 정당한 교역을 막고

4) 이 점에 대한 상세한 분석은 "최원목, 개방화된 국제통상 환경 속에서의 우리 식품안전정책의 방향 - 한미 쇠고기협상 이슈를 중심으로, 서울국제법연구 제15권 2호(2008)" 참고.

있음을 이유로 WTO패널(조사위)에 제소하는 길을 택할 수밖에 없을 것이다. 패널은 우리 정부가 무슨 근거로 30개월 이상의 살코기 부위에 대해서까지 금수조치를 취했는지 입증할 것을 요구할 것이고, OIE(국제수역사무국) 기준을 부정할 만한 과학적 근거를 댈 수 없는 우리는 패소판정을 받을 가능성이 높다. 그래도 촛불이 꺼지지 않아 패널판정을 이행하지 못하면, 미국은 WTO 승인하에 우리 휴대폰, 반도체, 철강에 대해 보복관세를 지속적으로 부과할 것이다. 아울러 비자면제, 방위비분담, 이라크 추가파병, 개성공단제품 원산지 등 각종 현안을 다루는 협상에서 우리를 전방위적으로 압박해 올 것이다.

한미 통상관계의 역사는 실로 '제도화'와 '탈정치화'를 위한 과정이라 볼 수 있다. 1983년 한국산 컬러TV와 앨범이 반덤핑 제소되면서 시작된 양국 간 통상마찰은, 미국의 무역적자 확대와 더불어 자동차, 쇠고기, 의약품, 지식재산권, 영화, 통신 분야로 급격히 확대되었다.

급기야 미국의 슈퍼301조 발동이라는 일방적인 수단을 둘러싼 마찰로 비화되었다. 뒤이어 출범한 WTO와 각종 양자협정은 미국이 이익집단을 등에 업고 권력정치를 행사하는 시대의 종언을 의미하며, 한미 통상분쟁을 법제화된 틀 속에서 해결할 수 있도록 했다. 이런 상황에서 한미협정의 파기라는 사상 초유의 사태가 벌어진다면, 한국의 양자협정 준수에 대한 신뢰성에 대한 근본적 물음이 제기되어, 양국관계를 다시 힘에 의한 압력의 시대로 되돌리게 될 것이다.

이러한 시나리오가 예상됨에도 불구하고 우리 정치권은 모두 촛불의 근시안적 명령에 충실히 따르는 포퓰리즘적 행태를 보이고 있다. 대통령은 "30개월 이상 쇠고기를 수입하지 않는 것은 당연하다"고 180도 입장을 바꾸어 포퓰리즘의 극치를 시연한 바 있다. 정부는 정부감독하의 수출입자율규제(VER)라는 해법으로 가닥을 잡아가고 있으나, 정부가 VER을 독려하거나 지원하는 것은 WTO협정을 위반하는 것이다. 그래서 양자협정을 위반하라는 촛불의 명령을 다자조약인 WTO협정을 위반하는 것으로 이행해 가고 있는 셈이다. 결국 우리 모두는 민주주의를 지나 포퓰리즘의 시대로 깊이 진군하고 있는 중이다.

- 2008. 6. 12. 최원목, 조선일보 기고문

제 4 절 무역정책 수단의 경제적·정치적 효율성 순위

위와 같은 기본적 이해를 바탕으로 이러한 무역정책 수단들을 상호 비교·평가해 보기로 한다. 평가의 기준은 경제적 효율성과 정치적 효율성이다. 경제적 효율성은 비용·효과 분석에 기초를 두어야 한다. 즉, 국제경제체제 전체의 입장에서 볼 때, 어떠한 수단이 좀 더 적은 비용으로 커다란 보호의 효과가 있을 수 있는가 하는 점이 기준이 될 것이다. 정치적 효율성이란 각국의 집권 정치집단 입장에서 볼 때, 어떠한 수단이 좀 더 국내이익집단들의 반발이 적고 정치적으로 시행하기가 용이한가 하는 점을 기준으로 분석을 진행할 수 있다.[5)]

1 경제적 효율성 순위

보조금은 가격구조에 직접적인 변경을 가하지 않으므로 (국제가격과 국내판매가격 간의 차이를 직접적으로 초래하지 않으므로) 당해 제품의 소비가 아닌 생산구조

5) 이러한 무역정책 수단의 경제적 효율성과 정치적 효율성을 상호 비교하는 방법론은 Frieder Roessler 전 WTO 법률국장이 Georgetown Law Center에서 한 강의를 바탕으로 하고 있음을 밝힌다. Arthur Dunkel and Frieder Roessler "Hiérarchie des instruments de politique commercial dans le systeme dans le système juridique du GATT" in Guy Ladreit de Lacharrière et law politique juridique extérieure de la France, Paris, Masson, 1989, pp. 234-44 참조.

에만 왜곡을 가하게 된다. 즉, 보조금을 받는 국내산업의 비중이 상대적으로 커지게 된다. 이에 반해 관세(조세)의 부과는 수입품의 판매가격을 상승시키게 되어 생산은 물론 소비의 패턴을 왜곡시키게 된다. 따라서 경제적 효율성 측면에서 보면 보조금의 지불이 관세의 부과보다 효율적이라 볼 수 있다.

한편, 수량제한의 경우, 수입량에 대한 직접적인 통제가 이루어지므로 공급 및 수요에 대한 지대한 악영향을 미치게 된다. 즉, 관세의 경우에는 가격구조의 변동을 초래하기는 하나, 새로운 가격에 맞추어 수요와 공급이 시장구조 메커니즘을 통해 조정되게 된다. 그러나 수량제한은 일정량 이상의 공급 자체를 불가능하게 하므로 당해 제품의 생산과 소비에 미치는 악영향이 커지게 된다. 더구나 수출업자들이 자신의 수출물량이 쿼터량 이하에 해당하는지에 대한 불확실성을 항상 지니고 교역활동을 해야 하는 부담이 있으므로 국제무역에 있어서의 불확실성에 따른 비용을 발생시키게 된다. 이에 더해 관세의 경우에는 관세수입이 수입국 정부의 재정으로 귀속되게 되나, 쿼터 부과의 경우에는 그렇지 못하다. 아울러 쿼터제도의 운영은 종종 수입허가제(license) 형식으로 운영되는바, 이러한 과정에서 수입허가절차를 운영하는 정부당국의 부패를 다소나마 불러일으키게 된다. 이상의 점을 고려할 때, 수량제한 조치의 경제적 효율성은 관세부과 보다 떨어진다고 볼 수 있다.

수출자율규제의 경우에는 수량규제의 모든 비효용이 발생함은 물론, 이에 더해 수입국이 추구하는 산업보호의 성패가 수출국의 자율조치에 전적으로 의존하게 되므로 수입국입장에서는 그만큼 불확실성이 커지는 셈이다. 또한 수출자율규제 협상 과정에서 발생하는 양국 상호간의 압력과 정치적 거래는 국제경제관계를 힘의 논리와 정치적 흥정의 과정으로 변화시키게 된다. 이러한 점을 고려해 볼 때, 수출자율규제는 가장 경제적으로 비효율적인 제도라고 볼 수 있다.

그러므로 경제적 효율성을 기준으로 한 무역정책의 순위는 보조금, 관세, 수량제한, 수출자율규제 순이 된다.

2 정치적 효율성 순위

정치적인 효용성[6]을 기준으로 순위를 매기면 어떻게 되는가? 가장 정치적으로 효율적인 무역정책 수단은 수출자율규제이다. 수입국은 아무런 무역 조치를 취하지 않아도 되고 수출국은 무역 보복조치를 취할 이유가 없다. 그리고 양국간의 정치적인 거래에 의해 합의가 이루어지므로 정치적인 타협이 가능하기 때문이다. 한-미 쇠고기 추가합의 시 30개월령 이상 쇠고기에 대한 정치적 타협이 이루어진 예는 이러한 점을 잘 보여주고 있다. 다만, 수출자율규제는 결국 교역상대국의 동의가 필요한 것이므로, 이처럼 정치적으로 매력적인 수단을 구현해내는 것은 쉽지는 않다.

그래서 실제로는 수입국이 일방적 조치로 정치적 목적을 달성할 수 있는 수량제한조치와 관세가 많이 사용된다. 특히 미국의 트럼프 행정부가 들어서면서부터 관세는 전가의 보도처럼 미 행정부에 의해 정치적으로 활용되고 있다. 2017년 트럼프 대통령 1기 때도 그랬지만, 2025년 트럼프 2기가 출범하면서 트럼프 행정부는 세상을 향해 전방위 관세폭탄을 터뜨렸다. 한국에 대해서도 미국은 25% 상호관세(reciprocal tariff) 부과를 선언했다. 미국과 FTA를 체결하지도 않은 주요국들이 한국보다도 낮은 관세를 부과받는 경우도 많았다. 일본은 24%, EU는 20%, 영국과 브라질에 대해서는 10%의 상호관세 부과가 선언됐다.

이처럼 트럼프 행정부는 미국내 제조업단지와 중산층의 정치적 지지를 이끌어내는 수단으로 관세정책을 본격적으로 활용하고 있다. 외국기업으로 하여금 관세장벽의 회피를 위해 미국 내로 투자하려는 유인을 증대시켜 미국 내의 일자리 창출하기 위해서도 관세장벽이 필요하다는 것이다. 2025년 6월 현재, 미국으로부터의 상호관세 부과의 부담을 줄이려는 목적하에 세계 각국이 미국과 적극적으로 협상에 임하고 있는 것을 보더라도 미국의 관세정책의 외교적 파급력

6) 여기에서 말하는 정치적 효율성/효용성이란 정치인들이 흔히 중시하는 정치적 편의성과 국내 정치기반 확장에 도움이 되는 측면을 말한다.

과 효용성은 지대하다고 볼 수 있다.

사실 수량제한 조치 또한 정치 · 외교적 효과가 매우 크다. 미 트럼프 1기 행정부는 철강제품에 대해 25% 관세를 부과했다. 이에 한국정부는 2015년부터 2017년까지 평균 수출규모의 70% 수준인 263만톤까지만 매년 미국으로 수출할 수 있는 쿼터제에 합의해 버렸다. 그 후 일본과 EU도 미국과 합의하면서 예년 수출물량의 각각 62%, 75% 수준으로 대미 수출물량을 쿼터제로 조정당했다.[7] 이제 트럼프 2기를 맞아 또다시 철강 및 철강사용 제품에 대한 광범위하고 강력한 쿼터제 수용 요구가 주요 철강수출국들에게 행사될 것으로 전망된다.

이처럼 수량제한 조치는 정치 · 외교적 활용성이 높은 것이다. 더구나 수량제한 조치는 행정적인 조치이므로 일반적으로 국회의 승인을 거칠 필요가 없어 행정적으로 편리한 이점이 있다. 또한 수량제한을 쿼터(수입권) 배분 형태로 취하게 되면 쿼터를 배분받은 수출자들이 이를 전매하여 이익을 취할 수 있으므로 이러한 쿼터이익(quota rent)을 놓고 수출국과 정치적인 흥정을 할 수도 있게 된다. 반면에 관세부과의 경우는 관세신설이나 관세율 변경을 위해서 국회의 승인이 필요하므로 이 과정에서 이익집단들의 압력에 시달리게 된다. 따라서 쿼터가 관세보다도 더 정치적으로 매력적인 선택이라 볼 수 있다.

마지막으로 보조금은 가장 정치적인 순위가 낮은 정책수단이라 볼 수 있다. 그 이유는 국내산업에 보조금을 지불하기 위해서는 재원이 필요한데 이러한 재원은 일반적으로 다른 부문의 산업에 부과되는 조세율을 증가시킴으로서 확보할 수 있으며, 이 과정에서 동 산업 부문의 반발이 발생하기 때문이다. 이는 조세형평, 보조금 지불의 공평성 등의 각종 정치적 이슈를 제기하게 되므로 가장 정치적으로 부담이 많은 정책수단이라 하지 않을 수 없다.

그러므로 정치적 효율성을 기준으로 각 무역정책 수단을 순위화해 보면, 수출자율규제, 수량제한, 관세, 보조금의 순이 됨을 알 수 있다. 이는 흥미롭게도

---

7) 일본과 EU는 쿼터물량을 넘어선 물량을 미국으로 수출할 수도 있지만 이러한 초과물량에 대해서는 25%의 관세를 부과받게 된다. 반면 한국은 70% 물량을 넘어서는 미국으로 절대적으로 수출할 수 없다는 점에서, 한국의 대미협상 결과가 일본이나 EU보다 뒤지는 것으로 평가할 수 있다.

경제적 효율성에 기초한 순위와 정반대되는 것이다.

● **대표적 산업무역정책의 경제적·정치적 효율성 순위**

	경제적 효율성 순위	정치적 효율성 순위
보조금	1	4
관세	2	3
수량제한	3	2
수출자율규제	4	1

트럼프 2.0시대 통상전략

미국 대통령 선거에서 누가 이길까. 접전이지만, 미 대선 결과를 좌우하는 중부와 남부 제조업지대 7개 주 표심은 이미 트럼프 후보 쪽으로 기울어 버렸다. 제조업 보호를 위한 해리스 후보의 공약은 대부분 바이든 정부의 정책을 답습하는 수준이고, 바이든의 정책은 그 이전 트럼프 정부 정책을 그대로 유지시킨 것이다. 이에 비해, 트럼프 후보의 공약은 제조업 보호정책을 한층 업그레이드시키고 있다.

7개 주 유권자들 입장에서 보면, 자신들의 이익을 적극적이고 창의적으로 보호해 주는 후보와 남의 정책을 모방하는 수준에 머무는 후보 중 누굴 지지할지는 자명하다. 우리는 트럼프 2.0 시대에 대비해야 한다.

트럼프 후보는 모든 수입품에 부과하는 보편관세 10% 포인트에 더해, 국가별로 상호관세도 부과하겠다는 입장이다. 상호관세는 미국과 교역하는 나라가 무역흑자를 많이 보면서도 미국에 비해 높은 관세를 유지한다면 상호성이 맞지 않기 때문에, 그 관세율 차이를 상쇄시키는 정도의 추가관세를 부과한다는 개념이다. "눈에는 눈, 관세에는 관세"라고 공언하고 있어, 어떤 형태로든 상호관세 도입 가능성은 높다.

과잉공급에 대한 규제도 본격화될 것이다. 대미 수출물량이 급격히 늘어난 품목을 대상으로 예년 평균 수출 물량의 70% 선에서 쿼터를 설정해 수입을 제한할 가능성이 크다. 철강, 알루미늄, 자동차, 전자제품, 반도체, 밧데리, 에너지, 선박산업이 이런 과잉공급 규제를 적용받을 수 있다.

중국과는 '경제 분리'(decoupling)를 위해 최소 60%의 대중 보복관세를 부과하고, 자동차 등 주요 제품은 수입 자체를 금지시켜 버릴 것이다. 제3국이 중국산 소재나 부품을 수입해 완제품을 생산한 후 미국으로 수출하는 형태의 교역에 대해서도 대중 보복관세 개념을 확대 적용할 수 있다. 이런 보편관세, 상호관세, 대중관세, 과잉공급 규제라는 사면초가에 한국경제가 내몰릴 수 있다.

우리 기업은 3대 다변화조치를 시행해야 한다. 대미 무역흑자폭의 다변화, 자원 수입선의 다변화, 그리고 대외투자의 다변화가 그것이다. 한국이 대미 무역흑자를 지나치게 많이 보지 않도록 다른 나라로의 수출로 대체해 나가야 한다. 한국 제조업체들이 해외 생산기지를 구축한 국가들이 미국과의 관계에서 상호관세와 과잉공급 규제를 당할 가능성도 계산해야 한다.

이런 해외 투자처별 우리 기업의 투자 액수나 현지생산 및 수출 물량을 적절히 배분해 대미교역에서의 위험 요소를 전세계적으로 줄여나가야 한다. 정부는 이런 기업의 대응노력을 지원해야 함은 물론이지만, 기업의 노력이 마치 정부의 역할이나 업적인양 포장해 자신의 역할을 다하는 것으로 선전해서는 안된다. 정부의 주된 역할은 따로 있기 때문이다. 미국발 트럼프 2.0 시대에 우리가 근본적으로 대비하기 위해서는 미국과 한 배를 타야 한다. '미국 · 멕시코 · 캐나다 자유무역협정'(USMCA) 가입을 추진해야 한다. 어차피 방위비 분담액 10배 증액 등의 압력을 받을 바에는 이에 상응하는 대가로 한국이 USMCA에 가입해 캐나다와 동등한 대우를 한국 경제가 누릴 수 있도록 미국 측에 요구할 수 있다. 이렇게 'KORUSMCA' 체제를 구축해 트럼프 2.0시대의 빗발치는 미국발 무역보복의 화살을 피해 나가야 한다.

중국의 반발을 피해가기 위해선 '포괄적 · 점진적 환태평양경제동반자협정'(CPTPP)에 한국과 중국이 동시 가입하는 걸 추진해야 한다. 태평양 쪽으론 북미지역과 경제통상 동맹체제를 구축하고, 대륙 쪽으론 동북아 통상연합체를 형성하는 두 가지 노력을 병행해야 한다는 말이다.

어차피 허리케인과 태풍이 교대로 휘몰아치는 대양에선 하나의 닻으론 부족하다. 양쪽에 닻을 내려 균형을 잡아 나가는게 상책이다. 우리 정부의 역할은 바로 이런 두 가지 균형추를 마련하는 데 있다. 기업 주도 3대 다변화 조치와 정부 주도 2개 균형추 조치가 서로 시너지 효과를 거둘 때 한국호는 다가오는 거대 풍랑의 바다를 항해해 나갈 수 있다.

그러기 위해선 우리 정부부터 쇄신해야 한다. 의료 개혁이 급한 게 아니고 대외통상이 급하다. 국민들의 마음을 추스릴 수 있도록 정권 신뢰도를 끌어올리고, USMCA ·

CPTPP 동시 가입을 위한 대내적 준비와 홍보를 서둘러 진행해야 한다. 이런 비전과 능력을 갖춘 진정한 리더를 한국경제는 절실히 필요로 한다.

- 2024. 10. 31. 최원목, 디지털타임스 기고문

3 무역정책 수단의 법률적 우선순위

이러한 4가지 무역정책 수단에 대해 WTO협정이 취하고 있는 태도는 어떠한가? 다시 말하면, 어떠한 정책수단이 WTO협정 체제하에서 가장 관대하게 허용되며, 어떠한 수단은 엄격히 금지되고 있는가? 이러한 기준에 입각해 4가지 정책수단에 대한 법률적 우선순위를 매겨보기로 한다.

우선 WTO협정은 수출자율규제에 대해 가장 엄격한 태도를 취하고 있다. WTO 세이프가드협정 제11조 1항(b)는 WTO회원국들이 "수출자율규제를 추구하거나 취하거나 유지하지 않을" 의무를 규정함으로써 수출자율규제를 무역정책 수단으로 삼는 것을 전면적으로 금지하고 있다. 조약법에관한비엔나협약 제41조에 의하면 다자조약의 당사자들은 일부 당사자들 간에만 적용되는 협정을 체결함으로써 그 한도 내에서 다자조약의 내용을 변경할 수 있다. 이를 위한 조건은 "다자조약 자체가 이러한 변경가능성을 규정하고 있는 경우"이거나, 그렇지 않는 경우 이러한 변경이 "다자조약에 의해 금지되지 않고 다른 당사자들의 권리에 영향을 미치지 않으며 조약의 대상 및 목적과 양립 가능한 경우"이다. 일부 WTO회원국 간에 수출자율규제를 합의하는 경우는 위 비엔나협약상의 다자조약의 변경에 해당된다고 볼 수 있다. 그러나 다자조약인 WTO협정(세이프가드협정) 자체가 수출자율규제를 명문으로 금지하고 있으므로 위 비엔나협약상의 조건인 "다자조약에 의해 금지되지 않을 것"에 해당되지 않으므로 결국 현행 WTO협정하에서 수출자율규제는 예외 없이 금지된다고 볼 수 있다. 그러므로 수출자율규제의 법률적 우선순위는 최하위로 규정 지을 수 있다.

그다음으로 WTO협정이 엄격한 태도를 취하는 것은 수량제한이다. GATT 제XI조에 따르면 수량제한 조치는 원칙적으로 금지된다. 다만, 일정한 예외사유가 있는 경우 수량제한을 취할 수 있는바, 그 사유로는 국내의 식품이 심각하게 부족한 경우, 제품의 분류·등급부여·판매 등을 위한 표준의 적용을 위하여 필요한 경우, 농수산물의 국내 생산량 제한·일시적 공급과잉의 처리 등의 정책수행 상 필요한 경우, 국제수지 적자로 인한 외환보유고의 고갈에 대처하기 위한 경우 등을 들 수 있다.

이렇게 원칙적으로 금지되는 수량제한 조치와는 달리, 관세 부과는 허용된다. WTO협정은 관세를 무역정책 수행의 유력한 수단으로 전면적으로 허용하고 있는 것이다. 다만, GATT 제II조에 의하면 관세율은 협상을 통해 양허해야 하며, 양허된 관세율을 넘어서 관세를 부과하는 것은 금지된다. 양허 관세율을 인상하기 위해서는 GATT 제XXVIII조에 따라 관세 재협상을 거쳐 상대국에 보상을 지불하는 절차를 밟아야 한다.

WTO협정이 가장 관대한 태도를 보이는 무역정책 수단은 보조금이라 볼 수 있다. WTO협정(GATT 제XVI, VI조, SCM협정)에 따르면 두 종류의 보조금(수출보조금, 수입대체보조금)만 금지되며 그 밖의 모든 보조금은 기본적으로 허용된다. 다만, 보조금을 수혜한 제품이 상대국으로 수출되어 상대국 국내산업에 피해를 입힌 경우 상대국 정부는 조사절차를 거쳐 이 제품에 대해 보조금 수혜액만큼의 관세를 부과(상계관세)함으로써 보조금의 효과를 상쇄시킬 권리를 갖게 된다. 이 경우에도 보조금 자체를 철회할 의무는 없으며 단지 상대국의 상계조치의 대상이 될 뿐인 것이다. 이와 별도로 상대국의 국내산업에 '부정적 효과'를 초래한 보조금은 WTO분쟁해결절차에의 제소를 통해 철회 또는 부정적 효과를 제거할 의무를 지게 된다. 이처럼 보조금의 경우는 관세처럼 양허할 필요가 없이 일반적으로 허용되고 보조금을 증액하기 위해서 재협상 과정을 거치는 것이 필요치 않다는 점에서, 관세보다는 보조금에 대해 WTO협정은 더욱 관대한 태도를 보이고 있다고 볼 수 있다.

이상으로부터 무역정책 수단 간의 법률적 우선순위는 보조금, 관세, 수량제한, 수출자율규제의 순이 된다고 말할 수 있다.

● **대표적 산업무역정책의 경제적·정치적·법률적 효율성 순위**

	경제적 효율성 순위	정치적 효율성 순위	법률적 우선순위
보조금	1	4	1
관세	2	3	2
수량제한	3	2	3
수출자율규제	4	1	4

4 결론

이상의 분석으로부터 얻어지는 결론은 법률적 우선순위는 경제적 효율성 순위와 정확히 일치한다는 점이다. 즉, WTO협정이 4개의 대표적인 무역정책 수단에 대해 보이고 있는 태도는 경제적 효율성 기준에 입각하고 있다고 말할 수 있다. 가장 경제적 왜곡 효과가 적은 보조금은 일반적으로 허용하되 상대국에 산업피해나 부정적 효과를 상쇄할 수 있는 권리를 부여하고, 그다음으로 왜곡효과가 적은 관세에 대해서는 국내산업 보호 수단으로 일반적으로 허용하되 그 관세율을 양허하도록 하며, 경제적 왜곡효과가 큰 수량제한은 일반적으로 금지하되 국내 정책적 필요가 있는 경우 선별적으로 그 예외를 인정하고, 가장 왜곡효과가 큰 수출자율규제는 전면적으로 금지하고 있는 것이다.

이는 국제경제법이 경제적 효율성 기준을 채택함으로써 정치적 편의성에 입각한 무역정책의 수행을 견제하고 있음을 의미한다. 정치적으로 용이한 수단인 수출자율규제와 수량제한 조치를 금지함으로써 WTO회원국 정부가 이러한 정책수단을 정치적인 편의에 의해 사용하는 경우에는 항상 불법화의 위험을 감수토록 하고 있는 것이다. 다시 말하면, 국내정치 세력들이 정치적 효율성이 높은 무역정책 수단의 채택을 위해 압력을 행사할 경우 정부는 이러한 수단들이 불법적인 수단임을 내세워 이를 견제할 수 있는 것이다. 이는 국제경제법이 WTO회원국들로 하여금 국내 이익집단들의 압력을 극복할 수 있는 유력한 수단을 제공하고 있는 셈이다.

그 결과로 각국의 무역정책은 더욱 경제적 효율성이 높아질 것이고 예측 가능해질 것이다. 무역 왜곡적인 정부의 간섭은 줄어들 것이고 국제무역은 자연적인 비교우위에 입각하여 특화될 가능성이 증대한다. 국제경제법은 국제경제 활동의 공통규범을 마련함으로써 국제경제 체제의 경제적 효율성을 더욱 높이는 기능을 수행하고 있는 것이다.[8)]

국제통상법 연구의 긴 여행을 시작하면서 던지는 세 가지 물음

1. Suppose you are the minister for trade of a small Asian country that is rapidly developing. Several of your small electronic components manufacturers export their products to various countries, and you are informed that one of those importing countries has just decided to stop imports from your country. What steps can you take? As a small country, are you completely at the mercy of a larger economic power? In planning investment policies for your country designed in part to export and obtain foreign exchange to pay off a staggering external debt, what world market environ-

8) "Recognizing that their relations in the field of trade and economic endeavour should be conducted with a view to raising standards of living, ensuring full employment and a large and steadily growing volume of real income and effective demand, developing the full use of resources of the world and expanding the production and exchange of goods.
Being desirous of contributing to these objectives by entering into reciprocal and mutually advantageous arrangements directed to the substantial reduction of tariffs and other barriers to trade and to the elimination of discriminatory treatment in international commerce,
Have through their Representatives agreed as follows"라 쓰여 있는 GATT 1947 전문의 내용에는 결국 이러한 취지가 담겨있는 것이다.

ment can you rely on?

2. Suppose you are advising a large multinational corporation based in the United States, and this company is exploring the feasibility of a substantial investment in a plant in a small underdeveloped country in Africa. Inexpensive labor could give products of this plant a substantial advantage on the world market, but to be economically viable this plant must ship over 80 percent of its output outside the small country which has only a tiny market for the product. A smaller plant would not be able to achieve the economies of scale necessary to make the enterprise flourish. Currently there are few government barriers to imports of the projected product into either the United States or Europe. Can you advise your client that he can depend on these circumstances continuing long enough into the future to ensure a satisfactory return on the proposed investment?

3. Economists, government policymakers, and many others tend to agree that barriers to international trade reduce world welfare and often the welfare of the countries that impose the barriers. If barriers must be imposed, such experts generally agree that a tariff (or price-effect measure) is superior to quantitative restrictions. Yet quantitative measures to reduce trade have proliferated around the world. Particularly in recent years the so-called voluntary export restraint device, whereby the exporting country, at the request of the importing country, restrains the amount of exports of a product that will be shipped to the importing country. This device seems favored even by the importing country, although it is often thought to have an even less favorable effect on the economy of the importing country than the alternative, whereby the importing country itself imposes the quantitative measures. Why is it then that governments tend to opt for the fourth best measure?

-John H. Jackson, The World Trading System 2nd Edition p. 5

제2장

WTO협정 체계의 이해

제1절 WTO협정 체제의 발전과정

제2절 WTO협정의 범위

제1절 WTO협정 체제의 발전과정

1 국제경제법의 발전과정

대표적인 국제통상법인 WTO(World Trade Organization, 세계무역기구)협정을 이해하기 위해서는 그 전신격인 GATT(General Agreement on Tariffs and Trade, 관세와무역에관한일반협정)를 이해해야만 한다. GATT 체제하에서 기울인 각국의 수많은 노력과 경험이 WTO체제를 탄생시키는 데 결정적 요인이 되었기 때문이다. 이에 WTO설립협정(Agreement Establishing the WTO)은 그 전문에서 GATT가 WTO협정의 일부분을 이루고 있음을 선언하고 있으며, 제XVI조에서는 "WTO가 GATT하에서 형성되어진 결정·절차·관례에 의해 지도된(guided)다"고 규정하고 있다.[1)] 이러한 의미에서 WTO가 탄생하기까지의 배경 및 역사를 간단하게 정리해보는 것이 필요할 것이다.

1) "…the WTO shall be guided by the decisions, procedures and customary practices followed by the CONTRACTING PARTIES to GATT 1947 …" WTO설립협정 제XVI조.

가 국제무역의 규범화 노력

20세기 이전까지 국제경제 체제는 다자적 규율의 대상이 아니었다. 그럼에도 불구하고 중세이후 국제무역의 규범화에 대한 단편적인 노력이 전개되었는바, 유럽에서 도시국가의 발달과 한자동맹(Hanseatic League)의 형성은 국제통상관계에서의 불확실성을 줄이고 안정성을 추구하려는 노력의 시작이었다.[2] 또한 1713년의 유트레히트조약(Treaty of Utrecht)은 GATT의 전신으로까지 불리고 있다.[3] 17세기와 18세기를 거치면서 국제무역과 국가의 권리와 의무와의 관계에 대한 두 개의 대립되는 주장이 형성되어 갔는바, 이미 산업혁명을 거친 후 급속한 경제발전을 이룬 영국과 프랑스는 '자유무역주의'의 기치하에 대외통상에 대한 국가의 불간섭을 제창한 반면, 후발산업국인 독일과 미국은 '보호무역주의'의 당위성을 주장하였다. 이러한 두 입장에 대한 타협의 산물로 각국은 '우호통상항해조약(treaty of friendship, commerce and navigation 혹은 약자로 FCN treaty)을 체결하기 시작하였다. 이러한 조약들은 비차별주의(non-discrimination)원칙을 기본으로 채택하였는바, 국가 영역 내에서의 영토주권과 외국인의 경제적 권리에 대해서는 내국민대우(national treatment) 의무를 규정하고, 교역 경쟁국 간의 대우문제에 대해서는 최혜국대우(most-favoured-nation treatment) 의무를 규정함으로써, 국제무역에 있어서의 국가의 차별적인 간섭을 배제해 나갔다. 이러한 원칙들은 GATT체제의 기본적인 원칙으로 수용되었다.

근대적인 다자무역규범이 탄생한 것은 19세기 말에 이르러서이다. 1890년에 '관세 공표를 위한 국제동맹'(International Union for the Publication of Customs Tariffs)의 창설조약이 체결되고, 1900년부터 1933년까지 관세협력 문제를 논의하기 위한 국제회의가 수차 개최되었다.[4] 특히 1923년 국제연맹의 후

2) Edmund Heward, Lord Mansfield (Chichester: Barry Rose, 1979), 99-105.

3) John H. Jackson, The World Trading System: Law and Policy of International Economic Relations (2nd ed., The MIT Press, 1997) at 35. (이 책을 이하에서는"Jackson (1997)"으로 표기하기로 한다).

원으로 개최된 '관세형식 문제에 관한 국제회의'(International Conference on Customs Formalities)에서는 '관세형식 간소화에 관한 협약'(International Convention Relating to the Simplification of Customs Formalities)을 채택함으로써 이후에 GATT에서 다루어질 많은 문제들이 논의되었다.[5]

19세기 말부터 20세기 초반의 시기에 미국은 신흥 산업국가로서 국내산업을 보호하기 위해 관세장벽을 쌓아갔다. 특히 공화당 정권이 들어서면 관세인상을 통해 경기 불황에 대처하고 국내산업을 보호하는 정책이 일반화되어 갔다. 매킨리(W. Mckinley) 대통령 시절의 Dingley Act of 1897, 하딩(W. Harding)과 후버(H. Hoover)대통령 시절(1921~32)의 긴급관세법(Emergency Tariff Act of 1921), 포드니-맥컴버법(Fordney-McCumber Tariff Act of 1922), 스무트홀리법(Smoot-Hawley Tariff Act of 1930) 등이 연달아 의회에서 통과되며 본격적으로 관세정책이 대외정책의 수단화됐다. 이러한 미국의 보호무역주의는 다른 국가들도 극단적인 보호무역주의 조치를 취하도록 강요하는 결과를 낳아 1929년 세계대공황(Great Depression)으로 이어지는 주요 원인으로 작용했다. 대공황기에 세계 각국은 관세 및 수입제한 장벽을 쌓았으며, 국내 산업에 대한 지원조치를 취하였다. 또한 각국은 자국 수출품의 가격경쟁력을 높이기 위해 자국의 통화를 경쟁적으로 평가절하하였으며, 외환 보유고를 관리하기 위해 외환통제를 실시하는 것이 관행화되었다. 그러나 이러한 보호무역조치들이 전세계적으로 확산됨에 따라 국제무역은 더욱 위축되었으며 무역의 이익은 감소되어 갔다. 그럴수록 각국은 보호무역조치들을 더욱 강화하였다.

이러한 악순환으로부터 세계경제를 구하기 위해서는 세계 각국이 공통적으로 준수해야 하는 다자적인 무역규범이 마련되어야 한다는 논리가 점차로 확산되어 갔다. 일찍이 1915년 미국 윌슨(Wilson) 대통령의 14개 조항(Fourteen Points)에서 자유무역주의가 천명되었고, 1923년에는 미국이 오랫동안 견지해온 '조건부최혜국대우'(conditional most-favoured-nation) 원칙을 버리고 '무조

4) Ibid.

5) Ibid.

건적 최혜국대우'(unconditional most-favoured-nation) 원칙이 미국 대외경제정책의 기조로 수립된 역사적 전통이 있었다.[6] 미국의 민주당 정권이 들어서면서 공화당의 극단적 보호무역조치에 대한 정치적 비판이 이루어졌다. 루즈벨트(F. Roosevelt) 대통령은 상호관세법(Reciprocal Tariff Act)을 제정하여 스무트홀리법을 개정했으며, 대통령에게 양자무역협정 협상 권한을 부여하여 국제적인 관세 인하를 추구해나갔다. 루즈벨트에서 트루먼(H. Truman)으로 이어지는 민주당 장기집권기(1933~53) 동안 관세인하 노선이 견지되었으며 국제적으로는 다자주의 체제로 전환하기 위해 브레튼우드체제(Bretton Woods System) 창설을 통해 글로벌 관세 인하를 추구하게 되었다.

특히 제2차 세계대전의 발발 원인 중의 하나가 세계대공황 및 1930년 미국 관세법(Smoot-Hawley Tariff Act of 1930) 이후 각국이 취한 보호무역조치들이 세계무역을 질식시켰음이 지적됨에 따라 국제적 무역기구의 설립 필요성이 부각되게 되었다.[7] 또한, 미국은 양차 세계대전을 통해 거대한 국내자본을 형성하였으며 이의 해외투자를 위해 다자규범에 입각한 자유무역주의가 필요하였다. 한편 전쟁으로 인한 심각한 피해를 복구하기 위해 미국의 자본이 절대적으로 필요한 영국을 비롯한 유럽 국가들은 이러한 미국의 정책에 동조하게 되었다.

---

6) 무조건적 최혜국대우 원칙에 의하면, 체약국은 자국이 제3국에 대해 부여하는 특혜를 타방 당사국에 대해서 무조건적으로 부여해야 할 의무를 지게 된다. 이러한 원칙은 자유무역주의와 맥락을 같이하는 것으로 보호무역주의를 취하고 있는 나라들 입장에서는 불리하게 된다. 따라서 미국이 조건부 최혜국대우주의(타방 당사국의 상응하는 특혜 부여를 조건으로 하여 타방 당사국에 최혜국대우를 부여하는 것)에서 무조건적 최혜국대우주의로 선회하였다는 것은 후발산업국으로서 보호주의적 무역정책을 취해 왔던 미국이 이제 1차 대전 이후 최대 채권국이자 선진산업국이 됨으로써 자유무역을 제창하게 된 것을 의미한다.

7) Jackson (1997), pp. 36-37.

나 다자무역 규범의 탄생

이에 제2차 세계대전 중 미국은 영국의 협조하에 다자무역규범 창설을 위한 주도적인 노력을 전개하였다.[8] 이러한 규범의 내용에는 미국이 1934년 '상호무역협정법'(Reciprocal Trade Agreements Act)을 체결한 이후 1945년까지 세계 각국들과 맺은 32개의 무역협정들이 커다란 영향을 미쳤다. 우선 1944년 7월 미국의 주도하에 44개국이 참여한 가운데 전후 국제경제조직의 구축을 위한 브레튼우드회의(Bretton Woods Conference)가 개최되어 세계 각국은 국제통화기금(IMF)과 세계은행(IBRD)을 창설함으로써 국제통화의 안정과 환율 운영에 있어 국제협력 체제를 수립하였다.[9] 이를 '브레튼우드체제'라고 부른다.

이어서 국제무역기구의 설립 노력이 본격적으로 전개되었는데 1945년 12월 미국정부는 관세의 상호인하를 위한 다자간 협상을 개시하기 위해, 몇몇 국가들과 회합하였다.[10] 그리고 1945년 설립된 국제연합(United Nations)의 산하기구인 경제사회이사회(ECOSOC)의 제1차 회의(1946년2월)에서 '무역과 고용에 관한 UN회의'(United Nations Conference on Trade and Employment)의 소집을 요구하는 결의안이 채택되었으며 국제무역기구(International Trade Organization, ITO)의 설립헌장을 기초하기 위한 준비위원회의 설립에 합의하였다.[11] 이 당시

8) 1943년 9월 미국과 영국은 상호간의 경제정책에 대한 입장을 교환하기 위해 세미나를 개최하였다. 이 회의에서 양국은 보조금, 수량제한, 국가교역, 수출세, 차별적인조치, 관세인하 등을 내용으로 하는 양자무역협정들을 다자협정체제로 발전시켜 나가는 것이 필요하다는 데 공감하였으며, 이는 관세장벽 철폐 및 수량세한의 예외적 허용 등을 목표로 해야 한다는 네 합의하었다. Robert E. Hudec, The GATT Legal System and World Trade Diplomacy (Butterworth Legal Publishers, 1989), pp. 9-10.

9) IMF는 각국의 통화협력을 증진하고 경쟁적 평가절하 등의 조치를 취하는 것을 방지함으로써 국제무역을 통화불안정으로부터 보호하는 데 목적이 있다. IMF는 또한 회원국의 일시적인 국제수지 적자(maladjustments in their balance-of-payments) 발생에 대해 자금지원을 함으로써 무역파괴적인 통화조치에 의존할 필요성을 차단하고 국제수지 불균형 기간을 단축하기도 한다. IMF협정 제1조 참조. 세계은행은 장기자금의 대부, 대부참가, 민간투자에 대한 보증, 기술원조 등을 통해 국제적 자본투자를 용이하게 함으로써 세계대전에 의해 파괴된 유럽경제의 부흥 원조와 개도국 개발원조를 도모하는데 있었다. IBRD협정 제1조 참조.

10) Jackson (1997), p. 36.

미국은 ITO헌장 초안(Suggested Charter for an International Trade Organization of the United Nations)을 제안하였는바, 이 제안에는 투자, 근로기준, 경제발전 및 재건, 국제 교역규칙, 경쟁제한적인 기업관행, 국제상품협정 등의 제정을 포함하는 광범위한 내용들이 망라되어 있었다. ITO 헌장 기안을 위한 준비위원회는 총 4차례 개최되었는데, 제1차 준비위원회는 1946년 10월 런던에서 개최되었다. 제2차 회의가 1947년 초 뉴욕에서 간단히 개최된 후, 제3차 회의는 1947년 4월-11월 간 제네바에서 개최되었다. 이 제네바준비회의는 세 가지 임무("three-ring circus")를 지니고 개최되었는데, (i) ITO헌장의 기안, (ii) 상호 관세 감축을 위한 다자협정의 협상의 계속, 그리고 (iii) 관세감축 의무와 관련된 일반적 의무규정들을 기안하는 것이 그것이었다.[12] 이중 주로 두 번째와 세 번째 부분에 해당하는 사항들을 모아 '관세와 무역에 관한 일반협정'(General Agreement on Tariffs and Trade: GATT)을 먼저 출범시키게 된다. 즉, GATT는 기본적으로 관세를 양허하고 이러한 관세양허의 이익을 감소시키는 조치들을 삼가야 할 의무를 회원국들에게 부과하였다. 다시 말하면 GATT는 수많은 양자협상의 산물인 개별회원국들의 관세양허표들을 첨부하고 양허의 이익을 저해하는 조치들을 금지하는 일반조항들을 추가한 것이었다. 이러한 관세양허는 GATT의 최혜국대우 의무조항에 의해 모든 GATT회원국들에게 확대적용되었다. GATT의 내용들은 ITO의 설립을 전제로 한 것이었으며, 추후 ITO헌장이 완성되면 ITO헌장의 최종내용들과 부합되도록 GATT의 규정들을 개정할 계획이었다.[13]

마침내 1948년 개최된 제4차 아바나(Havana)회의에서 ITO헌장은 완성되었다. 그런데 1945년 미국의회가 3년 기한으로 연장한 '상호무역협정법'(Reciprocal Trade Agreements Act)에 의하면 미국대통령이 외국과 관세나 기타무역장벽 감축을 위한 협정을 체결할 권한이 규정되어 있을 뿐 국제기구설립에 관한 권한의 위임은 규정되어 있지 않았다.[14] 따라서 GATT의 규정들은 이러한 미국 대통령

11) 1 UN ECOSOC Res.13, UN Doc.E/22 (1946).
12) Jackson (1997), p. 37.
13) GATT 제XXIX조 참조.

의 권한사항의 범위 내에 해당되는 것이었으나, ITO헌장의 내용은 미국의회의 승인을 받아야 하는 것이었다. 따라서 미국정부는 1949년 의회의 승인을 시도하였으나 실패하는 사태가 벌어졌다. 그 주요인은 1948년의 총선에서 미국의 의회가 공화당의 지배하에 들어감에 따라 민주당 정부가 내세운 이상주의적 정책들이 의회의 견제에 직면한 데 있었다.[15] 미국의 공화당의 대외정책의 주요수단은 관세를 비롯한 보호무역주의 정책들이기에 이러한 정책수단을 포기하고 이러한 합의를 관장하는 다자 국제기구까지 설립하는 국제협정에 미국이 가입하지는 않는다는 것이 공화당의 기본 입장이었다. 이에 미국의 트루먼정부는 1950년 말을 기점으로 ITO의 의회 승인을 공식적으로 포기하기에 이르렀다.[16] 당시 미국의 참여 없는 국제기구는 실효성이 없었기에, 이는 ITO의 창설이 더 이상 불가능함을 의미하는 것이었다. 미국에 의해 주도된 국제무역기구의 설립노력이 미국 스스로에 의해 빛도 보지 못하고 역사 속으로 사라진 것이다.

그러나 모든 노력이 결실 없이 끝난 것은 아니었다. GATT가 살아남았기 때문이다. GATT와 관세양허 약속은 제네바준비회의가 끝나갈 무렵인 1947년 10월 완성되었다. 1945년부터 미국이 본격적으로 추진한 관세인하를 위한 다자간 무역협정 체결 노력이 결실을 본 것이다. 비록 나중에 체결될 ITO헌장에 부속될 것을 예정하였지만, 당시 협상국들은 GATT를 ITO보다 선행하여 발효시키기를 원했다. 그 이유는 만일 그렇게 하지 않고 ITO의 출범까지 GATT의 발표를 미루는 경우, 수년의 공백이 생기게 되어 GATT에서 합의된 관세율 인하의 내용이 일반에 알려지게 될 것이고, 그럼에 따라 수출업자들은 인하된 관세율의 혜택을 받기 위해 수출 일자를 ITO발표 이후로 연기하는 것이 일반화될 것이

14) Act to Extend the Authority of the President under section 350 of the 1930 U.S. Tariff Act as amended, 5 July 1945, Pub. L. 79-130., 59 Stat. 410, see Jackson (1997), pp. 36-37.

15) William Diebold, The End of the ITO (Princeton, NJ: Princeton University Press, 1952); Richard N. Gardner, Sterling-Dollar Diplomacy (Oxford: Clarendon Press, 1969); Clair Wilcox, A Charter for World Trade (New York: Macmillan, 1949); Jackson (1997), p. 38.

16) Jackson (1997), p. 38.

다. 이는 국제무역의 심각한 혼란이 야기됨을 의미하였다.[17] 또 다른 이유로는 미국의 상호무역협정법의 유효기간의 연장기간이 1948년 중반에 만료되기에 당시 미국정부로서는 의회의 승인을 거치지 않아도 되는 GATT를 그 이전에 발효시키기를 강력히 희망하였다.[18]

그러나 문제는 몇몇 국가의 경우 헌법구조상으로 GATT의 발효를 위해서는 의회의 승인을 얻어야 하는 문제가 있었다. 이들 국가의 정부는 나중에 의회에 제출될 ITO헌장에 통합된 단일안으로 GATT를 의회에 제출할 것을 희망했고, ITO헌장과 별도로 GATT를 조기에 의회에 제출함으로써 의회가 이중으로 영향력을 행사하는 것을 원하지 않았다.[19]

그러므로 이러한 두 입장간의 타협안으로 제시된 것이 "잠정적용 의정서"(Protocol of Provisional Application)[20]이었다. GATT의 원 체약국인 23개국 중 8개국이 우선 최초로 1948년 1월 1일을 시점으로 GATT를 잠정적용 하는데 합의하였으며, 나머지 국가들은 그 이후에 이에 합류하게 되었다. 이 잠정적용 의정서에서 가장 중요한 점은 GATT 제II부의 의무사항들에 대한 '기존조치 면제권'(grandfather rights)을 허용하였다는 점이다. 즉, GATT 제II부상의 내국민대우, 통관절차, 수량제한, 보조금, 반덤핑 등의 규정[21]들은 회원국의 국내법을 개정해야 하는 문제와 결부되었는바, 이들 규정을 GATT의 가입시점에 존재하는(existing) 회원국들의 제도나 조치에는 적용되지 않는다는 예외를 인정한 것이다. 그렇게 함으로써 대부분의 국가가 GATT와 충돌되는 국내법규가 존재하더라도 이를 개정하기 위해 의회의 승인을 받지 않고 GATT를 잠정적용할 수 있는 길을 마련하였던 것이다. 물론 이는 나중에 ITO헌장이 체결되면 ITO헌장

---

17) John H. Jackson, World Trade and the Law of GATT (Indianapolis: Bobbs-Merrill, 1969) 62 (이하에서는"Jackson (1969)"로 표기하기로 한다); UN Doc. EPCT/TAC/7, 3 (1947).

18) 연장기간은 1948년 6월 12일에 만료되었다. Jackson (1997), p. 39.

19) UN Doc. EPCT/TAC/4,8(1947).

20) 55 UNTS 308 (1947).

21) 이러한 GATT 제II부의 규정 이외의 중요한 규정들인 최혜국대우 의무 및 관세양허 조항(제I부)은 대부분의 국가에서 행정부가 독자적으로 시행할 수 있는 행정적인 사항들이었으므로 기존조치 면제권의 대상범위에서 제외된 것이다.

과 함께 GATT를 의회에 제출함으로써 GATT를 확정적으로 적용할 것을 의도한 것이었다.22)

그러나 결국 ITO가 무산됨으로써 GATT는 홀로서기를 할 수밖에 없었고, 그 후로 GATT의 잠정적 지위를 확정적인 것으로 바꾸려는 노력이 전개되기도 하였으나 모두 실패하고 말았다.23) 결국 GATT는 이러한 잠정적 지위를 그대로 유지하였으며 그럼에도 불구하고 1948년부터 1994년까지 반세기 동안이나 국제통상 질서를 규율하는 기본규범으로 적용되어 온 것이다. 물론 이시기를 거쳐 점차로 GATT 제II부의 의무로부터 면제된 기존의 조치들은 수정되거나 종료되었고 면제의 효력은 새로 도입된 조치에는 적용되지 않았기에 GATT 제II부 의무면제의 수혜범위는 점차로 줄어드는 결과를 낳았다.

다 GATT의 발전과 다자간 무역 · 관세 협상의 진행

ITO의 무산에 따른 국제무역기구의 부재는 그 유일한 대안으로서의 GATT의 역할을 부각시켰다. 즉, 관세양허제도를 운영하기 위해 마련된 보조협정에 불과했던 GATT가 이제 ITO에 갈음하여 국제무역에 관한 제반문제를 논의하고 다자무역규범을 확대해 나가야 하는 중요한 임무를 떠맡게 된 것이다.

GATT는 하나의 조약체계에 불과하고 국제기구가 아니었으므로 초창기에는 많은 국가들이 GATT의 활동에 대해 권한을 위임하는 것을 꺼려했다. 그러나 점차적으로 회원국이 늘어나고 GATT 체약국단(CONTRACTING PARTIES)의 모임을 통해 공동행동을 하려는 노력이 전개됨에 따라 GATT는 사실상의 국제기구의 특성을 지니게 되었다. GATT는 공식적으로 사무국이 설치되지 않았으나, ITO협상과정에서 UN의 산하에 설치된 'ITO설립중간위원회'(Interim Commission for the International Trade Organization: ICITO)가 ITO작업의 중단 이후

22) Jackson (1997), pp. 40-41.
23) Jackson (1969), section 3.3.

GATT의 사실상의 사무국 역할을 수행하게 되었다.

이렇게 잠정적용이라는 편의적인 형태의 법률적 기반과 공식적인 국제기구로서의 조직적 기반이 모두 결여된 상태에서 시행착오를 겪으면서 진화(evolution)해 온 GATT가 비교적 확고한 업무수행 절차를 수립하고 사실상의 국제기구로서 기능하게 된 것은 국제경제 체제에서의 실용주의(pragmatism)의 중요성을 일깨워 주는 것이다.[24)]

케네디라운드 기간(1963-67) 동안 GATT 체약국들은 GATT에 대한 마지막 개정을 단행하여 GATT에 제IV부를 추가함으로써 무역과 개발문제에 관한 조항들을 도입함으로써 현행 GATT 협정문안이 자리 잡게 되었다.

GATT의 주도로 여덟 차례에 걸친 다자간 무역 및 관세협상("Round")이 개최되었다. 1947년의 제1차 제네바라운드에서부터 1964-67년간의 제6차 케네디라운드까지는 주로 관세인하 문제에 초점을 맞추어 협상이 이루어졌다. 첫 번째 다자간 관세협상인 제네바라운드에서는 23개국이 참가하여 45,000 품목의 관세양허가 이루어졌는바, 이는 당시 전세계교역의 절반에 가까운 수준이었다. 일반적으로 이러한 여덟 차례의 관세인하 협상을 통해 공산품에 대한 평균 관세율이 40%에서 3.9%로 하락하였음을 볼 때, GATT의 라운드는 전반적으로 성공을 거두었다고 평가할 수 있다.

GATT의 발전과 더불어 회원국의 수는 늘어갔다. 제2차 Annecy Round(1949)를 거쳐 제3차 Torquay Round(1951)가 개최되었고, 한국은 이때 GATT에 가입하기 위해 1950년 가입협상을 완료하고 가입협정에 서명까지 하였다.[25)] 그러나 불행히도 6.25전쟁의 발발로 비준절차를 완료할 수 없었기에 GATT의 가입은 성사되지 못했다. 그 후 한국정부는 해외수출주도 경제정책을 강력히 추진하던 1960년대 중반 다시 가입절차를 밟아 1966년 12월 16일 GATT의 승인을

---

24) Jackson (1997), p. 39.

25) GATT, Basic Instruments and Selected Documents("BISD"), Vol. II (1952) 33-34. 이 당시 한국은 일본으로부터 독립을 쟁취하고 독립국가로서의 위상 제고를 위해 GATT가입을 추진한 것으로 보인다.

얻어 국내절차를 완료한 후 1967년 4월 14일부로 한국가입의정서가 발효하게 되었다.[26] 1960년대에 개최된 제5차 Dillon Round(1960-61) 및 제6차 Kennedy Round(1964-67)를 전후해서는 GATT에의 개도국조항(제IV부) 삽입 등의 유인으로 39개국이 대거 GATT에 가입했으며, 제8차 Uruguay Round(1986-1993)의 완성기인 1990년대(1990-1994)에는 33개국이 가입함으로써 GATT는 명실 공히 전세계 국제무역을 규율하게 되었다.

GATT에서 비관세장벽에 대한 논의는 1962-67년간의 케네디라운드에서 협상목표 중의 하나로 등장하였다. 그럼에도 불구하고 이 협상에서 비관세장벽 문제는 제한적으로만 다루어져, 협상의 결과 '반덤핑코드'("1967 Antidumping Code")와 '미국의 관세평가제도에 관한 코드'("American Selling Price Code")만이 체결되었을 뿐이었다. 이 반덤핑코드는 나중에 동경라운드 반덤핑코드로 대체되었고 미국의 관세평가제도에 관한 코드는 미국 의회의 동의를 얻지 못해 발효되지 못했다.

그 이후 비관세장벽에 대한 논의는 1973-79년간의 제7차 동경라운드에서 본격적으로 진행되었으며 상당한 성공을 거두었다. 전반적인 관세인하의 효과를 잠식하는 비관세장벽을 규율하기 위해 보조금, 덤핑, 정부조달, 제품규격 및 안전기준 등에 대한 교역규칙을 수립하는 노력이 전개되었다. 이러한 새로운 규칙들은 GATT의 개정을 통한 것이 아니라 "codes"라고 불리는 별도의 협정들을 체결하는 형식으로 GATT체제에 통합되었다. 그 결과로 탄생한 코드들은 아래와 같다.

GATT 동경라운드 Codes

- 반덤핑코드, Agreement on Implementation of Article VI of GATT
- 보조금및상계조치코드, Agreement on Interpretation and Application of Articles VI, XVI and XXIII of GATT

26) GATT, "Korea - Accession under Article XXXIII: Decision of 2 March 1967", BISD No. 15 (1968) 44, 60, 106.

- 관세평가코드, Agreement on Implementation of Article VII of GATT
- 정부조달코드, Agreement on Government Procurement
- 수립허가절차코드, Agreement on Import Licensing Procedures
- 무역에관한기술장벽코드, Agreement on Technical Barriers to Trade
- 민간항공기교역코드, Agreement on Trade in Civil Aircraft
- 국제우육코드, Arrangement regarding Bovine Meat
- 국제낙농코드, International Dairy Arrangement

이는 GATT의 관할범위가 대폭 확대되었음을 의미하는 것이었다. 그러나 이들 코드들은 GATT의 확대를 경계하는 개발도상국들의 반대에 의해 GATT회원국들이 의무적으로 가입해야 하는 협정이 아니고 가입여부를 선택적으로 결정할 수 있는 임의법규 형식으로 제정되었다.[27] 그러므로 GATT회원국 중 일부 국가들만이 가입하게 되었다. 또한 이러한 코드들은 법률적으로 GATT와는 전적으로 분리된 별도의 협정이었다. 이러한 점은 GATT와 코드 간의 효력의 우열관계에 관한 논쟁 및 코드가입국들이 코드내용과 관련하여 코드 미가입국에 대해 최혜국대우를 부여해야 하는가에 대한 해석의 문제를 야기했다. 즉, 코드 미가입국들은 GATT 제I조의 최혜국대우 의무에 무임승차하여 코드 내용을 자국에게도 적용할 것을 코드 가입국들에게 주장할 수 있는가라는 문제가 제기되었던 것이다. 이에 더해 각 코드는 분쟁해결에 관한 규정을 각각 두고 있었으므로 분쟁사안에 따라 분쟁해결의 절차가 상이하였다. 이와 같이 새로운 코드들과 GATT와의 병렬적 관계("Balkanization")는 많은 해석의 문제를 야기했고 규범적용에 있어서의 적지 않은 불편을 낳았다. 이러한 모든 문제점들이 해결되기 위해서는 10여 년이 지난 후 모든 협정들을 WTO설립협정에 부속시켜 의무적으로 가입하도록 한 WTO의 '일괄채택(single-package)' 방식의 등장을 기다려야 했던 것이다.

---

27) 이를 "GATT à la carte" 방식이라 부르기도 한다.

이 밖에도 동경라운드에서는 아래의 4개의 양해, 결정 및 선언이 이루어졌다.

GATT 동경라운드 양해와 결정

- 통지·협의·분쟁해결·감시에 관한 양해, Understanding Regarding Notification, Consultation, Dispute Settlement and Surveillance
- 세이프가드조치에 관한 결정, Decision on Safeguard Action
- 개도국특혜에 관한 결정, Decision on Differential and More Favourable Treatment, Reciprocity and Fuller participation of Developing Countries ("Enabling Clause")
- 국제수지 균형을 위한 조치에 관한선언, Declaration on Trade Measures Taken For Balance-of-Payment Purposes

이들은 코드와는 달리 모든 GATT회원국들을 구속하는 특별법적 성격을 지니고 있으며, 특히 '개도국특혜에 관한 결정'은 소위 "허용조항(Enabling Clause)"이라 불리는 것으로 그간 의무면제형식으로 개발도상국에 대해 임시적으로 부여해 온 특혜조치를 영구적으로 부여할 수 있는 GATT상의 법적 근거를 마련하였다는 점에서 중요성이 있다.

라 우루과이라운드와 WTO의 탄생

동경라운드 이후 국제무역에서 서비스무역이 차지하는 비율이 점증함에 따라 미국은 서비스교역에서도 GATT와 같은 규율(GATT-type discipline)이 필요하다는 생각을 하게 되었다.[28] 이에 대해 EC는 처음에는 부정적이었으나 영국의 금융서비스부문처럼 서비스교역이 EC회원국에 미치는 효과가 큼을 깨닫고 적극성을 띠게 되었다. 또한 새로운 형태의 지적재산권교역이 이루어짐에 따라

28) Jackson (1997) p. 44.

기존의 WIPO(World Intellectual Property Organization)에 의한 국제 지재권 규율이 적합하지 않다는 의견도 제시되었다. GATT 분쟁해결제도 또한 그 효과성을 제고할 수 있는 방안이 모색되었다.[29)]

이러한 미국의 노력으로 새로운 다자무역협상이 필요하다는 데에 대한 공감대가 1982년 GATT 각료회의를 기점으로 형성되어 갔다. 이에 대해 개발도상국들은 반대하는 입장이었다. GATT가 새로운 의제에 대한 협상을 시작하게 되면 상품교역분야에 대한 논의는 관심이 멀어질 것이고 이는 상품분야에 대한 개혁을 추진하기를 희망하는 개도국 입장에서는 바람직하지 않은 일이었다.[30)] 그러나 미국 301조를 중심으로 한 강대국들의 일방적 대외무역조치가 행해지고 특혜무역협상이 증가하고 있는 당시의 상황을 견제하기 위해서는 다자간 무역자유화협상을 전개하는 것이 개도국들에게는 유일한 선택이었다.

당시 GATT 사무총장 Arthur Dunkel을 중심으로 한 준비위원회는 1982년 각료회의시의 제기사항을 기초로 새로운 다자협상 의제를 마련하였고 마침내 우루과이의 Punta del Este에서 개최된 GATT 체약국단회의에서 1986년 9월 20일 '우루과이라운드에 관한 각료선언'(Ministerial Declaration on the Uruguay Round, "the Punta Declaration")을 채택함으로써 "Uruguay Round"(UR)[31)]가 공식적으로 출범하게 되었다. Punta Declaration은 서비스와 지적재산권을 포함한 광범위한 의제를 포괄하고 있었다. 특히 우선순위가 부여된 것은 케네디라운드와 동경라운드에서 개혁에 거듭 실패한 사안인 농산물 교역에 대해 GATT의 규율을 확대하는 것이었다. 또한 동경라운드에서 체결된 보조금코드의 범위

29) Ibid.

30) Jeffrey J. Schott, The Uruguay Round: An Assessment (Institute for International Economics, 1994), pp. 4, 5.

31) 라운드(Round)란 세계 각국이 교역의 이익을 도모하기 위해서 국제적 교역질서를 수립하려는 다각적 무역교섭으로서, 우루과이라운드(Uruguay Round: UR)란 1986년 9월 우루과이에서 첫 회합이 열린 이래 여러 차례의 협상을 거쳐 1993년 12월에 타결되고, 1995년부터 세계무역기구(WTO)협정을 발효시킨 다자통상협상을 말한다. UR은 GATT의 제8차 다자간 무역협상의 형태로 진행되었는바, 상품그룹협상과 서비스협상을 양축으로 하여 무역관련 투자조치, 무역관련 지적재산권 등 15개의 포괄적인 의제에 대한 협상이 진행되었다.

를 넘어 보조금에 대한 규율을 더욱 상세화하고, 보호무역화되어 있는 섬유교역을 자유화하는 문제를 논의하는 것이었다.[32]

또한 국제무역체제를 제도화하는 문제와 관련해서는 두 가지 이슈가 두 개의 협상그룹에 의해 발전되었다. 하나는 그동안 비효율성과 비통합성의 문제점을 드러낸 분쟁해결절차를 개선하는 일이었고, 다른 하나는 GATT와 IMF와의 관계를 비롯하여 국제무역과 기타분야와의 관계를 정리해 나가는 일이었다. UR 협상 초창기에는 이러한 '제도화' 이슈는 위 두 가지 부문에 한정된 것으로 비추어졌다.

1988년 12월 몬트리올에서 개최된 중간검토회의(midterm review)는 전반적으로 실패한 것으로 평가되었으나, 평균 3분의 1에 달하는 관세의 감축, 서비스교역에 관한 협정의 채택, 분쟁해결절차의 개정, 무역정책검토제도의 잠정적 도입 등의 몇몇 사항에 대한 합의가 이루어졌다. 1989년 중순에 접어들면서는 UR이 성공하는 경우 그 합의사항들을 어떻게 이행해 나가는가 하는 점에 대한 관심이 제기되었는바,[33] 1990년 초에 이르러 캐나다정부는 "World Trade Organization"이라는 명칭의 새로운 국제기구의 설립 필요성을 공식적으로는 처음으로 제안하였다. 후에 EC는 이 제안을 지지하였으나, 이기구의 명칭을 "Multilateral Trade Organization"(MTO)으로 할 것을 수정제안하였다.[34]

1990년 12월에는 브뤼셀에서 UR을 최종 타결하기 위한 각료회의가 개최되었다. 그러나 농업분야의 개혁문제에 대한 합의가 이루어지지 않아 각료회의는 실패로 돌아갔다. 이에 1991년 12월에는 20여 개의 협상그룹의 협상안을 한군데로 모아 만든 최종의정서 초안인 소위 "Dunkel Draft"가 제출되었으며 이 초안에는 MTO 헌장 체결에 대한 제안이 포함되어 있었다. 점차로 GATT회원국들은 Dunkel Draft를 중심으로 협의를 진행시켜 나갔으며 농업문제를 제외한

32) Jackson (1997), pp. 44 - 45.

33) John H. Jackson, Restructuring the GATT System(London: Royal Institute of International Affairs, 1990).

34) Jackson (1997), p. 45.

대부분의 문안에 대한 공감대가 형성되어 갔다.

농업문제에 대해서 미국은 보조금의 전면적인 철폐를 주장한 반면, EC는 공동농업정책(Common Agricultural Policy)에 대한 영향을 최소화하려고 하였기에 양자 간의 대립이 첨예하였다. 이에 대해 농산물 수출국들의 모임인 Cairns Group[35)]은 농업보조금의 실질적 감축을 이루어야 하며 농업과 서비스 등의 분야를 연계하여 협상의 타결을 유도하였다. 이러한 노력의 결과 1992년 11월 미국과 EC 간 '블레어하우스협정'(Blair House Agreement)이 체결됨으로써 양자 간의 농업분야에 대한 이견이 해소되었다.[36)] 이는 UR협상의 최대 걸림돌이 제거되었음을 의미하는 것이었고, 이후 UR협상은 막바지 타결을 향해 급진전하였다.

이에 미국 의회는 1993년 중순까지 행정부의 '신속협상권한'(fast-track negotiating authority)을 연장함으로써 최종협상 타결시한을 설정하였다. 이에 미국과 EC는 농업과 반덤핑분야에 관해 타협하게 되었고, Dunkel이 제시한 섬유협정초안을 수용함으로써, UR협정을 일괄타결할 수 있는 준비를 마쳤다.

협상의 막바지까지도 미국은 새로운 국제기구를 창설하는 것에 대해 입장을 정하지 못하고 있는 상태였다. 따라서 새로운 국제기구의 권한을 제약하는 수많은 문구가 삽입되고, 단순다수결 제도와 같이 강대국의 이익에 반하는 방식이 아닌 가중다수결방식을 채택한 후, 새로운 국제기구 창설에 합의하게 되었다.[37)] 이에 1993년 12월 15일 UR 다자간무역협상의 결과를 담은 최종의정서(Final Act Embodying the Results of the Uruguay Round of Multilateral Trade Negotiations)가 컨센서스로 채택됨으로써 7년간 진행된 UR은 마침내 유종의 미를 거두게 되었다. 이러한 채택과정은 일괄채택(single package) 방식을 취하

35) Cairns Group은 농산물 수출국들이 1986년 호주의 케언즈(Cairns)라는 도시에서 결성한 협상그룹이다. 회원국은 호주, 뉴질랜드, 캐나다, 브라질, 아르헨티나, 우루과이, 칠레, 콜롬비아, 필리핀, 말레이시아, 태국, 인도네시아, 파라과이, 남아프리카공화국 등 14개국이었으나, 1999년 볼리비아, 코스타리카, 과테말라 등 3개국이 추가로 가입하여 총 17개국으로 활동해 오고 있다.

36) 주요 내용은 수출보조는 UR 타결 이후 6년간 물량기준으로 21%를 감축하고 예산지출기준으로 36%를 감축하며, 국내보조금에 대해서는 생산통제하의 직접보조를 허용하고 보조총량측정치(AMS) 산정시 품목간 감축 융통성을 인정하는 것 등이었다.

37) Jackson (1997), p.46.

였는데 동경라운드에서처럼 개개의 협정에의 가입을 선택 가능하게 하지 않고 모든 부속 다자무역협정들을 한꺼번에 가입해야 WTO회원국이 될 수 있도록 한 것이다. 또한 기존의 협정인 GATT를 개정하는 형식을 취하지 않고 UR최종의정서를 새로운 협정으로 제정한 것은 매우 중요한 의미를 갖는다. 이렇게 함으로써 새로운 국제기구인 WTO를 창설하는 법적 토대를 마련하는 한편, 번거로운 GATT의 개정절차를 거치지 않고 GATT 자체를 하나의 부속협정으로 포함할 수 있었던 것이다.

UR 최종의정서의 서명은 1994년 4월 15일 모로코의 마라케쉬에서 개최된 각료회의에서 이루어졌다. 막판까지 새로운 무역기구에 대한 명칭에 이견이 있었으나 결국 "MTO"가 아닌 "WTO"라는 명칭을 사용하기로 하였다.[38] 일괄채택 방식을 택한 다자간무역협정과는 별도로 정부조달협정, 국제우육협정, 국제낙농협정, 민간항공기교역협정의 복수국 간 협정(Plurilateral Trade Agreement)은 선택적으로 가입할 수 있도록 서명을 위해 개방되었다.

1994년 12월 8일 개최된 WTO이행회의(Implementation Conference)에서의 결정에 따라 WTO설립협정은 1995년 1월 1일부로 발효되었고, 그동안 사실상의 국제기구 역할을 수행했던 GATT의 관련기구나 인원들은 WTO로 이관되었다. 이제 공식적으로 법인격을 갖춘 국제기구인 WTO가 세계 무역질서 전반을 관할하게 된 것이다. 또한 GATT에서 WTO협정 체제로 이행하는 과도기 동안의 여러 문제를 해결하기 위해 'GATT 1947'과 WTO협정이 1년 동안 과도적으로 공존할 것도 결정되었다. 이 결정에 따라 국제협정으로서의 GATT 1947은 1995년 말로 더 이상 과거와 같이 독립적으로 적용되지 않게 되었다. 그러나 한 가지 혼동하지 말아야 할 것은 그렇다고 해서 국제협정으로서의 GATT의 효력이 소멸한 것은 아니라는 사실이다. WTO설립협정이 GATT 1947을 다자간상품무역협정의 하나인 GATT 1994에 포함되도록 하였기에 이제 GATT 1947은 WTO협정체제로 흡수되었으며, WTO체제하의 특별규정들에 의해 수정 · 개

38) 그 배경에 관해서는"Andreas F. Lowenfeld, Remedies Along with Rights: Institutional Reform in the New GATT, 88 AJIL (1994), p. 478"을 참조.

정된 범위 내에서 계속 그 효력을 지니게 된 것이다.

또한 주목할 점은 GATT 1947만 흡수되었을 뿐 GATT의 '잠정적용의정서'(PPA)는 배제되었으므로 '기존조치면제권(grandfather rights)'의 혜택은 더 이상 부여되지 않는다는 점이다. 다만, 한 가지 문제에 대해서는 GATT 1947 체제하에서 허용되어 온 기존 조치 면제의 혜택을 계속 부여할 수 있도록 GATT 1994가 명시적으로 허용규정을 두고 있다. 즉 GATT 1994의 모두규정 제3항에 의하면 "연안항해에 있어서 외국선박의 사용 · 판매 · 임대를 제한하는 내용의 국내강행규정이 GATT 1947 가입이 전부터 존재한 경우 이를 WTO발효 이전에 통지하고 통계현황을 연례적으로 보고하며 그 필요성을 정기적으로 검토받는 것을 조건으로 하여 GATT 제II부의 적용을 면제"시켜 주고 있다.[39] 이러한 예외규정은 미국이 가장 정치적으로 민감하게 여기고 있는 이슈 중의 하나인 'Jones Act'를 허용하기 위한 것이었다.[40] 주의할 점은 이 경우에도 최혜국대우의무(GATT 제I부)는 면제되지 않으므로 여전히 적용되며, Jones Act가 추후 개정을 통해 "GATT 제II부와의 합치성을 더욱 감소(decrease its conformity)"시키는 내용으로 변경되는 경우에는 위와 같은 예외가 더 이상 허용되지 않는다는 점이다. 따라서 우리나라를 비롯한 해양국가들은 향후 미국이 Jones Act를 운용하는 데 있어서 MFN원칙을 준수하는지 여부 및 Jones Act의 개정상황을 예의주시해야 할 것이다.

마 WTO 뉴라운드의 전반적 실패와 부분적 성과

WTO설립 후 새로운 다자협상을 출범시키려는 노력이 기울여져 왔다. 2001년 11월 카타르 도하에서 새로운 라운드를 출범시키기로 합의하고 당시 개도국

39) GATT 1994 모두규정 제3항.

40) Jones Act는 미국 내의 연안 해상운송(cabotage) 권한을 미국선박에게로 제한한 미국의 국내법(Merchant Marine Act of 1920)이다.

의 입장을 반영하여 '도하개발어젠다'(Doha Development Agenda: DDA)라고 명명하였다. 다만, 다른 DDA협상 분야와 달리, 농산물교역에 대한 협상은 UR협상 결과를 반영한 WTO농업협정에 따라 2000년부터 진행되었다. 그 후 2001년 DDA협상이 출범함에 따라 그 일부로 편입되게 된 것이다. 농산물 분야는 UR에 의해 비관세장벽이 관세로 전환된 결과 DDA 농업협상에서는 농산물에 대한 추가적인 관세감축을 통해 농산물교역의 자유화 수준을 한층 제고하는 것이 가장 중요한 쟁점으로 떠오르게 되었다.

도하각료회의 선언문은 DDA협상의 기본원칙을 담은 위임사항("Doha mandate")을 회원국들에 부여하였다. 이에 따르면, 이행관련 이슈, 농업, 서비스, 비농산물 시장접근, 교역관련 지적재산권, 교역과 투자와의 관계, 교역과 경쟁정책의 상호작용, 정부조달의 투명성, 무역원활화, WTO규범, 분쟁해결양해, 교역과 환경, 전자상거래, 소규모 경제, 교역, 부채 및 재정, 교역과 기술이전, 기술협력과 능력형성, 최빈개도국, 개도국특혜대우 등의 광범위한 주제에 대한 작업프로그램을 수립하고 이와 관련한 다자협상을 WTO일반이사회 산하의 Trade Negotiation Committee에서 주관하여 2005년 1월까지 종료할 것을 선언하고 있다.[41]

2004년 '7월 패키지'[42]라고 부르는 일반이사회 결정에서는 이러한 Doha 위임사항을 달성하기 위한 다자협상의 기본골격 원칙(Negotiation Framework)이 채택되었으며, 협상 종료 시한을 연장하였다. 일정한 공식에 의한 관세 감축, 사전 제외 없는 포괄적 품목에 대한 감축, 현재의 감축의무는 완전이행한 상태에서 새로운 감축의무 적용, 감축을 위한 기준은 2001년 당시 실행관세율로 설정, 개도국의 자발적 자유화 조치는 감안할 것, 일정한 범위 내에서 공식에 의한 감축의 예외 품목을 인정 등이 DDA 협상의 기본골격이 된 것이다.[43]

41) Doha Ministerial Declaration, WT/MIN(01)/DEC/1, 20 November 2001.

42) Decision Adopted by General Council on 1 August 2004, WT/L/579, 2 August 2004.

43) 협상 'mandate'를 실현하기 위해서는 구체적인 무역자유화 방식('modalities')에 합의하여 이를 기준으로 수많은 양자협의를 개최하여 관세감축 등에 대한 합의를 이루어야 한다. 그러나 2003년 3월 하빈슨 의장이 제시한 'modalities' 초안이 실패하고 같은 해 9월 칸쿤 각료회의까지 'modalities'에 합

2004년 '7월 패키지' 합의의 주요 내용

1. DDA 협상 일정

- 협상을 2004년 말을 넘어 계속 추진하고, 2005년 12월 홍콩에서 각료회의를 개최한다.

2. 농업

- 실질적 시장접근의 개선을 추구한다.
- 관세율을 구간별로 분류, 높은 관세는 더 많이 감축한다.
- 민감품목(TRQ 증량의무) 및 개도국 특별품목 개념을 도입한다(관세상한 등은 추후 협상).
- 국내보조금은 보조 수준이 높은 국가가 더 많이 감축한다.
- 수출보조는 철폐하고, 기타수출신용, 식량원조 등에 대해서도 규율을 강화한다.

3. 공산품 등 비농산물

- 관세가 높을수록 더 많이 감축하는 비선형감축방식을 채택한다.
- 양허의 범위를 특정한다.
- 분야별 접근방식의 중요성을 인정한다.

4. 서비스

- 2차 양허안을 2005년 5월까지 제출하며, 1차 양허안 미제출국가의 양허안 제출을 독려한다.

5. 싱가폴 이슈(투자, 경쟁, 정부조달, 무역원활화)

- 무역원활화협상만 개시하며, 나머지는 DDA 협상 의제에서 제외한다.

6. 개도국 관심사항

- 농산물에 대해 개도국 특별품목 지정을 허용하고, 특별긴급수입제한제도(SSG) 개념을 인정한다. 또한 관세감축과 TRQ증량에 있어 보다 낮은 수준을 적용한다.
- 비농산물에 대해, 개도국에 대해 장기간의 이행기간을 보장하는 한편, 일정비율에 대해 공식에 의한 감축보다 낮은 감축을 하거나 미양허를 계속 유지할 수 있도록 한다.

의하는 것이 사실상 불가능해진 상황에서 'modalities'에 이르는 중간단계로서 자유화의 기본골격만이라도 합의할 필요성이 있었기에 2004년 '7월 패키지'에서 이러한 'framework'가 탄생하게 되었던 것이다.

- 최빈개도국에 대해서는 양허범위 확대만을 요구할 뿐 관세감축 및 분야별 접근의 참여를 면제한다. 선진국과 자발적 참여국들이 이들의 수출품에 대해 일정 기간 동안 무관세, 무쿼터를 적용한다.
- UR 협상 결과 이행문제 및 개도국 우대 관련 제안보고 시한을 각각 2005년 5월 및 7월로 설정한다.

그 이후 이러한 골격을 세부적으로 실행하는 구체적 방식(Negotiation Modalities)에 대한 합의 도출에 실패하여 DDA는 잠정 중단된 상태로 머물렀다. 그러다가 2015년 12월 나이로비 각료회의 선언문에서는 DDA의 추후 진행에 대한 회원국 간 이견이 표면화되고 이를 선언문 자체에 명기하는 사태까지 발생하게 되었다. 즉, "많은 회원국들이 기존 틀에 입각해 DDA를 계속적으로 추진하는 것에 동의했으나, 다른 회원국들은 도하위임사항(Doha mandates)을 더 이상 지지하지 않으며, 새로운 접근방식이 필요함을 확인한다"는 문구가 삽입되고 말았다.[44] 아울러 "새로운 이슈에 대한 협상을 진행하는 결정이 필요하다는 견해와 이를 반대하는 견해가 있다"는 사실도 기록되고 말았다.[45]

이는 DDA 자체가 사실상 종료되었음을 선언해버린 것으로 평가할 수 있다. 2001년에 출범하여 14년 동안 위기를 수차례 겪으면서도 그 명맥을 유지해 왔던 DDA 라운드는 결국 그 종료를 명시적으로 선언하지는 않았지만, 누구나 그 실패를 인지할 수 있는 상황으로 빠져버린 것이다. 추후 개최되는 WTO 각료회

44) WTO Nairobi Ministerial Declaration, adopted on 19 December 2015, WT/MIN(15)/DEC, para 30. ("We recognize that many Members reaffirm the Doha Development Agenda, and the Declarations and Decisions adopted at Doha and at the Ministerial Conferences held since then, and reaffirm their full commitment to conclude the DDA on that basis. Other Members do not reaffirm the Doha mandates, as they believe new approaches are necessary to achieve meaningful outcomes in multilateral negotiations. Members have different views on how to address the negotiations. We acknowledge the strong legal structure of this Organization.")

45) Ibid., para 34. ("While we concur that officials should prioritize work where results have not yet been achieved, some wish to identify and discuss other issues for negotiation; others do not. Any decision to launch negotiations multilaterally on such issues would need to be agreed by all Members.")

의에서 도하 위임사항에 대한 WTO회원국들의 지지가 총의로서 다시 확인되거나, 새로운 이슈를 추가해서 기존의 위임사항을 보완한 새로운 위임사항이 도출되는 극적인 반전이 연출되지 않는 한, 다자 통상협상 라운드는 더 이상 우리 곁에서 숨을 쉬지 못할 것이다.[46]

이러한 WTO 뉴라운드의 전반적 실패에도 그동안 여러 번 개최된 각료회의에서 한정된 분야나 사항에 대해 WTO회원국들은 합의(Mini-package adoption)를 도출해 온 바가 있다.

우선 2001년 11월 카타르 도하에서 합의된 "이행 관련 결정(Implementation-related Issues and Concerns)"이 있는바, 주로 개발도상국들의 이익과 투명성 강화를 위해, 국제수지 문제, 시장접근, 농업 허용보조, 위생관련 교역조치, 섬유 및 의류교역, 반덤핑, 관세평가, 보조금 등의 분야에서 개도국특혜조항을 활용할 것과 투명성 강화조치를 취할 것을 규정하고 있다.

아울러 도하에서는 공중보건을 위해 각국이 국가 보건 비상상황을 자체판단할 수 있는 권리가 있고 관련 필수 의약품에 대한 강제실시(compulsory licences)를 결정할 권리가 있음을 확인하는 선언도 내린 바도 있다. 이 도하 각료회의 선언의 위임을 받아서 일반이사회는 2005년 12월 결정을 통해 TRIPS 협정을 개정하면서 강제실시의 목적이 국내시장에 공급하는 것을 목적으로 해야 한다는 제한조항을 삭제하고 일정한 (최빈)개도국들 시장에 공급하는 "수출용"으로도 강제실시를 행할 수 있도록 함으로써, 국내 생산능력이 없는 국가들이 이웃국가의 도움을 받아 공중보건 위기를 극복할 수도 있도록 했다.

2005년 홍콩 각료회의에서는 개도국들이 스스로 지정한 민감농산물 품목에 대해 수입가격 및 물량이 증가할 경우 긴급관세를 부과할 수 있도록 했고, 면화에 대한 선진국의 보조금을 2006년까지 철폐하고 선진국은 최빈개도국으로부터의 면화수입에 대한 관세를 철폐하기로 합의했다.

2013년 발리 각료회의에서는 개도국 특례 조항들을 다자적으로 분석하고

46) 그 후 개최된 2017년 11차 부에노스아이레스 각료회의 및 2022년 12차 제네바 각료회의에서는 각료회의선언문 자체가 채택되지 못했다.

WTO회원국들에게 권고할 수 있는 메커니즘을 구축했다. 그리고 발리 각료회의에서는 상품의 운송, 통관, 통과 등의 단계에서 절차를 촉진하고 투명성을 증대시키며 각국의 세관협력을 강화하기 위한 여러 조항들을 한데 모아, 무역원활화협정(Trade Facilitation Agreement: TFA)이라는 이름으로 협정을 타결시켰는바, 이 협정은 2017년 2월 22일부로 WTO협정의 일부분으로 발효되었다.

2015년 나이로비 각료회의에서는 선진국은 즉시, 개도국은 2018년까지 모든 농업 수출보조금을 철폐하는 데 합의했다.[47)]

최근 2022년 제네바에서 개최된 각료회의에서는 불법 · 비보고 · 비규제(IUU) 어업행위에 대한 보조와 남획 어종에 대한 보조를 금지하는 합의를 도출했으며 수산보조금협정(Agreement on Fisheries Subsidies)이라는 이름으로 WTO협정 체제에 협정을 추가하게 되었다.[48)] 또한 COVID-19와 같은 국제적 감염병의 백신에 대한 전세계적 공급 원활화와 정보공유 등 협력강화 선언, 식량수출 규제에 대한 다자적 통제 강화와 세계식량기구(WFP)가 인도적 목적으로 추진하는 식량원조 프로그램에 대한 수출 제한 조치 금지 결정 등을 통해 세계 식량문제 완화를 추구하는 성과를 올렸다.

또한 그동안 개최된 일련의 WTO 각료회의에서는 개도국(특히 최빈개도국)들의 교역역량을 개선하는 것이 이들에 대한 원조정책의 핵심이 되어야 함에 합의하고 "Aid for Trade" 개념에 입각하여 원조정책을 구체적으로 펼칠 수 있는 방안에 대한 논의를 진행하고 있다. 전자상거래(전자 전송 교역)에 대해 관세부과를 일시적으로 면제하는 합의를 주기적으로 연장해 오고 있기도 하다. 아울러 WTO 정부조달협정은 그 협정 자체의 특별 개정절차에 의거하여 정부조달위원회의 결정에 의해 2010년 12월에 새로운 내용으로 대체 되었는바, 2014. 4. 6.부터 개정 정부조달협정이 발효되었다.

---

47) 단, 개도국을 위한 수출 마케팅 및 운송보조금 특례조항은 2023년(최빈개도국은 2030년)까지만 허용하도록 못 박았다.

48) WTO회원국 2/3의 수락시점에 동 협정은 발효하게 된다. 2025년 6월 현재 102개 회원국이 가입하였는바, 미발효 상태이다.

2018년 출범한 미국의 트럼프(D. Trump) 공화당 행정부는 다자통상협상 전략을 근본적으로 버리고 철저하게 양자협의를 통해 미국의 국가이익을 추구하는 노선으로 돌아서버렸다. 국제적 교역자유화 목표는 외면당하고 미국의 제조업 기반을 다시 되살리고 첨단기술을 보호하기 위해 전면적인 무역보호정책이 필요하며, 이는 그동안의 무분별한 세계화(globalization) 촉진 정책이 낳은 부작용을 해소하고, 미국 패권에 도전하는 중국을 견제하기 위해서도 불가피하다는 명제를 미국 정치에 각인시켜 버렸다. 2021년 집권한 민주당의 바이든(J. Biden) 대통령도 이러한 트럼프의 무역보호주의 정책노선을 수정하지 않고 계승해 버렸다. 이제 과거 미국 역사에서 공화당의 무역보호주의 정책이 번번이 민주당의 자유주의정책으로 수정되었던 반복된 공식이 깨어져 버린 것이다. 2024년 말 미국 대통령선거에 나선 공화당의 트럼프후보나 민주당의 해리스(K. Harris)후보 모두 관세장벽과 기술 통제를 통한 미국 제조업과 중산층 보호를 강조했다는 점에서 당분간 미국의 대외통상정책은 공화당과 민주당간에 차이를 두지 않고 일종의 컨센서스가 형성됐다고 볼 수 있을 것이다. 이제 재집권한 트럼프 미국 대통령에 의해 강력한 양자 무역보복과 관세정책을 무기로 국가이익을 추구해 나가는 트럼피즘은 한층 업그레이드되고 있으며, 당분간은 돌이킬 수 없는 미국의 대외정책의 기조로 자리 잡고 있다.

이런 미국 정치의 분위기 하에서 WTO와 같은 다자통상기구를 통해 다자통상협상의 분위기를 되살리는 길은 더욱 요원해지고 있다. 과거 세계대공황 과정에서 미국이 스무트홀리법을 통해 관세를 대폭 올린 것이 교역상대국들의 대대적인 맞보복을 초래해 세계대공황으로 이어진 후, 이에 대한 국제사회의 반성과 비판이 브레튼우드체제 형성의 동인으로 작용했었다. 지금 미국이 그 역사적 전철을 밟아가고 있으니 다시 다자교역규범 체제가 등장하는 유인이 형성될 것이라는 전망도 제기될 수 있다. 하지만 지금은 미국의 위상이 과거와 다르다. 미국 트럼프 2기 행정부의 상호관세 보복과 철강제품에 대한 쿼터제 도입 움직임에 대항해 미국에 대해 맞보복을 실제로 시행하는 국가들이 과연 얼마나 될지 의문이다. 중국조차 대미 맞보복을 공언하다가 꼬리를 내리고 있는 형국이다.

이런 국제환경하에서는 다자통상협상을 재개하기 위한 세계적 유인이 형성되기는 힘들 것이다. 결국 WTO 뉴라운드의 실패는 매우 긴 터널로 이어지는 입구에 불과하고, 앞으로 적어도 10여 년간은 WTO 다자협상을 근본적으로 대체하는 다른 방식의 양자적·복수국 간 국제적 노력만이 살아남을 수 있을 것으로 보인다. 그 10여 년 이후의 긴 터널 끝에 과연 어떠한 모습의 국제통상 체제가 기다리고 있을까 사뭇 궁금해진다.

WTO DDA라운드 협상의 진행과정

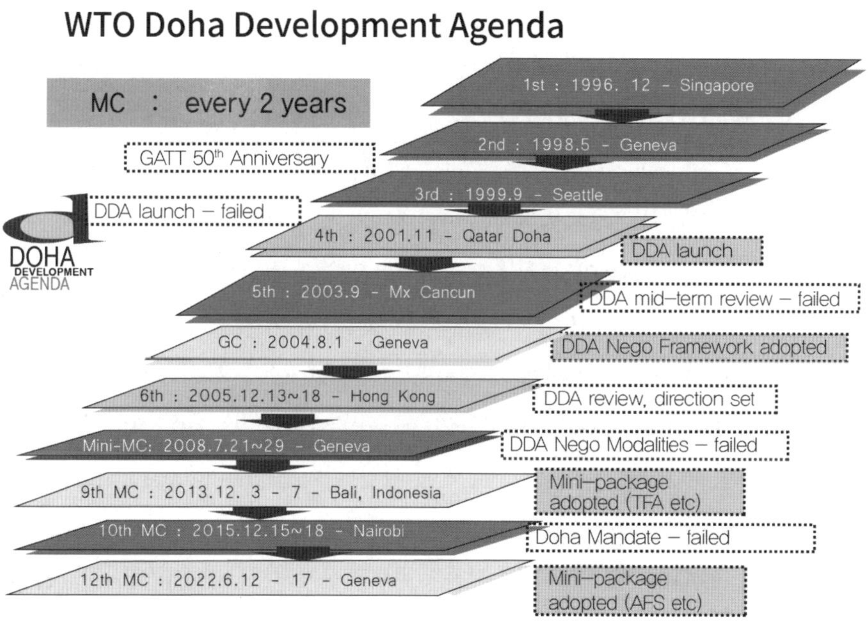

제 2 절 WTO협정의 범위

1 WTO협정 체제

WTO협정은 마라케쉬최종의정서, WTO설립협정 및 부속협정, 각료결정 및 선언으로 구성된다. 최종의정서는 우루과이라운드의 결과를 집약한 선언을 담고 있으며, WTO설립협정은 이미 살펴본 대로 WTO의 기본조직 및 기능적 측면을 규정하고 있어 WTO의 '조직법'(organizational law)이라 불릴 수 있을 것이다. WTO설립협정에는 각 분야별 협정들인 4개의 부속협정이 부속되어 있다. 이들을 나열해보면, 제1부속서에는 상품무역에 관한 다자협정(Multilateral Agreements on Trade in Goods), 서비스무역에 관한 일반협정(General Agreement on Trade in Services: GATS) 및 그 부속서들, 무역관련지적재산권협정(Agreement on Trade-Related Aspects of intellectual Property Rights: TRIPS협정)이 속해 있다.

이 중 상품무역에 관한 다자협정에는 GATT 1994를 비롯하여 총 13개의 협정이 원래 부속되어 있었는데, WTO설립 이후의 다자협상의 결과 무역원활화협정과 수산보조금협정[49]이 추가되어 15개의 협정이 부속되어 있는 상태다. 이때, "GATT 1994"라 함은 1947년 채택되어 WTO협정 발효 시까지 개정 또는 수

49) 2025년 6월 현재 아직 미발효.

정된 ① "GATT 1947"에 더해(잠정적용의정서는 제외), ② 관세양허 의정서 및 약정서, ③ 가입의정서, ④ 의무면제 결정, ⑤ 기타 GATT체약국단의 결정, ⑥ UR 협상결과로 채택된 GATT조문의 해석에 관한 6개 양해 및 ⑦ 마라케쉬 의정서를 포함하는 개념이다.

이때, GATT조문의 해석에 관한 UR양해라 함은 ① 'GATT 제2조 1항(b)의 해석에 관한 양해'(Understanding on the Interpretation of Article II:1(b) of GATT), ② 'GATT 제17조 해석에 관한 양해'(Understanding on the Interpretation of Article XVII of GATT), ③ 'GATT 국제수지균형에 관한 양해'(Understanding on Balance Provisions of GATT), ④ 'GATT 제24조 해석에 관한 양해'(Understanding on the Interpretation of Article XXIV of GATT), ⑤ 'GATT 의무면제에 관한 양해'(Understanding in Respect of Waivers of Obligations under GATT), ⑥ 'GATT 제28조 해석에 관한 양해'(Understanding on the Interpretation of Article XXVIII of GATT)를 말한다.

제2부속서는 분쟁해결양해(Understanding on Rules and Procedures Governing the Settlement of Disputes: DSU)이며, 제3부속서는 무역정책검토제도(Trade Policy Review Mechanism: TPRM)이고, 마지막으로 4부속서는 복수국 간 무역협정(Plurilateral Trade Agreements)이다. 복수국 간 무역협정은 WTO의 일괄채택 방식의 예외를 이루는 것으로 WTO회원국이 선택적으로 가입 가능한 네 개의 협정으로 이루어져 있는바, 이들 중 국제낙농협정(International Dairy Agreement)과 국제우육협정(International Bovine Meat Agreement)은 1997년 말을 기해 폐지되었으므로, 현재 정부조달협정(Agreement on Government Procurement)[50]과 민간항공기교역협정(Agreement on Trade in Civil Aircraft)[51] 만이 존재하고 있다.

위 제1부속서 및 제4부속서는 주로 회원국들의 권리와 의무를 실체법적으로

50) 2014. 4. 6.부터 발효된 새로운 정부조달협정에 2022. 7월 현재 한국을 비롯한 48개국이 회원국이다.

51) 1980. 1. 1.부터 발효된 이 협정은 33개국 회원국을 보유하고 있으며(한국은 당사국이 아님), 민간항공기 및 그 부품 교역에 대한 수입관세 철폐를 주요내용으로 하고 있다.

규정하고 있으므로 WTO협정 체제의 '실체법'(substantive law)이라 명명할 수 있을 것이다. 또한 제2부속서는 이러한 권리와 의무를 보장하고 이행해 나가는 절차법적인 측면을 규정하고 있으므로 WTO의 '절차법'(procedural law)이라 볼 수 있다. 그리고 제3부속서는 법적 절차라기보다는 각 회원국의 무역정책을 다자적으로 검토하는 외교적인 성격을 규정한 협정이기에, 이를 WTO의 '외교관계법'(diplomatic law)이라 부를 수 있을 것이다.

이 밖에도 WTO설립 후 진행된 새로운 다자협상(new round)에서 WTO회원국들이 일정한 합의를 도출한 결과물이 각료선언이나 결정문 형태로 남아있어서 해당 분야에 대한 실체법의 내용을 권위적으로 해석하거나 보완해 오고 있다. 이들 중 중요한 것들은 2001년 11월 카타르 도하에서 합의된 "이행관련 결정(Implementation-related Issues and Concerns)", 2005년 홍콩 및 2013년 발리 각료회의에서 채택된 개도국 특혜 합의들, 2015년 나이로비 각료회의에서 채택된 농업 수출보조금 철폐합의, 2022년 제네바에서 합의된 국제적 감염병의 백신에 대한 공급원활화에 관한 합의와 WFP에 대한 식량수출 통제 금지 합의, 그리고 1998년 5월 제네바에서 합의한 이래로 계속 연장해 오고 있는 전자상거래(전자 전송 교역)에 대한 관세부과 잠정중단 합의 등을 들 수 있다.

이상을 표로 정리하면 아래와 같다.

● WTO협정 체계

<table>
<tr><th>법원</th><th>부속서 번호</th><th colspan="2">협정명칭</th><th>법적 성격</th></tr>
<tr><td colspan="5">최종의정서</td></tr>
<tr><td colspan="4">WTO설립협정</td><td>WTO 조직법</td></tr>
<tr><td rowspan="4"></td><td rowspan="4">제1 부속서</td><td rowspan="4">A: 상품무역에 관한 다자협정</td><td>GATT 1994</td><td rowspan="4">WTO 실체법 ①</td></tr>
<tr><td>농업협정</td></tr>
<tr><td>위생및식물위생협정 (SPS협정)</td></tr>
<tr><td>섬유및의류협정</td></tr>
</table>

			무역관련기술장벽협정 (TBT협정)	
			무역관련투자조치협정 (TRIMS협정)	
			반덤핑협정	
			관세평가협정	
			선적전검사협정	
			원산지규정협정	
			수입허가절차협정	
			보조금및상계조치협정 (SCM 협정)	
			세이프가드협정	
			무역원활화협정 (TFA 협정)	
			수산보조금협정[52]	
		B: 서비스무역에 관한 일반협정(GATS)		
		C: 무역관련지식재산권협정 (TRIPS협정)		
	제2부속서: 분쟁해결양해(DSU)			WTO 절차법
	제3부속서. 무역정책검토제도(TPRM)			WTO 외교관계법
	제4부속서: 복수국 간 무역협정		민간항공기협정	WTO 실체법 ②
			정부조달협정	
각료결정 및 선언				WTO법 해석 및 보완

52) 2025. 8. 현재 발효 대기 중.

2 협정 간의 상호 우열관계

가 WTO설립협정의 최고성

WTO협정은 이와 같이 수많은 부속협정들이 WTO설립협정을 정점으로 연결되어 있기에 협정의 내용 간에 상호 충돌이 발생하는 경우에 어떠한 협정이 우선하여 적용되는가가 중요해진다. 아울러 문제되는 사안이 두 개 이상의 협정의 관할사항이 되는 경우에도 어떠한 협정이 우선적으로 그 사안에 적용되는지가 궁금해진다.

이 문제에 대해 WTO설립협정 제XVI조는 우선 WTO설립협정과 부속 다자무역협정상의 규정이 상호 충돌할 경우에는 WTO설립협정이 충돌되는 범위 내에서 우선한다고 규정하고 있다.[53] 이는 WTO설립협정의 최고성(supremacy)을 선언한 것으로, WTO의 가장 근간이 되는 조직법규로서의 WTO설립협정상의 규정들이 다른 부속 다자협정에 우선하여 적용되어야 한다는 취지를 확인한 것이다. 그러나 실제로 WTO설립협정이 조직법적 성격을 지니고 있고 부속 다자무역협정들은 실체법과 절차법적 성격을 지니고 있으므로 양자가 충돌하는 경우는 실체법적·절차법적 사안에 있어서는 별로 없다고 볼 수 있다. 따라서 이 최고성 조항이 원용되는 경우는 그리 많지 않을 것이다.

다만, WTO가 GATT 1947의 조직법 관련조항들 중 일부는 그대로 계승하고 다른 일부는 수정을 가하여 WTO설립협정에 반영하였기에 WTO설립협정의 GATT에 대한 우위성을 확실히 규정해둠으로써 이러한 수정사항들의 효력을 확인할 필요가 있었던 것이다. 즉, 의결정족수, 협정의 개정, 의무면제, 가입, 협정적용배제 등에 관한 GATT의 조항들은 전술한 바대로 WTO설립협정의 해당조항의 내용과 저촉되는 부분이 있으므로 그 한도 내에서 효력을 상실하게 된 것이다.

53) WTO설립협정 제XVI조 3항.

그리고 GATT 전문(preamble)의 경우에도 WTO설립협정의 전문과 충돌되는 범위 내에서 그 내용이 사문화(死文化)된 부분이 있다는 점을 주의해야 한다. 즉, GATT의 전문은 "전세계 자원의 완전한 사용(full use of the resources of the world)"을 개발하는 것을 GATT의 목적으로 선언하고 있으나, WTO설립협정의 전문은 "재생가능한 발전(sustainable development)을 이루기 위한 자원의 최적사용(optimal use)"을 WTO체제의 목적으로 선언하고 있는 것이다. 이는 환경보호라는 가치 속에서 무역증진을 추구하려는 시대적 요구를 반영한 것이다. 분명히 "완전사용"과 "최적사용"은 다른 것이며 21세기의 상황에서 자원을 완전사용하게 되면 재생가능한 발전이 이루어지지 않게 되므로, 이제 GATT 1994를 포함한 WTO체제하에서는 자원의 "완전한 사용"이라는 목적은 사문화되고 자원의 "최적사용"이라는 새로운 목적이 국제무역 체제를 지배하고 있다고 보아야 할 것이다. 비록 조약의 전문은 법적 구속력을 가지지 못하지만, 조약 전반의 원칙을 규정하고 있고 조약 본문을 해석하는 기준으로 작용할 수 있기에[54] 위와 같은 전문내용의 변경을 이해하는 것이 중요한 것이다. 아울러 WTO설립협정 전문은 개발도상국의 개발 필요성 및 관심사에 대한 고려도 WTO체제의 목적으로 기술하고 있으므로 이것이 GATT 1994의 해석원칙으로도 작용해야 함은 물론이다.

이와 관련하여 한 가지 흥미로운 점은 UN헌장 제103조와의 관계이다. UN헌장 제103조는 "UN회원국이 UN헌장상의 의무와 다른 어떠한 국제협정상의 의무가 충돌할 경우에는 전자가 우선한다"고 규정하여 UN헌장의 최고성(supremacy)을 선언하고 있다. 대부분의 UN의 회원국은 WTO회원국이므로 만일 UN헌장과 WTO설립협정상의 규정이 상호 충돌하는 경우 어떻게 되는가 하는 문제가 제기될 수 있는 것이다. 이는 바꾸어 말하면 WTO회원국이 WTO협정 위반을 정당화하기 위해 UN헌장상의 의무를 원용할 수 있는가라는 문제가 된다. WTO설립협정 제XVI조는 "WTO협정체제 내에서"의 WTO설립협정의 최고성

54) 조약법에 관한 비엔나협약 제31조 2항 참조.

을 선언한 것에 불과하고 UN헌장 제103조는 모든 조약체제 내에서 UN헌장의 최고성을 선언한 것이므로 양 규정이 상호 충돌되지는 않는다고 볼 수 있다. 즉, WTO체제 내에서는 WTO설립협정이 항상 우선하나 전체조약체제 내에서는 UN헌장이 최고의 지위를 누리고 있는 것이다. 따라서 WTO회원국이 UN헌장상의 의무를 이행하기 위해 WTO협정상의 의무를 위반하는 것은 정당화되어야 할 것이다. 이러한 맥락에서 WTO협정은 UN헌장 준수를 위한 조치를 '국가안보예외(National Security Exception)' 중 하나로 규정하여 WTO협정상의 의무 위반을 정당화시켜주고 있다.[55]

나 부속서들 간의 우열관계

그렇다면 WTO설립협정의 부속서들간의 우열관계는 어떠한가? 제1부속서, 제2부속서 및 제3부속서는 각기 상이한 분야인 다자무역협정, 분쟁해결절차 및 무역정책검토 제도를 규율하고 있는 독립된 협정들이므로 상호 병렬적으로 존재한다. 따라서 어느 한 협정이 다른 협정의 상위협정이라고 볼 수는 없다. 그러나 문제는 어떠한 단일사안에 두 개 이상의 부속서가 적용될 경우 상호 저촉이 발생할 수 있는바 이때 우열관계에 대한 판단이 필요하게 된다. 특히 문제가 되는 것은 제1부속서의 다자무역협정들 중에는 분쟁해결절차에 관한 규정을 포함하고 있는 경우가 많다. 따라서 이러한 규정들과 제2부속서인 분쟁해결양해와의 저촉이 발생했을 경우 어떠한 규정이 우선하는가의 문제가 발생한다. 일반적으로 이러한 문제에 대해 해당 협정에 우선적용에 관한 조항이 있는 경우는 그 조항에 따라 문제를 해결하면 된다. 예를 들어 분쟁해결양해 제1조 2항에 따르면 Appendix 2에 열거된 다자무역협정상의 '특별분쟁해결조항'(special and additional rules)들은 분쟁해결양해의 규정들에 우선하여 당해 분쟁사안에 적용되게 된다.[56]

55) GATT 제XXI조(c), GATS 제XIV조bis 1항(c), TRIPS협정제73조(c).

그런데 문제는 이러한 우선적용에 관한 조항이 없는 경우이다. 그 대표적인 예가 GATT 제XXII, XXIII조와 분쟁해결양해(DSU)와의 관계이다. 이런 경우에는 각 부속서의 입법취지를 고려하여 문제를 해결할 수밖에 없다. 즉, 분쟁해결양해는 특별히 분쟁해결절차에 대한 상세한 규정을 둘 목적으로 제정된 것이기에 분쟁해결 문제에 대해서는 특별법적인 위치에 있으므로 GATT상의 분쟁해결에 관한 일반법적 조항에 우선한다고 볼 수 있다(특별법 우선의 원칙). 혹자는 분쟁해결양해가 GATT 1947에 비해 나중에 제정되었으므로 '신법우선의 원칙'을 적용하여 분쟁해결양해의 우선적 효력을 인정할 수 있다는 논리구성을 시도할지도 모른다. 그러나 비록 그 입법취지상 분명히 분쟁해결양해가 GATT 1947의 단점을 보완하고 GATT 시절의 관행을 반영하여 제정된 것일지라도, 형식적으로는 GATT 1947의 내용이 GATT 1994에 흡수되어 WTO출범과 더불어 발효된 것이므로 분쟁해결양해와 발효일자가 같은 것이며, 분쟁해결양해가 GATT에 비해 '신법(later law)'이라고 볼 수는 없는 것이다. 따라서 신법 우선의 원칙이 아닌 특별법 우선의 원칙에 의해 분쟁해결양해와 GATT 제XXII, XXIII조가 저촉될 경우 전자가 우선한다고 해석해야 할 것이다.

이러한 논리는 일반적으로 적용될 수 있다. 따라서 협정상 우열관계에 관한 조항이 없을 경우, 특별법 우선의 원칙에 의해 분쟁해결 사안에 대해서는 제2부속서가, 무역정책검토 사안에 대해서는 제3부속서가 다른 부속서에 우선하여 적용된다.

한편, 제4부속서는 WTO회원국 중 동부속서를 수락한 일부 회원국 간에만 적용되는 협정이다. 이는 조약법에 관한 비엔나협약 제41조상에서 인정된 "다자협정의 당사자중 일부가 자신들만이 구속되는 별도의 협정을 체결하여 그 범위 내에서 다자협정의 내용을 변경한 것"이라 볼 수 있다.[57] 즉, 민간항공기교역협정의 주된 취지는 민간항공기의 교역에 대해 각국이 GATT 제XXI조의 국가안

56) 분쟁해결양해 제1조2항, Appendix 2 참조.

57) "Agreements to modify multilateral treaties between certain of the parties only." VCLT 第41조.

보예외를 원용하여 교역을 제한하는 것을 방지하려는 데 있고, 정부조달협정의 취지도 정부조달분야에 대한 GATT와 GATS의 조항들의 적용을 배제하고 정부조달분야에 대한 별도의 규정들을 마련하려는데 있으므로 결국 제4부속서는 다자무역협정의 내용을 변경하여 부속서 가입국 간에만 적용되는 별도의 협정을 창출한 것이라 볼 수 있는 것이다.

이러한 협정이 유효하기 위한 요건은, ① 이러한 식으로의 변경이 당해 다자협정에 의해 명시적으로 허용되고 있거나, ② 이러한 명시적 허용규정이 없는 경우에는 이에 대한 금지규정이 없음은 물론 다른 국가들의 권리나 의무의 이행을 저해하지 않아야 하며, 아울러 당해 다자협정의 전반적인 대상이나 목적의 효과적인 수행과 양립할 수 있는 내용으로의 조항 변경이 이루어져야 한다. 제4부속서의 경우는 WTO설립협정 자체가 이를 별도의 부속서로 인정하고 있는 것이므로 위의 두 가지 선택적 요건 중 첫 번째 요건을 갖추고 있다고 말할 수 있다.

그러므로 제4부속서와 상품무역에 관한 다자협정, 또는 제4부속서와 GATS가 상호 저촉될 경우, 제4부속서의 가입국 간에는 제4부속서가 항상 우선하여 적용되게 된다. 물론 제4부속서는 그 가입국 간에만 적용되는 것이므로 복수국무역협정의 가입국과 비가입국인 WTO회원국 간의 관계에 있어서는 다자무역협정만이 적용될 수 있을 뿐이다.

다 제1부속서 협정들 간의 우열관계

(1) 제1부속서 A, B, C 간의 관계

제1부속서에 속해 있는 세 부류의 협정인 상품무역에 관한 다자협정, GATS, TRIPS협정은 서로 독립적인 협정들이고 각기 상이한 분야인 상품, 서비스, 및 무역관련 지재권교역을 각각 규율하고 있으므로 평등한 위치에 있다. 즉, 어느 하나의 부속서가 다른 부속서에 우선하여 적용되지 않는다. 사실 이러한 세부속서가 서로 다른 분야를 규율하므로 상호 저촉되는 일은 거의 없을 것이므

로 우선적용 관계를 논의할 실익이 없다. 다만, 현대무역에서는 상품교역의 이면에는 서비스나 지재권 문제가 뒤따르고 있는 경우가 많으므로 단일 사안이 여러 협정의 규율을 받는 경우가 종종 발생하여 이들 세 개 협정들 간의 관계가 서서히 주목을 받고 있다. 사실 우루과이 협상에서 이들 세 분야에 대한 협상이 별도의 협상그룹에 의해 진행되어 상호 내용을 조율할 기회가 적었으므로 이들 협정 간의 관할범위가 훌륭히 조정되었다고는 볼 수 없다. 따라서 이러한 관할범위 조정문제는 미래의 WTO협상이나 상소기구의 법률해석 기능에 중요한 과제를 던져주고 있다. 아무튼 단일사안이 제1부속서 내의 여러 협정의 대상일 경우에는 이들 협정들이 동시에 적용되며 각 협정은 자신의 관할사항인 상품, 서비스 또는 지재권교역에 대해서만 각기 규율하게 된다고 볼 수 있다.

(2) 제1부속서 A 협정들 상호간의 관계

그다음으로 제1부속서 A에만 초점을 맞추어 보자. 상품무역에 관한 다자협정들인 GATT를 비롯한 15개 협정들 간의 상호충돌이 발생할 경우에는 어떻게 되는가? 우선 GATT와 그 밖의 협정들 간의 우열관계를 살펴보자. 이에 대해서는 WTO협정이 명문의 규정을 두어 문제를 해결하고 있다. '제1부속서 A에 대한 일반주해'(General Interpretative Note to Annex 1A)에 따르면, GATT 1994와 다른 상품무역에 관한 다자협정 규정들 간에 충돌이 있을 경우 후자의 규정이 충돌의 범위 내에서 우선한다.[58] 예를 들면, GATT 제VI조와 반덤핑협정이 충돌하는 경우, 또는 GATT 제XIX조와 세이프가드협정이 충돌하는 경우, 각각 반덤핑협정과 세이프가드협정이 GATT에 우선하여 적용되게 되는 것이다.[59]

이와 같은 주해규정의 의미는 GATT를 제외한 나머지 14개의 상품무역에 관한 다자협정들이 주로 GATT 관련 규정들을 명확화하고 보완·수정하기 위해

58) WTO설립협정, 제1부속서A(상품무역에 관한 다자협정), General Interpretative Note to Annex 1A.

59) 드물게나마 WTO 반덤핑협정에 의거하지 않고 GATT 제VI조를 직접 원용하여 WTO에 제소한 사례도 있다. 브라질-필리핀 코코넛분쟁(Brazil - Measures Affecting Desiccated Coconut, WT/DS22). 그러나 이것이 반덤핑협정의 GATT에 대한 특별법적인 성격을 부정한 것은 아니고 일반법인 GATT에 의한 문제해결을 시도한 것에 불과하다고 볼 수 있다.

제정된 것이고 동경라운드 코드들을 다자무역협정 형태로 발전시킨 것이므로 GATT에 대해 특별법적 지위에 있음을 확인한 것이다. 즉, 특별법 우선의 원칙을 규정한 것이며, 이미 설명한 바대로 신법 우선의 원칙이 적용된 결과는 아님을 주의해야 한다.

그렇다면, GATT를 제외한 14개 협정들 상호간의 우열관계는 어떻게 되는가? 이들 협정들은 서로 다른 분야를 대상으로 입법된 것이어서 상호 평등한 관계에 있으므로 일반적으로 우열문제가 발생하지 않는다. 다만, 두 개 이상의 협정이 단일 사안에 중복적용되어 상호충돌을 일으킬 가능성은 있다. 이러한 중복적용 문제가 발생하는 이유 중 하나는 이들 14개 협정들이 단일 기준으로 마련된 것이 아니고 복수의 기준으로 입법되었기 때문이다. 즉, '규율대상 상품분야'를 기준으로 삼아, 농산물과 섬유 및 의류제품을 대상으로 농업협정 및 섬유및의류협정이 각각 제정되었고, 이와는 별개의 차원에서 '규율대상 정부조치의 형태'를 기준으로 그 밖의 협정들이 설립된 것이다. 이렇게 서로 다른 두 개의 기준에 입각해 협정을 마련하다 보니, 단일사안이 복수의 협정의 관할권에 속하게 될 가능성도 커지게 된 것이다. 즉, WTO회원국이 농산물이나 섬유의류 제품을 대상으로 정부조치를 취하게 되면 한편으로는 농업협정 및 섬유및의류협정과 다른 한편으로는 해당조치의 형태를 규율하는 기타 협정의 규율을 동시에 받게 될 것이다.

이러한 문제를 해결하고 농업분야에 대한 규율을 가급적 농업협정으로 단일화하기 위해 농업협정은 명문규정을 두어 농업협정이 제1부속서 A상의 협정 중에서 가장 우선적으로 적용됨을 명시하고 있다.[60] 아울러 보조금및상계조치협정은 금지보조금 및 제소가능보조금에 대한 규정이 농업협정상의 상응하는 규정에 저촉되지 않는 범위 내에서만 적용됨을 명시하고 있어,[61] 농업협정상의 농업보

60) 이는 농업협정 제21조 1항의규정("The provisions of GATT 1994 and of other Multilateral Trade Agreements in Annex 1A to the WTO Agreement shall apply subject to the provisions of this Agreement.")에 대한 필자의 해석이다.

61) SCM협정 제3조1항, 제5조 말미 참조.

조금에 대한 특칙의 우월성을 확인하고 있다. 한편, 농업협정은 위생 및 식물위생 문제에 대해서는 "위생 및 식물위생 협정의 규정의 효력을 인정한다"고 규정하여 SPS협정 적용의 근거를 마련함으로써 이 협정과의 관계를 정리하고 있다.[62)]

이렇게 명문의 규정으로 협정 간의 우열관계를 규정한 예는 위생및식물위생협정과 무역관련기술장벽협정 간의 관계에서도 존재한다. 이 두 협정은 서로 상응하는 제척규정을 두어 두 협정이 공통으로 관할하고 있는 사안에 대해서는 위생및식물위생협정만이 적용됨을 규정하고 있다.[63)]

반면에 섬유및의류협정은 GATT 및 상품무역에 관한 다자협정에 대한 영향을 최소화하려는 태도를 보이고 있다.[64)]

그러면, 이러한 명문의 제척규정이 없는 협정 간의 관계는 어떠한가? 이 경우에는 원칙론으로 돌아가서, 14개 협정들이 모두 GATT의 특별법으로서 서로 대등한 위치에 있어 우열관계가 없으므로 각자의 규율대상에 대해 중복적용되게 된다고 말할 수 있다. 그런데 이러한 중복적용이 상호 충돌을 일으키는 경우를 찾기는 어려울 것이다. 왜냐하면 그러한 충돌의 발생에 대한 명문의 제척규정이 존재하지 않는다는 것은 WTO협정체제에 입법적 불비가 존재하고 있음을 의미하기 때문이다. 다만, 2022년 제네바각료회의에서 채택된 수산보조금협정(Agreement on Fisheries Subsidies)의 경우에는 불법 · 비보고 · 비규제 어업행위 및 남획어종 어업행위에 대한 보조금을 금지보조금으로 규정하고 있어, 수출보조금과 수입대체 보조금만을 금지보조금으로 규정하고 있는 보조금협정(SCM협정)의 내용과 상호 충돌이 발생하고 있다. 그런데 수산보조금협정의 규정 대상이

62) 농업협정 제14조.

63) 이것은 무역관련기술장벽협정 제1.5조 및 위생및식물위생협정 제1.4조에 대한 해석의 결과 필자가 내린 결론이다.

64) 섬유및의류협정 제1조 6항은 섬유및의류협정이 명시적 규정으로 다른 다자무역협정에 규정된 권리와 의무에 영향을 준다고 규정하지 않는 한, 다른 다자무역협정상의 회원국의 권리와 의무는 섬유및의류협정의 영향을 받지 않음을 규정하고 있다. ("Unless otherwise provided in this Agreement, its provisions shall not affect the rights and obligations of Members under the provisions of the WTO Agreement and the Multilateral Trade Agreements.")

수산보조금이라는 특정적인 대상에 한정되어 있어, 보조금 일반에 대해 규율하고 있는 보조금협정 보다는 특별법적 지위에 있다고 볼 수 있을 것이다. 따라서 명문의 제척규정이 없더라도[65] 수산보조금협정은 SCM협정에 우선하여 적용된다고 보아야 할 것이다.

마지막으로 언급할 것은 WTO 가입의정서(Protocol of Accession)의 지위이다. WTO에 가입하려면 가입국과 WTO간의 가입조건에 대한 합의가 성립되어야 하는데[66] 이러한 조건들을 법적 구속력 있는 형태로 규정한 것이 가입의정서이다. 이러한 가입의정서들은 일반적으로 WTO 다자무역협정에 대한 특별법적인 규정들을 규정하는 경우가 많다. 따라서 그 범위 내에서 가입의정서는 특별법적인 지위를 지니는 것이고 다자무역협정에 우선한다.

한 가지 강조할 것은 이상에서 논의한 WTO협정 간의 우열관계에 대한 모든 결론은 복수의 협정조항간 상호충돌이 발생하는 것을 대전제로 삼고 있다는 것이다. 이때 "상호충돌"이란 두 개의 조항이 단순히 중복 적용되는 경우가 아니고 어느 하나의 조항을 적용하기 위해서는 다른 조항의 적용을 배제해야만 하는 상황을 말한다. 그렇지 않고 하나의 조항의 적용으로 인해 다른 조항의 규율내용이 반드시 무의미해지는 경우가 아니라면, 두 개의 조항은 상호 중첩되어 적용될 수 있는 것이다. 최근 WTO 상소기구의 판정내용을 보면, 서로 다른 협정들이 중첩 적용될 가능성이 있는 경우 가급적 이들 간에 충돌이 발생하지 않도록 관련조항들을 조화롭게 해석하는 경향이 있으므로[67] 앞으로 WTO협정들 간의 충돌문제는 해석을 통해 다소나마 경감될 수 있을 것으로 보인다. 또한 이것

65) 그런데 제척규정을 두기는커녕, 정작 수산보조금협정은 "이 협정상의 규정이 SCM협정상의 권리와 의무에는 영향을 미치지 않는다"고 규정하고 있어(11.5조), 실제로는 영향을 미치면서도(새로운 유형의 금지보조금을 창출) 그렇지 않다는 식으로 규정하고 있는 일종의 아이러니를 보이고 있다. 이에 과연 수산보조금협정이 SCM협정에 우선하여 적용될 수 있는지에 대한 논란이 향후 제기될 여지가 있다.

66) WTO설립협정 제XII조.

67) 그 대표적인 예가 GATT 제XIX조상의 "unforeseen development" 요건이 세이프가드협정상의 세이프가드 조치의 발동요건에는 규정되어 있지 않더라도 이들 요건들과 더불어 세이프가드 조치에 중첩적으로 적용된다는 판시이다. Korea Dairy products, WT/DS98, US Line Pipe, WT/DS292 분쟁 참조.

이 만약에 있을지도 모르는 입법적 불비를 해결하는 방법 중 하나일 것이다.

이상에서 살펴본 협정 간의 우열관계를 도표화하면 아래와 같다.

● WTO협정 간의 우선순위

<table>
<tr><td colspan="6">← 우선적용 ←</td></tr>
<tr><td rowspan="14">의무면제결정/
UN헌장</td><td rowspan="14">WTO
설립협정/
WTO
가입의정서</td><td>농업협정</td><td rowspan="2">SCM협정</td><td rowspan="14">분쟁
해결절차</td><td rowspan="12">GATT</td></tr>
<tr><td>수산보조금협정</td></tr>
<tr><td>SPS협정</td><td>TBT협정</td></tr>
<tr><td rowspan="11"></td><td>섬유및의류협정</td></tr>
<tr><td>세이프가드협정</td></tr>
<tr><td>TRIMS협정</td></tr>
<tr><td>반덤핑협정</td></tr>
<tr><td>관세평가협정</td></tr>
<tr><td>선적전검사협정</td></tr>
<tr><td>원산지규정협정</td></tr>
<tr><td>수입허가결정협정</td></tr>
<tr><td>무역원활화협정</td></tr>
<tr><td>GATS**</td><td>GATS</td></tr>
<tr><td rowspan="3"></td><td>TRIPS</td></tr>
<tr><td colspan="2" rowspan="2"></td><td>TPRM</td><td colspan="2" rowspan="2"></td></tr>
<tr><td>*복수국 간
무역협정</td></tr>
</table>

* 가입국 간의 관계에서만 우선적용

** GATS상의 몇몇 조항은 DSU에 우선한다(DSU Appendix 2 참조).

제3장

WTO협정 및 FTA의 기본의무 이해

제1절 서설

제2절 시장개방 원칙(Open Market Principle)

제3절 비차별 원칙(Non-discrimination Principle)

제4절 공정무역 원칙(Fair Trade Principle)

제5절 최소기준 대우 원칙(Minimum Standard Principle)

제1절 서설

이상에서 살펴본 바와 같은 체계를 이루고 있는 WTO협정의 기본 교역원칙들은 무엇인가? 즉, WTO협정은 어떠한 실체법적 권리와 의무를 회원국들에게 부여하고 있는가? 또 이러한 원칙은 지역무역협정(FTA)에 어떻게 반영되거나 강화되어 있는가? 우리는 이미 전 항에서 국가의 대표적인 무역정책 수단인 관세, 보조금, 수량제한 및 수출자율규제 등 네 가지에 대한 분석을 진행하여, WTO협정이 이들에 대해 보이고 있는 태도는 기본적으로 경제적 효율성 기준에 입각하고 있음을 살펴보았다. 이때 내린 결론을 다시 한 번 요약해 보자.

- ✔ WTO협정에 따르면, 가장 경제적 왜곡효과가 적은 보조금은 일반적으로 허용하되 상대국에 산업피해나 부정적 효과를 상쇄할 수 있는 권리를 부여하고, 그다음으로 왜곡효과가 적은 관세에 대해서는 국내산업 보호 수단으로 일반적으로 허용하되 그 관세율을 양허하도록 하며, 경제적 왜곡효과가 큰 수량제한은 일반적으로 금지하되 국내 정책적 필요가 있는 경우 신별직으로 그 예외를 인징하고, 가징 왜곡효과가 큰 수출자율규제는 전면적으로 금지되어 있다.
- ✔ 이는 국제경제법이 경제적 효율성 기준을 채택함으로써 정치적 편의성에 입각한 무역정책의 수행을 견제하고 있음을 의미하며, 정치적으로 용이한 수단인 수출자율규제와 수량제한 조치를 금지함으로써 WTO회원국 정부가 이러한 정책수단을 정치적인 편의에 의해 사용하는 경우에는 항상 불법화의 위험을 감수토록 하고 있는 것이다.
- ✔ 이러한 규율의 결과로 각국의 무역정책은 더욱 경제적 효율성이 높아질 것이고 예측가능해질 것이며, 무역 왜곡적인 정부의 간섭은 줄어들 것이고 국제무역은 자연적인

비교우위에 입각하여 특화될 가능성이 증대하게 된다.

✔ 결론적으로 국제경제법은 국제경제 활동의 공통규범을 마련함으로써 국제경제 체제의 경제적 효율성을 더욱 높이는 기능을 수행하고 있는 것이다.

이제 이러한 가장 기본적인 국가의 무역정책에 대해 WTO협정 및 FTA가 규율하고 있는 태도를 좀 더 상세히 살펴보고, 그 밖의 수많은 무역장벽에 대한 WTO협정상의 규정내용도 하나하나 분석해 보기로 한다. 이러한 분석은 WTO 실체법을 구성하고 있는 제1부속서의 상품무역에 관한 다자협정을 중심으로 하되, GATS 및 TRIPS협정에서의 유사한 원칙의 관련 실체법 부분을 연결해서 설명하게 되며, 이를 통해 WTO협정의 실체법적 측면을 전체적으로 이해할 수 있을 것이다. 그런 다음 FTA에서 이런 원칙들이 어떻게 반영되거나 강화되고 있는지 이해해 보자. 필자는 이러한 기본원칙을 아래와 같이 네 가지로 분류하고자 한다. 아래에서는 각각에 대한 기본적 원리를 설명하기로 한다.

국제통상법의 실체법적 무역원칙

- 시장개방원칙(open market principle)
- 비차별원칙(non-discrimination principle)
- 공정무역의 원칙(fair trade principle)
- 최소기준의 원칙(minimum standards principle)

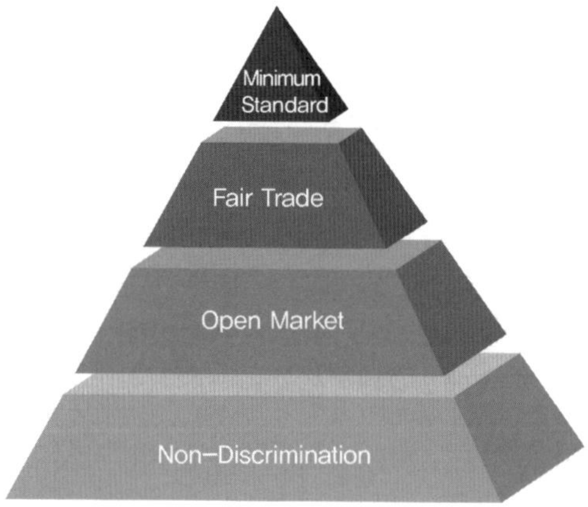

제2절 시장개방 원칙 (Open Market Principle)

시장개방 원칙은 우선 시장접근(market access) 개선을 추구한다. "시장접근(market access: MA)"이란 상품이나 서비스가 국제교역을 통해 수입국 시장으로 진입하는 것을 다자적으로 보장하는 것을 의미한다. UR협상의 상품분야 시장접근 협상의 요체는 관세화를 통해 시장을 개방하며, 관세를 일정 비율에 따라 점진적으로 인하해 나가는데 있다. 또한, 농산물 교역분야에서는 비관세장벽을 철폐하는 게 중요하다. 그동안 농산물 교역 분야에서 각국이 다양한 비관세조치를 사용해 왔던 관행을 근본적으로 바꾸고, 관세라는 예측가능한 수단을 통해 국제교역질서를 규율하는 것이 농산물 시장개방 원칙의 핵심인 것이다. 또한 서비스 분야는 서비스 공급을 위한 시장접근을 저해하는 규제들을 줄여나가는 것이 서비스분야 시장접근 원칙의 요체이다.

1 관세의 양허 및 인하를 통한 시장접근 보장 및 개선[1]

가 관세의 개념 및 WTO의 규율

관세(tariff, customs, duty)[2]란 수입품에 대해 수입시점에 부과되는 재정적 부과금이다. 관세의 개념에는 원래 수출품에 대하여 부과하는 수출관세(export duties)와 통과세(transit duties)도 포함되었으나, 오늘날 이러한 관세를 부과하고 있는 국가는 거의 없고 모든 나라가 수입관세(import duties) 제도를 채택하고 있다.

따라서 관세는 관세선(customs line)을 통과하는 물품에 대해 부과하는데, 관세선은 국가의 국경선과 반드시 일치하는 것은 아니다. 자국의 영역이라도 관세제도의 목적상 타국의 영역과 동일하게 간주되는 자유무역지역, 그와 반대로 타국의 영역일지라도 관세제도상으로는 자국의 영역으로 간주되는 보세구역이나 관세동맹국 등의 제도가 있기 때문이다.

관세를 부과하게 되면 세수의 증대로 인하여 국가재정이 확충될 뿐만 아니라 수입이 억제됨에 따라 국내 산업이 보호되는 효과가 있다. 그러므로 모든 물품에 일률적인 관세를 부과하는 것이 아니라 개별 수입품목 분야에서의 필요와 상황에 따라 상이한 세율의 관세를 부과함으로써 교역되는 수입품의 가격과 수량에 상대적 변화를 줄 수 있다. 즉, 관세율 인상을 통해 수입품의 가격 인상을 유도하여 수입량을 감소시킬 수 있으며, 반대로 관세율을 인하함으로써 수입품의 가격을 낮추어 교역량을 증가시킬 수 있다. 또한, 부(負)의 관세를 부과(보조금을 지급)함으로써 교역량을 크게 확대시킬 수도 있는 것이다. 아울러 이에 따른 정부 세수의 증감이 발생하게 된다.

---

1) 이 부분은 필자외 16명이 공저한 저서인 국제경제법(박영사, 2006)에서 필자가 작성한 부분(pp. 104-117)의 내용을 요약 정리한 것임.

2) 관세가 "customs"라고도 불리는 것은 아담스미스의 말처럼, 옛날부터 행하여진 "관습"적인 지불을 뜻하기 때문인 것으로 보인다.

전통적으로 관세는 각국의 주권사항으로 각국의 재량사항에 맡겨진 문제로 간주되었다. 따라서 각국은 정부 재정수입과 국내산업 보호의 목적에 알맞은 양의 관세를 수입상품에 대해 부과해 왔다. 일반적으로 유럽의 초기 절대왕정시대에는 국고수입을 주목적으로 관세가 부과되었으며 수출품 및 수입품에 모두 관세가 부과되었다. 이는 '재정관세'로서의 성격을 지니고 있는 것이었다.

그러다가 18세기의 중상주의 시대에는 수출을 장려하고 수입을 제한하는 정책이 일반적으로 사용되었기 때문에 수입제한의 도구로 관세정책이 적극적으로 활용되었다. 이때의 정책은 국내 유치산업의 보호육성이나 기존산업의 유지 등을 위하여 국내생산품과 같은 종류의 외국상품에 대하여 고율의 관세를 부과하는 형태로 취해졌으므로 이때의 관세는 '보호관세'의 성격을 강하게 지니는 것이었다.

그러나 산업혁명 이후 공업 선진국이 된 영국은 해외시장 확대를 위해 자유무역주의를 제창하고 관세의 철폐를 주장하였다. 이에 대해 후발 산업국이었던 독일, 미국, 프랑스 등은 공업화 촉진을 위해 유치산업 보호를 목적으로 하는 고관세정책을 취하게 되었다. 미국의 경우에는 20세기 전반부까지도 특히 공화당 정부가 들어서게 되면 관세장벽을 쌓아 국내산업을 보호하는 정책을 취했다.

고관세에 의한 보호무역정책은 제1차 세계대전 후의 불황 속에서 더욱 확대되어 갔으며 1932년에는 영국도 자유무역정책을 포기하고 영연방 특혜관세제도를 확립하였다. 이를 계기로 세계경제는 블록경제 체제로 진전되고, 마침내 제2차 세계대전이 발발하게 된 것이다. 대전 말기에 이르러 각국은 관세 인하를 위한 국제 다자협조체제를 구상하게 되었고 이러한 노력의 결실로 GATT가 탄생하게 되었다.

관세를 부과하는 방식은 관세율의 결정기준에 따라 '종가세'(ad valorem) 방식과 '종량세'(specific) 방식으로 나눈다. 또한 이 두 가지 방식을 혼합하여 부과(mixed)할 수도 있다. 종가세는 수입물품의 가격을 과세표준으로 하는 방식으로(예를 들어 수입품 가격의 8%) 인플레이션 억제 등 각종 국내정책을 시행하기 위해 유리하므로 국제적으로 많이 쓰이고 있다. 이 방식에 따르면 수입품 가격에 관세율을 곱하여 세액을 산출하게 되므로 수입품 가격을 평가하는 것이 중요한 바, 이를 관세평가(customs valuation)라고 한다.

종량세는 수입품의 개수·용적·면적·중량 등의 일정한 단위수량을 과세표준으로 하는 관세이다. 예를 들어 개수를 표준으로 할 때(예를 들어 수입품 1개당 $10), 수입품의 개수에 단위수량당 세액을 곱하여 관세액을 산출하게 된다. 종량세는 가격이 낮은 것일수록 상대적으로 세부담이 무거워지며, 가격변동과 세부담이 반비례하는 경향이 있으나, 관세사무가 간단하며 수출국에 따라 세액의 차이가 생기지 않는다는 이점이 있다. 오늘날 한국을 비롯한 세계의 대부분의 국가에서는 종가세와 종량세를 품목별로 나누어 적용하고 있다. 대체로 종가세가 적용되는 과세품목수가 압도적으로 많지만, 원유·석탄·설탕·원목 등은 종량세를 적용하는 경우가 많다.

한편, 수입품의 일정량까지는 저율의 관세를 부과하고 그 이상의 수입량에 대해서는 고율의 관세를 부과하는 방식의 제도가 농산물의 수입과 관련하여 사용되어 왔는데 이를 관세할당 또는 관세쿼터제도(tariff quota: tariff rate quota: TRQ)라 한다. 이는 이렇게 이중적인 관세구조를 설정함으로써 일정량만큼의 수입만 장려하여 과도한 수입을 방지하고 국내산업을 보호하기 위해 사용된다. 이러한 관세할당제도는 관세로서의 성격과 쿼터로서의 성격을 함께 지니므로 후술하는 수량제한 금지 원칙과 관련하여 문제시되는 경우가 많다.

이러한 관세에 대해 WTO협정이 취하고 있는 규율 내용을 살펴보기 위해서는 우선 전통적인 GATT상의 관세 양허 의무를 이해해야 하며, 이렇게 양허된 관세의 인하를 통한 시장접근 개선을 위해 다자협상 라운드(Round)가 추진되어 오고 있음을 이해해야 한다. 아울러 관세제도를 운영하기 위해서는 다음 세 가지 절차가 필요함도 인식해야 한다. 첫째, 특정 수입품이 관세표상 어느 범주로 분류되고 있는지를 결정하는 것이다(관세분류의 문제). 둘째, 종가세로 관세를 부과할 경우 관세율을 적용할 과세표준인 해당 수입물품의 가액에 대한 평가이다(관세 평가의 문제). 셋째, 해당 수입품의 수출국이 어느 나라인지에 대한 평가 문제다(원산지 판정의 문제).

나 관세의 양허

(1) 양허 의무

GATT/WTO회원국은 GATT/WTO 가입 시에 무역상대국 간의 협상을 통해 교역 제품별로 관세율의 상한선을 정하여 이를 각각 자국의 관세 양허표에 기재한 후, 이 양허표를 GATT 제II조에 첨부해야 한다.[3] 이러한 과정을 관세양허(tariff concession, tariff binding)라 하며, 그 결과 자국의 양허표에 기재된 관세율 상한선을 "양허세율"(bound rate)이라 한다.

관세양허표는 제I부(Part I)와 제II부(Part II)로 구성되어 있는데, 후자에는 최혜국대우 의무의 예외로 인정된 여러 특혜제도에 적용되는 특혜관세율(preferential rate)을 기재하고(GATT 제II조1항(b)), 전자에는 일반적으로 적용되는 최혜국대우상의 양허관세율(MFN rate)을 기재하게 된다. (GATT 제II조1항(c)) 이러한 양허 관세율을 기재할 때는 "명목상의 관세"(ordinary customs duties)는 물론 사실상 관세의 성격을 지닌 "모든 종류의 관세 및 부과금"(other duties or charges of any kind)의 성격 및 비율을 함께 기재하고 이들을 총 합산한 비율을 양허율로 정해 기재해야 한다. 이렇게 기재된 양허율을 조과하여 관세를 부과할 수 없으며, 어떠한 명목으로도 추가적인 관세와 부과금을 신설할 수 없다.[4]

물론 실행관세율이 양허관세율을 넘지 않더라도 각국으로부터의 수입선별로 차별적으로 관세를 부과하게 되면 최혜국대우 의무 위반이 성립하게 된다. 즉, MFN의무는 실행관세율과 관련되므로 WTO회원국이 여러 나라로부터 수입되는 "같은(like) 제품" 간에 상이한 세율의 실행관세를 부과하게 되면 GATT 제II조는 위반하지 않더라도 GATT 제I조 위반이 성립하는 것이다.

관세양허표의 제1부는 다시 세부분으로 나뉘는데, 농산물에 대한 관세율(Section 1A), 농산물에 대한 관세할당(Section 1B), 기타제품 관세율(Section 2)이 그것이다. 이처럼 농산물의 경우에도 WTO농업협정 제4조에 따른 시장접근

---

3) GATT 제II조에서 말하는 "Schedule"이 바로 관세양허표이다.
4) GATT 제II조1항 (b), (c).

보장 및 개선의무가 기본적으로 요구되므로, 제5부속서에서 예외가 허용된 일부 품목을 제외하고 모든 품목에 대해 비관세장벽을 철폐하고 국내외 가격차를 관세상당치(tariff equivalent)로 계산하여 일정한 관세를 정하여야한다.[5] 이를 관세화과정(tariffication)이라 부른다. 1986년 9월 1일 현재 실행관세와 1986-88년 동안의 평균 대내외 가격 차이를 기준으로 계산한 관세상당치는 우루과이라운드협상 결과 선진국의 경우는 6년(1995-2001) 동안 단순평균 36% 감축해야 했으며, 품목별 최소감축률은 15%였다. 개도국의 경우는 10년 동안 선진국 감축의 2/3 수준(평균 감축률 24%, 최소 감축률 10%)을 달성해야 했다. 아울러, 수입이 없거나 미미한 품목에 대해서는 이행 최초년도에 국내 소비량의 3% 이상을 최소시장접근(minimum market access, MMA) 물량으로 수입을 보장하되 이행 최종년도에는 5%까지 증대하는 한편, 기준년도(1986-88) 기간 중에 수입된 물량은 현행시장접근(current market access)으로 인정하여 기준년도 수입수준을 계속 보장하여야 했다.

일단 이러한 농업협정상의 관세화 과정을 거치게 되면, 농업협정 제4조2항에 따라, 관세상당치 계산에 포함된 비관세장벽조치들을 유지하거나 다시 설치하는 것이 엄격히 금지된다.[6] 이러한 모든 관세 및 비관세장벽들이 종합적으로 작용하여 국내외 가격차이가 형성된 것이고, UR협상에서 그 차이를 관세상당치로 반영하여 높은 관세율을 도출해낸 후, 그러한 관세율을 새로이 적용할 수 있도록 하는 과정이 관세화 과정인 이상, 이미 그러한 비관세장벽의 가치는 충분히 관세상당치에 반영되어 있는 셈이다. 그런데, 그럼에도 불구하고 관세상당치와 더불어 이러한 비관세조치들을 그대로 유지하도록 허용하는 것은 수입국에 이중의 보호혜택을 부여하는 것과 마찬가지이므로, 이를 방지하기 위해, 관세상

5) 농업협정 제4조 및 제5부속서 부록 참조. 관세상당치(TE)는 원칙적으로 4단위 또는 적절한 경우에는 6단위 등으로 산출되며, 국내가격(internal price)은 국내의 대표적인 도매가격이며 국제가격(external price)은 일반적으로 기준년도 연평균 시장환율을 사용한 국내통화로 전환된 평균 C.I.F. 수입가격이다. (TE=Internal Price-External Price/External Pricex100) 이러한 당해국가의 C.I.F. 수입가격을 구할 수 없거나(예를 들어, 기준년도의 수입실적이 없는 경우) 적절치 않은 경우, 인접국의 수입실적으로 참조하여, 그 C.I.F. 수입가격을 기준으로 하거나, 주요수출자들의 해당품목에 대한 조정수출가격(adjusted values)을 기준으로 삼을 수 있다. Ibid.

6) 농업협정 제4조 2항 및 각주1.

당치 이외의 비관세조치들을 철폐할 것을 의무화한 것이다.

이상의 관세화 과정을 쉽게 이해할 수 있도록, 예를 들어 설명해 보자. 아래는 한국의 WTO 관세양허표의 일부이다. 한국이 WTO회원국들에게 지고 있는 의무의 내용은 무엇인가?

WTO 관세양허표의 이해

1. Tariff Schedule / Part I / Section 1-A Tariffs

Tariff item	Description of products	Base rate of duty			Bound rate of duty		implementation
number		Ad valorem (%)	other	U/B	Ad valorem (%)	Other	Period from. to
1	2	3				4	5
0103	Live swine						
0103.10.0 000	Pure-bred breeding animals	23.7			18.0		

2. Tariff Schedule / Part I / Section 1-B Tariff Quotas

Description of products	Tariff item	Initial quota		Final quota		Implemen tation
	number(s)	quantity	Tariff rate	quantity	Tariff rate	Period from/to
1	2		3		4	5
Swine (Pure-bred breeding)	0103.10.0000	1,110 Heads	0.00	1,850 Heads	0.00	

첫째, Section 1-A에 따르면, 한국은 UR시 개도국으로 양허했으므로 관세감축과 관세할당의 증량의무를 1995년부터 시작해서 2004년 말까지 매년 균등한 관세율/물량으로 감축/증량할 의무를 진다. 즉, 돼지수입에 대해 1995년 초

부과하고 있는 23.7%의 관세를 점차로 낮추어서 2004년 말에 18.0%에 이르도록 해야 한다.

둘째, Section 1-B에 따르면, 1995년 초에 1,110마리의 관세할당 물량에 대해 0.00%의 관세를 부과해야 하는 데 비해, 2004년 말에는 1,850마리에 대해 0.00%의 관세를 부과해야 한다.

셋째, 위 두 의무를 결합하여 종합적으로 이해하자면, 1995년 초에는 1,110마리까지의 수입물량에 대해서는 관세가 면제될 것이나, 그 이상의 수입량에 대해서는 23.7%의 관세가 부과될 것이다. 반면, 2004년 말에는 1,850마리까지 관세가 면제되고, 그 이상은 18.0%의 관세가 부과될 것이다. 이러한 상태는 2004년 이후에도 계속 적용되게 된다.

한편, GATT 제II조 2항은 재정적 부담의 형태를 지니나 GATT 제II조상의 관세 양허 의무의 범위에 속하지 않는 것으로 조세, 반덤핑관세 및 상계관세, 그리고 수입관련 서비스 수수료를 들고 있는바, 이를 설명하면 다음과 같다. 첫째, '조세'(tax)는 원래 수입품이 수입된 후에 국산품과 동등하게 부과하는 것이나, 편의상 수입품에 대해서는 조세를 통관 시에 부과하는 경우도 많다. 이럴 경우 "내국민대우 규정에 합치되게 부과된 만큼의 조세"는 관세가 아니고 진정한 의미의 조세인 것이므로 GATT 제II조의 관할 사항이 아닌 것이다(GATT 제II조2항(a)). 아울러 조세 성격을 지닌 "내국부담금"(other internal charges of any kind)[7]의 경우도 똑같은 논리가 적용된다. 둘째, '반덤핑 및 상계관세'는 수입관세로서가 아니라 각각 덤핑 및 보조금에 대한 상계조치로 부과되는 것이다. 따라서 반덤핑 및 상계관세율은 해당 수입품에 대해 부과된 관세가 양허관세율을 초과하였는지를 판단하기 위한 합산에서 제외된다(GATT 제II조2항(b)). 셋째, 해당 제품이 수입되는 과정에서 제공된 통관수수료 등의 정당한 '용역사용료'는 수입관세라 볼 수 없으므로 양허관세율과 관계없이 부과될 수 있다. 다만, 실제로 제공된 용역의 가치에 상응하는(commensurate) 사용료만큼만 부과할 수 있는 것이고 (GATT 제II조2항(c)), 그 이상의 과도한 사용료를 부과하게 되면 그 차액은 "기타

7) 즉, 수입부담금(import charge)이 아닌 내국부담금(internal charge)의 경우를 말한다.

부과금"(other charges of any kind)에 해당하게 되어 양허관세율을 초과하였는지를 판단하는 데 합산되게 된다.

GATT상의 관세양허 의무의 수정을 가하려면 GATT 제XXVIII조에 따라 관세 재협상을 거쳐야 한다.

(2) 양허의 효과 - 양허관세 초과 금지 및 농산물 비관세조치 철폐 의무

이러한 관세 양허를 단행하게 되면, 이행기간 동안 관세감축 의무를 이행해야 하며, WTO회원국들은 자국의 양허관세율을 넘는 관세를 부과하지 못하게 되므로, 그 한도에서 예측가능성이 생기고 수출업자들의 시장접근이 보장되게 된다. 즉, GATT의 체약국이 수입품에 대해 자국의 양허세율보다 높은 관세를 부과하게 되면 "수입품에 대해 관세양허표에 기재된 대우보다 불리하지 않은 대우(no less favourable)를 부여해야 한다."는 GATT 제II조상의 의무를 위반하게 된다(GATT 제II조1항(a)). 반면, 양허세율보다 같거나 낮은 세율을 부과하는 것은 "관세양허표에 기재된 대우보다 불리한 대우"가 아니므로 무방하다. 실제로 많은 국가들이 많은 품목에 대해 양허세율보다 낮은 관세율(실행 관세율, applied rate)을 부과하고 있다. 이처럼 실행 관세율이 양허 관세율을 넘지 않는 한, 양자가 일치하지 않아도 되는 것이다. 따라서 각국의 국내법상의 (실행)관세율표는 GATT에 부속된 관세양허표와 다른 경우가 많다. 물론 특정 품목에 대해 양허 자체를 하지 않았으면, 그 품목에 대해서는 양허세율이 존재하지 않는 것이므로 실행 관세율을 마음대로 부과해도 된다. 따라서 가급적이면 양허를 많이 하지 않는 것이 유리하나, 관세 양허는 협상을 통해 이루어지므로 자국이 양허를 많이 하지 않게 되면 교역 상대국도 그렇게 하므로 결과적으로 두 나라 모두 시장접근 보장을 통한 이익을 얻지 못하게 된다.

● **한국의 GATT 양허표**

Tariff item number	Description of products	Base rate of duty Ad valorem (%)	Other	U/B	Bound rate of duty Ad valorem (%)	Other	Implementation period from/to	SSG	INR	Other duties and charges
1	2	3				4	5	6	7	8
0101.11.0000	Pure-bred breeding animals	20.0			13.1					

위 표의 한국의 GATT 양허표를 예로 들어 설명하자면, 세 번이 0101.11.0000인 종축(Pure-bred breeding animals)의 수입에 대해 한국이 부과하는 관세를 기본관세율 20%로 양허하고 이를 10년(개도국)의 기간에 걸쳐 13.1%까지 감축할 것을 양허한 것을 알 수 있다. 따라서 10년의 이행기간 동안 그 감축의무에 위반하여 과도한 관세를 부과하거나, 10년이 지난 시점에서도 13.1%보다 높은 관세를 부과하게 되면 WTO 위반[8]이 발생하게 되는 것이다.

아르헨티나 섬유 및 의류 사건에서 아르헨티나는 섬유류에 대하여 35%의 종가세(ad varolem duty)를 부과하기로 양허하였는데도, 실제로 이들 제품에 관세를 부과함에 있어서는, 35%의 종가세 또는 일정한 비율의 종량세(minimum specific import duties)라는 두 가지 세율을 병행하여 계산한 후, 이 중 높은 관세를 부과하는 식으로 운영하였다. 따라서 종량세 세율이 35%의 종가세보다 더 높게 계산되는 경우에는 양허세율을 초과하여 부과하는 문제가 발생하고 말았다. 이에 미국은 아르헨티나의 실행 관세가 양허 의무를 위반했다며 GATT 제II조 위반을 주장하였다. 상소기구는 GATT 제II조1항(b) 자체는 관세양허표에서 약속한 세율을 초과하여 관세 부과를 하지 않도록 의무화하고 있는 것이지, 관세양허표에 기재된 내용과 다른 형태의 관세를 국내적으로 도입하여 부과하는 행위 자체까지 금지하는 조항은 아님을 판시했다. 단, 다른 형태로 관세제도를

8) GATT 제2조 1항의 "양허표에 기재된 대우보다 불리한 대우를 GATT회원국 수출품에 대해 부과하지 않을 의무" 위반.

변경함으로써 실제로 양허세율을 초과하여 부과된 경우에는, 그 초과된 범위에 한하여 제II조1항(b)의 위반이 성립한다고 판시했다.[9)]

농산물 교역에 대해서는 양허관세 초과 금지의무에 더해 비관세조치 철폐의무까지 부과됨을 주의해야 한다. 농업협정 제4조 2항은 농산물 관세화 과정에서 "관세로 전환하도록 요구된(have been required to be converted into ordinary customs duties)" 조치는 유지 또는 이용하거나 동 조치로 복귀하는 것이 금지됨을 규정하고 있다. 이렇게 금지되는 조치로 농업협정 각주1은 "수입수량제한, 가변수입부과금, 최소수입가격, 임의적인 수입허가, 국영무역을 통하여 유지되는 비관세조치, 수출자율규제, 일반관세 이외의 유사한 국경조치"를 들고 있다. 이것은 이미 비관세조치들의 보호가치를 계산하여 양허관세율에 반영하도록 관세화를 단행한 상태에서 이러한 비관세조치를 그대로 유지하거나 다시 도입하는 것은 수입국에 대해 이중의 보호를 허용하는 셈이므로 관세화의 취지에 위배되게 때문임은 이미 설명한 바와 같다.

칠레 가격변동폭 유지체제 분쟁(Chile - Price Band System)[10)]에서, 칠레측은 자국의 가격변동지대 체제는 UR 이전부터 존재해 온 것으로 UR 관세화 과정에서 논의된 바가 없고 이를 관세로 전환하도록 실제로 요구받은 적이 없음을 지적했다. 그런데 위 농업협정 제4조 제2항에서 금지되는 것은 관세화 과정에서 "실제로 관세로 전환하도록 요청을 받은" 조치를 유지하는 것으로 해석되므로, 칠레가 가격변동지대 체제를 그대로 유지하고 있는 것은 위 조항 위반이 아님을 주장했던 것이다. 이에 대해 WTO 상소기구는 제4조 2항의 "관세로 전환하도록 요구된" 조치의 의미는 "실제로 요청된" 조치에 한정되지는 않으며, 비록 협상시 파악되지는 못했을지라도 각주1에서 예시하고 있는 비관세조치의 유형에 해당하는 것들도 모두 포함하는 개념임을 판시했다.

칠레는 또한 가격변동지대 체제는 상황에 따라 부과되는 통상관세율(ordinary customs duties)을 결정하는 수단에 불과한 것이므로, 이것이 농업협정 각주1에

---

9) Argentina-Textiles and Apparel, WT/DS56, 1998.
10) Chile - Price Band System and Safeguard Measures Relating to Certain Agricultural Products, WT/DS207.

서 금지하는 비관세조치는 아님을 주장했다. 이에 대해, 상소기구는 농업협정 각주1은 가변수입부과금 등의 정형화된 비관세조치들은 물론이고 "관세 이외의 유사한 국경조치"도 금지하고 있는바, 이러한 조치들의 특징은 투명과 예측가능성을 저하시켜 수출자들에 부담을 초래하고 국제가격 대비 국내가격의 왜곡현상을 증폭시키는 데 있음을 지적했다. 칠레의 가격변동지대 체제도 이러한 특징을 지니고 있는 비관세조치이므로, 관세화 이후에도 칠레가 가격변동 지대 체제를 유지하고 있는 것은 농업협정 제4조 제2항을 위반한다고 판정했다.[11]

터키 쌀 분쟁(Turkey - Rice)에서도 패널은 터키가 TRQ이외의 수입물량에 대해 수입승인을 해주지 않고 있는 것은 교역의 투명성과 예측가능성을 저하시키고 있는바, 농업협정 각주1에서 금지하는 "수입수량제한"에 해당한다고 판시했다.[12]

위 분쟁사례에서 지적된 바와 같이, 농업협정 각주1이 금지하고 있는 조치들은 통상 관세가 수입에 미치는 영향과는 달리 불투명하거나 예측가능성을 저하시키는 방식으로 수입물량을 제한하거나 가격을 왜곡시키는 것들인바,[13] 관세화 이후에는 이러한 모든 종류의 비관세조치들은 철폐해야 할 의무가 발생하는 것이다.

단, 농업협정 각주1은 이러한 비관세조치 철폐원칙의 예외로 "GATT나 WTO협정 부속서 1가의 국제수지규정 또는 다른 일반적, 비농업 특정적 규정에 따라 유지되는 조치"를 허용하고 있음은 주의를 요한다. 이때, "국제수지규정에 따라 유지하는 조치(measures maintained under balance-of-payments provisions)"에 해당하려면, GATT 제XII조, 제XVIII조 Section B 등의 국제수지 예외조항의 합치성 요건을 모두 충족해야 함은 물론이다. 인도 수량제한 조치 분쟁[14]에서 인도는 농산물 수입에 대해 적용하는 재량적 수입허가제도가 국제수지 개선을 위한 조치이므로 농업협정 농업협정 각주1에서 금지하는 비관세조치

11) WT/DS207, 상소기구 보고서, paras 209-210.
12) Turkey-Measures Affecting the Importation of Rice, WT/DS334, 패널보고서, paras 7.119-7.121.
13) 칠레 가격 변동폭 유지체제(Article 21,5 - Argentina), 상소기구보고서, para 171.
14) India - Quantitative Restrictions, WT/DS90.

의 예외에 해당함을 주장했으나, 패널은 동 조치가 GATT 제XVIII조 11항의 요건을 충족하지 못했으므로 농업협정 농업협정 각주1상의 예외에도 해당하지 못한다고 판시했다.[15)]

한편, 농업협정 제4조 2항 각주1에서 언급하고 있는 "GATT나 WTO협정 부속서 1가의 일반적, 비농업특정적(non-agriculture-specific) 규정에 따라 유지되는 조치"가 무엇을 의미하는지가 논란이 될 수 있으나, GATT 제XIX조와 세이프가드협정 상의 요건을 준수하는 세이프가드 조치, GATT 제XX조의 일반적 예외나 제XXI조의 국가안보 보호조치, SPS협정에 합치하는 위생검역조치, TBT 협정에 합치하는 기술규정 등이 이에 해당할 것이다.[16)]

다 관세양허의 재협상

GATT상의 관세양허 의무의 수정을 가하려면 GATT 제XXVIII조에 따라 관세재협상을 거쳐야 한다. 이 조항에 의하면, 3가지 방식의 관세재협상이 가능하다.[17)]

(1) 정기 재협상

첫 번째 방식은 1958년 1월 1일을 기점으로 매 3년마다 관세양허율을 변경할 수 있는 정기적 재협상 방식이다. 이 정기협상은 다음과 같이 진행된다. 우선 재협상을 요청한 국가와 당초 협상을 통해 관세를 양허한(initially negotiated) 국가인 "원협상국"(GATT 제XXVIII조1항)과의 협상을 통한 합의(negotiations and agreement)가 필요하다. 또한 "최대공급국"과의 협상을 통한 합의도 필요한 바, GATT는 "최대공급국"을 "GATT체약국단이 원협상국보다 큰 시장점유율을 양허국 시장에서 합리적인 기간 동안 유지해 온 국가라고 승인한 한 개(또는 특별한 경우, 두 개)의 체약국"이라 정의하고 있다.[18)] 이러한 최대 공급국 개념은 다

15) India - Quantitative Restrictions 패널보고서, paras 5.241-5.242.
16) 농업협정 제5조상의 특별세이프가드 조치의 경우도 관세화 이후에 금지되는 조치의 예외에 해당한다.
17) GATT 제XXVIII조1항.

소 모호하고 별도의 승인절차를 요하므로, UR협상의 결과 체결된 'GATT 제28조의 해석에 관한 양해'에 따르면 "당해 양허제품을 양허국에 가장 많이 수출(principal supplying interest)하고 있는 국가"를 자동적으로 최대공급국으로 간주하도록 하고 있다.[19]

그다음으로 최대공급국까지는 아닐지라도 해당 품목과 관련하여 양허국의 시장에서 상당한 시장점유율을 보유(significant interest)하고 있는 국가인 "실질적 이해관계국"[20]과의 협의(consultation)를 거쳐야 한다. 이때, GATT는 재협상 요청국, 원협상국 및 최대공급국을 합쳐 "주요이해관계국"(contracting parties primarily concerned)이라 부름으로써 "실질적 이해관계국"과 구별하고 있다. 주의할 점은 "주요이해관계국"과는 달리 "실질적 이해관계국"은 양허재협상 요청국과 협의(consultation)할 권리는 있으나, 합의(agreement)할 권한은 없다는 점이다.

예를 들어 양허 재협상 과정을 쉽게 설명해 보자.

가상 사례 - 양허 재협상 과정의 이해

1958년 1월 1일자로 발효된 A국의 관세양허표를 보면 P제품 수입에는 5%, Q제품은 2%, R제품은 50%의 양허관세율로 양허가 되어 있다고 하자. 이로부터 3년이 지나갈 무렵 A국은 Q제품 생산공장을 국내에 건설하고 Q의 국내생산을 시작했다고 하자. 따라서 당초에 Q제품에 대해 2%로 관세양허할 당시와는 사정이 변경되어 Q에 대해 2%보다 높은 실행관세를 부과함으로써 국내산업을 보호할 필요성이 생기게 되었다. 우

18) GATT 제XXVIII조 1항에 대한 주해(Ad Article) 4항.

19) Understanding on the Interpretation of Article XXVIII of the GATT 1994, 제1항. 이 양해는 이러한 최대공급국 기준이 중소(small and medium-sized) 수출국에 불리한지 여부를 WTO상품무역위원회가 WTO설립 이후 5년 후 재검토하도록 하고 있다. 이러한 재검토를 통해 기존의 기준이 중소수출국에 불리하다는 판단이 내려지면 새로운 기준을 채택하는 것을 고려해야 한다. 이때 기존의 여러 국가 간의 상대적 비교를 통해 최대공급국을 판정하는 것이 아니고, '한 국가'의 수출패턴만을 기준으로 삼아 이 국가의 전체 수출에서 양허재협상 요청국 수출시장이 차지하는 비중에 따라 최대공급국을 판단함으로써 중소규모의 수출국도 협상권을 획득할 수 있도록 기준을 변경하는 것을 고려해야 한다. 만일 이러한 새로운 기준이 채택된다면 수출구조가 특정한 국가나 지역에 편중된 중소수출국의 경우에 주요공급국으로 판정될 수 있는 가능성이 높아지게 된다.

20) GATT 제XXVIII조 1항에 대한 주해(Ad Article) 7항.

선 A국은 의무면제를 받거나 GATT상의 예외조항들을 원용할 수 있으나, 국내산업을 보호하기 위한 경우는 위 예외를 위한 사유에 해당하지 않으므로 관세양허 재협상에 의존하는 수밖에 없을 것이다. 재협상시 A국은 어떤 국가를 협상대상에 포함시켜야 하는가?

Q제품을 2%로 양허할 당시의 A국 시장에 대한 X국 및 Y국의 수출량은 각각 75%와 10%이고, 기타 국가들의 수출량을 합산한 비율은 15%라고 하자. 따라서 이때 A국은 최대수출국인 X국과 관세협상을 진행하여 2%에 양허를 했었던 것이다. 3년이 지나갈 현시점에서는 수출상황이 변하여 X국의 수출량은 10%로 감소한 반면, Y국의 수출량은 50%로 증가하고, 새로운 수출국인 Z국의 수출량은 30%를 차지하고 있다고 가정하자. 이러한 상황하에서 이제 A국이 관세재협상을 위한 대상에 의무적으로 포함시켜야 할 국가는 X국, Y국, Z국인 것이다. 즉, X국은 비록 수출량이 대폭 감소하였을지라도 "원협상국"이므로 재협상에 참여할 권리를 가지며, Y국은 50%라는 최대수출량을 보유하고 있으므로 "최대공급국"으로서 GATT 체약국단이 결정하게 될 것이므로 재협상에 참여하게 된다. 또한 Z국은 당초 양허협상에 참여하지 않았을지라도 30%에 달하는 "상당한 시장점유율(significant interest)"을 차지하고 있으므로 "실질적 이해관계국"으로서 협의에 참여하게 된다.

물론 이러한 재협상에서 합의에 이르려면 재협상 요청국은 주요 이해관계국들에 상응하는 보상을 제공해야 할 것이다. 즉, Q부문에 대한 양허세율을 높이는 대가로 이들 재협상국가들의 또 다른 관심품목인 R이나 P부문에 대한 양허관세를 인하해 줌으로써 전체적인 합의를 이끌어 낼 수 있다. Q의 세율을 많이 높이기를 희망한다면 그 만큼 R이나 P의 세율을 많이 낮추는 수밖에는 없을 것이다. 이러한 보상과정에서는 재협상 이후의 전체적인 양허의 수준이 재협상 이전과 동등하도록 균형을 이루도록 노력할 의무가 부과된다.[21]

만일 이러한 재협상에서 주요 이해관계국 간 합의에 실패하는 경우, 합의 결렬에도 불구하고 요청국은 Q제품에 대한 양허관세율을 일방적으로 변경하는 조치를 취할 수 있다. 그러나 이러한 일방적 조치를 취하게 되면, 원협상국, 최대공급국 및 실질적 이해관계국으로 하여금 보복(상응하는 만큼의 관세양허 인상)을 취하는 것을 수용해야 할 의무가 재협상 요청국에 대해 발생하게 된다.[22] 결국

21) GATT 제XXVIII조 2항.

양측 간의 양허의 재균형(rebalancing)을 어떻게든 추구하는 것이 GATT의 입장이라고 말할 수 있을 것이다.

이를 다른 시각에서 언급하면, 위 예에서 X, Y, Z국가들이 A국의 재협상 요구에 대해 부당하게 과도한 보상을 요구하여 협상을 결렬시키는 경우, A국은 일방적으로 양허를 재조정하고 상응하는 보복을 용인하는 정책적 선택을 할 수 있다는 이야기가 된다. 또한 그러한 가능성이 있기 때문에 X, Y, Z는 A국과의 재협상에 신중한 자세로 참여하여 전체적인 양허의 재균형을 이루는 방법을 택할 유인을 갖게 되는 것이다.

실질적 이해관계국인 Z는 이러한 재협상 과정에서 A국과 협의할 권한은 있으나 주요 이해관계국 간의 합의에 참여하여 합의의 성립 여부를 좌우할 권한은 없다. 다만, 실질적 이해관계국도 당해 사안에 대해 이해관계가 상당히 있는 것이므로 양허의 균형을 회복할 수 있는 권한을 부여해 주어야 할 것이다. 따라서 GATT는 재협상에서 주요 이해관계국 간 합의된 사항에 불만이 있는 실질적 이해관계국(Z)은 합의 성립에도 불구하고 재협상 요청국(A)에 대해 상응하는 보복을 취함으로써 자신의 양허의 재균형을 추구할 수 있도록 하고 있다.[23] 결국 실질적 이해관계국은 합의 거부권(veto)은 없는 반면 합의 이후의 보복권은 있는 셈이다.

어쨌든 이러한 과정을 거쳐 WTO회원국이 자국의 양허표를 수정하게 되면 국내법상의 관세양허 변경이 있은 후부터 3개월(양허내용을 변경하지 않는 형식적 사항의 수정의 경우는 최장 6개월) 이내에 WTO 사무국에 이러한 변경내용을 일방적으로 통보하면, 사무국이 3개월간 회람을 거치게 된다. 이 기간 동안 WTO회원국들이 이의가 없으면 인증(certification)을 받아 변경내용이 국제법적으로 확정되게 된다.[24] 만약 이의가 제기되게 되면, 이 국가와 협의 등을 통해 어떤 식으로든 이의제기를 철회시켜야 하는 셈이다. 이의가 계속 철회되지 않고 있으면, 변경 내용이 확정되지 못하고 있는 상태가 지속되고 있는 셈이므로 결국은

22) GATT 제XXVIII조 3항(a).
23) GATT 제XXVIII조 3항(b).
24) 관세양허표 수정 및 정정절차(Procedures for Modification and Rectification of Schedules of Tariff Concessions), L/4962, GATT Contracting Parties Decision of 26 March 1980.

WTO분쟁해결절차에 의해 그 정당성 여부가 판명되게 될 것이다. 양허 변경 내용이 정당한 것인지, 이에 대해 이의를 제기한 국가의 주장이 정당한 것인지가 WTO패널에 의해 판가름되게 되는 셈이다.

(2) 특별재협상 및 유보재협상

위와 같은 정기적 재협상 이외에, GATT는 특별한 사정이 있는 경우 체약국단의 승인을 얻어 수시로 행할 수 있는 '특별재협상' 제도를 두고 있다.[25] 이에 더해, 정기적 재협상 사이에 양허변경을 행할 수 있는 권한을 미리 통보를 통해 유보(reserve)한 경우 다음 정기재협상 기간에 이 권한을 행사함으로써 재협상을 할 수 있도록 하고 있다.

이러한 정기적 특별 유보 재협상은 GATT시절에 꾸준히 사용되어 온 것으로 보인다. 1953년부터 1983년까지의 통계를 보면, 34개국이 250차례에 걸쳐 매년 약 100개 품목에 걸쳐 재협상을 진행했다.[26]

라 관세 인하

GATT 제XXVIII조의2(bis)는 관세장벽의 실질적인 감축(substantial reduction)의 필요성을 강조하고 GATT 체약국단이 관세인하 협상을 후원(sponsor)할 수 있음을 규정하고 있다.[27] 이러한 협상은 "선택적인 품목별 방식"(selective product-by-product basis)으로 이루어질 수도 있고 체약국들이 동의하는 "다자적인 절차(multilateral procedures)를 적용하는 방식"으로 진행될 수도 있다.[28]

이러한 근거에 입각해 체약국들은 GATT1947 하에서 8차례의 다자무역협상을 개최하여 공산품의 평균관세율을 획기적으로 인하하는 데 성공하였다. 위

25) Ibid., 4항 및 동항에 대한 주해 참조.
26) Bernard M. Hoekman, Trade Laws and Institutions: Good Practices and the World Trade Organization (The World Bank, 1995), p. 11.
27) GATT 제XXVIII조bis 1항.
28) GATT 제XXVIII조bis 2항.

GATT 규정내용을 이해하고 그동안 채택되어 온 관세인하 방식을 이해하기 위해서는 이러한 관세인하를 이룬 방법론을 역사적 과정을 통해 좀 더 자세하게 살펴볼 필요가 있다.

(1) 품목별 협상방식(The Item-by-Item Approach)

1947년 개최된 제1차 제네바라운드에서 1961년의 제5차 딜런라운드까지는 전통적 방식인 '품목별 협상방식'을 통해 관세양허 및 인하가 이루어졌다.[29] 즉, 개별체약국은 수출국으로서 기존 수입국 및 잠재적 수입국들을 상대로 양허품목과 양허관세율에 대한 요청서(request list)를 송부한 후, 이번에는 수입국으로써 자국이 양허할 수 있는 품목과 양허세율을 기록한 제안서(offer list)를 상호교환하였다. 이러한 두 종류의 서류를 기초로 양국이 협상을 통해 균형점을 찾아가는바, 이러한 과정은 GATT 협상위원회와 사무국에 의해 감독되었다.[30]

즉, A와 B국 간의 협상을 통해 관세양허에 대한 잠정 합의가 성립하면 양국은 각각 이로 인해 영향을 받게 되는[31] 제3국가와 협상을 진행하였다. 이러한 여러 양자협상들의 결과는 잠정적인 합의로 간주되었으며, 협상과 재협상을 반복하여 양자협상들의 조합간의 전체적인 합의가 성립될 때까지 협상은 진행되었다. 이 과정에서 각 협상의 품목과 통보내용은 GATT사무국에 보관되므로 협상국가들이 이를 열람하고 조사할 수 있었다. GATT사무국은 이렇게 전체적으로 조정된 여러 양자협상들의 결과를 하나로 통합하여 "관세의정서"(tariff protocol)를 도출해 내는데, 이에 대해 각 체약국들은 전체적인 양허의 균형을 검토한 후 의정서 서명여부를 결정하였다.[32]

이러한 품목별 방식은 절차가 매우 번거롭고 시간이 많이 소요되었다. 또한 주요교역국의 관심품목을 중심으로 협상이 진행되어 중소국의 이익이 무시되는

---

29) Hans Van Houtte, The Law of International Trade (Sweet & Maxwell, 1995), p. 63.
30) John H. Jackson, The World Trading System: Law and Policy of International Economic Relations(2nd ed., The MIT Press 1997, hereinafter"Jackson (1997)"), pp. 143-144.
31) 관세양허의 효과는 최혜국대우 의무에 의해 전 GATT체약국에 확산되게 되므로, A와 B국 간의 양허는 결국 기타국가들의 A 또는 B에 대한 수출에 영향을 미치게 된다.
32) Jackson (1997), pp. 143-144.

경향이 있었으며, 양허협상국들 간의 양허의 균형이 최우선으로 고려되었으므로 소극적인 양허를 하는 경향을 낳아 관세 인하폭이 낮을 수밖에 없었다. 더구나 1957년 로마조약에 의해 EC가 결성됨에 따라 EC가 대외적인 협상주체가 되었으나, EC 회원국 간의 내부적인 조정을 별도로 진행하였으므로 전체적인 협상과정을 매우 어렵게 만들었다.[33]

(2) 일괄적 감축방식(The Linear Procedure)

이러한 품목별 방식의 단점을 극복하기 위해 제6차 케네디라운드에서는 일괄적 감축방식이 채택되었다.[34] 이 방식에 따르면, 개도국 및 몇몇 1차 산품 생산국을 제외한 모든 산업 국가들이 1차 생산품(primary product)을 제외한 모든 제품에 대해 50%의 일괄적인 관세감축을 의무적으로 제의(offer)해야 했다. 그런 다음에 각국은 이러한 50% 감축의 예외 품목명단(exception lists)을 제출하고 이 예외품목에 대해서만 협상을 진행하였다.[35] 그 결과 협상은 효과적으로 진척되었으며, 전체적으로 평균 35% 가량의 관세가 감축되었다.

(3) 공식에 의한 감축방식(The Formula Approach)

1973년 시작된 동경라운드에서는 일괄적 감축방식에 대한 변형을 기초로 한 '공식에 의한 감축방식'이 적용되었다. 이 방식의 기본적인 아이디어는 관세가 높아질수록 무역제한 효과가 가중적으로 나타나 어느 단계에서는 교역 자체가 불가능하게 되므로 교역을 원활화하기 위해서는 고관세는 저관세에 비해 감축률이 높아야 한다는 것이었다. 이러한 주장은 주로 EC에 의해 제기되었는데, 그 배경에는 EC 자신은 관세동맹의 성격상 전체적인 품목별 관세 구조가 비교적 형평하게 되어 있는데 반해, 미국의 경우는 품목간 관세격차(peaks and valleys)가 심하게 차이가 나는 구조로 되어 있기 때문이었다.[36] 따라서 EC로서는

33) Ibid.
34) John Rehm, "The Kennedy Round of Trade Negotiations", American Journal of International Law, 62 (1968), p. 403.
35) 반면, 개도국의 수출품 및 농산물에 대해서는 품목별 협상방식이 적용되었다. Jackson (1997), p. 144-145.

미국의 고관세 품목에 대한 가중적인 감축을 유도하기 위해 위와 같은 논리를 내세운 것이었다. 이러한 제안에 대한 논란 끝에 결국은 고관세품목에 대한 가중감축과 국가별 상이한 가중치를 적용한 수학공식(Swiss formula)을 창안하여 이 공식에 따라 각국은 관세를 감축하게 되었다.[37] 그 결과 공산품에 대한 관세가 약 35% 감축되어, 감축 후의 평균관세율이 6.3%에 이르렀다.[38]

(4) 분야별/품목별 협상방식(The Sectoral/Item-by-Item Approach)

UR에서는 기본적으로 '분야별협상'(sectoral approach)을 통해 '품목별(item-by-item) 감축방식'이 사용되었다. 즉, 전통적인 품목별 감축방식에서는 모든 상품분야를 통틀어(cross-sector swaps) 횡적 양허의 균형을 추구하는 식으로 관세감축 협상을 진행하였으나, UR에서는 협상 대상품목을 여러 품목 분야별로 나누어 각각의 분야 내에서 별도로 국가 간 균형을 추구하는 형식(sector-by-sector)의 협상방식이 도입된 것이다.

UR 관세협상은 원래 관세, 비관세, 열대산품, 천연자원산품 등 4개 협상그룹으로 나뉘어져 진행되어 오다가 1991년 4월 시장접근협상 그룹으로 통합되었다. 이후부터는 관세와 비관세부문으로 대별되어 협상이 진행되었다. 우선 관세부문과 관련하여서는 1988년 12월 몬트리올 각료회의에서 GATT 체약국들은 공산품 및 수산물에 대해 1986년 9월을 기준으로 양허세율을 1/3 (33%) 이상 인하하고 관세양허의 범위를 확대한다는 기본목표를 설정하였다. 그 후 1993년 7월 QUAD국가들(미국, EC, 일본, 캐나다)은 철강, 건설장비, 농업기계, 의료기기, 가구, 의약품, 증류주, 맥주 등 8개 부문 품목에 대한 관세철폐와 화학제품 부문에 대한 관세의 감축·평준화에 합의하였다. 그리고 1993년 11월 APEC국가들은 전자, 종이, 과학장비, 완구, 목재제품, 유지종자 등 6개 부문에

---

36) 관세동맹의 경우는 여러 구성국 간의 관세를 평균내어 공통 대외관세를 창설하게 되므로 특별히 고관세인 품목이 줄어들 게 된다. Jackson (1997), p. 145.

37) 이 공식은 Z=AX/(A+X)이다. 이때, Z=감축후의 관세율, X=현재 관세율, A=국가 간 가중치(예를 들어, 미국의 A는14, EC의 A는 16)이다. "The Tokyo Round of Multilateral Trade Negotiations", Vol I, Report of the Director-General of GATT (Geneva: GATT, 1979), pp. 46-48.

38) The Tokyo Round of Multilateral Trade Negotiations, Vol II, Supplementary Report of the Director-General (Geneva: GATT, 1980), pp. 3-7.

대한 관세철폐와 비철금속 및 수산물 부문에 대한 관세감축·평준화에 합의하였다. 1993년 12월 미국과 EU는 APEC합의내용 중 비철금속, 종이, 목재, 완구 등 4개 부문의 관세철폐와 전자, 과학장비 부문의 대폭적인 관세감축에 합의하였다. 이어서 GATT 체약국중 상당수의 국가들이 이상의 관세철폐 및 감축에 참여함에 따라 1993년 12월 15일 UR 관세부문 협상이 유종의 미를 거두게 된 것이다.

UR의 관세협상의 결과는 'GATT 1994에 대한 마라케쉬의정서'(Marrakesh Protocol to GATT 1994)에 집약되었다. 그 주요내용 및 이에 대한 평가는 아래와 같다.

첫째, 회원국 간에 합의된 1986년 9월 기준 1/3 관세인하는 원칙적으로 WTO협정 발효일로부터 5년간 매년 동일한 비율로 인하(five equal rate reduction)된다. 다만, 예외적으로 관세 양허표에 별도의 이행기간에 관한 규정이 있는 경우 그에 따르며, 농산물에 대해서는 관세양허표에 규정된 내용에 따른다.[39]

이렇게 UR은 비교적 단기간의 관세인하 기간을 설정함으로써 무역자유화의 효과를 조기에 실현하려 하였으며, 최빈개도국에 대한 고려와 농산물 등 민감한 품목을 위해 각국의 관세양허표상의 이행기간에 대한 예외를 허용한 것이다.

둘째, 양허내용의 이행은 WTO회원국들의 다자적인 심사(multilateral examination)의 대상이 된다. 이는 양허의무 이행을 보장하기 위한 것이다.

셋째, 자국의 관세양허표를 GATT 1994에 첨부 완료한 국가는 그렇지 않은 국가에 대해 일정한 서면통보와 협의절차를 거친 후 이 후자의 국가가 최대공급국(principal supplier)인 품목의 관세양허를 보류하거나 철회할 수 있다.[40] 이 규정은 UR참여국이 관세양허표를 GATT 1994로 이전하는 것을 지연시키는 경우, 그 기간 동안 양허의 정지조치를 취함으로써 이익의 균형을 꾀하고 GATT 1994로의 이전을 유도하기 위한 것이다.

한편, 비관세부문의 양허협상은 각 체약국들이 교역상대국에게 비관세장벽 목록을 제출(request)하고, 자국의 비관세장벽 철폐 계획을 제시(offer)하는 전통

39) 마라케쉬의정서1항, 2항.
40) 이상 마라케쉬의정서 3항, 4항.

적인 방식으로 진행되었다.

이상과 같은 UR협상의 결과, 관세적용 범위의 확대(선진국은 78%에서 99%로 개도국은 21%에서 73%로 확대), 고관세의 가중적인 감축, 특정 품목 부문의 무관세화(철강, 의약품, 의료장비, 농업장비, 건설장비등), 여타부문에서의 관세감축 및 평준화 등의 괄목할만한 성과를 달성하였다. 1차 산품을 제외한 공산품에 대한 평균관세율은 6.3%에서 평균 38%가 감축되어 3.9% 수준으로 인하되었다. 더구나 종래 관세대상에서 제외되었던 농산품분야를 관세화 한 것은 농산물 시장에 대한 시장접근을 확보한 획기적인 성과로 볼 수 있다.

우리나라는 UR협상의 결과 전체품목의 90%를 양허하였으며 평균관세율은 1986년 기준 17.9%에서 8.1%로 인하되었다(54.6% 감축). 또한 맥주와 증류주를 제외한 무세화 대상 품목의 관세를 대부분 철폐하였고, 비철금속과 의약품등의 민감분야에 대해서는 8-10년간의 이행 기간을 확보하였다.[41] 또한 농산물과 관련하여, 쌀에 대해서는 10년 동안 관세화를 유예할 수 있도록 인정받았으며, 쇠고기, 돼지고기, 닭고기, 감귤, 유제품, 고추, 마늘, 참깨 등은 고관세를 부과하거나 장기간의 이행 기간을 허용받았다.

(5) 혼합방식(The Blended Formula Approach)

이상에서 살펴본 바와 같이 동경라운드에서 채택된 공식에 의한 감축방식은 농산물 수출국들이 선호하는 방식이고 UR방식은 수입국들이 지지하는 방식이다. 따라서 2001년 카타르 도하(Doha)에서 출범하여 2011년 현재까지 진행 중인 DDA(Doha Development Agenda) 라운드에서는 기본적으로 이들 방식을 혼합 절충한 방식이 제안되고 있는 바,[42] 이를 “혼합방식”(blended formula)이라 부를 수 있다. 이 방안에 따르면 전체 품목 중 일부 품목에 대해서는 UR방식을 적용하고 나머지 품목에 대해서는 스위스 방식을 적용하거나 관세철폐 방식을 적용토록 하고 있다. 이러한 혼합방식 제안에 대해 주요 농산물 수입국들은 반대의 견해를 표명한 바 있으며, 미국과 EU간에도 UR방식을 적용할 수 있는 품

41) 상공자원부, UR협상의 경위 및 결과(1993.12), pp. 35-40.
42) 2003년 8월 미국과 EU가 공동제안한 방식이다.

목의 비율문제를 놓고 견해가 대립되어 왔다. 즉, 미국은 동 비율을 가급적 제한하려는데 반해, EU는 UR방식 적용구간을 어느 정도 확보해 민감한 품목의 보호를 위한 여지를 확보하고자 하는 것이다. 한편 인도, 브라질 등의 개도국은 경제개발에 도움을 줄 수 있도록 선진국의 관세정점, 경사관세를 대폭 낮출 것을 주장하면서 모든 품목에 대해 일정한 비율로 감축하는 선형 감축방식을 제시하기도 했다. 또한 협상의 모든 고려요소에서 선진국보다 개도국이 우대조치를 받아야 한다고 강조하였다.

이러한 혼합방식은 2004년 7월에 일반이사회에서 채택된 '7월 패키지(the July Package)'에 비농산물 부문 관세감축 기본 골격으로 채택 되었다.[43] 즉, 이 방식에 의하면 비농산물 관세감축은 '비선형공식(non-linear formula)'을 적용하여 품목별로(line-by-line basis) 이루어져야 하며 일정한 비율의 품목에 대해서는 이러한 공식적용을 면제하는 대신 전체 평균관세율을 정하여 감축하도록 하고 있다. 모든 국가에 대해 일정비율([95%]) 이상 양허토록 함으로써 양허범위를 특정하는 한편, 이를 대폭 확대하였다. 감축기준 세율은 우루과이협상의 결과인 최종양허세율을 적용하되, 미양허품목은 DDA협상이 출범한 시점의 실행세율의 [2]배를 적용키로 하였다.

이와 병행하여 '분야별 접근방안'(sectoral approach)을 통해, 일정분야에 대한 무관세화를 추진하려는 선진국의 입장과 무관세화는 의무적인 것이 아니라 자발적 참여에 그쳐야 한다는 개도국의 입장이 대립되었다. 그 결과, 7월 패키지에서는 분야별 접근방식을 핵심수단으로서 인정하고 모든 회원국의 참여가 중요함을 강조하되, 분야선정에 있어 개도국의 수출관심품목을 고려하는 한편, 무관세화 대상분야와 참여방식, 개도국에 대한 적절한 신축성부여 조항에 대한 논의를 계속해 나가기로 합의하였다. 한국은 국제적인 자유무역이 확산될 수 있도록 무관세화를 포함한 분야별 접근방식에 능동적으로 대응하되, 국내산업의 경쟁력이 매우 취약한 수산물에 대해서는 이를 수용할 수 없다는 입장을 견지하였다.

---

43) Decision Adopted by General Council on 1 August 2004, WT/L/579 (2 August 2004). See Annex B of this Decision (Framework for Establishing Modalities in Market Access for Non-Agricultural Products).

한편, 관세율 구간을 구분하여 각 구간별로 다른 감축방식을 적용하자는 견해("구간별 방식"-"tiered formula")도 제기되었다.[44] 이 방식에 따르면 각 관세율 구간별로 UR방식이나 스위스 방식 등 다양한 방식을 적용할 수 있고, 고율 또는 저율관세 품목을 구분하여 각기 다른 방식 또는 감축율을 적용할 수 있는 것이다. 이러한 구간별 방식은 농산물 분야에서 혼합방식에 대한 대안으로 대두되어 결국 '7월 패키지'에 농산물 분야 관세와 국내보조 감축방식으로 채택되게 되었다.[45]

이와 함께 '관세상한'(tariff cap)을 정하자는 제안이 있었다. 이는 품목을 불문하고 관세율 적용의 최대한도를 설정하는 것을 말한다. 이 개념은 농산물 수입국 중 특히 높은 관세를 부과하고 있는 국가들의 격심한 반발에 직면하여 결국 7월 패키지에서는 구체적으로 반영되지 못하고, "그 역할을 계속 평가한다"는 내용으로만 언급되었다.[46]

TRQ 물량을 증량하는 문제도 DDA에서 농산물 수출국과 수입국 간 이견이 첨예하게 대립되고 있는 문제이다. 수출국들은 모든 품목에 대해 TRQ를 의무적으로 증량할 것을 원하고 있으나, 수입국들은 반대하고 있다. 7월 패키지에는 이 문제에 대한 원칙이 언급되지 못하고 WTO회원국(특히 개도국)의 시장접근을 개선하기 위해 추후 TRQ 증량문제를 유연성 있게 논의할 것을 언급하고 있다.[47]

관세상한과 TRQ 증량이 농산물 수출국들의 이해에 부합하는 제안이라면, 수입국들의 이해에 합치하는 것으로는 '민감품목'(sensitive products) 및 '특별품목'(special products)에 대한 고려를 들 수 있다. 이는 각국이 민감하다고 판단하는 품목들에 대해 더 낮은 관세 감축률을 적용토록 허용하는 것이다. 특히 특별품목은 개도국에만 해당되는 개념이며, 개도국들은 특별품목에 대해서는 관세 감축과 TRQ 증량의 완전 면제를 주장하고 있다. 7월 패키지는 이러한 민감품

44) 2003년 농업협상 그룹 의장인 하빈슨(Harbinson)에 의해 제안된 것으로 각 구간별로 UR방식을 적용하되, 높은 관세율 구간일수록 보다 높은 평균/최소 감축률을 적용함으로서 스위스 방식적인 요소를 가미하였다.

45) Annex A (Framework for Establishing Modalities in Agriculture), WT/L/579 (2 August 2004). Ibid., para 30.

46) Annex A, para 30.

47) Ibid., para 35.

목 개념을 인정하고 있으며, 각국이 실질적 시장접근 개선 및 MFN원칙에 입각한 TRQ 제도 적용의 조건하여 민감품목을 지정할 수 있도록 하고 있다. 또한 7월 패키지는 개도국은 식량안보(food security), 생활안보(livelihood security) 및 농촌지역 개발 필요를 고려하여 적절한 수의 특별품목을 지정할 수 있다고 규정하고 있다. 이들 품목의 구체적 선정범위 및 방식과 관세 감축율은 향후 협상을 통해 정해져야 할 것이며, 그것이 DDA협상 전체의 성패를 좌우하게 된 것이다.

7월 패키지에서 합의된 협상골격이 추구하는 바는 한마디로 시장개방의 확대라고 볼 수 있다. 농업보호의 수단인 관세는 높을수록 더 많이 내리고, 국내보조도 보조를 많이 지급하는 나라가 더 많이 감축하는 것이다. 그리고 각국의 조치가 무역을 왜곡하지 않도록 요건을 강화하고 점검도 강화하자는 것이다. 이 과정에서 기본골격은 시장개방의 확대와 함께 동시에 농업이 가지고 있는 각국의 민감성과 비교역적 특성을 감안해 적절한 신축성을 인정하고 있다. 농산물 무역에서 수량제한이라는 가장 강력한 수입억제 수단은 UR협상에서 관세로 전환되었고, DDA협상에서는 그러한 관세와 무역을 왜곡하는 국내보조를 대폭 줄이고 수출보조는 철폐하는 방향으로 나갈 것을 명시하고 있는 것이다.

한국의 경우, 민감품목의 수와 신축성 부여의 정도가 DDA로 인한 농업에 미치는 피해를 줄일 수 있다는 점에서 민감품목의 수를 늘리는 한편 민감품목의 관세감축과 TRQ 증량폭을 최소화하려는 노력을 전개하였다. 또한, 한국은 고율관세품목이 다수 있으므로 관세상한 문제를 최우선 과제로 설정하고 관세상한이 설정되지 않도록 노력하였다.

이러한 제반 노력에도 불구하고, 국제공동체는 관세 및 보조금의 구체적 감축방식과 수치를 포함하는 협상의 세부원칙(modality)에 합의하는 데 실패하고 말았다. 즉, 몇 개의 구간으로 분류할 것인가, 각 관세율 구간별로 적용할 구체적 관세감축 방식, 민감/특별 품목의 구체적 선정범위 및 방식과 관세 감축율, 관세상한 문제, TRQ 증량의 방식, 농업보조금을 향후 몇 년에 걸쳐 얼마나 줄여나가야 하는지 등 수많은 세부적 이슈에 대해서 합의가 도출되지 못한 것이다. 이러한 합의가 있어야 개별 회원국이 그 기준에 입각해 자국의 이행계획표를 작성하고 그에 대한 검증과정을 거칠 수 있는 것이다. 농업분야의 세부원칙은 2006년 7월 의장책임 아래 처음으로 초안이 작성되어 배포된 이후 수정과 보완이 계속된 끝에 2008년 12월 4차 수정안[48]까지 나온 바가 있으나, 끝내 합의가 도출되지 못하고 역사상의 기록물로 남고야 말았다.

● **GATT / WTO 다자간 무역협상 개최 성과**[49]

라운드	년도	참가국 수	협상내용	평균관세 인하비율	협상 후의 평균관세율
1. Geneva	1947	23	관세	35%	(40%)
2. Annecy	1949	33	관세	35%	
3. Torguay	1950	34	관세	35%	
4. Geneva	1956	22	관세	35%	
5. Dillon	1960-61	45	관세	35%	
6. Kennedy	1962-67	48	관세, 반덤핑	35%	8.7%

48) 2008년 12월 Crawford Falconer 농업협상 의장이 제시한 세부원칙(modality)에 관한 제4차 수정안(Revised Draft Modalities for Agriculture, TN/AG/W/4/Rev.4, 6 December 2008)은 회원국들의 합의에 이르지 못했으나, 2000년 3월 농업협상이 개시되고 2001년 DDA협상이 시작된 이래 협상의 진전사항을 집대성한 것으로 평가받고 있다. 그 주요 내용은 아래와 같다.
첫째, 관세감축의 경우 4개의 구간으로 나누어 양허관세가 높을수록 많이 감축하는 방식을 채택함. 선진국의 경우 제1구간에 속하는 최하위 관세에 대해서는 50%를 감축하고 4구간(75% 이상)의 최상위 관세에 대해서는 70%를 감축해야 함. 개도국은 4개 관세구간을 선진국보다 더 넓히고 감축수준도 선진국의 2/3수준으로 함. 이행기간은 선진국은 5년, 개도국은 10년임.
둘째, 민감품목(sensitive products)을 지정할 수 있도록 허용하여 이에 대해서는 TRQ증량을 조건으로 낮은 감축률을 적용함. 민감품목의 수는 전체 세 번의 4%(개도국은 5.3%)까지 지정할 수 있는바, 관세감축률은 구간별 일반 감축률의 1/2~2/3을 적용하되, TRQ를 소비량의 3~4%(개도국은 2~2.7%) 증량토록 했음. TRQ 증량은 이행 첫날 1/4만큼 증량하고, 매 12개월마다 3년 동안 1/4씩 추가 증량해야 함.
셋째, 개도국의 경우는 민감품목은 물론 특별품목(special products: SP)을 지정할 수 있도록 허용함. 즉, 식량안보, 생계유지, 농촌개발 관련 지표를 기초로 특별품목을 전체 세 번의 12%까지 지정할 수 있으며, 관세감축은 전체 특별품목의 평균감축률이 11%가 되도록 할 수 있고 전체 세 번의 5%에 대해서는 감축 자체를 면제할 수 있음.
넷째, 개도국에 대한 긴급수입제한조치(SSM)를 허용함.

49) Edmond McGovern, International Trade Regulation(Exeter: Globefield Press, 2nd ed.,1986), chapter 1.14; Jackson(1969), chapters 6 and 7.

7. Tokyo	1973-79	99	관세, 비관세조치, Code	34%	6.3%
8. Uruguay	1986-94	120+	관세, 비관세조치, 서비스, 지재권, 분쟁해결, 섬유 및 의류, 농업, WTO설립	38%	3.9%
9. Doha Development Agenda	2001 -	148+	농산물, 공산품, 서비스, 규범, 지재권, 환경 등		

※평균관세율: 1차 상품을 제외한 공산품에 대한 평균 관세율

마 관세분류의 공정성과 투명성 보장

관세분류(customs classification)란 관세부과의 목적으로 수입품이 품목분류표상에서 어떠한 품목에 해당하는지를 정하는 절차를` 말한다. 각 WTO회원국의 양허관세율표상의 관세율은 품목별로 상이하고, 이를 기초로 각국이 실제로 부과하는 국내법상의 실행관세율도 품목에 따라 차이가 있다. 따라서 특정 수입품을 어떠한 품목으로 분류하느냐에 따라 해당제품의 수입업자가 부담해야 하는 관세액은 상이하게 마련이다. 이에 수입업자는 가급적 관세율이 낮은 품목으로 분류되기를 바라는 반면, 세관당국은 공정한 분류를 하거나 또는 가급적 높은 세율의 품목으로 분류하여 국내 산업을 보호하고 재정수입을 증가시키려는 유인을 지닐 경우도 있다. 더구나 때로는 특정 제품이 여러 가지 품목으로 분류될 여지가 있는 경우도 있다. 그러므로 관세분류를 둘러싼 분쟁이 종종 발생하게 되며, 어떻게 하면 관세분류제도가 무역장벽으로 작용하지 않도록 합리적이고 신속하게 분류하느냐는 문제가 관심의 초점이 된다.

이에 GATT 제X조는 관세분류 절차 및 기준에 대한 투명성을 제고하고 양측 간의 공평성을 기하기 위한 규정을 두고 있다. 이에 의하면, 체약국들은 관세분류(classification)에 관한 각종 법규 및 판정을 다른 체약국 정부와 무역업자

들이 인지할 수 있는 방식으로 공표해야 한다(GATT 제X조 1항). 또한, 이러한 법규는 공통적이고 공평하며 합리적으로 운영되어야 하며, 관세분류 판정에 대한 재심(review)절차를 마련하고 이를 독립적 기관이 담당하도록 하여야 한다(GATT 제X조 3항).

이와 더불어 GATT 제II조는 관세분류에 대한 GATT체약국 간 이견이 있는 경우 양국이 협의할 것과, 만일 수입국이 관세분류에 오류가 있음을 인정하나 자국의 사법적 기관에 의해 판정이 이미 내려졌기에 오류를 수정할 수 없다고 선언하는 경우에는 실질적 이해관계 있는 제3국의 참여하에 보상(compensatory adjustment)을 위한 협상을 즉시 개시할 것을 규정하고 있다(GATT 제II조 5항). 이러한 규정은 체약국 내의 관세분류관련 사법적 판정의 효력을 존중하는 한편, 국제적 관세양허의 효과를 보호하기 위한 보상절차를 마련한 것이라 평가할 수 있다.

이러한 협상을 통해 적절한 보상이 이루어지지 않는 경우, 수출국은 GATT 제XXII조에 따른 협의를 요청할 수 있다. 또한, 만일 수입국의 관세분류의 오류로 인해, 해당 수입품의 양허관세율을 넘어서 관세가 부과되었거나 여러 나라로부터 수입되고 있는 "같은(like) 제품" 간의 차별이 초래되는 경우에는 각각 GATT 제II조(관세양허준수 의무) 및 제I조(최혜국대우 의무)를 위반하게 되므로 WTO분쟁해결절차에 제소하여 문제를 해결할 수도 있을 것이다.

1882년 스페인커피 사건은 스페인 당국이 수입커피에 대한 관세분류를 자의적으로 행한 결과, 브라질이 주로 생산하고 있는 커피품목에 대해 차별적인 관세가 부과된 데 대해, GATT 제I조 위반 판정이 내려진 예이다.[50]

한편, 그동안 국제적 물품분류의 통일화를 통해 무역장벽을 줄이고 국제교역을 증진시키려는 노력이 꾸준히 전개되었다. 그 결과 1983년 '관세협력이사회'(Customs Cooperation Council, CCC)[51]는 각국의 통일적인 물품분류를 위한 기

---

50) Spain-Tariff Treatment of Unroasted Coffee(BISD 28S/102, adopted on 11 June 1981). 이와 반대되는 취지의 판례로는 Japan-Tariff on Import of Spruce Pine-Fir (SPF) Dimension Lumber (adopted July 1989, 36th Supp. BISD 167 1990) 참조.

51) 현재의 '세계 관세기구'(World Customs Organization: WCC)의 전신이다.

준으로 '통일물품품목기호제도'(Harmonized Commodity Description and Coding System, Harmonized System: "HS Code")[52]를 개발하였다. 1987년 GATT 체약국단은 'HS Code 도입에 관한 GATT 의정서'(Protocols to the Introduction of the Harmonized Commodity Description and Coding System)를 체결하고, HS Code를 GATT 관세양허표 작성을 위한 기준으로 사용하였다.[53] 현재 HS Code는 전 세계 많은 나라들에 의해 채택되어 관세분류의 일반적인 기준으로 사용되고 있다.

EC 컴퓨터 장비 사건은 EC가 LAN(Local Area Network) 어답터 부품과 멀티미디어 기능이 있는 PC를 재분류(reclassification)한 것이 문제가 되었다. EC는 UR협상 동안 두 제품을 자동정보처리(Automatic Data Processing, ADP) 기기 및 그 부품으로 분류하였는데(양허관세율 2.5-0%), 이후 1995년 이를 전기통신기기(양허관세율 3.6-0%)로 재분류하였다. 또한 일부 PC를 TV 수신기(양허율 14-8%)로 재분류하여, UR당시에 비해 월등히 높은 관세가 부과되게 조치했다. 이에 미국은 이러한 EC의 조치가 관세양허표상 LAN장비가 ADP로 분류될 것이라는 수출국의 정당한 기대(legitimate expectation)를 저해하여 GATT 제II조를 위반하였다고 주장하였다. 이는 관세양허표를 해석하는 기준을 어디에 두어야 하는가에 관한 근본적 문제를 야기했다. 패널은 수출국이 현존 관행이 계속되리라고 보는 것은 합리적 기대이므로, WTO협정 전문이 언급하듯이 WTO협정 체제는 실질적 관세인하를 위한 호혜적 협정인 점을 내세워, 이러한 기대를 어긴 수입국 측에 반증의 의무가 있다는 판시를 내렸다. 상소기구는 패널의 결정을 번복하면서, 관세양허표에 대한 해석은 조약법에 관한 비엔나협약상의 해석원칙이 적용되는바, 조약 당사국 간의 "공통된 인식"이 중요한 것이며 "HS 표준 분류표와 그 주해서", 그리고 회원국들의 "후속적 관행"에 따라 해석하는 것이지 수출국이 가졌던 일방적 기대가 기준이 되는 것이 아님을 판시했다.[54]

---

52) HS Code는1988년 1월 1일자로 발효되었다. HS Code는 UN에서 무역통계의 목적을 위해 사용되는 'Standard International Trade Classification'(SITC)에 부분적으로 입각한 것이다.
53) GATT, BISD 34 Supp. 5 (1988).
54) EC-Computer Equipment, WT/DS62/67/68 (1998).

바 관세평가의 중립성 보장

(1) 의의

공정하고 투명한 절차에 의해 수입품에 대한 관세분류가 이루어져서 해당품목에 부과되는 관세율이 도출되었을지라도 해당수입품의 과세가격이 공정하게 평가되지 않으면 결과적으로 수입자는 부당한 금액의 관세를 납부해야 한다. 이는 관세평가 제도가 일종의 비관세장벽으로 기능할 수 있음을 의미한다.[55] 물론 종량세(specific duty) 형태로 관세가 부과되는 경우는 관세평가제도 자체가 불필요하게 되나, 대부분의 관세는 종가세(ad valorem duty)임을 상기할 필요가 있다. 따라서 관세분류와 관세평가제도는 상호 보완관계에 있다고 할 수 있다.

또한 국가 간 상이한 관세평가 방식을 사용하고 있는 경우 관세인하 협상이 복잡해지게 된다. 일일이 단일방식으로 환산해 주어야 하기 때문이다. 대부분의 국가들은 관세평가시 CIF방식을 사용하나, 미국의 경우는 FOB방식을 고집해 왔다.[56] 특히 동경라운드 이전까지 미국은 9가지의 상이한 관세평가 방식을 적용하기도 하였다.[57] 이에 관세평가와 관련하여 소요되는 비용과 절차적 지연을 줄이기 위해 동경라운드에서는 '관세평가 Code'(Agreement on Implementation of Article VII)를 채택하였다. 이 코드는 GATT와 별도로 코드에 가입한 국가들 사이에서만 적용되었으므로 본래 의도한 목적인 국제무역에서의 관세평가제도의 효율화를 달성하기에는 한계가 있는 것이었다. 그러므로 UR에서는 이 코드를 수정·보완하여 WTO협정의 일괄채택 협정 중의 하나로 부속시킴으로써 오늘날의 WTO '관세평가협정'(Agreement on Implementation of Article VII of the GATT 1994)이 탄생하게 되었다.

---

55) 관세평가 문제와 관련한 WTO분쟁도 다수 발생하는바, Brazil - Measures on Minimum Import Prices (DS197); Mexico - Certain Pricing Measures of Customs Valuation and Other purposes (DS298); Mexico - Customs Valuation of Imports (DS53); Romania - Measures on Minimum Import Prices (DS198) 등을 들 수 있다.

56) Jackson (1997), p. 152. FOB(Free-on-board)방식이란 제품의 선적시점까지의 비용을 합산하여 가격을 도출하는 것이며, CIF(cost, insurance, freight)방식은 위에 수입자가 위치한 항구까지의 운송료와 보험료까지 합산하여 가격을 산출하는 방식이다.

57) Ibid.

(2) 관세평가 방법의 확정 및 우선 순위화

WTO 관세평가협정의 의의는 무엇보다도 관세평가 방법의 종류를 확정하고 각 방법의 적용 우선순위를 정하였다는 데 있다.

첫째, 가장 우선적인 방법은 "거래가격"(transaction value)을 기초로 하는 방식이다. 거래가격이란 "상품 수출을 위해 실제로 지불받았거나 지불받을 가격"을 말하는데, 당해 거래가 조건부로 이루어지지 않고 특수관계에 있는(related) 당사자 간 이루어진 것이 아니어서 대표성이 있어야 한다. 이러한 거래가격에 수입품 구입자(buyer)가 부담하는 중개료, 컨테이너비, 포장료, 부품료, 제조장비료, 로열티, 간접생산비, 국외공정개발비 등 제8조에서 규정한 항목을 합산한 가치가 결국 과세가격이 되는 것이다.[58] 이러한 비용들이 합산되는 이유는 구입자가 수출자에 간접적인 방식으로 지불한 가격(indirect payment)이라 볼 수 있기 때문이다. 따라서 위 항목 이외에 구입자가 자기부담에 의해 수행한 활동비용을 과세가격에 합산해서는 안 되며,[59] 물품이 수입된 후의 운송비 및 조립·유지·건설비, 그리고 관세 및 조세 또한 과세가격에 합산되어서는 안 된다.[60] 주의할 점은 ① 수입지까지의 운송비용, ② 수입지까지의 운송에 소요되는 화물 적선, 적하, 취급료, ③ 보험료 등을 과세가격에 포함시킬지 여부는 WTO회원국이 알아서 할 수 있다는 점이다.[61] 이는 CIF가격을 기준으로 삼는 문제에 대한 미국과 여타 국가들 간의 제도적 차이를 고려하여 각 회원국에게 선택의 자유를 주기 위한 규정이라 볼 수 있다.

둘째, 수입품의 거래가격을 산정할 수 없는 경우에는 당해 수입품과 거의 같은 시기에 동일한 수입국에 수출된 "동일제품"(identical goods)의 거래가격이 과세가격이 된다.[62] 이러한 동일제품이 여러 개 있는 경우에는 그 중 가장 낮은 거래가격을 사용해야 한다.[63] 이러한 동일제품의 거래가격을 산정할 때에는 당

---

58) 관세평가협정 제1조, 제8조1항.
59) 관세평가협정, 제1부속서, 제1조에 대한 주석(Note to Article 1), 2항.
60) Ibid., 3항.
61) Ibid., 제8조2항. 단, 위의 포함여부를 국내 법률로 규정해야 할 의무가 있다.
62) 관세평가협정 제2조1항(a).
63) Ibid., 3항.

해 수입품의 거래와 가급적 동일한 거래단계 및 거래량 기준에서 가격이 산출되도록 조정을 하여야 한다.[64]

셋째, 이상의 방법으로 거래가격을 산정할 수 없는 경우에는 당해 수입품과 거의 같은 시기에 동일한 수입국에 수출된 "유사제품"(similar goods)의 거래가격을 과세가격으로 삼는다.[65] 이러한 유사제품이 여러 개 있는 경우에는 그 중 가장 낮은 거래가격을 사용해야 한다.[66] 이러한 유사제품의 거래가격을 산정할 때에는 당해 수입품의 거래와 가급적 동일한 거래단계 및 거래량 기준에서 가격이 산출되도록 조정을 하여야 한다.[67]

넷째, 이러한 모든 방법으로도 과세가격을 산정할 수 없는 경우, 즉 수입품·동일제품·유사제품의 수출가(export price)를 산정할 수 없는 경우에는 수입 후의 판매가(sale price)를 기준으로 이 과정에서 지불된 일정비용을 공제(deduction)하는 역산방식이 사용되어 진다. 즉, 수입 후 90일 범위 내에서 가장 이른 시기에 특수관계에 있지 않은 구매자에게 판매된 단위수량가격(unit price)에서 판매를 위한 중개료, 이윤, 일반비용, 운송료, 보험료 그리고 수입 및 판매시 지불한 CIF비용(CIF가격기준 선택시), 관세, 조세 등 제반비용을 제한 가격이 과세가격이 된다.[68] 수입된 후 추가공정을 거쳐 변형된 후 독립구매자에게 판매된 제품의 경우에도 위와 같은 공제방식을 적용한다.[69] 단, 수입자가 요청하는 경우, 위 공제방식 이전에 아래의 구성가격 방식을 먼저 적용해야 한다.[70]

다섯째, 이러한 공제방식에 의해서도 과세가격 산출이 곤란한 경우, 생산비에 정상이윤, 수출판매비용 및 CIF비용(CIF기준 선택시)을 합산한 가격이 과세가격이 된다.[71] 이를 구성가격(computed value) 방식이라 한다.

여섯째, 관세평가협정은 이상의 모든 방식이 적용 곤란한 경우의 최후의 방

---

64) Ibid., 1항(b).
65) Ibid., 제3조1항(a).
66) Ibid., 3항.
67) Ibid., 1항(b).
68) bid., 제5조1항(a), (b).
69) Ibid., 2항.
70) Ibid., 제4조.
71) Ibid., 제6조 1항.

법으로 수입국에서 입수 가능한 자료를 기초로 WTO협정에 합치하는 "합리적인 방식"(reasonable means)으로 과세가격을 산출할 것을 규정하고 있다. 이때, 수입자는 당국이 사용한 합리적 방식을 서면으로 통보해줄 것을 요청할 수 있다.[72] 그러나, 어떠한 경우에도 수입국내 생산품의 판매가격, 일정한 두 개의 가격 중 높은 가격, 수출국 내의 시장가격, 생산비(구성가격 산출의 경우는 제외), 제3국 수출가격, 최저기준과세가격, 임의의 설정가격 등을 기준으로 삼을 수는 없다.[73]

(3) 기타 규율내용

이 밖에 관세평가협정이 규정하고 있는 사항들의 개요는 다음과 같다.[74] 과세가격 산정과정에서 통화의 환산이 필요한 경우 환율이 적용되게 되는데, 수입국의 관계당국이 공표하고 수출입 당시 유효하며 거래의 가치를 효과적으로 반영하는 환율을 기준 환율로 사용하여야 한다. 관세평가 과정에서 제출된 자료의 비밀성은 보장된다. 회원국은 입법을 통해 관세평가 결정에 대한 이의제기 절차를 규정하여야 하는데 궁극적으로는 사법당국에 대한 재심요청권을 보장해야 한다. 수입사는 관세평가가 내려진 방식에 대해 세관당국의 서면설명을 요청할 권리가 있다. 회원국은 아울러 관세평가에 대한 최종결정이 지연되는 경우 수입자가 일정한 담보를 제공하고 수입품을 통관할 수 있도록 국내법으로 규정해야 한다. 관세평가제도의 국제적 운영을 위해 '관세평가위원회'(Committee on Customs Valuation)와 '관세평가기술위원회'(Technical Committee on Customs Valuation)를 설치하는데, 후자는 WTO분쟁해결절차에서 패널의 기술적 사항에 대한 자문에 응한다.

---

72) Ibid., 제7조1항, 3항.
73) Ibid., 2항.
74) 관세평가협정 제9 - 19조 참조.

사 FTA의 관세철폐(tariff elimination) 원칙의 이해

이상과 같이 WTO협정은 상품 관세의 양허 및 인하를 통해 회원국 간 시장접근을 개선해 나가는 접근방식을 취하고 있다. 자유무역협정(FTA)는 이에 더 나아가 체결국 간 시장접근을 근본적으로 보장하기 위해 상호 관세를 "철폐(elimination)"할 것을 요건으로 하는 급진적 교역자유화 접근방식을 취하고 있다. 즉, FTA 회원국 간 서로 교역하는 제품에 대해 관세철폐에 관한 양허를 교환함으로써 시장접근을 근본적으로 보장하는 형식으로 협상이 타결되고 그 결과가 FTA 관세철폐 양허표에 기재되어 FTA에 부록으로 첨부되게 된다.

이러한 요건을 구체적으로 기술하자면 FTA회원국 간 "실질적으로 모든 무역" (substantially all the trade)을 대상으로 상호 관세장벽을 철폐해야 하는바, 이러한 철폐는 합리적 기간(FTA발효 후 통상 10년) 내에 이루어야 한다.[75] 따라서 FTA발효 후 5년 이내 관세철폐가 이루어지는 단기 철폐 대상 품목이 많으면 많을수록 해당 FTA는 높은 수준의 관세철폐 양허가 이루어지는 것이고, 5년 이상의 장기 철폐가 이루어지는 품목이 많고, 심지어 10년 이상의 철폐품목이 상당수 있는 경우, 낮은 수준의 시장접근 양허가 이루어진 것으로 평가할 수 있다. 예를 들어, 한-EU FTA[76]는 공산품 부문에서 각각 높은 수준의 양허를 교환했는바, 그 현황은 아래와 같다.

● **한-EU FTA - EU의 양허수준, 관세율 및 대한국 수입현황[77]**

양허	품목수 (CN8코드기준)	관세율 (단순평균)	한국수출 (2004-06년 연평균 백만달러)	한국 수출비중 (%)
즉시	7,201	3.61	31,759	76.7

75) GATT 제24조 8항 및 GATT 제24조 해석에 관한 양해. 이 조항의 상세한 해설은 아래 제3장 제3절 6 참조.

76) 2011.7.1. 잠정 발효되고 2015.12.13. 전체 발효된 한국과 유럽연합(EU) 간의 자유무역협정.

77) 수출액은 유로통계(CN8단위)의 유로화기준 2006년을 1.2497$/EUR 환율을 이용하여 달러로 환산한 것으로, 한국통계기준(HS10단위)으로는 43,820백만달러임.

3년	151	7.60	6,863	16.6
5년	46	12.00	2,769	6.7
계	7,398	3.76	41,391	100.00

● **한-EU FTA - 한국의 양허수준, 관세율 및 대EU 수입 현황**

양허	품목수 (HS10코드기준)	관세율 (단순평균)	한국수입 (2004-06년 연평균 백만달러)	수입비중 (%)
즉시	8,535	6.22	17,938	69.4
3년	478	7.44	5,802	22.4
5년	346	7.28	1,787	6.9
7년	45	9.20	335	1.3
계	9,404	6.33	25,862	100.0

이러한 통계자료를 분석해보면, EU측의 양허 내용의 경우 즉시 및 3년 이내 철폐 품목을 포함한 조기 철폐 품목이 차지하는 비중은 품목수 기준 99.4%, 수입액 기준 93.3%에 이르고 있고, 한국 측의 양허내용도 3년 이내 철폐 품목까지 포함한 조기 철폐 품목들의 비중은 품목수 기준 95.8%, 수입액 기준 91.8%에 이르러 양측 모두 높은 수준으로 양허했다고 평가할 수 있다. 이러한 양허내용을 산업별/품목별로 분류해보면 장기 철폐 대상 품목과 단기 철폐 대상 품목이 드러나게 되어 있는바, 민감한 산업/품목들은 장기철폐를 통해 관세철폐의 속도를 늦추어 시장개방에 따른 연착륙을 유도하고 있음을 알 수 있게 된다.

일반적으로 농산물은 민감품목이 많으므로 FTA 관세철폐 양허협상에서 높은 수준으로 합의하기가 어려운 품목이다. 따라서 관세철폐 기간을 다양화하고, 10년 이상의 초장기 철폐기간도 설정하여 초민감품목을 이에 배치하며, 극소수의 품목은 아예 FTA 관세철폐 대상에서 제외하는 품목으로 할당하는 등의 접근방식이 활용되고 있다. 예를 들어, 한-미 FTA[78]의 한국 측 양허표를 보면, 5년까지의 단기 철폐 농산물 품목의 비중은 61.1%에 그치고, 6년부터 10년까지의 중장기에 속하는 농산물 품목의 비중이 25.1%이며, 10년 이상의 초장기철폐 품목의 비중도 15%에 달한다.[79]

이 밖에도 계절관세, TRQ 제공 및 현행관세 유지, 양허제외 등의 양허유형을 마련함으로써 민감농산물을 급진적 자유화의 충격으로부터 보호하고 있다. 계절관세란 우리나라의 해당 농산물 성출하기 동안에는 관세가 유지되고, 나머지 기간에만 관세가 철폐되는 조건이며, 대상 품목은 신선 오렌지와 포도가 배치되어 있다. 오렌지의 경우에는 단기 관세철폐대신 TRQ를 제공함으로써 FTA 체결 상대국에 대해 일정한 물량만큼 저관세나 무관세로 수출할 수 있는 권한을 배분해 주는 방식을 채택하고 있다. 이렇게 FTA 협상에서는 민감 농산물에 대한 관세철폐 기간을 장기간으로 하는 대신, 일정한 TRQ물량을 제공함으로써 상호간 타협을 하는 경향이 있다.

이처럼 FTA 농산물 부분 협상에 있어서는 창조적인 아이디어를 발휘하여 급진적 자유화로 인한 민감성을 최대한 보호하는 노력이 이루어지고 있다. 다만, 관세철폐 기간은 불가피한 경우를 제외하고 10년 이내이어야 한다는 GATT 제24조 해석에 관한 양해 3항이 존재하므로[80] 10년 이상 철폐품목의 비중은 최소화해야 하는 부담이 작용하게 된다.

78) 2012.3.15. 발효된 한국과 미국 간의 자유무역협정.

79) 한-미 FTA에서 한국 측 양허내용을 보면, 포도는 17년 철폐, 사과와 배는 20년 철폐, 쇠고기, 맥류, 두류, 양념채소(고추, 마늘, 양파, 생강), 인삼 등도 15년 이상 철폐 품목으로 배치하여 경쟁력 제고 및 구조조정 기간을 확보하고 있다. 또한 쌀은 관세철폐 대상에서 제외하고 있다.

80) 이 조항의 상세한 해설은 아래 제3장 제3절 6 참조.

2 수량제한의 원칙적 금지와 예외

시장개방 원칙은 수량제한과 같은 반개방 조치들을 다자적으로 금지하는 것으로부터도 달성된다. 수량제한은 그 정치적 효용성은 큰 반면 경제적 효율성은 떨어져 세계경제에 악영향을 미치는 대표적인 무역정책 수단이다. 이를 원칙적으로 금지함으로써 시장접근을 개선하고 국제교역의 예측가능성도 높이는 것은 시장개방의 핵심요소이기 때문이다. 또한 관세양허를 통해 관세장벽을 억제하고 있는데 쿼터와 같은 수량제한 조치를 취해 관세양허 효과를 상쇄시키는 것을 막는 것이 필요하다. 그런 의미에서 수량제한 금지의 원칙은 관세양허의 효과를 보존시키는 기능을 수행하기도 하다.

가 WTO 수량제한 금지 원칙

수량제한은 특정기간 내에 수입되거나 수출되는 특정물품의 총량(예: 2022년에는 승용차를 1000대까지만 수입 허용)이나 총액(예: 2022년에는 승용차 수입 총액을 1천만 달러까지만 허용)의 상한선을 정하여 그 이상의 수입이나 수출은 허용하지 않는 제도를 말한다. 이러한 제한은 품목별 또는 수출국별 수출입량을 할당하는 쿼터(quota) 형식을 취하는 경우가 많은데, 아예 수출입 자체를 금지시켜 버리는 조치(import prohibition or export prohibition)도 일종의 "zero quota"를 할당하는 것이므로 광의의 수입제한조치(import restriction)에 해당한다고 하겠다. 그리고 수출입국 간의 협상에 의하여 수출국이 자국의 수출량을 규제하는 조치인 수출자율규제(VER)도 일종의 변형된 형태의 수량제한 조치라고 볼 수 있겠다. 이러한 수량제한조치는 국제경제체제에 심각한 경제적 비효율을 초래하고, 그 정도는 관세의 예보다 더 심각함은 이미 살펴본 바와 같다.

WTO협정은 관세부과를 허용하되 양허의무를 부과하고 관세의 감축협상을 주도해 나감으로써 시장접근을 보장하고 있다. 그렇다면 WTO협정은 이러한 관세조치보다 더 경제적 왜곡효과가 큰 수량제한 조치에 대해서는 어떠한 태도를 보이고 있는가?

우선 상품무역과 관련 GATT 제XI조는 다른 체약국의 영역으로부터 수입되거나 다른 체약당사국으로 향하는 상품의 수출 또는 수출을 위한 판매에 대해 쿼터, 수출입허가나 "기타 조치"("other measures" 단, 관세, 조세나 기타부과금은 제외)를 통해 수출입을 금지하거나 제한하는 것을 불법화하고 있다. 이는 1930년대에 전세계적으로 횡행한 쿼터제도에 의해 국제교역이 급격히 위축한 것에 대한 반성으로 GATT에 채택된 것이다. 즉 수량제한 조치를 원칙적으로 금지시킴으로써 수량제한 조치가 초래하는 경제적 왜곡효과를 방지하려는 것이다. 쿼터는 물론이고 자동적이지 않은 수입면허제도, 최저수입가격제도 등도 그 수입제한 효과가 발생하면 "other measures"로서 GATT 제XI조의 규율을 받게 된다. 형식상의 제한뿐만 아니라 수량제한 형식을 띠고 있지 않더라도 사실상의 제한효과가 발생하는 조치들도 포함됨을 주의해야 한다.

예를 들어, 아르헨티나 피혁사건[81]에서 EC는 수출용 소가죽의 통관절차에 국내 피혁업계 대표의 입회를 승인한 아르헨티나의 조치를 사실상 수량제한 조치라 주장했는바, 패널도 이러한 형식의 사실상의 제한에도 XI조가 적용될 수 있음을 인정했다. 다만, 이 경우에는 업계대표가 입회하여 사실상의 수입제한 효과가 발생했다는 충분한 입증이 결여되었음을 이유로 EC 주장을 수용하지 않았다.

최저수입가격 제도와 관련, EEC 가공청과류에 대한 최저수입가에 대한 분쟁[82]에서 패널은 사안별 판단이 필요함을 전제로, 본건의 경우 획정된 최저가격 이하로 수입하려는 업자들이 있는 점, 최저수입가격제도가 그 이하로 수입된 제품에 대한 가격상승요인으로 작용하는 점을 감안할 때, 수입제한 효과가 발생함을 인정하여 XI조 사안이라 판시했다.

국영무역기업이나 수입독점을 통한 제한(일본 농산물수입제한 사건, 1988), 자동적이지 않은 수입면허제도(인도 수량제한조치 사건, 1999), 상품 무관련 공정 및

81) Argentina - Hides and Leather, WT/DS 155 (2001).
82) EEC - Processed Fruits and Vegetable (L/4689, 1978)

생산방법을 기준으로 특정 상품의 수입을 제한하는 수입제한 조치(Tuna-Dolpin 사건, 1991) 등도 그 효과를 분석하여 XI조 상의 "other measures" 여부가 판정되게 된다.

이러한 XI조상의 "other measures"의 범위에 국경조치가 아닌 국내조치(internal measures)도 포함되는지에 대해서는 논란이 전개되고 있다. 1984년 캐나다 FIRA 사건[83]에서 미국은 캐나다의 외국인투자에 대한 사전 조건이 결국 일정한 상품의 수입을 제한하는 효과가 있음을 들어 XI조 위반을 주장한 바가 있으나, 패널은 국경조치가 아님을 들어 이러한 주장을 받아들이지 않은 바가 있다. 반면, 2000년 한국 쇠고기 분쟁[84]에서는 한국의 국내 유통단체에 의해 취해진 쇠고기 시장 출시에 대한 제한조치가 "사실상의 수입에 대한 제한(de facto limits on importation)"임을 들어 XI조가 규율할 수 있음이 언급되기도 했다.

저명한 학자들도 XI조는 국경조치에 한정하고 국내조치는 GATT III조와 같은 비차별대우 조항에 의해 규율하는 분업관계가 성립되어야 한다는 견해[85]와 비차별대우 조항의 협소함을 보완하기 위해 국내조치에도 XI조를 적용시켜 차별적이지는 않지만 "교역제한 효과가 발생하는 비조세적 국내조치(non-discriminatory internal non-tax regulatory measures)"를 과감하게 규율해 나가야 한다는 견해[86]가 나뉘고 있는 상황이다.

판단컨대, 국내조치에 XI조를 전면적으로 적용하게 되면, 수입상품에 대한 차별적 효과가 발생하는지 여부를 기준으로 국내조치들을 규율해 나가려는 GATT의 기본 구상(즉, 국내조치에 대한 비차별대우 원칙)이 무너지는 결과를 초래하게 된다. 그렇다고 XI조를 형식적 의미의 국경조치에만 한정하여 적용하는 것도 XI조 의무를 회피하기 위해 국내조치의 형식을 빌려 수입제한 효과를 창출

83) Canada-Administration of the Foreign Investment Review Act, L/5504 (1984, adopted).
84) Korea-Measures Affecting Imports of Fresh, Chilled and Frozen Beef, WT/DS161/169.
85) John Jackson, World Trade and the Law of GATT, 1969.
86) Rex Zedalis, The United States/European Communities Biotech Products Case: Opportunity for World Trade Organization Consideration of Whether Internally Applied Non-Tax Measures Fall Within the Scope of the General Agreement on Tariffs and Trade Article XI(1)'s Reference to "Other Measures", 38(4) JWT (2004), p. 647.

하는 수많은 방식의 규제를 효과적으로 규율하지 못하게 됨을 의미한다. 따라서 실제로 수입제한 효과가 발생하는지 여부와 이러한 효과 발생을 의도한 측면이 있는지 등의 기준에 입각하여, 비록 국내조치라도 이러한 기준을 충족하게 되면 XI조에 의해 규율하는 식의 제한적 접근방식이 올바른 해석방법이라 할 것이다.

GATT 제XI조는 "수입"에 대한 제한은 물론 "수출"에 대한 제한도 금지됨을 주의해야 한다. 수출통제 조치를 취하는 경제적 유인은 여러 가지가 있다. 우선, 첨단기술 분야나 국가안보와 관련된 산업의 경우, 관련제품이 일정한 국가로 수출되는 것을 통제하여, 자국의 기술이나 안보를 장기적으로 보호해 갈 필요가 있다. 또한, 원료제품의 경우, 국내의 가공업체의 이익을 보호하기 위해 필수원료가 수출되는 것을 통제하여, 가공업체들이 원료를 손쉽게 국내에서 구할 수 있도록 하기 위한 경우도 있다. 일정한 제품의 국내가격을 통제하고 있는 경우, 비싼 값으로 수입하려는 국가로 해당제품이 수출될 수 없도록 통제함으로써, 국내의 가격통제 정책의 효과적인 운영을 담보할 필요도 있다. 이렇게 제품의 수출을 통제하여 국내에서 소비되게 하는 것은 비교우위에 따른 국제적 자원배분의 효율을 인위적으로 저해하는 조치이기 때문에, 일정한 예외사유를 한정해 정당화하고 그 밖의 조치는 다자적으로 금지해야 할 필요가 있는 것이다. 이때, "수출" 단계 자체에 대한 제한은 물론이고, 그 이전단계인 "수출을 위한 국내판매(sale for export)" 단계에 대한 제한도 포함된다.

또한 주의할 점은 제XI조상의 수량제한 "조치"는 법적으로 구속력이 있는(legally binding) 강제조치 보다는 넓은 개념이라는 점이다. 즉, 수출입업자들이 정부가 취한 행위나 간섭(action or intervention)에 따른 "충분한 정도의 유인과 불이익(sufficient incentives or disincentives)"이 제공되고, 수출입업자들의 행위가 이러한 정부의 행위나 간섭에 "필연적으로 의존(essentially dependent)"하고 있다면 비구속적(non-binding)인 조치일지라도 제XI조의 대상이 된다는 것이다. 일본 반도체무역에 관한 사건[87]에서 일본정부는 반도체 생산업체에 대한 자국정부의 행정지도(생산비 이하 해외 판매 제한 지도)는 법적 구속력이 없기에 금지

87) Japan - Semiconductors, L/6309, 1988.

조치가 아님을 주장했으나, 패널은 수출을 제한하는 효과가 실제로 발생하는 점이 중요하다면서 법적 구속력에 관계없이 금지조치임을 평결한 바가 있다.88)

나 예외적 허용

그렇다면 이러한 수량제한 조치는 예외 없이 금지되어야 하는가? 우선, GATT 제XX조의 일반적 예외, 제XXI조의 국가안보예외, 세이프가드조치, 의무면제, 분쟁해결기구로부터 보복조치 승인을 받은 경우 등의 경우에 일반적으로 수입제한 조치를 취할 수 있음은 물론이다.

이 밖의 경우에도 GATT는 아래와 같은 명시적 규정을 두어 몇 가지 예외를 허용하고 있는바, 이것이 수출자율규제(VER)에 대한 GATT의 태도(예외 없이 금지)89)와 다른 점이다.

(1) 국내 필수품의 심각한 부족을 방지하기 위한 수출제한

첫 번째 예외는 GATT 제XI조 2항(a)가 규정하고 있는바, “수출국이 자국에 필수적인(essential) 음식물이나 기타제품의 심각한 부족(critical shortages)을 방지하거나 구제하기 위해서 취하는 일시적인 수출제한조치”이다. 이러한 예외를 인정하게 된 배경에는 캐나다, 호주 및 개도국들의 천연자원에 대한 주권 주장이 자리 잡고 있다. 즉, 수출 통제를 통해 국내자원의 해외유출을 막는 것은 국가의 권리라는 것이다. 물론 이러한 주장에 대해 자원수입국들의 반대가 제기되어, 양자 간의 타협의 산물로 수출통제의 요건을 엄격하게 규정한 후 이를 허용하는 식으로 상기 예외가 탄생한 것으로 보인다.

따라서 이 예외를 해석할 때에는 위의 입법배경을 고려해야 한다. 또한 예외는 원칙에 비해 엄격하게 해석되어야 하므로, 동 예외의 요건인 “필수제품”, “심

---

88) Ibid., paras. 108-117.

89) WTO 세이프가드협정 제11조 1(b)와 3항은 수출자율규제를 금지하고 있고, 민간 기업이 이러한 행위를 하도록 독려하거나 지원하는 것도 금지하고 있다.

각한 부족", "일시적 통제" 등을 확대해석하거나 유추해석해서는 안 될 것이다. 특히 이러한 심각한 부족을 "구제"(relieve)하기 위한 조치뿐만 아니라 "방지"(prevent)하기 위한 통제조치도 가능한 바, 회원국이 이 요건을 남용하여 자의적인 예방적 조치를 취하는 것은 허용되지 않는다고 해석해야 한다. 즉, 생필품의 심각한 부족을 예방하기 위해 꼭 필요한 방지조치만이 정당화 된다고 하겠다.

실제로 중국 원재료분쟁[90]에서 WTO 패널은 "필수제품(essential products)"의 개념을 특정 WTO회원국에게 "중요한 제품", "필요한 제품", 또는 "없어서는 안 될 제품" 등의 판단기준을 사용해서 해석하고 있으며, 이러한 "필수제품" 여부에 대한 판단은 동조치를 적용하는 회원국의 자체적 판단사항이 아니고, 객관적으로 판단되어야 하는 것임을 판시했다. 동 분쟁에서 문제가 된 알루미늄성분이 많은 보크사이트(refractory-grade bauxite)의 수출쿼터제도에 대해, 중국이 세계시장에서 철강제품의 최대 생산자이며, 철강 산업이 중국의 고용시장에 기여하는 정도를 감안할 때, 철강제품의 필요원료인 "refractory-grade bauxite"는 필수제품에 대한 규제임을 판시한 바가 있다.

그럼에도 불구하고, 이러한 필수제품의 "심각한 부족(critical shortage)"을 막기 위한 조치이기 위해서는 중국정부가 설명하듯이 "앞으로 16년간의 사용가능 매장량이 남아있다"는 것으로는 부족하며, 상황이 "결정적으로 중요하거나 중대해서 일종의 위기상황으로 치닫고 있는 점"(a situation of decisive importance or one that is grave, rising to the level of a crisis)이 입증되어야 하는데 중국측이 이를 설명치 못했음을 지적했다. 또한, 중국정부가 동 원료에 대한 수출 통제를 십여 년간 유지해 오고 있고 그 종료시점이 언제인지에 대한 언급을 하지 않고 있어, 그러한 자원이 고갈될 때까지 계속 유지할 것으로 합리적으로 기대되고 있는바, 이것은 "적용기간이 제한되는" 규제인 "일시적" 통제에 해당하지 않으므로 GATT 제11조 2항에 의해 정당화되지 못한다고 판시했다.[91]

---

90) China-Measures Related to the Exportation of Various Raw Materials, WT/DS395/398.
91) Ibid., 패널 보고서 paras 7.309, 7.351, 7.339.

(2) 교역제품의 분류, 등급화, 마케팅을 위한 표준화나 규제를 위해 필요한 수출입제한

GATT 제XI조 2항(b)는 "국제적으로 교역되고 있는 제품의 분류(classification), 등급화(grading), 마케팅(marketing)을 위한 표준화나 규제를 위해 필요한 (necessary) 수출입제한조치"는 수량제한금지 원칙에도 불구하고 취할 수 있다고 규정하고 있다.

이러한 예외를 쉽게 이해하기 위해 1987년 캐나다가 유지하고 있었던 청어 및 연어(herring and salmon)에 대한 수출금지 조치의 예를 설명해 보자.

Canada - Herring and Salmon 분쟁[92] 판례

당시 캐나다는 가공되지 않은 상태(unprocessed)의 청어와 연어의 해외수출을 금지시켰다. 그 이유로 캐나다가 제시한 것은 이와 같은 금지조치는 우수한 가공기술을 갖춘 자국 내의 청어와 연어 가공산업에 충분한 양의 청어와 연어를 공급하기 위한 것이고, 이것이 가공된(processed) 청어와 연어의 국제적인 품질유지에 필요하다고 주장하였다. 이러한 캐나다의 주장은 GATT 패널에 의해 수용되지 않았는데, 패널의 논지는 GATT 제XI조 2항(b)의 예외가 적용될 수 있는 경우는 품질을 유지시키고자 하는 대상제품과 수출입제한이 가해지는 대상제품이 동일한 경우에 한한다는 것이었다. 즉, "가공연어"의 품질을 유지시키기 위해 이와 다른 제품인 "미가공연어"에 수출제한을 가하는 캐나다의 조치는 허용되지 않는다는 것이었다. 결국 패널이 우려한 점은 서로 다른 제품 간 품질유지를 위한 조치 예외를 인정하게 되면 GATT 제XI조의 예외의 범위가 너무 넓어지게 된다는 점이었다. 또한 패널은 캐나다 정부가 청어와 연어 이외의 기타 어류의 품질도 고려해야 마땅한데, 이들 어류에 적용되는 제한조치에 비해 청어와 연어에 적용되는 제한조치가 더욱 엄격하여 조치 간 형평성을 잃은 점도 고려하였다. 이는 GATT 제XI조2항(b)상의 "necessary"에 대한 엄격한 해석을 의미한다.

92) Canada-Measures Affecting Exports of Unprocessed Herring and Salmon, L/6268 (1988, adopted).

또 다른 예로는 호주의 버터에 대한 수출제한 사례를 들 수 있다.

호주의 버터 수출통제 조치

과거에 호주는 버터의 수출물량을 시기에 따라 조절하는 조치를 취하였는데, 그 이유는 당시 국제적으로 버터의 보관설비가 충분치 못하여 한 시기에 버터를 대량공급하게 되면 전체적인 버터의 품질이 떨어지게 된다는 것이었다. 따라서 각 시기의 버터보관 능력을 초과하지 않도록 버터 공급량을 조절해주기 위한 마케팅의 필요상 수출제한 조치가 불가피하다는 것이었다. 이는 GATT/WTO 패널 단계까지 가지는 않아서 판례가 형성되지는 못했지만, 위 캐나다 청어 및 연어 분쟁과 달리, "버터"의 마케팅 규제를 위해 "버터"의 수출을 제한한 것이므로 GATT 제XI조 2항(b)에 의해 정당화될 수 있는 조치라 판단된다.

WTO출범 이후 TBT협정 및 SPS협정이 각종 표준(standard)문제 및 식품위생 문제를 특별법적으로 규율하고 있으므로, 오늘날에는 GATT 제XI조2항(b)의 관할사항들 중 많은 부분이 TBT협정이나 SPS협정에 의해 규율되고 있다고 해석된다.

(3) 농수산물의 생산제한 정책 등을 위한 수입제한

GATT 제XI조 2항(c)는 농수산물에 대해 취해진 수입제한 조치 중 다음 세 가지 경우를 수량제한 금지 원칙의 예외로 인정하고 있다.

첫째, 당해 수입제품과 같은(like) 제품관계에 있는 국내제품에 대해 판매나 생산제한 조치를 취하고 있는 경우, 또는 이러한 같은(like) 국내제품을 실질적으로 생산하고 있지 않을 때에는 "직접대체(directly substituted) 제품" 관계에 있는 국내제품에 대해 판매나 생산제한 조치를 취하고 있는 경우이다.[93]

둘째, 당해 수입제품과 같은(like) 제품관계에 있는 국내제품의 일시적 공급과잉을 처리하기 위해 시장가격 이하로 특정한 소비자에게 공급하기 위해 수입

93) GATT 제XI조 2항(c) (i).

제한조치가 필요한 경우, 또는 이러한 같은(like) 국내제품을 실질적으로 생산하고 있지 않을 때에는 "직접대체(directly substituted) 제품" 관계에 있는 국내제품의 일시적 공급과잉을 처리하기 위해 시장가격 이하로 특정한 소비자에게 공급하기 위해 수입제한 조치가 필요한 경우이다.[94]

셋째, 당해 수입제품이 국내에서 생산되는 양이 미미할 때, 주로 이 수입제품에 직접적으로 의존하여 생산하는 국내 가축제품(animal product)의 국내생산량을 제한하기 위한 경우이다.[95]

GATT가 위와 같은 세 가지 예외를 인정한 것은 1차 산업의 특수성을 인정한 결과이다. 농수산물과 같은 1차 산품 부문에는 해마다 수확량의 변동에 따라 공급과잉과 공급부족 현상이 반복되는 경향이 있다. 또한 1차 산업의 특성은 공급과잉에 따른 가격하락이 반드시 소비의 증대로 연결되지 않는다는 점에서 농가소득이 생래적으로 불안정하다는 문제점이 있다. 이러한 문제점들을 해결하기 위해 정부가 개입하여 공급량을 조절하고 가격을 안정화시키는 것은 전통적으로 농민들을 위해서나 소비자를 위해서 바람직한 정책으로 여겨져 왔다.[96]

이러한 국내 수급량 조절 정책을 취할 때, 수입제한 정책을 같이 취하지 않는다면 국내 생산량제한 정책의 효과가 반감될 것이다. 예를 들어 국내 토마토 가격을 안정화시키기 위해 토마토 생산량을 줄이려고 하는 데 수입제한 정책을 취하지 않으면 가격 경쟁력이 강화된 수입 토마토의 대량유입으로 인해 국내시장의 토마토의 공급량은 줄어들지 않을 것이다.[97] 따라서 이러한 경우에 수입제한 조치를 취할 수 있도록 GATT가 허용하여야 할 필요성이 존재하는 것이다. 이것이 바로 위 첫 번째 경우의 존재의의인 것이다. 이때 예년의 경우를 보아 국내 생산량에 비교한 수입량의 비율은 유지하는 범위 내에서 수입제한이 이루어져야 한다.

---

94) Ibid., (ii).
95) Ibid., (iii).
96) McDonald, B., The World Trading System: The Uruguay Round and Beyond (Macmillan Press Ltd, 1998), p. 189.
97) Won-Mog Choi, "Like Products" in International Trade Law: Towards a Consistent GATT/WTO Jurisprudence (Oxford University Press 2003), p. 121.

다만, 가축제품(animal product)의 경우에는 추가적인 특수성이 인정되어야 하는데, 가축제품의 국내 생산량을 효과적으로 제한하기 위해서는 이와 같은(또는 경우에 따라서는 직접대체 관계에 있는) 가축제품의 수입을 제한하는 것은 물론이고(위 첫 번째 예외), 이에 더해 이 가축제품이 생산되기 위해 필요로 하는 다른 제품에 대해서도 수입을 제한할 수 있도록 허용할 필요성이 있는 것이다(위 세 번째 예외의 경우). 예를 들면, 국내 달걀생산을 효과적으로 제한하기 위해서는 수입 "달걀"에 대한 제한은 물론 수입 "닭"에 대한 제한도 함께 취해야 하는 것이다. 그렇지 않으면 국내 달걀의 수는 줄어들지 않을 것이다.

한편, 농수산물의 수급균형을 유지하기 위해서는 국내의 공급과잉 상태에 있는 제품의 처분문제가 발생하게 된다. 즉, 일시적인 공급과잉 상태에 있는 국내 농수산물을 싼값으로 국내 소비자에게 신속하게 처분하여 수급균형을 회복하기 위해서는 수입제한 조치를 함께 취할 수 있도록 해 주어야 한다(위 두 번째 예외). 그렇지 않을 경우 국내 농수산물의 가격경쟁력을 장담할 수 없어서 공급과잉 상태를 신속하게 해소하기가 쉽지 않기 때문이다.

이러한 세 가지 예외가 허용되는 경우에는 사전공고를 통해 수입이 허용되는 양이나 액수 및 그 변동사항을 통지함으로써 예측가능성을 제고해야 한다.

이상의 GATT 제XI조 2항(c)호 상의 예외는 현재에는 WTO농업협정 제4조 2항의 관세화조항(관세화 단계에서 관세로 전환된 모든 비관세장벽의 지속이나 신설 금지의무)에 의해 거의 사문화되었다고 볼 수 있다. 즉, 비록 GATT 제XI조 2항(c)에 의해 정당화되는 경우에도, 농업협정 제4조 위반이 성립하는 경우에는 결국 WTO위반조치가 될 것이기 때문이다. 다만, 대부분의 수산물의 경우에는 농업협정이 적용되지 않고 GATT의 관할사항이므로, GATT 제XI조 2항(c) 예외를 실효적으로 원용할 수 있을 것이다.

(4) 국제수지 문제를 해결하기 위해 취하는 수량제한

국제수지 적자가 발생하면 외환보유고가 감소한다. 수출해서 벌어들이는 외화보다 수입으로 인해 해외로 지불되는 외화의 액수가 많기 때문이다. 국제수지 문제를 해결하기 위해서는 일반적으로 평가절하(depreciation)와 같은 금융정책을 취하여 수출경쟁력을 높이는 방법과 수입제한 조치를 취하여 수입량을 조절함으로써 국제수지의 균형을 회복하는 방법이 있다. 이중 평가절하는 1차 대전 이후 각국이 경험했듯이 전 세계의 연쇄적인 평가절하를 결과하게 되어 국제교역의 급속한 저해요인으로 작용하게 된다. 따라서 GATT 제XII조는 국제수지 문제에 대처하기 위한 수단으로 수입제한 조치를 취할 수 있게 허용해 줌으로써 각국이 평가절하를 취하는 것을 간접적으로 방지하고 있는 것이다. 다만, 수입제한 조치도 국제무역에 대한 해악이 크므로 GATT는 아래와 같은 엄격한 요건하에 제한조치를 취하고 유지할 수 있도록 규정함으로써 남용을 방지하고 있다.

① 발동사유

GATT 제XII조 2항에 따르면, (i) 외환보유고의 심각한(serious) 저하가 있는 경우 이를 중단시키기 위해 수입제한조치를 취할 수 있다. 또한, (ii) 외환보유고의 심각한 저하의 급박한(imminent) 위협이 있는 경우 이를 방지하기 위해서 조치를 취할 수 있다. 이상의 두 가지 경우는 외환보유고의 감소의 중단이나 예방과 같은 소극적인 대응조치를 취하는 경우에 해당된다고 할 수 있다. 한편, 외환보유고의 증가와 같은 적극적인 목적으로 수입제한 조치를 취하기 위해서는 (iii) 외환보유고가 매우 낮은(very low) 체약국이 그 합리적인(reasonable) 증가율을 확보하기 위한 경우라야 한다.

개도국의 경우는 급속한 경제개발에 따른 대외경제 부문의 팽창과 국제교역 조건의 불안정성으로 인해 국제수지 문제에 곤란을 겪는 경우가 많다.[98] 따라서 위와 같은 엄격한 발동사유를 개도국에게 요구하는 것은 바람직하지 않다. 그러므로 GATT는 제XVIII조 Section B에 특례규정을 두어 개도국이 국제수지 문제로 인해 수입제한을 가하는 경우에는 완화된 발동요건을 부과하고 있다. 즉, 발동사유가 (i) 외환보유고의 심각한(serious) 저하를 중지하기 위한 경우, (ii) 외환보유고의 심각한 저하의 “위협(threat)”을 방지하기 위한 경우, 또는 (iii) 외환

98) GATT 제XVIII조 8항.

보유고가 "부적절한(inadequate)" 체약국이 그 합리적인 증가율을 확보하기 위한 경우로 바뀌게 되는 것이다.[99] 즉, 외환보유고 저하의 위협이 "급박"(imminent)하지 않아도 되므로 합리적인 기간 내에 보유고가 심각하게 저하될 것이 예상되게 되면 예방조치를 취할 수 있는 것이다. 또한 외환보유고가 "매우 낮은"(very low) 경우뿐만 아니라 매우 낮지는 않더라도 당해 개도국의 경제개발의 필요에 비해 외환보유고가 "부적절한" 상태에 있는 개도국은 외환보유고의 증가를 위한 적극적 조치를 취할 수 있는 것이다.

② 사전적 필요성 요건

이러한 발동사유에 해당하는 경우에도 각국의 외환보유고에 영향을 미치는 특별한 요소 및 외환보유의 필요성에 대한 적절한 고려(due regard)를 통해 문제를 해결하기 위해 필요한(necessary) 정도에 한 해 제한조치가 취해져야 한다.[100]

이 과정에서 체약국은 품목별 또는 부문별 고려를 행하여 생필품의 수입에 우선권을 부여하는 식으로 수입제한 조치를 취할 수 있다. 또한 어떠한 한 체약국의 경제성과와 직결되는(largely dependent) 상품수출에 심각한 손상(serious prejudice)을 발생시키지 않도록 노력함으로써[101] 체약국의 상업적·경제적 이익에 불필요한 손해를 가하지 않아야 하며, 제한대상 제품의 최소교역량(minimum commercial quantities)은 보장하여 이들 제품의 통상교역 채널을 저해하지 않도록 해야 한다. 또한 상업용 견본의 수입을 허용해야 하며, 지재권관련 규율을 준수하는 것을 허용해야 한다.[102]

③ 사후적 필요성 요건

수입제한 조치가 취해진 이후에도 조치의 유지(maintain) 및 강화(intensify)를 위해서는 위와 같은 필요성의 원칙이 계속 준수되어야 한다.[103] 따라서 상황

99) GATT 제XVIII조 9항.
100) GATT 제XII조 2항(a), 제XVIII조 9항.
101) Ad Article XII, paragraph 3(c)(i).
102) GATT 제XII조 3항(b)/(c), 제XVIII조 10항.

이 호전됨에 따라 수입제한의 정도도 완화되어야 하며 수입제한의 필요가 사라진 경우에는 제한조치도 철회되어야 한다.[104] 이러한 사후적 필요성의 이해와 관련하여서는 GATT시절의 한국 쇠고기분쟁[105]이 매우 적절한 사례인바, 이를 간단히 소개하기로 한다.

1989년 한국 쇠고기 분쟁 사례

한국은 1967년 GATT에 가입한 이후로 GATT 제XVIII조 Section B를 원용하며 쇠고기를 포함한 각종제품에 대해 수입제한 조치를 취하였다. 따라서 조치의 발동사유 및 사전적 필요성 요건은 갖춘 것으로 판단된다. 그런데 문제는 1987년 국제수지위원회에서의 검토(review)의 결과 한국의 국제수지 상황이 꾸준히 개선되어 오고 있음이 드러났으나, 이에 따른 수입제한 조치를 완화하지 않은 데 있었다. 더구나 이러한 1967년 조치에 추가해 1985년에는 쇠고기 수입의 전면중단을 단행하였으며, 1988년 이후로는 이를 완화하여 일정한 쿼터를 부과하는 조치를 취하였다. 이에 미국, 호주 및 뉴질랜드 등 쇠고기 수출국들은 한국을 상대로 GATT 분쟁해결절차에 제소하게 되었는바, 역사상 한국을 상대로 한 최초의 GATT 패널 절차가 진행되었다.

패널은 1987년의 국제수지위원회 보고서의 내용을 참고하여 한국의 국제수지가 꾸준히 개선되고 있다고 설명하고, 그럼에도 불구하고 한국정부가 1967년 제한조치를 완화하지 않고 있는 것은 GATT 제XVIII조 11항 위반이라고 판시하였다.[106] 그러므로 패널은 동 제한조치의 점차적 철폐(phasing-out)를 위한 시간표를 마련할 것을 한국 측에 권고하였다. 결국 한국의 쇠고기 수입제한조치는 사후적 필요성 요건을 충족하지 못해 국제법위반 판정을 받게 된 것이다.

103) GATT 제XII조 2항 및 제XVIII조 9항의 해석.
104) GATT 제XII조 2항(b), 제XVIII조 제11항.
105) Korea - Restrictions on Imports of Beef, BISD 36S/268, 202, 234 (adopted on 7 November 1989).
106) 한편, 1985년 및 1988년 조치에 대해서는 한국 측이 국제수지 문제를 해결하기 위한 조치가 아님을 인정하였으므로 제XVIII조 예외문제는 제기되지 않고 그냥 제XI조 위반으로 판정되었다. 패널보고서, para. CXIII.

④ 절차적 요건

새로운 수입제한 조치를 취하거나 기존조치의 수준을 실질적으로 강화(substantial intensification)시키는 경우 즉시 GATT체약국단과 협의하고 정기적인 연례검토를 받아야 한다.107) 이러한 협의 및 검토는 과거 GATT의 국제수지위원회(Balance-of-Payment committee)에서 이루어졌으며, 오늘날에는 WTO 국제수지위원회(Committee on Balance-of-Payments Restrictions)에서 행해진다.

한편, GATT 제XII조나 제XVIII조 Section B 위반을 주장하는 회원국은 국제수지위원회에 분쟁해결을 제기할 수 있는데, 동위원회는 문제의 수입제한조치를 철회하거나 변경할 것을 권고할 수 있으며 당사국이 이에 불복할 경우에는 보복조치를 승인할 수 있다.108)

이상과 같은 GATT상의 여러 규율에도 불구하고 수량제한 조치를 예외적으로만 허용하려는 GATT의 노력은 성공적이지 못했다. 미국은 1951년 '방위생산법'(Defense Production Act)에 의거하여 유럽산 낙농제품에 대해 불법적인 수량제한을 가했으며, 이에 대한 GATT체약국단의 불법판정이 났음에도 불구하고 이를 철회하지 않고 '농업조정법'(Agricultural Adjustment Act)을 제정하여 유사한 수량제한 조치로 대체해 오다가 의무면제(waiver)를 받았다. 미국을 제외한 다른 국가들은 GATT체제하에서 국제수지 문제를 이유로 한 수량제한 금지의 예외규정을 원용하는 한편, 미국이 농산물에 대한 수량제한을 취해 왔으므로 자국도 유사한 조치를 취할 수 있다는 입장을 견지해 왔다. 2차 산품 부문에서도 많은 국가들이 다소간의 쿼터를 유지해 오고 있는 실정이었다.109)

그 후 1979년 이후 WTO출범 시까지 10여 개의 체약국이 제XVIII조 Section B를 더 이상 원용하지 않기로 국제수지위원회에 통보110)해 오고 WTO 출범이후 2004년 말까지 또 다른 10여 개 국가가 이러한 통보를 해 옴에 따라 현재는 거의 모든 국가들이 제XVIII조 Section B를 졸업한 상태로 잔존수량 제한조치의 철폐를 논의 중이다.111)

---

107) GATT 제XII조 4항, 제XVIII조 제12항.
108) GATT 제XII조 4항(d), 제XVIII조 12항(d).
109) Jackson (1969), chapter 26.8.
110) 이를 흔히 "GATT 제XVIII조국을 졸업하였다(graduated)"고 칭한다.

한국은 1989년 쇠고기분쟁에서 패소한 후 1990년 1월 1일 이후로 GATT 제XVIII조 Section B를 원용하지 않기로 선언하였으며, 무역수지위원회와의 협의를 거쳐 주로 농업부문에 존재하고 있었던 기존의 수량제한조치들을 1997년 7월1일까지 점진적으로 철폐할 것에 합의하였다. 이 이행기간은 그 후 전개된 우루과이라운드협상의 결과에 따라 새로운 이행기간으로 대체되었다. 그 후 나머지 유일한 수량제한 관련정책이었던 '수입선다변화정책'(Import Diversification Program)도 1999년 6월 30일 폐지됨으로써 한국은 수량제한으로부터 완전히 자유롭게 되었다.

다 수량제한 허용시의 수량배분 원칙

WTO협정상 쿼터부과가 허용되는 예외적인 경우에도 쿼터를 할당하는 방법에 대해서는 GATT 제XIII조의 비차별 원칙에 따라야 한다. 비차별 원칙에 입각한 쿼터할당이란, 만일 쿼터제한이 없을 경우에 수출국들이 실제로 확보할 수 있는 시장접근 물량을 최대한 예측하여 배분하는 것을 목표로 하는바, 총량쿼터의 양을 정하고(이를 "총량쿼터"라 함) 이를 사전에 공고해야 한다.112) 또한, 쿼터할당이 실질적인 방안이 아닐 경우, 수입면허(import licences)나 허가(import permits)를 부여하는 방식을 적용할 수 있다.113) 총량쿼터의 양은 사전에 공고해야 한다.114)

이러한 규정들은 기본 원칙조항에 불과하여 결정된 총량쿼터를 실제로 배분하는 방식이나 기준에 대해서는 규정하고 있지 않은 것이다. 그러므로 각국은 그동안 선착순 방식으로 먼저 도착하거나 신청한 물량에 혜택을 주는 방식, 정부가 지정한 기관이 수입권을 갖고 수입하여 국내에 판매함으로서 발생한 수입차익을 정부에 납부하는 관리방식(지정기관 배정), 공개경쟁입찰을 통해 수입할

111) WT/BOP/R/19, 37, 44, 47, 55, 59, 67, 70, 72, 74 등 참조.
112) GATT XIII조 2항(a).
113) Ibid., 2항(b).
114) GATT XIII조 2항(a).

수 있는 권리를 판매하는 방식(수입권 공매), 수입권 관리 기관이 정한 절차에 따라 선착순 배정하거나 일정한 자격요건을 기진 업체에 배분하는 방식(실수요자 배정), 수입업자와 수요자인 도소매업자가 사전에 수입할 품목의 품질과 수량에 대하여 협의하고 양자가 합의한 수입조건을 기초로 쌍방이 동시 입찰하여 낙찰하게 하는 방식(동시매매입찰방식, 일명 Simultaneous Buy and Sell〈SBS〉 방식) 등을 실무적으로 활용해 오고 있다. 일반적으로 선착순 방식의 경우 수입국의 행정적 부담이 줄고 절차가 간명한 측면이 있으나, 수입업자들이 남보다 먼저 수입신청을 해야 해당 쿼터량을 차지할 수 있는 부담이 있다. 수입권공매와 배분방식은 미리 수입권한을 일정한 절차를 거쳐 확정하게 되므로, 수입업자 입장에서는 수입권을 미리 확보할 수 있어 예측가능성이 높아지나 공매나 입찰에 참여해야 하므로 행정적 부담이 증가한다. 이러한 장단점이 존재하는바, 문제는 이러한 방식들이 구체적으로 적용되는 기준과 요건을 사안별로 살펴보아야 그것이 비차별적인지 아닌지가 판가름 나게 된다는 데 있다.

한편, 이렇게 총량쿼터를 정해 일정한 방식에 따라 배분하지 않고, 특정수입국으로부터의 수입을 요구하는 식으로 수입면허나 허가제를 운영하며 국가별 쿼터량을 할당하는 경우(이를 "국별쿼터", "CSQ"라 함)도 가능하다.[115] 이때는 해당 품목을 수출하는 실질적 이해관계가 있는 "모든" 국가들과 사전에 협의하여 쿼터 배분량을 정해야 한다. 실질적 이해관계가 있는 국가가 여럿 있는 경우에 한 나라라도 빼놓고 협의를 개최하면 안 된다. 실질 이해관계국들 중 일부는 합의에 동의하고 나머지는 반대하는 상황에서 전자 국가들과만 합의하여 CSQ를 도출하면서, 그 나머지 모든 국가들은 일방적으로 쿼터를 배정해버리는 식의 행태는 금지되는 것이다. EC-Banana III 분쟁 패널에서 실질적 이해관계국들과 협상시 "합의에 의한 배분과 일방적 배분 방식을 섞어서 쿼터 배분해서는 안 된다"[116]고 판시한 것은 바로 이러한 해석을 바탕에 깔고 있는 것이다.

이렇게 CSQ를 도출할 경우, 반드시 이해관계국들 간의 합의에 도달해야 하

115) Ibid., 2항(d).

116) "The terms of Article XIII:2(d) make clear that the combined use of agreements and unilateral allocations to Members with substantial interests is not permitted."

는 것은 아니다. 합의에 이르지 못하더라도 협의를 거쳤으면, 수입국이 일정한 기준에 따라 일방적 조치로 국별쿼터 물량을 배분할 수 있는 길이 있다. 현실적으로도 모든 실질적 이해관계국이 만족하는 합의를 도출하기 어렵기 때문에, 실행 상 수입국이 일방적으로 국별쿼터를 배분하는 경우가 빈번하다고 볼 수 있다. 이에 더해, 이러한 협의 자체가 "실무적으로 불합리한 경우(not reasonably practicable)"에도 일방적으로 배분할 수 있다.

이때는 해당 품목을 공급하는데 "실질적 이해관계가 있는 국가들을 대상으로 이들이 이전의 대표기간 동안 공급한 비율을 기초로 하고 해당 품목의 교역에 영향을 미치는 특별한 요소를 고려하여, 수입국이 일방적으로 국별쿼터를 도출하여 배정할 수 있는 것"이다.[117] 이때 이런 협의가 "합리적으로 실행가능(reasonably practicable)"한지 여부에 대한 결정기준은 협정상 명시되지도 않고, 그동안 판례를 통해 해석된 적도 없다. 따라서 상식과 논리적으로 해석할 문제이다. 예를 들어 실질적 이해관계국들의 숫자가 너무 많은 경우에는 이들 국가들과 합의하는 것이 "합리적으로 실행가능"하지 않을 수 있다. 또한 실질적 이해관계국들 중 일부라도 오랜 기간 동안 전쟁을 치르고 있거나 비상사태에 빠져있는 경우, 이 국가와 협상에 임하는 것이 "합리적으로 실행가능"하지 않을 수 있으므로, "모든(all)" 실질적 이해관계국과 합의를 추구하는 것이 "합리적으로 실행가능"하지 않는 경우에 해당하여 협의를 거치지 않고 국별쿼터 물량을 할당할 수 있다고 볼 수 있다.

"이전의 대표기간"에 대하여 정해진 규칙은 없어 수입국이 합리적으로 정할 문제이나, 실행상 쿼터 배분 이전의 최근 3개 년도를 활용하는 경우가 많다. 단, 해당 기간 동안 무역의 흐름이 왜곡되었던 특정한 사유가 있었을 경우 다른 기간을 선택할 수도 있다.

"특별한 요소"는 수출국 간 상대적 생산능률의 변동을 의미한다. 수출 능력이 충분한 수출국이 대표기간 동안 수입국의 WTO 위반적 조치로 인하여 수출이 막혔던 경우에는 특별한 요소라 볼 수 있어 이점을 해당국가의 국별쿼터량

117) Ibid., 2항(d).

결정에 반영해 넣어야 한다. 또한 이러한 대표기간 이후라도 특정국의 수출 비중이 꾸준히 증가한 사실이 있는 경우에는 이것 역시 특별한 요소로서 CSQ 배분량에 고려해 넣어야 한다.[118)]

이러한 고려를 통해 "실질적 이해관계"국들을 정해지면 이들에게 합당한 CSQ 할당량을 결정하게 되는데, 이때 "실질적 이해관계국"의 일률적 기준은 없다. 다만, EU가 과거 대표기간 동안의 수출점유율 10%를 기준으로 실질적 이해관계국을 정한 것이 불합리하지 않다는 판결이 존재한다.[119)] 따라서 특별한 요소까지 고려한 상황에서 최근 3개 년도의 대표기간 동안 수입국으로의 해당품목 평균 수출비중이 10% 이상을 차지하는 국가들을 대상으로 그 실적에 비례한 CSQ를 배분해 주면 되는 것이다. 단, 10% 미만의 국가는 CSQ 배분에서 처음부터 고려하지 않아도 되나, 전혀 쿼터를 배분해 주지 않아도 되는 것은 아님을 주의해야 한다. 어쨌든 과거 수출실적이 있는 수출국들을 대상으로 한 여타("others") 쿼터를 설정하여 각국의 수출실적에 비례한 쿼터 접근이 어쨌든 가능하도록 조치해 주어야 하는 것이다. 그래야만, "만일 쿼터제한이 없을 경우에 수출국들이 실제로 확보할 수 있는 시장접근 물량을 최대한 예측하여 배분"해야 한다는 GATT 제XI조 2항 모두의 규정[120)]을 위반하지 않게 되기 때문이다.

이렇게 쿼터제를 운영하는 경우에는 상대국에 통보하는 것에 더해 "공표(public notice)"를 통해 총쿼터량 및 물량 수출 허용기간을 대중에 알려야 한다.[121)] 공표당시 이미 운송중인 상품에 대해서는 쿼터 내 수입 혜택을 부인해서는 안 됨을 주의해야 한다.[122)]

---

118) 반면, EC-Poultry Meat 분쟁에서 대표기간 동안 WTO에 합치하고 공평하게 적용되는 조치(합법적 SPS조치 등)로 인해 특정 국가의 수출이 막혔던 것이나 기준기간 이후 1개 년도에 단발적으로 특정국가의 수출이 많았던 점은 "특별한 요소"에 해당하지 않음이 WTO패널에 의해 판시되었다. EC-Measures Affecting Tariff Concessions on Certain Poultry Meat Products, WT/DS492.

119) EC-Bananas III, WT/DS27, Panel Report, paragraphs 7.83-7.85.

120) GATT 제XI조 2항 모두("...contracting parties shall aim at a distribution of trade in such product approaching as closely as possible the shares which the various contracting parties might be expected to obtain in the absence of such restrictions...")

121) GATT 제13조 3항(b).

122) Ibid.

EC 바나나 분쟁[123]에서의 쿼터 배분 문제 정리

유럽 국가들은 원래 자신들의 식민지국가였던 ACP국가들[124]과의 협력관계를 강화하기 위해 이들에게 유리한 바나나 쿼터할당 제도를 수립하고 있었다. 이에 남미지역의 바나나 수출국인 콜롬비아, 코스타리카, 과테말라, 니카라과 및 베네주엘라는 1993년 GATT의 패널에 제소하여 승소판정을 받았으나, 패널보고서가 GATT당사국들에 의해 채택되지 못했다. 이에 EU는 이들 국가들과 BFA(Bananas Framework Agreement)를 체결하여 더 이상 분쟁해결을 추구하지 않는 조건으로 2,200,000톤의 바나나 쿼터를 코스타리카, 콜롬비아, 니카라과, 베네주엘라, 도미니카 공화국 및 다른 ACP 국가들에 배분하였다. 쿼터 내 세율은 75유로로 설정했다.

이에 쿼터 배분에서 배제된 과테말라와 같은 처지에 있는 에콰도르, 온두라스, 멕시코 및 미국은 EU를 WTO에 제소하였는바, 1997년 9월 25일 상소기구는 EC가 바나나 관련 수입조치가 GATT 제XIII, II, I조를 위반한다고 판정했다.

이에 따라 EC는 ACP국가들로부터 수입되는 바나나에 대해 연간 775,000톤에 대해 무관세 혜택을 부여하고, 또 다른 2,200,000톤의 수입은 MFN에 입각해 176유로의 관세를 부과하는 관세할당제도를 마련하게 되었다. 이러한 제도를 정당화하기 위해 EC는 2001년 11월 14일 도하 각료회의를 통해 바나나 수입 관련하여 GATT 규정상의 의무면제(waiver)를 허용받아 Banana Annex에 일정한 waiver 규정을 삽입하게 되었다. 그런데 문제는 그 문안이 ACP국가들에게 부여한 750,000톤의 무관세 조치와 GATT 제XIII조상의 의무의 면제만을 언급하고 있을 뿐이어서. 이 물량 이외의 2,200,000톤 물량의 비차별적 배분(GATT 제I조) 문제에 대한 문제제기의 빌미를 제공하고 말았다.

이러한 EC의 제도와 관련하여, 미국은 775,000톤의 ACP 바나나에 면세를 부여하는 관세할당제도에 대해 문제를 제기했고, 에콰도르는 이러한 관세할당과 더불어 자국의 바나나가 무관세 쿼터를 적용받지 않는 경우 톤당 176유로의 관세를 지불해야 하는 것은 EC의 바나나 양허관세율인 톤당 75유로를 초과하는 것임을 근거로 WTO에 제소하였다. 즉, EC의 조치가 여전히 WTO협정에 합치하지 않음을 들어 EC의 패널판정 이행조치가 적절한 것인지가 다시 패널심리(즉, DSU 21.5조에 따른 이행적합성 패널)의 대상이 된 것이다.

상소기구는 775,000톤의 무관세 쿼터는 ACP 국가들에게만 적용될 뿐 비-ACP 국가들에게는 적용되지 않으므로, 이러한 쿼터는 GATT 제XIII조 1항의 "같은 상품의 수출이 유사하게 금지되거나 제한되는 경우"가 아니므로 동조 위반이라 보았다. 제XIII조

2항과 관련해서 상소기구는 동조의 두문이 관세쿼터가 "이러한 제한이 없을 경우에 여러 체약당사자가 얻을 것으로 기대될 수 있는 몫에 가능한 한 근접하도록 동 상품의 무역량을 분배할 것을 목표로 하여야 함을 강조하고 있음을 들며, 비-ACP 국가들에 대해 무관세 쿼터를 부여하지 않는 것은 위와 같은 목적을 추구하지 않는 것이라고 보았다. 즉, 무관세쿼터 전부를 ACP 국가들에게만 부여하고, 비-ACP 국가들에 대해서는 어떠한 할당도 하지 않는 것은, "상품수입의 총량 또는 총액 중 과거의 대표적인 기간 동안 동 체약당사자에 의하여 공급된 비율에 기초한 쿼터 몫의 배분"이라고 할 수 없고, ACP 국가들에만 775,000톤의 무관세 쿼터를 배분하는 것은 GATT 제13.2조 및 동조 (d)호 위반이라고 판시한 것이다.

일련의 바나나 분쟁은 정치적으로 민감한 이슈에 대한 WTO 패소판정을 제대로 이행하는 것이 얼마나 어려운지를 보여준다. 특히 특수관계에 있는 국가에게 특혜적으로 배분한 쿼터를 없애고 MFN원칙에 입각하여 재배분하는 것은 더욱 정치적으로 어려운 과정이다. 특별 쿼터를 이미 배분받고 있는 국가와 그 수출업자들이 반발함은 물론, 그러한 특별 쿼터를 애초에 부여한 정치적 요인이 존재하고 있는 한 국내정치적으로도 반발이 제기되기 때문이다.

EU의 경우 두 번의 패소판정을 받고, 이를 완전히 이행하는 대신 waiver까지 획득하면서 특혜체제를 한시적으로 유지하였으나, 결국 waiver 문안에 대한 해석문제까지 제기되어, 패널판정 이행의 적합성에 관한 분쟁에서 다시 패소하는 사태가 발생한 것이다.

문제의 핵심은 국가별 쿼터(CSQ)를 배분하는 경우, 해당 상품의 수출에 실질적 이해관계가 있는 묘든 국가들과 협의하여 국별 쿼터량에 관한 합의를 도출해야 하는데 EU가 BFA를 체결하여 2,200,000톤의 바나나 쿼터를 코스타리카, 콜롬비아, 니카라과, 베네수엘라, 도미니카 공화국 및 다른 ACP 국가들에 국별쿼터 형태로 배분한데 반해, 실질적 이해관계가 있는 다른 국가들을 쿼터 배분에서 배제시킨 데에서 발생했다. BFA에서 배제된 과테말라가 같은 처지에 있는 에콰도르, 온두라스, 멕시코 및 미국 등과 협력하여 EU를 WTO에 제소한 것을 타산지석으로 삼을 수 있다.

---

123) EC-Regime for the Importation, Sale and Distribution of Bananas, WT/DS27/R/ECU (1997).

124) 1957년 Treaty of Rome의 체결 시부터 아프리카, 카리브 해, 태평양에 산재해 있는 유럽의 식민지였었던 국가들을 말한다.

쿼터 배분의 원칙 및 실무적 포인트 정리

- 국가별 쿼터(CSQ)를 배분하지 않고 총량쿼터만 설정하는 경우에는 선착순방식, 공매방식, SBS방식 등의 적용을 통해 객관적이고 중립적 기준에 의해 배분되므로 문제가 없겠으나, CSQ를 배분하는 경우에는 아래와 같은 절차에 따라야 한다.
- 협상을 개시하기 직전의 대표기간 3년을 설정하고 그 기간 동안의 평균 교역통계에 기초하여 10% 이상의 점유율을 보유하거나 차별적 수량제한이 없으면 이러한 점유율을 보유할 것으로 기대되는 정도의 이해관계를 보유한 WTO회원국들 모두와 협상을 진행해야 한다.
- 이 대표기간 이후의 기간의 교역통계도 지속적으로 살피어, 급속한 수출증가율을 보이는 국가를 주목해야 하며, 이러한 수출증가가 덤핑이나 보조금과 같은 불공정 행위에 기한 것이 아닌 한, 이들 국가와도 추가적으로 협상을 진행해야 한다.
- 협상의 결과 CSQ를 배분할 때, 각 협상대상국들 모두에 대해 실제 또는 잠재 수출실적에 비례하도록 배분하되, 협상에서 배제된 회원국들 그룹(all others)을 위해서도 실제로 CSQ를 시행하기 이전까지의 기간 동안 특별요소가 있는지까지 고려하여 실질이해관계 없는 국가들이 정당한 몫을 배분받도록 TRQ물량을 배분해야 한다.
- 실질이해관계국들과의 협상/협의가 실패하거나 이러한 협의가 실무적으로 불합리한 경우(not reasonably practicable), 대표기간 동안의 실제/잠재 수출실적을 기초로 하고, 그 이후의 기간에서의 특별요소를 고려하며, 실질이해관계국들 모두에 대한 각각의 CSQ와 여타국가 그룹에 대한 공통쿼터를 도출하게 되면, 수입국이 일방적으로 CSQ를 배정할 수 있다.
- 이러한 CSQ를 시행한 이후에도 실질이해관계를 가졌다고 주장하는 국가가 GATT 제XIII조 4항에 근거하여 후속협의를 요청할 경우, 이에 즉시 응해야 하고, 실제로 TRQ 조정의 필요성을 고려해야 한다.

라 수입허가 절차의 공정성과 효율성 보장

수입허가제(import licenses)를 운영하는 경우에도 이해관계인의 요청시 모든 관련정보를 제공해야 하며(GATT 제XIII조 3항(a)), 해당 품목에 대한 사전 공표조치가 있어야 하고 WTO수입허가위원회(Committee on Import Licensing)에 통보해야 한다. 정부가 예외적으로 수량제한을 부과할 경우 많이 발생하는 문제는 수량제한 운용과정에서 발생하는 비용과 시간지연 문제이다. 또한 정부 공무원의 부패문제도 결부되게 된다. 이러한 문제점들을 해결하고 공정하고 효율적인 수량제한제도의 운영을 보장하기 위해 동경라운드에서는 수입허가절차협정(Agreement on Import Licensing Procedures)을 체결한 바 있다.[125] UR은 이 협정을 다자무역협정형태로 발전시켜 WTO 수입허가절차협정을 탄생시켰다.

(1) 일반적 의무

수입허가절차협정은 상품 수입의 조건으로 부과되는 수입허가(import licensing) 절차에 적용된다. 이러한 절차는 GATT의 관련규정을 준수한 상태에서 중립적으로 적용되어야 하며 공정하게 운영되어야 한다. 수입허가와 관련한 모든 정보는 허가제 시행 21일 전까지(어느 경우에도 시행일까지) 통보하고 공고되어야 한다. 또한 공고 후 60일 이내에 수입허가위원회(Committee on Import Licensing)에 관련정보를 통보하여야 한다. 허가신청 및 허가갱신을 위한 신청서 양식과 절차는 가능한 한 단순해야 하고 수입허가제도 운영을 위해 필수적인 정보만을 요구해야 한다. 허가신청서 제출기간은 21일 이상이 되어야 하며, 하나의 행정기관(불가피한 경우에는 3개의 행정기관)과 접촉하는 것으로 신청이 완료되어야 한다. 회원국은 경미한 문서상의 착오를 이유로 신청을 거절할 수 없다. 통상적인 상업관행에 따른 대량선적 또는 선적 중에 발생한 차이 때문에 수입허가된 양을 소량(minor) 초과하는 수입이 발생한 경우에는 이를 이유로 수입을 거절당하지 않는다.[126]

이러한 일반적인 의무에 추가하여 수입허가협정은 수입허가제도의 유형을 '자동수입허가'와 '비자동수입허가'로 나누어 아래와 같은 의무를 부과하고 있다.

125) Jackson (1997), p. 153.
126) 수입허가절차협정 제1조, 제5조.

(2) 자동수입허가(수입인가)제도에 대한 규율

모든 경우에 승인이 부여되는 '자동수입허가'(automatic import licensing)의 경우에는 수입품의 교역에 제한효과를 발생시키는 방식으로 운영(administer)되어서는 안 된다. 이를 위해서는 법정기준을 충족하는 모든 자연인·회사·기관이 동등하게 신청자격을 부여받아야 하며, 상품의 통관이전의 어떠한 근무일(working day)에도 신청서를 제출할 수 있어야 하며, 유효한 신청서 접수 후 10일 이내에 승인이 내려져야 한다.[127)]

이처럼 자동수입허가제도는 인가당국의 자의적인 운영 가능성이 적고 국제교역에 대한 저해효과가 적으므로 허가제도의 내용보다는 "운영(administration)"에 초점을 맞추어 신청절차 및 시한을 설정함으로써 최소한의 규율을 하고 있다.

반면에 당국에 의한 자의적인 운영가능성이 많고 교역제한 효과가 큰 비자동수입허가제도에 대해서는 제도의 내용과 운영 모두에 걸쳐 아래와 같은 상세한 규정을 둠으로써 수입허가제도의 공정성과 효율성을 최대한 보장하려는 노력을 기울이고 있는 것이다.

(3) 비자동수입허가제도에 대한 규율

모든 신청에 대해 승인을 부여하는 제도가 아닌 '비자동수입허가'(non-automatic import licensing)는 수입허가 자체를 위한 교역제한 이외의 추가적인(additional) 교역제한 및 왜곡효과를 발생시켜서는 안 된다. 또한 일정한 정부조치를 이행하기 위해 수입허가제도가 취해지는 것이므로, 비자동수입허가제는 해당정부 조치가 시행되고 있는 기간 및 범위 내에서 만취해 질 수 있으며 그 시행을 위해 필수적인 부담 이외에 추가적인 부담을 주어서는 안 된다.

쿼터제를 운영하는 국가는 쿼터 총량 및 총액, 기간 및 변동사항을 허가제 시행 21일 이전까지(어느 경우에도 시행일까지) 공고하여야 한다. 이때, 국가별 쿼터를 할당하는 경우에는 해당제품의 공급에 이해관계가 있는 모든 국가에게 관련정보를 통지하고 공고해야 한다. 법정기준을 충족하는 모든 자연인·회사·기

---

127) Ibid., 제2조.

관이 동등하게 신청자격이 부여되어야 하며, 신청이 승인되지 않은 자의 거절사유 통보권 및 재심 신청권을 인정해야 한다. 수량제한 집행 이외의 목적을 위해 수입허가제를 취하는 경우는 수입허가의 기준에 관한 충분한 정보를 공고해야 하며, 이해관계가 있는 회원국의 요청에 의해 관련정보를 제공해야 한다.

신청에 대한 승인여부 결정기간은 선착순(first-come first-served)기준 적용의 경우 30일을 넘지 않아야 하며 모든 신청을 동시에 심사하는 방식을 적용하는 경우는 60일을 넘지 못한다. 수입허가 부여기간은 합리적인 기간이어야 하며 수입을 저해할 정도의 짧은 기간이어서는 안 된다.

수입국 당국은 수입자의 쿼터 소진을 저해하는 행위를 해서는 안 된다. 당국은 수입허가 배분 시 신청자의 과거 수입허가 소진실적을 참고하여야 하며 수입허가를 소진하지 않은 경우는 그 이유를 조사해서 이를 신규 배분시 고려하여야 한다. 새로운 수입자의 경우에 대해서는 경제성 있는 양의 수입허가를 배분하는 것을 고려해야 한다. 이 과정에서 개도국에 대한 특별고려가 행해져야 한다.

국가별로 할당되는 쿼터가 아닌 경우에는 수입허가권자가 수입제품의 원산지국을 자유로이 선택할 수 있도록 해야 한다. 수입허가된 양을 초과하는 소량(minor)의 수입은 통상적인 상업관행에 따른 대량 선적 등의 이유로 발생한 경우에는 수입을 거절당하지 않으며, 장래의 쿼터에서 차감하는 식으로 보상조정(compensatory adjustment)이 이루어져야 한다.[128]

마 농산물 관세율쿼터(TRQ) 배분 문제

농산물 교역의 경우, UR시 예외 없는 관세화를 단행하면서 수입국들이 취하고 있었던 비관세장벽의 가치까지 반영한 양허관세를 설정할 수 있도록 허용한데 대한 보상으로, 양허관세율의 일정비율 감축과 관세율쿼터(TRQ) 제도를 통해 수출국들의 이익을 위해 현행 및 최소시장접근을 보장하도록 했다. 현행시장접근(Current Market Access: CMA)과 최소시장접근(Minimum Market Access:

128) Ibid., 제3조.

MMA)제도란 기준년도인 1986-88간 해당 농산물에 대한 수입국의 평균 소비량의 3%부터 5%까지 이행기간 동안 균등하게 의무수입물량(TRQ물량)을 증량하여 양허토록 하여, 이러한 물량의 수입을 양허관세보다 현저히 낮은 관세로 허용할 의무를 수입국에 대해 부과한 것을 말한다. 이렇게 농산물 수출국과 수입국 간의 타협에 의해 탄생한 개념이 TRQ제도인 것이다. 어떤 품목에 대해 얼마나 많은 물량만큼 얼마나 낮은 관세율로 수입을 허용해야 하는지가 합의되어 수입국의 관세양허표에 기재되게 되는 것이다.

한국의 경우 UR 농산물 협상결과, 쌀·보리·고추 등 주요 농축산물 63개 품목(203개 세번)에 대해 최소시장접근 물량("MMA 물량" 또는 "TRQ 물량")이 양허표에 설정되어 운영되고 있다.

이러한 TRQ 물량도 일종의 쿼터인 것인바, WTO협정 체제상 합법적으로 허용되고 있는 수량제한이라 하겠다. 따라서 농산물에 대한 TRQ 배분방식도 일반 쿼터 배분원칙 조항인 GATT 제XIII조의 원칙을 준수하도록 규정되어 있다.[129] 그러므로 위에서 설명한 GATT XIII조 상의 쿼터배분 원칙과 수입허가절차협정 상의 제반 원칙을 준수하여 농산물 TRQ를 배분해야 하는 것이다. 주의할 점은 이러한 원칙에 입각해 배분하면 되는 것이지, 정해진 MMA 물량을 수입국이 반드시 수입해야 하는 결과 달성의 의무를 지는 것은 아님을 의미한다. 이것은 "Market Access" 개념의 사전적 정의(dictionary meaning)와도 일맥상통하다고 본다. 즉, 일반적으로 MMA물량을 허용할 경우, 이 물량을 반드시 수입해야 할 의무가 발생하는 것은 아니고, 동 물량을 수출할 수 있는 기회를 놓고 경쟁할 수 있도록 적절한 기회를 수출국들에게 부여할 의무가 발생한다고 해석되는 것이다. 이러한 적절 기회보장 의무는 특히 국영무역을 통해 수입하는 경우에는 GATT 제XVII조 1항(b)에 명시되어 있고, 수입허가제도를 통해 수입하는 경우에는 수입허가절차협정 상의 제반 투명성 요건과 쿼터의 충분한 사용억제 금지 원칙에 의해 확인되고 있다. 그러므로 수입국이 적절한 수입기회를 보장했는데도 수출국이 자국 사정에 의해 물량을 채우지 못하는 경우 동 물량은

129) GATT 제XIII조 5항.

당해 연도 종료로 소진되어 버리며, 수입국이 별도의 조치(동 물량을 다음해로 이월해 주는 등)를 취해줄 의무는 없다고 판단된다. 결국, WTO협정에 따른 TRQ 물량은 수입국이 TRQ를 소진할 수 있도록 투명성 있는 제도를 마련하고 충분하고 유효한 기회를 제공했는지 여부가 관건이지, 실제로 쿼터를 소진했는지는 국제통상법 위반의 판단기준이 아닌 것이다.

FTA체결국가간에도 수입국이 민감 농산물 수입에 대해 단기 관세철폐를 양허하는 대신 일정한 물량의 TRQ를 수출국에 제공함으로써, FTA체결 상대국에 대해 일정한 물량만큼 저관세나 무관세로 수출할 수 있는 권한을 배분해 주는 방식을 채택하는 경우가 많다. 예를 들어, 한-미FTA를 비롯한 대부분의 FTA의 한국 측 양허내용을 보면, 식용대두, 분유, 천연꿀 등 민감농산물에 대해 현행의 높은 관세(각각 487%, 176%, 243%)를 그대로 유지하는 대신 미국을 비롯한 FTA 상대국에 일정한 물량의 무관세 수입을 허용하는 TRQ를 제공하는 것으로 타협하고 있다. 이러한 TRQ 물량도 일종의 쿼터인 것이나, FTA라는 협정에 의해 합법적으로 체약국 간 도입된 수량제한이라 하겠다.

그동안 진행된 DDA협상이나 수많은 FTA에서 TRQ 관리 문제가 쟁점이 되고 있는바, MMA 물량 개념이 수입국에 결과달성 의무를 부여하지는 않는다는 기본 성격은 유지하되, 수입국이 쿼터 물량 소진을 위해 노력하도록 절차적인 통제를 강화하고 있는 추세이다.[130]

---

130) 2008년 12월 DDA 농업협상 농업분야 모델리티 4차 의장수정안은 '관세쿼터 미소진 문제 해결 메커니즘'을 두고 있다. 그 제안 내용의 핵심은 아래와 같다.

- TRQ관리에도 수입허가절차협정 준용하되, 관련 정보의 TRQ 개시 90일 전 공표, 쿼터 신청 처리기관의 단일화, 쿼터 신청 처리기간 단축, 경제적 수량단위로의 쿼터 허가 의무화, TRQ 소진율 공개 등 일부 요건은 수입허가절차협정에 비해 보다 강화
- 쿼터 미소진시 미소진쿼터 메커니즘 발동 · TRQ 소진율이 65% 미만일 경우 수출국들은 문제제기가 가능하며, 수입국들은 미소진 사유(검역, 가격요인 등)에 대한 협의 등 조치 필요
- 미소진 사유에 대한 협의가 해결되지 않고 소진율이 3년 연속 65%이하이면서 증가율도 낮을 경우에는 TRQ 관리방안을 선착순 또는 비조건적 허가방식으로 전환
- 단, 개도국의 경우에는 선착순 또는 비조건적 허가방식 외의 TRQ 관리방안을 선택하거나 현행 TRQ 관리방안을 유지가 가능토록 규정.

  Annex E, Tariff Quota Underfill Mechanism, Revised Draft Modalities for Agriculture, TN/AG/W/4/Rev.4, 6 December 2008.

3 국영무역(state trading)에 대한 규율

가 규율의 필요성

이상에서 살펴본 시장접근 보장원칙을 중심으로 한 GATT의 주요 규정내용들은 자유 시장경제를 전제로 한 것이다. 따라서 이러한 전제가 성립되지 않게 되면 GATT의 시장접근 보장 원칙은 쉽게 무너지게 된다. WTO회원국이 GATT 제XI조 상의 수량제한 금지원칙의 적용을 회피하기 위해, 일정한 기업에 당해 제품에 대한 독점적 수입권을 부여하여 동 기업으로 하여금 일정량만큼만 수입하도록 압력을 행사한다면 실질적으로 쿼터제도를 설치한 것과 같은 효과를 발생시킨다. 또한 정부가 압력을 가해, 이 독점기업이 수입한 제품을 국내시장에 출시하면서 이윤율을 높게 책정하도록 한다면, 동 제품의 국내 판매 가격을 높이게 되어 GATT 제II조에 따라 관세양허를 한 효과가 사라지게 될 것이다.

이러한 형태의 무역을 국영무역(state trading)이라 하며, 정부로부터 "수입이나 수출에 있어서의 배타적 권리나 특권을 위임" 받고 "물품의 구입이나 판매를 수행(engaged in purchasing or selling)"하는 마케팅단체(Marketing Boards) 등의 기업을 국영무역기업(state trading enterprise)이라 한다.[131] 국영무역을 통해 수출입 되는 제품은 WTO에 통보되어야 하며, 비양허품목을 수입 독점하는 경우의 국영무역은 실질적 교역관계에 있는 국가의 요청에 의해 최근 대표성 있는 기간 동안 부과된 수입부담금(import mark-up)이나 이러한 부담금 계산이 곤란한 경우 재판매 가격을 WTO에 통보해야 한다.[132] 이러한 절차적 통제 이외에 GATT는 아래와 같은 실체적 통제를 통해 국영무역이 시장접근을 저해하지 못하도록 규율하고 있다.

---

131) GATT 제XVII조 1항 및 GATT 제XVII조 1항에 대한 주해. 따라서 직접물품의 구매활동을 수행하지 않으면서 무역에 대한 규제권만을 보유하고 있는 Marketing Board는 제XVII조 문제가 아니라 다른 조항의 문제가 된다. Ibid.

132) GATT 제XVII조 4항.

나 양허관세율 보호

수입독점권을 부여받은 국영무역 기업을 통한 수입에 대해 정부가 수입차익을 기준으로 수입부담금(import mark-up)을 부과하는 경우가 많다. 이러한 부담금이 해당 제품에 대한 관세 양허의 효과를 상쇄하지 않도록 GATT는 규정을 두고 있다. GATT 제II조 4항은 회원국이 양허한 제품에 대한 수입독점(monopoly of the importation)을 설립하거나 유지하는 경우 "당해제품에 대한 양허관세율 이상의 보호가 이루어지도록 운영(operate so as to afford protection)해서는 안 된다"고 규정하고 있다. 이 규정의 해석과 관련하여 GATT 제II조 4항에 대한 주해(Ad Article)는 "아바나헌장 제31조에 입각하여 적용할 것"을 규정하고 있는바, 아바나헌장에 따르면 "수입제품의 구매, 판매 및 추가가공에 수반되는 국내비용" 및 "합리적인 이윤율"(reasonable margin of profit)은 양허관세율과 관계없이 부과될 수 있도록 되어 있다.133) 따라서 수입독점 제도의 경우, 이러한 독점업체의 수입행위에 대해 수입부담금을 정부가 부과할 수 있는 금액의 범위는 "수입품에 수반되는 국내비용" 및 "합리적인 이윤율"의 구체적 판단기준이 문제의 핵심이 된다.

이 기준과 관련해서는 1988년과 1992년 두 차례에 걸쳐 진행된'캐나다 맥주분쟁'134)이 좋은 사례를 제공하고 있다.

캐나다 맥주 분쟁과 국영무역

1980-90년대 초반 캐나다의 대부분의 주에서는 맥주수입, 유통 및 판매에 관한 독점권이 각주의 주류위원회(liquor board)에 위임되어 있어 이 단체를 통해서만 외국 맥주 및 다른 주의 맥주가 주내로 유입되어 판매될 수 있었다. 수입맥주에는 관세와 조세에 더해 주정부에서 부과하는 부담금(markup)이 부과되었는데, 이

133) Havana헌장 제31조 4항.

134) Canada - Import, Distribution and Sale of Certain Alcoholic Drinks by Provincial Marketing Agencies, L/6304-35S/37(adopted on 22 March 1988) & DS17/R - 39S/27 (adopted on 18 February 1992).

부담금은 "독점상태가 아닌 경쟁상태에서 통상 획득할 수 있는 이윤(profit)율"보다 높은 이윤율을 기초로 산정되었으며, 국내제품에 부과되는 비율보다 높은 비율의 차별적인 부담금(differential markups)이 수입제품에 부과되었다. 이 당시 상당수의 캐나다 주정부는 부담금제도 이외에도 수입맥주에 대한 등록제도(listing), 지정 판매점제도(point of sale), 최저 판매가격 제한제도 등을 취하고 있었다.

그 결과 양허관세율을 초과한 액수의 재정적 부담이 수입맥주에 주어지게 되었다. GATT 패널은 이러한 부담금의 액수가 "수입품의 마케팅에 수반되는 추가적인 서비스의 비용을 초과하여 부과"되었으므로 GATT 제II조 4항을 위반하였다고 판시하였다.

이 사례는 제II조 4항에 의하여 부과가 허용되는 부담금은 "독점이 없는(in the absence of monopoly) 경쟁 상태에서 해당 제품 수입으로 획득할 수 있는 이윤율"과 "수입품의 마케팅에 수반되는 추가적인 서비스 제공비용"의 합산 액의 한도 내에서 정당화될 수 있다는 점을 시사해 주고 있다.

다 비차별적 상업적 고려 및 경쟁적 참여 보장

(1) 국영무역기업의 거래행위

이상과 같은 GATT 제II조 맥락을 벗어나 좀 더 일반적인 의미에서 국영무역에 대한 규율을 가하고 있는 조항이 GATT 제XVII조이다. 이 조항의 1항의 (a)에 따르면, "국영무역기업"(state trading enterprise)은 "비차별원칙"(non-discriminatory treatment)을 준수하여야 함이 규정되어 있다. 이러한 1항(a)의 규정을 해석하고 있는 1항(b)에 따르면, 국영무역기업은 단지 "상업적 고려"(commercial consideration)에 따라서 교역활동을 해야 하며, 물품을 구매하는 데 있어 다른 회원국기업들이 "경쟁적으로 참여"(compete for participation)할 수 있는 기회를 부여해야 한다고 규정되어 있다.[135] 이때 (a)에서 말하고 있는 "비차

135) 정부조달을 위한 국영무역의 경우에는 GATT 제XVII조 1항의 규정이 적용되지 않으나, 공정하고 형평성 있는 대우를 부여할 의무가 있다. GATT 제XVII조 2항.

별 원칙"과 (b)에서 언급된 "상업적 고려 및 경쟁적 참여"의 관계가 문제시된다.

이러한 관계를 설명하기 위해 가장 적절한 분쟁사례는 '캐나다 FIRA' 분쟁136)이다.

캐나다 FIRA 분쟁과 "상업적 고려"의무의 해석

캐나다 정부는 외국 투자기업들과 계약을 체결하여 이들 기업들이 캐나다 내에서 생산활동시 수입제품 보다 캐나다산 제품을 우선적으로 구입할 것과 생산량의 일정부분을 수출할 것을 요구하였다. 이에 대해 패널은 '국내제품 구입 우선의무' 문제는 GATT 제III조 4항의 내국민대우 의무위반으로 판정하였으므로, 후자의 '생산량 일정부분 수출의무'의 경우가 GATT 제XVII조에 위반되는가 여부가 문제되었다. 제소국인 미국은 생산량 중 일정부분을 의무적으로 수출하도록 하는 것은 기업이 "상업적 고려"에 의해 의사결정을 내리는 것을 저해하는 것이므로 제XVII조 2항에 위반한다고 주장하였다.

이에 대해 패널은 제2항의 상업적 고려의무는 제1항의 비차별원칙과 별도의 의무를 규정하고 있는 것이 아니라 제1항의 의무를 "정의(merely defines)"하고 있는 것이므로 제1항의 비차별원칙의 맥락에서 제2항을 이해해야 한다고 설명하고, GATT의 어떠한 조항도 국내시장에 우선하여 해외시장에 판매우선권을 두는 차등정책을 금지하지 않으므로 이는 비차별원칙을 위반한 것이 아니고, 따라서 제XVII조 위반도 성립되지 않는다고 판정하였다.

이러한 패널의 판시 내용은 GATT 제XVII조(b)의 규정 내용이 (a)의 내용과는 별도의 의무를 회원국에 부과하는 것이 아니고, (a)의 규정내용의 전제하에서 존재하고 있는 규정이라는 의미로 해석될 수 있다. 즉, 국영기업의 모든 종류의 "비상업적 고려"와 "경쟁적 참여배제 행위"가 불법화되는 것이 아니고 이러한 행위들 중 "차별적"인 행위들만이 제XVII조를 위반한다는 것이다. 이렇게 해석하는 것이 (a)와 (b)의 의미를 모두 살리는 길일 것이다.

아무튼 국영무역 기업은 물품의 교역과 관련하여 "비차별 원칙"을 준수해야

---

136) Canada – Administration of the Foreign Investment Review Act, L/5504 – 30S/140 (adopted on 7 February 1984).

하는바, 이것이 최혜국대우 의무를 포함한다는 데에는 이견이 없으나, 과연 내국민대우까지 의미하는지에 관해서는 해석의 여지가 남아있다. 이에 대해서는 최혜국대우 의무에 한정한다고 해석하는 입장이 우세한 것으로 보이나,[137] 필자는 굳이 내국민대우 의무를 제외할 필요가 없다고 본다. 어차피 제XVII조 상에서 요구되는 비차별의무는 GATT 제I조나 III조에서와 같은 엄격한 의미의 모든 차별금지를 의미하는 것이 아니고, 1항(b)에 규정되어 있는 바와 같이 기업들 간의 "상업적 고려"에 의한 "경쟁참여기회"를 보장하는 의미에서의 차별금지이므로, 최혜국 대우에 더해 내국민대우를 함께 요구하더라도 국영무역에 대해 지나치게 엄격한 규율을 가하는 것은 아니기 때문이다. 또한 GATS상의 상응하는 규정인 제VIII조 1항도 서비스분야의 국영무역에 있어 내국민대우 의무의 준수까지 염두에 두고 있다는 점을 참고할 수 있다.[138]

(2) 정부의 민간기업 활동 제한

한편, 이러한 비차별(상업적 고려)원칙은 국영무역기업이 거래활동을 하는 데 준수해야 하는 의무로서의 의미를 넘어, 일반 민간 기업에 대한 정부의 간섭배제 원칙으로도 확대 적용된다. 즉, GATT 제XVII조1항(c)에 따르면, 회원국정부는 자국 민간기업(국영무역기업이 아닌 기업도 포함)이 비차별(상업적 고려)원칙에 따라 거래하는 것을 억제(prevent)하는 조치를 취할 수 없다. 다시 말하면, 정부가 민간에 개입하여 차별적이고 비상업적 고려에 의한 교역정책을 조장하는 것은 GATT 제XVII조에 의해 불법화되는 것이다.[139] 이 조항이 GATT 분쟁해결

---

137) 캐나다 FIRA 분쟁에서 패널은 제XVII조 1항에 MFN 의무만 포함된다는 캐나다의 주장이 "커다란 무게가 있다(the panel saw great force)"고만 언급하였을 뿐 확실한 답변을 회피하였다. 패널보고서 para. 5.16, Jackson (1997), p. 326.

138) GATS *Article VIII Monopolies and Exclusive Service Suppliers*
"1. Each Member shall ensure that any monopoly supplier of a service in its territory does not, in the supply of the monopoly service in the relevant market, act in a manner inconsistent with that Member's obligations under Article II and specific commitments." (여기서 "specific commitments"는 내국민대우에 대한 양허약속 까지 포함함을 주의).

139) 물론 이러한 조항이 민간 기업들의 자발적인 차별 교역정책까지 금지하는 것은 아니다. 이는 WTO 협정이 관여할 일이 아니기 때문이다.

절차에서 원용된 예로는 1988년 '일본 반도체' 분쟁[140]을 들 수 있다.

일본 반도체 분쟁과 정부의 민간개입

이 분쟁에서 제소자인 EEC는 일본정부가 미국과의 반도체 약정을 이행하기 위해 자국의 기업들에게 제3국에 대한 반도체 수출가격을 생산비용 이하로 책정하지 않도록 요구한 것(third country market monitoring)은 GATT XVII조1항(c)를 위반하였다고 주장하였다.

비록 이에 대해 패널은 이미 제XI조의 수량제한원칙을 위반하였다고 판정하였으므로 제XVII조 위반문제에 대해서는 판시하지 않았으나, 일본내 기업들이 수출 대상국 간 "차별적인 고려를 행하도록" 일본정부가 압력을 행사한 것은 아니므로 제XVII조 위반사안은 아니었다고 필자는 판단한다.

4 서비스교역과 시장개방 원칙

가 서비스의 개념과 분류

"서비스"(service) 개념을 정의내리기는 어렵지만, "노동, 기술 또는 자문과 같이 인간의 수고 형태를 띤 무형의 재화" 내지는 "시장에서 구매·판매되는, 모든 무형적 제품 또는 재화가 아닌 무형의 경제재의 생산 활동"을 말한다. 상품교역은 물론이고 서비스교역이 급격히 일반화되고 부가가치를 많이 창출하게 됨에 따라 UR에서 이를 다자적으로 규율하기 위한 일반협정을 채택하였는바, 이것이 서비스무역에관한일반협정(GATS)이다.

서비스 부분에 대한 UR의 목표는 시장개방은 유도하되 각국이 민감하게 생각하는 측면을 유보를 통해 규제권한을 확보할 수 있도록 균형을 맞추는 것이었

140) Japan - Trade in Semiconductors, L/6309 - 35S/116 (adopted on 4 May 1988).

다. 관세와 수량제한이 주로 시장접근을 저해하는 상품분야와 달리 서비스에 대한 시장접근은 법률, 규정, 규칙, 절차, 결정, 요건, 행정행위 등으로 회원국에 의해 취해지는 규제조치에 의해 제한 당하게 된다. 따라서 이러한 규제들을 얼마나 협상을 통해 서로 철폐해 나가느냐가 시장개방의 정도를 좌우하게 된다.

회원국의 조치 중 정부권한 행사를 위한 비상업적·비경쟁적 서비스 및 항공운항권은 다자적 규율에서 제외되는데,[141] 체신·철도운수 등 정부기관이 제공하는 서비스의 경우도 상업적·경쟁적으로 제공되는 경우는 GATS의 적용을 받게 된다. 서비스의 종류는 일정한 분류체계에 의해 분류되어 있는바, 사업(business), 통신(communication), 건설 및 엔지니어링(construction and related engineering), 유통(distribution), 교육(education), 환경(environment), 금융(finance), 건강관련 및 사회(health related and social), 관광 및 여행(tourism and travel), 오락, 문화 및 스포츠(recreation, culture and sporting), 운송(transport), 그리고 기타(other) 서비스가 그것이다.[142]

나 서비스 공급 형태

상품 교역은 주로 수출자와 수입자가 각각 자기 나라에 머물면서 상품만 국경을 넘는 방식으로 이루어진다. 서비스의 공급의 경우는 해외 여행시 현지 소비, 전자상거래, 외국인투자(해외법인, 지사 등), 전문가의 현지 출장 서비스 등 다양한 형태로 이루어지게 된다. 따라서 서비스가 국가 간에 거래가 일어날 수 있는 양태를 아래 표와 같이 4가지 형태(mode)로 구분하게 된다.

---

141) 정부조달(Government Procurement)의 경우는 별도의 복수국 간 협정인 WTO정부조달협정(GPA)이 규율하게 되므로, GATT와 GATS의 적용이 배제된다. GPA가입국들 간에는 자국의 중앙정부, 지방정부, 공공기관들 중 양허를 할 기관을 제시하게 되며, 이들 기관이 행하는 일정한 양허하한선 금액(13만 SDR〈약 2.1억원〉을 기본으로 하여 지방정부나 공공기관의 경우에는 하한선을 증액하는 경향) 이상의 상품 및 서비스 조달행위에 대해서만 GPA상의 여러 의무(내국민대우, 국제 공개경쟁입찰 원칙, 투명성 보장, 입찰공고·개찰·낙찰과정에 대한 절차적 원칙, 이의신청절차 확보 등)가 적용되도록 하고 있다.

142) 서비스분야(W/120: WTO 분류), CPC코드(UN에서 작성한 Central Product Classification Code)에서도 대동소이하다.

● **서비스 공급(supply of service)의 4가지 형태**

공급형태 (mode)	정의	핵심 요소	관련문제
Mode 1 국경간 공급 (cross-border supply)	인력이나 자본 등 생산요소의 이동이 수반되지 않고 서비스 자체가 국경을 넘어 이동하는 경우	서비스 자체의 이동(ex:인터넷을 이용한 법률서비스의 제공)	Mode 4와의 관계: 건축설계사가 설계도면을 완성하여 자국에서 우송하는 경우에만 Mode 1의 문제이고, 직접 입국해서 제공하는 경우에는 Mode 4의 문제가 됨
Mode 2 해외 소비 (consumption abroad)	서비스 소비자의 본국 이외의 영역에서 소비행위가 완성되는 경우	소비자의 이동 (ex: 해외유학 중 법률자문을 받는 경우)	Mode 1과의 구별: 서비스공급 계약체결 행위를 어디에서 하느냐에 따라 구별함
Mode 3 상업적 주재 (commercial presence)	서비스 수입 국내에서 서비스 공급체를 설립하여 생산·판매하는 경우	자본의 이동 (ex: 외국로펌이 한국에 사무소를 개설하여 법률서비스제공)	Mode 4와의 관계: Mode 3에 관하여 양허를 하였다 하여도 Mode 4에 대하여 양허를 하지 않았다면 외국서비스공급자의 사업체 설립에 필요한 인력의 이동을 제한하는 것은 가능함
Mode 4 자연인의 이동 (movement of natural persons)	서비스 수입 국내에서 서비스 공급 인력이 주재하며 공급하는 경우(상업적 주재와의 관련여부 불문)	노동인력의 이동 (ex: 외국로펌변호사가한국에 출장을 와서 법률자문을 해 주는 경우)	전문직업인 주재에 관한 양허문제는 전문직업인의 일시적 입국과 체류에 관한 양허여부는 물론이고 전문직서비스 공급자의 자격인정 여부에 의하여 좌우

국경간 공급(mode 1)은 인터넷 등 통신시설의 발달로 인한 전자상거래의 일반화와 관련이 큰 형태의 거래이어서 모든 나라들의 관심사이다. 손쉽게 서비스 공급을 받을 수 있는 대신 소비자 보호나 비윤리적 콘텐츠에 대한 차단 문제 등의 어려운 과제들이 결부되어 있는 공급유형이라 할 수 있다. 상업적 주재(mode 3)는 자본의 이동으로서 곧 외국인투자를 의미하기에 선진국의 주요 이해관계가 달려있는 부문이고 FTA 협상에서는 서비스분과가 아닌 투자분과를 따로 마련해서 다루는 경우가 많다. 자연인의 주재(mode 4)는 외국인 고용문제, 국내노동시장교란위험, 외국인범죄, 사회 빈곤층 형성 등 중대한 사회적 문제가

발생할 가능성 때문에 선진국일수록 이 유형에 대한 개방을 꺼리고 있으나 노동력이 풍부한 후진국들은 선진국으로의 인력수출의 기회로 삼는 부문이다.

이러한 서비스 분류에 입각한 각각의 분야에서 4가지 공급형태 별로 대외개방여부와 개방하더라도 어떠한 규제내용을 유보를 통해 규제권한을 확보할 것인지를 협상을 통해 합의하는 것이 서비스 분야의 시장개방원칙의 구체적인 실현과정인 것이다. 이러한 협상의 결과가 GATS 양허표에 기록되게 되는 것이다.

이렇게 서비스분야 양허를 하는 방식에도 여러 가지가 있다. GATS 방식(positive 방식)이란 협상대상국에게 개방하고자 하는 분야만을 목록으로 작성하여 제시하고 협상을 통해 양허표에 기록되게 된다. 이때 제시되지 않는 분야는 개방되지 않는 것으로 간주하는 것이다.[143] 한편, 네거티브 방식(negative 방식)도 있는바, 협상대상국에게 개방하지 않을 분야 또는 제한조치를 목록으로 작성하여 제시하여야만 그 분야에 대하여는 현행개방수준을 유지할 수 있거나(현재유보) 또는 현재 그와 관련된 제한조치가 없는 경우에도 미래에 개방을 제한할 수 있는 규제권한을 유보할 수 있도록 하는(미래유보) 방식이다.[144] 따라서 네거티브 방식하에서 양허표에 기재되지 않은 분야의 서비스는 개방된 것으로 간주하게 된다. 이러한 네거티브 방식은 높은 수준의 서비스 개방을 추구하는 방식이며 주로 미국이 체결한 FTA 등에서 많이 채택되어 있다.[145] 요즘에는 특정 의무에 대해서는 포지티브 방식, 다른 의무에 대해서는 네거티브 방식을 혼합하여 사용하는 하이브리드(hybrid)방식도 등장하고 있다. 2013년부터 서비스분야의 WTO플러스적인 추가개방을 위해 미국을 비롯한 23개국[146]이 협상해 오고 있는

143) WTO(GATS) 및 한-EU/EFTA/ASEAN/인도 FTA.
144) 한-미/칠레/싱가폴/페루 FTA.
145) 주로 미국이 체결한 FTA에는 네거티브방식을 채택하면서 현행동결(Standstill) 및 역진방지(Ratchet) 조항을 두는 경우가 많다. "현행동결"이란 당사국이 양허표 상에 기재된 유보조치보다 더 제한적인 조치를 도입하지 못하도록 하는 의무를 말한다. "역진방지"란 당사국이 국내필요에 따라 현행 규제를 완화하는 방향으로 국내법적으로 개정할 수는 있으나, 일단 자유화된 규제조치는 다시 후퇴하지 못하도록 하는 의무이다. 예를 들어 협정 당사국의 양허표상 외국인의 지분보유한도가 49%로 기재된 상황에서 그 당사국이 국내법령 개정으로 한도를 50%로 완화한 경우, 추후 다시 외국인 지분보유한도를 49%로 강화한다면 현행동결 의무 위반은 아니지만 역진방지 의무에는 위반하게 된다.
146) Australia, Canada, Chile, Chinese Taipei, Colombia, Costa Rica, the European Union, Hong Kong (China), Iceland, Israel, Japan, Liechtenstein, Mauritius, Mexico, New

복수국 간 서비스협정(TISA)은 시장접근(MA)에 대해서는 포지티브, 내국민대우(NT)에 대해서는 네거티브 방식을 적용했다. 이것은 서비스분야 시장접근 문제는 민감성이 있음을 인정하면서도, 내외국민 차별은 가급적 억제하는 효과가 있다.

다 서비스 교역의 WTO 시장개방 원칙

GATS 제XVI조에 따르면, "시장접근에 관해 각 회원국은 다른 회원국의 서비스 및 서비스 공급자에 대해 자국의 양허표상에 합의되고 명시된 조건과 제한보다 불리한대우를 해서는 아니 된다"고 규정하고 있다.[147] 그러면서 "시장접근을 양허한 부문에서는 양허표에 달리 규정하지 않는 한", 다음의 6가지(한정적) 제한조치를 금지하는 의무를 부과한다.

(i) 서비스 공급자의 수 제한(예, 외국의료인 수에 대한 연간 쿼터, 서비스공급자의 국적요건,[148] 정부 또는 민간독점을 통한 수적 제한, 경제적 수요심사(ENT)[149]에 근거한 음식점 면허제도 등)

(ii) 거래가액 또는 자산 제한(예: 외국계 은행 자산을 국내은행총자산의 x% 이내로 제한)

(iii) 공급행위의 수 또는 산출량 제한(예: 외국필름의 방영시간 제한)

(iv) 자연인 수의 제한(예: 외국근로자는 전체 근로자의 x% 이내로 제한)

(v) 법인이나 합작회사의 형태 제한(예: 외국인 회사의 주재형식은 합명회사로만 허용)

(vi) 외국인 지분제한(예: 외국인의 지분은 총지분의 x% 이내로 제한)[150]

Zealand, Norway, Pakistan, Panama, Peru, South Korea, Switzerland, Türkiye, and the United States.

147) GATS 제16조 1항.

148) 내국인만을 서비스공급자로 인정하는 규제를 취하는 것은 제로쿼터(zero quota)를 부과하는 셈이다.

149) ENT(Economic Needs Test; 경제적 수요심사)란 기업의 시장진입이 경제적 관점에서 비추어 볼 때 정당한지 여부를 정부, 협회 등에서 결정, 통제하는 제도로서, 보통 불투명하고 자의적인 기준에 의해 시장접근을 통제하기에 보호주의적 효과를 초래할 수 있다.

150) GATS 제16조 2항.

즉, 양허한 서비스 부분에 대해(positive 방식) 시장접근(market access) 보장 의무를 부과하되, 양허표에 일정한 유보사항을 규정해 넣을 수 있도록 하고 있는 것이다. 이는 마치 상품분야에서의 관세양허와 수량제한 금지원칙처럼, 서비스 부문에 있어서의 시장개방원칙(open market principle)을 구현하고 있는 기본원칙인 것이다.

서비스 양허표(concession schedule)의 구체적 모습을 통해 서비스 양허와 유보 개념을 이해해 보자.

● 서비스 양허표의 형식

부문	시장접근(MA) 제한	내국민대우(NT) 제한	추가적 개방약속 (Additional Commitments)
X (CPC 123)	1) None 2) None 3) Foreign equity less than 49% 4) Unbound except as indicated in the Horizontal Commitments section	1) Unbound 2) Unbound 3) None 4) Unbound except as indicated in the Horizontal Commitments section	

어느 WTO회원국의 서비스 양허표가 위와 같다고 하자. 이 양허표에는 Y부문이 양허표에 나타나지 않으므로, Y부문 전체를 미양허한다는 의미이다.[151] 반면 X부문[152]을 양허표에 기재했으므로 X부문은 양허한 것이며 이에 대해서는 시장접근 보장의무와 내국민대우 의무와 같은 특정적 의무(specific commit-

151) 양허하지 않은 분야에는 GATS의 구체적 의무들인 시장접근 보장의무와 내국민대우 의무가 적용되지 않는다는 것이지 일반적 의무인 최혜국대우 의무, 국내규제관련 의무 등은 적용되게 됨을 주의해야 한다.

152) CPC(Central Product Classification)는 UN의 산업분류체계에 따른 해당 서비스부문의 분류코드 숫자를 기재한 것이다.

ments)까지 부과되게 된다. 다만, "시장접근 제한"과 "내국민대우 제한"이란 칼럼에 일정한 유보사항을 기재해 넣음으로써 규제권한을 확보할 수 있는데, "1), 2), 3), 4)"는 서비스 공급의 형태인 "mode 1, 2, 3, 4"를 각각 의미한다. "None"은 해당 공급형태에 대한 규제권한 유보 내용이 없다는 의미이므로, 아무런 유보 없이 완전 개방하여 시장접근 보장의무와 내국민대우 의무에 따르겠다는 의사표시인 것이다. 반대로 "Unbound"는 해당 공급모드 전체를 양허하지 않겠다는 의미인바 그 모드에 대해서는 시장접근 보장의무와 내국민대우 의무가 적용배제 되게 된다. "3) Foreign equity less than 49%"는 Mode 3의 MA 제한조치로서 외국인지분을 49% 미만으로 규제하는 권한을 유보하겠다는 의미이므로, 이러한 규제권한을 제외하고 다른 측면만 개방되게 된다. 즉, 부분개방인 셈이다. "4) Unbound except as indicated in the Horizontal Commitments section"은 수평적 양허(Horizontal Commitments) 부분에서 양허한 것 이외에는 양허하지 않겠다는 의미다. 수평적 양허는 양허표 맨앞에 모든 서비스 부문에 공통적으로 적용되는 양허내용을 기재한 부분을 말한다.

추가적 개방약속(Additional Commitments)은 시장접근 보장의무나 내국민대우와 상관이 없는 여타의 "국내규제"(domestic regulation) 중에서 개방약속하고 싶은 것이 있으면 기재하게 된다.

결국 WTO 서비스협상이란 얼마나 많은 분야를 양허표에 기재해 넣느냐, 또한 기재한 분야에서도 얼마나 많은 유보사항들을 상호 삭제해 가느냐가 그 개방수준을 좌우하게 된다. 추가적인 분야 개방과 유보 삭제를 위한 후속 서비스협상이 DDA와 결부되어 진행 중인바, DDA협상이 장기간 난항을 겪으면서 협상타결이 쉽지 않다. 따라서 FTA 체결을 통해 WTO에서 양허되지 않은 서비스 부문을 추가양허하거나, GATS상의 의무조항을 추가 보완한 의무들로서 현지주재(local presence) 요건 부과 금지, 이행요건(performance requirement) 부과 금지, 경영진국적요건(Senior Management and Boards of Directors) 금지 의무 등을 마련하거나, 네거티브 방식으로 양허와 유보를 처리하는 등의 시도가 일반화되고 있다. Mode 3은 서비스 분야의 투자와 관련이 있는바, Mode 3을 떼어

내어 제조업분야에 대한 투자이슈와 합쳐서 별도로 "투자의 장(investment chapter)"을 구성하여 완전한 투자 분야에 대한 전반적 규율을 시도하는 FTA도 있다.[153] 또한 2013년 4월에 미국, 호주 주도의 서비스프렌즈그룹 중심으로 추가적 개방을 추구하는 일부 국가들 간에 WTO플러스적 시장개방을 추구하는 복수국 간 서비스무역협정(Trade in Services Agreement: TISA) 체결노력이 진행되고 있음은 언급한 바가 있다.

라 서비스 교역에 있어서의 독점공급자에 대한 규율

GATT의 제XVII조가 "국영무역기업"(state trading enterprise)에 대한 규율을 통해 시장개방원칙을 보호하려 하듯이, GATS의 경우에도 "자국 영토 내에서 독점적 지위를 차지하고 있는 서비스 공급자"를 당해 회원국이 적절히 규율함으로써, (정부의 직접적 조치가 아닌) 민간 독점자의 행위에 의해 시장접근의 가치가 저해되는 것을 방지하고 있다.

우선, WTO회원국은 "자국 내의 독점적 서비스공급자가 GATS의 최혜국대우 및 특정적 양허내용을 위반하는 행위를 저지르지 않도록 보장해야" 한다.[154]

또한, 해당 독점자가 직접 또는 연계회사를 통해, GATS에서 양허된 서비스 부문의 양허내용을 저해하는 방식으로 자신의 독점권의 범위를 벗어나 권리를 남용하는 행위도 차단해 주어야 한다.[155]

더 나아가, WTO회원국의 요청에 의해 GATS 서비스교역이사회가 개입하여 GATS 제VIII조 위반여부에 관한 특정정보를 제공할 것을 해당국에 요청할 수도 있도록 되어 있다. WTO회원국이 WTO설립 이후 독점서비스 공급자를 지정한 경우 이 사실을 서비스교역이사회에 3개월 이내에 통보해야 하는바, 이러한 통보는 그 독점권이 행사되기 이전에 행해져야 한다.[156]

---

153) 이럴 경우, 투자(Mode 3)를 제외한 서비스부분은 "cross-border supply of service"라는 이름으로 별도의 장으로 처리한다.
154) GATS 제VIII조 1항.
155) GATS 제VIII조 2항.

이러한 규정들은 회원국 정부가 "소수의 서비스공급자들에게 배타적인 서비스 공급권한을 정식으로 또는 사실상 부여"하는 경우에도 적용됨157)을 주의해야 한다.

마 서비스 교역의 지불이나 자금의 이전 보장 및 예외

GATS 제XI조는 국제 서비스거래의 지불이나 자금의 이전에 대해 제한을 가하는 것을 원칙적으로 금지하고 있다.158) 다만, 이에 대한 예외사유로 GATS 제XII조는 "심각한 국제수지 문제나 외부적 재정문제에 직면하거나 그 위협이 현존"하는 경우 "국제 서비스거래의 지불이나 자금의 이전에 대해 제한"을 가할 수 있도록 허용하고 있다.159) 이러한 제한은 비차별성, IMF협정에 합치성, 다른 회원국의 상업 · 재정 · 경제적 이익에 불필요한 손상을 가하지 않을 것, 과도한 정도로 취하지 않을 것, 일시적이며 상황이 개선됨에 따라 조치를 완화할 것 등의 요건을 준수해야 한다.160) 자국의 경제발전에 필수적인 분야에 우선권을 두어 이러한 제한을 가할 수 있는 재량이 있으며, 개도국의 경우에는 경제발전을 위해 적절한(adequate) 외환보유고를 유지하기 위해서도 이러한 제한을 가할 수 있음도 주의해야 한다.161)

또한 GATS는 서비스 분야의 긴급세이프가드 제도(Emergency Safeguard Measures) 개념을 상정하며 WTO설립 후 3년 이내에 이러한 제도를 협상할 것을 규정하고 있으나,162) 아직 구체적인 성과가 없는 상황이다.

---

156) GATS 제VIII조 3, 4항.
157) GATS 제VIII조 5항.
158) GATS 제XI조 1항.
159) GATS 제XII조 1항.
160) GATS 제XII조 2항.
161) GATS 제XII조 3, 1항.
162) GATS 제X조.

5 디지털 교역에 대한 시장개방 원칙과 한계

최근 디지털 교역에 특화된 국제통상협정이 체결되고 있다. 4차 산업혁명 분야의 기술 발전과 코로나 사태로 디지털 경제가 급속하게 발달하고 경제의 핵심 분야로 자리매김하고 있다. 글로벌 디지털 경제의 패권을 차지하기 위한 경쟁도 전개되고 있다. 이에 따라, 디지털 교역 자유화 문제는 물론이고 개인의 프라이버시 보호, 소비자 보호 등의 과제도 중요해지고 있다.

기존에 통상규범 역할을 해 온 WTO나 FTA 등의 협정체제는 디지털 경제가 본격적으로 활성화되기 전에 체결된 것들이어서 새로운 디지털 경제에 적용하는데 한계가 있기에 디지털 국제경제를 규율하기 위해 특화된 협정체계가 적극적으로 논의되고 있다. 그 대표적인 예로 칠레, 뉴질랜드, 싱가폴간에 2020년 체결되고, 한국이 2024년 5월에 가입한 디지털경제동반자협정(Digital Economy Partnership Agreement: DEFA)을 들 수 있다.[163] 이 협정의 핵심은 전자적 전송물(electronic transmissions)에 대한 신속한 무관세 통관을 보장하는 원칙을 수립함으로써 디지털 교역에 특화된 시장개방 원칙을 구현하는 점이다.[164] 이와 더불어 회원국 간 정보를 국제적으로 전송하여 디지털 고객을 확보할 수 있는 다자적 정보접근권을 보장하고, 전자적 국제 결재를 촉진하며, 디지털 인증을 상호 인정하며, 데이터교환 시스템의 양립성과 호환성을 보장하고, 상업거래에 있어서의 전자기록의 교환을 보장하는 등의 교역 및 규제기준을 수립하고 있다.[165]

특히 전자적 전송물에 대한 무관세 의무는 중요한 의미를 지니고 있다. 1998년 5월 WTO 제2차 각료회의에서 채택된 '국제 전자상거래에 대한 선언문'(Declaration on Global Electronic Commerce)에서 회원국들은 전자적 전송

163) 2025년 6월 현재 중국, 캐나다, 코스타리카, 페루, UAE, 엘살바도르, 우크라이나 등도 가입희망 의사를 표시하였다.

164) "No Party shall impose customs duties on electronic transmissions, including content transmitted electronically, between a person of one Party and a person of another Party." DEFA협정문 제3.2조 1항.

165) DEFA 협정문 제1~4조 참조.

물에 대한 무관세 관행을 유지할 것임을 천명하고, 향후에도 이러한 관행을 계속 유지할지 여부는 향후 작업계획의 논의 경과에 따르기로 약속한 바가 있다. 그 후 후속적으로 열리는 WTO 각료회의에서 이러한 무관세 관행을 계속 2년 단위로 연장하는 합의가 선언되어 오고 있다. 그러나 이러한 합의는 어디까지나 다자국제회의에서의 선언에 불과하고, 그것도 영구적인 무관세 조치가 아니라 무관세 관행을 일시적으로 연장하는 모라토리움적인 성격에 불과하다. 그런데 DEFA에서는 협정상의 영구적인 의무조항으로 규정되게 되어 DEFA회원국 간에는 전자적 전송물에 대해 관세를 부과하지 못하게 된 것이다.

이렇게 전자상거래에 대해 무관세 의무를 규정함으로써 시장접근을 촉진하는 방식은 그동안 미국이 주도한 여러 FTA를 통해 채택되어 왔다. 그런데 각 FTA에 따라 그 적용대상 및 범위가 다소 상이해 FTA들을 상호 비교하며 이해할 필요가 있다.

첫째, 무관세 대상품목이 단순히 "전자적 전송물"(electronic transmission)이라는 콘텐츠물에 한정되는가, 아니면 "일정한 매체에 수록되어 거래되는 디지털제품"(digital products fixed on a carrier medium)까지 확대되는가의 문제이다. 미국이 싱가폴, 중미, 바레인, 콜롬비아, 모로코 등과 각각 맺은 FTA에서는 "전자적 전송물"(electronic transmission)에 대한 무관세 의무만 규정되어 있고, 미국이 호주와 맺은 FTA에서는 "일정한 매체에 수록되어 거래되는 디지털제품"까지도 무관세 의무의 대상으로 규정되어 있다.[166)]

단, 미국이 싱가폴, 중미, 바레인, 콜롬비아, 모로코 등과 각각 맺은 FTA에서는 관세평가에 관한 특칙이 규정되어 있어, 매체에 수록되어 거래되는 디지털제품에 대한 관세평가는 "매체의 가치만으로 계산"하도록 되어 있다.[167)] 따라서

166) "No Party may impose customs duties, fees, or other charges on or in connection with the importation or exportation of digital products by electronic transmission."(미국-싱가폴, 미-CAFTA, 미-바레인, 미-콜롬비아, 미-모로코 FTA). "Neither Party may impose customs duties, fees, or other charges on or in connection with the importation or exportation of digital products, regardless of whether they are fixed on a carrier medium or transmitted electronically."(미-호주 FTA).

167) "Customs value of an imported carrier medium bearing a digital product must be determined based on the cost or value of the carrier medium alone."(미국-싱가폴, 미

미국-싱가폴, 중미, 바레인, 콜롬비아, 모로코 간에도 매체에 수록되어 거래되는 디지털제품에 대한 관세는 상호 부과할 수 있되, 실제로 업자가 부담해야 하는 관세액은 크지 않게 된다.

둘째, 단순히 FTA상대국으로부터 수입되는 전자상거래에 대해서만 무관세 의무가 부과되는가, 아니면 모든 국가로부터의 전자상거래에 대해서 일반적으로 무관세 의무를 져야 하는가의 문제다. 미국-칠레FTA, 싱가폴-호주FTA 및 CPTPP의 무관세 의무조항은 "타방 당사국의" 전자적 전송물 또는 디지털제품이라 기술되어 있어 FTA체결국으로부터 수입되는 전자상거래에 한해 무관세 의무가 발생하는 것이 명확하다.[168] 이에 비해, 미국이 싱가폴, 중미, 바레인, 콜롬비아, 모로코 및 호주와 각각 맺은 FTA에서는 "타방 당사국의"란 단어가 없어서 해석상 반드시 FTA상대방국가로부터 수입되는 전자적 상거래에 한정하지 않고 일반적인 무관세 의무를 부과하는 것으로 해석되고 있음은 주의를 요한다. 다시 말하면, 만일 싱가폴, 중미, 바레인, 콜롬비아, 모로코 및 호주가 제3국(예를 들어 일본)으로부터 수입되는 전자적 전송물에 대해 관세를 부과하게 되면, 미국이 이를 FTA위반으로 주장할 수가 있다는 말이다.[169]

이것은 전지상거래에 대한 무관세 규범을 일종의 대세적 규범 형태로 창출한 것인바, 일종의 개방된 지역주의(open regionalism)적 시도라 평가할 수 있다. 미국이 국제적인 전자상거래를 촉진하기 위해 전자상거래에 대한 무관세 규범을 대세적으로 창출해가는 과정으로 보이며, 양자협정을 통한 다자규범화 접

-CAFTA, 미-바레인, 미-콜롬비아, 미-모로코 FTA).

168) "Neither Party may apply customs duties on digital products (transmitted electronically) of the other Party."(US - Chile FTA). "Each Party shall maintain its current practice of not imposing customs duties on electronic transmissions between Australia and Singapore."(Singapore - Australia FTA). "No Party shall impose customs duties on electronic transmissions, including content transmitted electronically, between a person of one Party and a person of another Party."(CPTPP).

169) 단, 일본이 해당 FTA위반을 주장할 수는 없다. 일본이 해당 FTA의 체결국이 아닐뿐더러, 이러한 FTA가 제3자(즉 일본)에게 권리를 부여하는 내용의 양자협정이라 볼 수도 없기 때문이다. 조약법상 조약의 제3자 효력이 적용되려면 해당 조약의 해석상 제3자국에게 "권리 또는 의무"를 부여하는 의도를 인정할 수 있어야 하는데, 단순히 "무관세 조치"를 대세적으로 규정한 것은 제3자에게 권리가 아닌 '반사적 이익'만을 부여한 것이라 볼 수 있을 것이다. 따라서 미국은 FTA위반을 주장할 수 있지만 일본은 주장할 권리가 없다.

근방식이라 볼 수 있다.

셋째, 한-미FTA상의 무관세 조항은 흥미롭게도 전자적 전송물에 대해서는 대세적 의무 형태로 규정하고 있고, 매체에 수록하여 거래되는 디지털제품에 대해서는 양자적 의무로 규정하는 하이브리드 방식을 채택하고 있다.[170] 이것은 만일 한국이 일본으로부터 수입하는 "전자적 전송물"에 대해 관세를 부과하면 한-미FTA 위반이 발생하나, 일본으로부터 수입하는 "매체에 수록하여 거래되는 디지털제품"에 대해 관세를 부과하게 되면 한-미FTA 위반이 발생하지 않는 것을 의미한다. 더구나 미국이 싱가폴, 중미, 바레인, 콜롬비아, 모로코 등과 각각 맺은 FTA에서와 같은 관세평가에 관한 특칙도 없기에 일본으로부터 수입하는 "매체에 수록하여 거래되는 디지털제품"에 대해서는 저장매체의 가치는 물론이고 그 콘텐츠의 가치까지 합산한 총가치를 기준으로 한국정부가 관세를 부과할 수 있게 된다. 이것은 미국 측의 양자협정을 통한 다자규범화 노력에 대해 한국 측이 반만(매체 수록 디지털제품) 방어해내는데 성공했음을 의미한다.

이상과 같이 여러 FTA상의 전자상거래에 대한 무관세 조항도 미묘한 차이가 있어 각 FTA가 시장접근을 촉진하는 정도가 각각 상이하다. 가장 그 자유화 정도가 낮은 FTA그룹부터 높은 그룹의 순서로 배열하면 아래 표와 같은바, 한-FTA도 미-호주FTA 다음으로 자유화를 추구하는 높은 수준의 FTA라 평가할 수 있을 것이다.

170) "Neither Party may impose customs duties, fees, or other charges on or in connection with the importation or exportation of: (a) if it is an originating good, a digital product fixed on a carrier medium; or (b) a digital product transmitted electronically." 한-미FTA 제15.3.1조.

● **FTA별 전자상거래 시장접근 촉진 정도 비교**

FTA \ 적용대상	Electronic Transmission	Digital Product in Carrier Medium
US - Chile FTA	△	
CPTPP	△	
Sing-Australia	△	
US-Sing	○	
US - CAFTA/DR	○	
US-Bahrain	○	
US-Columbia	○	
US-Morocco	○	
US-Korea	○	△
US-Australia	○	○

※ △=무관세 의무+양자적 적용/O=무관세 의무+대세적 적용

제 3 절 비차별 원칙 (Non-discrimination Principle)[171]

국제통상체제에서 비차별주의(non-discrimination principle)가 수립된 것은 중세시대 왕국의 고립적 사고방식에서 벗어나 비로소 세계를 상대로 소통하는 책임 있는 이해관계국이 된 것을 의미한다. WTO체제하에서 비차별주의는 다음과 같은 '저울의 비유'를 들어 설명할 수 있을 것이다. 저울은 양쪽의 추를 가지고 있으므로 한쪽의 추가 더 무겁거나 가볍게 되면 그 결과로 저울은 균형을 잃고 한쪽으로 기울게 된다. 이렇게 저울의 균형을 잃게 하는 요인 중 WTO체제가 가장 경계하는 것이 바로 '차별'(discrimination)인 것이다. 따라서 균형을 유지하는 것이 중요한 바, 이러한 균형의 대표적인 예로 WTO협정이 명시하고 있는 것이 최혜국대우(MFN)와 내국민대우(NT)이다. 최혜국대우의 균형은 여러 수입품에 대한 대우간 균형을 이루어야 한다는 점에서 '횡적 균형'(horizontal balance)이라 볼 수 있을 것이다. 반면, 내국민대우의 균형은 수입품과 국산품에 대한 대우간의 균형을 이루어야 함을 의미하므로 일종의 '종적 균형'(vertical balance)이라 불릴 수 있다. WTO협정이라는 저울은 이렇게 횡적 균형과 종적 균형을 유지할 것을 회원국들에게 요구하고 있는 것이며, 이러한 두 균형이 이루어지면 국제무역상의 비차별 원칙이 실현되게 된다. 고립적 왕국은 자국의 동맹국을 끊임없이 물색하여 서로 특혜관계로 상호원조 체제를 구축하려 든다. 현대

171) 이 부분은 필자 외 16명이 공저한 저서인 국제경제법(박영사, 2006)에서 필자가 작성한 부분(pp. 117-151)의 내용을 바탕으로 최신동향 등을 추가하고 분석내용을 수정 보완한 것이다.

의 세계화된 통상환경에서 세계시장을 상대로 무역게임을 벌이는 '세계국가'들은 이러한 횡적 균형과 종적 균형이 성립된 비차별적 환경하에서 어느 나라도 최혜국(most-favoured nation)인 상황에서 서로 공정한 게임을 벌이는 길만이 경제적 평화와 번영을 누리는 길임을 국제사회가 깨달은 결과인 것이다.

1 비차별 의무 이해의 출발점

가 두 가지의 비차별 균형

WTO협정체제하에서 비차별주의 원칙이 차지하는 위치는 실로 중요하다. 물론 다른 원칙들인 시장접근 개선, 공정무역 실현, 최소기준 충족 등도 WTO 체제의 기본 목적들로 꼽을 수 있으나, 비차별주의는 국제통상 규범이 출발한 원칙이고 또한 국제통상법의 끝일지도 모르는 원칙이기에 그 중요성은 더하다고 할 수 있다.

WTO체제하에서 비차별주의는 다음과 같은 '저울의 비유'를 들어 설명할 수 있을 것이다. 저울은 양쪽의 추를 가지고 있으므로 한쪽의 추가 더 무겁거나 가볍게 되면 그 결과로 저울은 균형을 잃고 한쪽으로 기울게 된다. 이렇게 저울의 균형을 잃게 하는 요인 중 WTO체제가 가장 경계하는 것이 바로 '차별(discrimination)'인 것이다. 따라서 균형을 유지하는 것이 중요한 바, 이러한 균형의 대표적인 예로 WTO협정이 명시하고 있는 것이 최혜국대우(MFN)와 내국민대우(NT)이다. 최혜국대우의 균형은 여러 수입품에 대한 대우 간 균형을 이루어야 한다는 점에서 '횡적 균형(horizontal balance)'이라 볼 수 있을 것이다. 반면, 내국민대우의 균형은 수입품과 국산품에 대한 대우간의 균형을 의미하므로 일종의 '종적 균형(vertical balance)'이라 불릴 수 있다. WTO협정이라는 저울은 이렇게 횡적 균형과 종적 균형을 유지할 것을 회원국들에게 요구하고 있는 것이며, 이러한 두 균형이 이루어지면 국제무역상의 비차별원칙이 실현되게 된다.

나 불법과 합법의 경계선 – '차별'과 '차등'

우리는 종종 WTO협정하에서 어떠한 정부의 행위가 불법화되고 어떠한 행위는 합법적인 것인가에 대해 의문을 갖고 있다. 이러한 불법과 합법을 가리는 기준 중 하나로서 필자가 제시하고자 하는 것이 '차별'(discrimination)과 '차등'(differentiation)의 구별 기준이다. 차별과 차등은 같은 말에 불과한가? 아니면 서로 다른 개념인가? 다르다면 과연 어떻게 다른가?

일반적으로 '차별'이란 서로 같은(like) 두 개의 대상을 다르게 대우하는 것이다. 이에 반해 '차등'은 서로 다른 대상을 다르게 대우하는 것이다. WTO협정 체제하에서 금지되는 것은 차별이지 차등이 아니다. 즉, WTO협정은 서로 같은 것을 다르게 취급하는 것을 금지할 뿐이기에, 서로 다른 것을 다르게 취급하는 것은 WTO체제하에서 허용되는 행위인 것이다. 즉, 차등은 주권을 지닌 국가의 고유의 권한에 속하는 문제이며 이를 WTO협정이 관여하지는 않는다. 국가가 단순한 차등을 넘어 차별에 해당하는 조치를 취하게 될 때 비로소 WTO협정은 규제의 손길을 뻗치는 것이다. 따라서 비차별주의 원칙을 이해하기 위해서는 차별과 차등을 구분해야 하며, 이는 '무엇이 같은 것'이고 '무엇이 다른 것'인가라는 다소 철학적인 질문에 대한 답변을 항상 수반하게 된다. 이것이 바로 '같은 상품'(like products)의 정의 문제이다.

2 최혜국대우(most-favoured-nation treatment) 의무

가 최혜국대우 원칙의 출발172)

교통수단이 국제교역을 가능하게 했던 시절부터 각국은 자국의 수출품이 수입국의 세관을 통과할 때 여타 경쟁수출국의 수입상품에 부과되는 관세보다 더 높은 관세를 부과받는 것을 받아들일 수는 없었다. 이러한 차등관세의 위험성을 배제하기 위해 교역 상대국들은 상호간 최혜국관세 대우를 부과하는 것을 내용으로 하는 무역협정을 체결하는 관행이 생기게 되었다. 즉, 협정체결 시나 그 이후에 제3국으로부터 수입되어 오는 모든 제품에 부과되는 관세율 중에서 최고로 낮은 관세율을 협정당사국 간에 부과하기로 미리 약속해 놓는 것이었다. 따라서 이러한 약속의 명칭은 '최혜국대우(most-favoured-nation treatment)'라 불리게 된 것이다.

이러한 체제는 17, 18세기부터 정상적인 교역에 참여하고 있었던 많은 국가 사이에서 적용되고 있었는데, 특히 1860년대부터 세계대전 당시까지 성행하였다. 1860년의 'Cobden-Chevalier Treaties' 체결 이후 최혜국대우 조항은 유럽지역의 교역행위에 있어 공통된 법규로 인식되었으며, '프랑크푸르트조약(Treaty of Frankfort)'은 1870-71년간의 불란서와 독일 간의 전쟁을 종결하면

172) 이 부분은 필자가 저술한 "WTO 비차별원칙의 이해와 적용 연구"(최원목 저, 법무부간행 2003년, 이하 "최원목(법무부, 2003)"라 부른다)"의 pp. 4~8까지의 내용을 기초로 수정 및 보완하였다. 이 부분의 내용이 원래 참조한 주요 자료들은 다음과 같다. Recommendations of the Economic Committee relating to Tariff Policy and the Most-favoured-nation Clause, Geneva, 1933(document E.805). Enquiry into Clearing Agreements, League of Nations, Geneva, 1935. Note of the Secretariat on The Evolution of Commercial Policy since the Economic Crisis, annex to the Report of the Economic Committee to the Council on its Forthy-first Session (document C.353.M.165.1934.II.B). Note by the Secretariat on Evolution of Commercial Policy since the Economic Crisis, annex to the Report of the Economic Committee to the Council on the Work of its Forty-first Session (document C.353.M.165.1934.II.B). Recommendations of the Economic Committee on Tariff Policy and the Most-favoured-nation Clause (document E.805,Geneva,1933).

서 양국 간의 원한을 씻고 상호 교역에 있어서의 동등대우를 약속하는 의미에서 최혜국대우를 명문화한 것으로 알려지고 있다. 따라서 동일한 상품은 원산지에 상관없이 동일한 관세율을 적용받게 되었으며, 이러한 동등대우의 원칙은 국제교역의 안전을 보장하기 위한 필수적인 최소요건이라는 집단적인 합의가 강하게 형성되어 갔다.

사실 최혜국대우 체제는 혹시라도 발생할지 모르는 자국 상품에 대한 피해를 사전에 방지하는 하나의 예방수단(precaution)으로서 시작된 것이며, 표현을 바꾼다면 수출국이 자국의 상품이 수입국에 수입될 때 차별대우 받을 위험성을 미리 '자위'(self-defence)하는 행위에서 비롯된 것이다. 그러므로 최혜국대우는 그 명칭이 주는 어감과는 달리 어떠한 특혜도 창출하지 않는 것이었다. 달리 말하면, 최혜국대우는 원래 이러한 '예방적 자위'를 법적으로 실현하는 것 이상의 의미를 지니지 않았으며 또한 그렇게 의도된 것이었다. 따라서 최혜국대우 조항은 자유무역 정책과 직접적으로 연결된 것은 아니라고 말할 수 있는바, 이는 최혜국대우 의무가 직접적으로 관세수준을 낮추지는 않기 때문이다.

하지만, 이러한 원칙이 광범위하게 사용됨에 따라 동등대우의 체제 자체가 하나의 국제무역질서로 일반화하는 효과를 낳게 된다. 이 당시, 최혜국대우 원칙은 국제무역의 흐름에 영향을 미치는 유일한 수단이 관세부과였던 시절인 1860년대부터 세계대전 이전의 시기에 그 전모가 형성되어 갔다. 관세는 제품가격에만 영향을 미치고 수입품의 판매량에 직접적인 제한을 가하지는 않는 상대적인 무역장벽(relative barrier)이었다. 이러한 환경하에서 최혜국대우 조항은 사실상 점진적인 관세수준의 저하에 일조하는 역할을 하였음은 부인할 수가 없다. 즉, 당시 팽창하는 무역규모 하에서 각국은 좀 더 많은 수출량을 확보하게 위해 최혜국대우에 기한 동등성 보장이 필요하였고 수출 증대의 필요성은 전반적인 관세수준의 감축을 결과하였던 것이다. 이에 최혜국대우 조항은 이러한 관세감축의 효과를 일반화하는 역할을 수행하였던 것이다. 따라서 관세감축과 최혜국대우 조항은 오랫동안 상호 밀월관계를 유지하였다고 볼 수 있으며, 이는 실로 환상적인 결합이 아닐 수 없었다. 관세의 감축이 없는 최혜국대우는 동등성보장 이외의 긍정적인 효과를 발생시키지 못하기 때문이다. 또한, 최혜국대우에 기한 비차별의 보장이 없는 관세의 감축은 교역체제의 안정성을 해하게 된다.

이러한 긍정적 결합 덕택에 최혜국대우 조항의 가치는 계속적으로 증가하였다. 이제 과거의 관세 감축은 물론 미래의 관세양허에 대한 기대이익이 전 세계적으로 일반화되게 된 것이다.

이상과 같은 역할에도 불구하고, 최혜국대우가 본래 예정하지 않았던 다른 무역장벽들, 특히 수량제한이나 외환통제 등과 같은 비관세 제한조치들을 대처하는 것은 힘겨운 일이 아닐 수 없었다. 사실 교역국들이 제1차 세계대전 이전 최혜국대우를 무역장벽에 대한 효과적인 대처수단으로 받아들인 데는 다음과 같은 세 가지의 자연적이고 영구적이라 여겨진 전제조건들에 국제무역이 기초하고 있었기 때문이다. 첫째, 관세장벽 이외의 무역장벽, 특히 수량제한이 없는 상태에서의 상품교역의 자유, 둘째, 국제시장에서의 무제한의 외환 태환, 셋째, 경쟁조건이 갑작스레 변화하는 것을 방지하고 손익계산을 명확히 내릴 수 있는 정도의 통화안정 등이 그것이었다.

세계대전 이후 물가 불안정 및 교역확대 경향의 후퇴는 국제교역의 발전을 지탱해 왔던 상기 조건들을 상실시켜 버렸다. 세계시장 규모가 점차적으로 축소되고 있는 당시 상황에서는 다음과 같은 두 가지 변화가 나타나게 되었다. 첫째, 국내시장의 보호가 수출 증대보다 훨씬 중요한 이슈로 부각되었다. 둘째, 수출측면에서는 동등한 대우를 받는 것만으로는 부족하다는 인식이 팽배하게 되었다. 즉, 특별한 양허 합의를 통해, 점점 줄어드는 세계교역규모의 가급적 많은 부분을 확보하는 것이 필요해진 것이다. 이에 따라, 최혜국대우 의무 조항은 법률상으로는 관세조치와 관련하여 계속 적용되고는 있으나, 무역수지 통제조치 등의 무역통제정책으로 인해 그 이익이 사실상 무력화되게 되었다. 즉, 각국은 수량제한이라는 새로운 제도에 의지하게 되고 이러한 현상의 만연은 최혜국대우 의무 조항자체의 실효성의 감소를 초래하고 말았다.

한편, 여러 나라들의 외환시장 개입에 따른 평가절하(devaluation)정책은 이들 국가들의 수출품 가격을 급격히 저하시켜 결과적으로 아직 평가절하 조치를 취하지 않은 국가로의 대량 수출을 초래하게 되었다. 이에 따라 이들 대량 수입국들은 점차적으로 수출하기가 어려워지게 되고, 이는 이들 국가들이 수량제한 조치 및 외환통제제도를 연쇄적으로 도입하는 것을 조장하였다. 이러한 평가절하와 수량제한 및 외환통제간의 결합이 국제적으로 확산됨에 따라 최혜국대우 의무 조항의 실질적 효력은 떨어지게 되었다. 이제 관세보다 더 강력한 무역장벽들이 등장함에 따라 최혜국대우 의무 조항만 가지고는 국가 간의 효과적인 동등성 보장이 이루어지지 않게 된 것이다.

이상으로부터 최혜국대우 원칙의 발흥은 국제무역의 발달과 비례관계에 있음을 알 수 있다. 1860년대부터 1914년 사이의 기간 동안 세계무역은 끊임없이 팽창하고 있었고 최혜국대우의 활용 또한 나날이 증대되었다. 세계시장 규모가 팽창일로에 있는 한, 또는 세계 시장이 그 팽창을 저지하는 수량제한의 영향하에 있지 않는 한, 수출 증대의 환희를 구가하고 있는 세계 각국은 세계시장에서 동등한 조건으로 경쟁하는 것 이상을 요구하지 않았던 것이다. 이러한 상황하에서 이들은 상대국들에게 최혜국대우를 요구하였던 것이며, 자신들이 이를 향유하기 위해 상대국들에 이를 부여하였던 것이다. 결국 이 기간 동안 최혜국대우 원칙은 국제무역의 황금률이 된 것이다. 마찬가지로 제1차 세계대전에 따른 경기침체 이후의 복구기간 동안에도 최혜국대우원칙은 다시금 활기를 되찾게 되었다.

반대로 1929년 이후 국제무역이 쇠퇴함에 따라 최혜국대우의 실질적 의의는 쇠퇴일로를 걷게 됨을 알 수 있다. 이에 따라, 국제무역 체제는 수량제한 금지의 원칙, 국영무역에 대한 제한 등의 추가적 시장접근 보장 의무들을 필요로 하게 된다. 한마디로 국제무역의 흥망성쇠와 최혜국대우의 운명은 같은 길을 걸어 온 것이라 말할 수 있는 것이다.

나 최혜국대우 의무의 존재 이유[173)]

그렇다면 국제통상체제에 일반적인 최혜국대우가 요구되는 이유는 무엇인가? 다시 말하면 최혜국대우가 국제통상체제에 부여하는 혜택은 과연 무엇인가?

첫째, 국제통상관계에 최혜국대우가 일반적으로 통용된다는 것은 한 나라의 수입이 가장 효율적인 국제생산자에 의해 공급되는 것이 일반화됨을 의미한다. 즉, 모든 생산자들이 최혜국대우라는 동등한 조건하에서 경쟁하게 되므로 이 중 가장 효율적인 생산자의 제품이 경쟁력을 획득하게 되고, 결국 경제적 효율성에 의해 국제시장에서 모든 제품의 공급이 이루어지게 되는 것이다. 이는 국제무역체제의 경제적 효율성을 증진시킬 것이다.[174)]

둘째, 무역정책 목적상, 최혜국대우는 관세양허의 가치를 보호하게 되고 관세양허의 결과를 다자 무역체제를 위해 일반화시키게 된다. A국이 관세양허협상을 통해 B국으로부터 수입되는 특정한 제품에 대해 관세양허를 한 후, 이와 "같은(like) 제품"을 수출하고 있는 C국의 제품에 대해 특혜대우를 부여하는 경우를 생각해 보자. 이 특혜의 결과 B국이 A국과의 관세양허협상을 통해 얻어낸 양허의 가치는 크게 상실될 것이다. A국의 C국에 대한 특혜대우로 인해 A국 시장에서 오히려 C국 상품이 많이 팔리게 될 것이기 때문이다. 이때 최혜국대우 의무가 부여되게 되면 A국이 C국에 특혜를 부여하지 못하게 되므로 결국 A국과 B국 간의 관세양허의 가치는 보호되게 된다. 따라서, 이들 양국 간 양허 된 관세율은 그와 '같은' 제품을 수출하고 있는 여타 모든 나라들의 '같은' 제품에 확대적용되게 되므로 이는 결국 관세양허의 효과를 전 세계적으로 일반하하는 결과를 가져오게 된다. 이는 전세계적인 무역자유화를 촉진시키게 될 것이다.

셋째, 모든 나라들이 동등하게 취급되게 될 때, 국제무역 관계는 더욱 단순하고 투명하게 된다. 이에 따라 관세제도의 운영도 훨씬 명료하고 투명하게 되는 것이다. 이는 국가 간 경제적 이익의 부여를 정치적 흥정의 도구로 사용하는

---

173) 최원목 (법무부, 2003), pp. 14-15 부분을 인용하였다.
174) John Jackson (1997), pp. 158-160.

가능성을 줄여준다는 것을 의미한다. 결국 최혜국대우의 일반적 적용은 차별적 정책의 국제적 적용으로 인해 발생하는 국가 간의 긴장과 반감을 피할 수 있게 함으로써 우호적인 국제관계를 수립해 나가는 데 도움을 주게 된다.[175] 이는 국제교역관계를 '탈정치화(depoliticization)'시킴을 의미하며, 경제적 효율성에 의해 무역관계가 발전하게 됨을 시사한다. 즉, 최혜국대우는 국제적 평화(peace)를 발생시키는 도구인 셈이다.

이상에서 살펴본 바와 같이 최혜국대우는 경제적 효율성에 입각한 개념임과 동시에 정치적 효율성에도 기반하고 있는 원칙이다. 이 원칙을 통해 국제경제관계는 더욱 효율적으로 운영되게 되고 국제정치적 안정성도 크게 증가하게 된다.

다 최혜국대우 의무의 종류[176]

현행 GATT규정은 "이익, 특혜, 특권 또는 면제는 즉각적이고 무조건적으로 모든 다른 [WTO]회원국에 부여되어야 한다"고 규정하고 있어, '무조건적 최혜국대우(unconditional MFN)'를 의무화하고 있다.[177] 그러나 역사적으로 볼 때, '조건부 최혜국대우(conditional MFN)' 개념이 먼저 발달하였다. 즉, 미국은 1923년 이전 조건부로 최혜국대우를 부여하는 방식을 취했던 것이다.

조건부 최혜국대우란, B국이 A국에 대해 최혜국대우를 주장하면서 A국이 C국에 부여한 특혜를 B국에도 적용하여 줄 것을 요청한 경우, A국은 C국이 A국에 양허한 내용 정도의 양허를 B국이 A국에 하여줄 것을 조건으로 B국에 대해 최혜국대우를 부여하는 방식이다. 이러한 조건부 방식은 협상 당사국 간 교환할 조건에 대한 합의가 전제되는바, 이러한 합의에 이르는 과정이 매우 복잡하고 어려웠다. 즉 거래비용(transaction cost)이 많이 소요되었던 것이다. 따라서 미국은 1923년 이후 이러한 조건부 방식이 무역자유화 협상을 지연시켜서 신흥공산품 수출국인 자국에 불리하다는 판단 하에 무조건적인 최혜국대우 부여방식

175) Ibid.
176) 최원목 (법무부, 2003), pp. 15-17 부분을 인용하였다.
177) GATT 제I조 1항.

으로 전환하게 되었다.[178] 이에 따라 무조건적 최혜국대우 원칙이 국제무역의 대세로 자리 잡게 되었고, GATT는 이러한 방식을 채택하게 된 것이다.

그러나 무조건적 최혜국대우도 단점이 없는 것은 아니었다. 약소국들은 강대국들과의 관세 양허협상에 적극적으로 임하지 않으려는 행태를 보이게 되었다. 즉, 나중의 두 강대국들 간의 관세양허협상의 결과가 약소국들에게도 자동적으로 (무조건적으로) 확대 적용되게 되므로 미리 협상력이 부족한 약소국이 무리하여 강대국과 관세양허를 할 필요가 없기 때문이었다. 이러한 약소국들의 '무임승차(free ride) 경향'은 강대국들에게는 '최소공약수(least common denominator) 효과'를 불러 일으켰다.[179] 즉, 강대국들 입장에서는 자신들 간의 공통된 부문에 대해서만 관세양허를 하고 그렇지 않은 분야의 관세양허는 최소한도로 제한함으로써 관세양허의 효과가 양허협상에 참여하지 않은 약소국들에게까지 무조건적으로 미치는 것을 최소화하려 했던 것이다. 즉, 약소국들의 무임승차 노력과 강대국들의 이에 대한 반발이 동시에 발생하게 되고, 이는 도쿄라운드 당시까지 무역자유화가 획기적으로 촉진되지 못한 하나의 요인을 제공했던 것이다.[180]

하지만, 이제 WTO체제가 설립됨에 따라, 이러한 경향은 많이 시정되게 되었다. WTO체제가 '일괄 채택 방식(single undertaking idea)'을 취하게 됨에 따라, 모든 국가가 관세양허를 해야 하며 WTO하의 모든 다자간 부속협정에 동시에 가입해야만 WTO회원국이 될 수 있게 되었다. 이에 따라 상기의 '무임승차'나 '최소공약수' 효과는 많이 제한되게 되고, 전 세계적 무역자유화는 그만큼 촉진되게 된 것이다.[181]

---

178) The Most-Favored-Nation Provision, Executive Branch GATT study, No.9, 93d Cong., 2d Sess. (1974), 1.
179) Jackson (1997), p. 160.
180) Gary C. Hufbauer, J. Shelton Erb, and H.P. Starr, "The GATT Codes and the Unconditional Most-Favoured-Nation Principle," Law and Policy in International Business, 12 (1980), 59.
181) Jackson (1997), p. 160.

라 GATT 제1조의 이해

GATT 제I조 1항은 "수출입시의 관세 및 부과금, 수출입대금의 국제이체에 대한 관세 및 부과금, 이러한 관세 및 부과금의 징수방법, 수출입과 관련한 각종 규정 및 절차, 수입품에 대한 직간접의 내국세 및 부과금, 수입품의 국내 판매, 판매제의 구매·운송·유통·사용에 관한 국내 법규나 요건과 관련하여, WTO 회원국이 다른 나라에서 오는 수입품 또는 다른 나라로 향하는 수출품에 대해 부여한 이익·특혜·특권 또는 면제는 즉각적이고 무조건적으로 모든 다른 WTO 회원국으로부터 수입되어오거나 다른 WTO회원국으로 수출되는 같은(like) 상품에 대해 부여되어야 한다."고 규정하고 있다. 이 문구를 하나도 빠짐없이 명확하게 이해하는 것이 중요하다.

(1) 적용대상 범위

우선 최혜국대우 의무가 적용되는 대상범위를 확정할 필요가 있다. GATT의 최혜국대우 의무는 (i) 수출입시의 관세 및 부과금, (ii) 수출입 대금의 국제이체에 대한 관세 및 부과금, (iii) 이러한 관세 및 부과금의 징수방법, (iv) 수출입과 관련한 각종 규정 및 절차, (v) 수입품에 대한 직간접의 내국세 및 부과금, (vi) 수입품의 국내 판매, 판매제의 구매 · 운송 · 유통 · 사용에 관한 국내 법규나 요건이라는 광범위한 분야에 대하여 적용된다. 아울러 최혜국대우 의무는 수량제한 및 국영무역 부문에도 적용된다. 즉, GATT 제XIII조는 쿼터의 배분에 있어 비차별주의 원칙을 준수할 것을 선언하고 있으며,[182] GATT 제XVII조는 국영무

182) 사실 수량제한 방식은 최혜국대우 조항과 근본적으로 어울리지 않는 측면이 있다. 어떠한 방식으로 쿼터를 배분하더라도 진정한 의미의 최혜국대우를 침해당하는 국가들이 발생하게 되기 때문이다. 단순히 산술적으로 모든 국가에게 동등한 쿼터를 부과하는 경우, 국내 생산비용이 높아 제품의 경쟁력이 없는 국가의 생산자로부터의 수입을 강요하게 되는 효과가 있다. 아울러 이는 타국의 비교우위가 있는 생산자로부터의 수입을 상대적으로 저해하게 된다. 또한, 과거 기준시점 동안의 수입실적에 비례하여 쿼터를 배분하는 방법의 경우에도 문제점은 있다. 우선 기준시점을 설정하는 것부터가 쉽지 않으며, 각종 분쟁의 소지를 제공한다. 또한 변화하는 국제무역 환경하에서 현재의 변화한 수요와 공급 상황을 제때 반영하지 못하는 단점이 있다. 또 다른 방법으로 쿼터 총량을 할당하고 각국이 자유경쟁을 통해 동 쿼터량 만큼 수출할 수 있도록 하는 방식이 있다. 아무튼 수량제한이 허용되는 예

역을 시행하는 데에 있어서의 비차별주의를 규정하고 있다.

이러한 최혜국대우 원칙은 상품무역뿐만 아니라 서비스 또는 지적재산권무역 분야에도 확대 적용되며, GATS 제II조 1항 및 TRIPS협정 제4조는 각각 서비스 및 지적재산권 관련 무역에 있어서의 최혜국대우 의무 준수를 요구하고 있다. 비록 이들 협정의 최혜국 조항 간의 언어에 있어서의 다소 차이가 존재하기는 하나, 그 기본 형식은 '횡적 균형'인 점에서는 차이가 없다. 즉, 한 나라의 상품·서비스·지재권에게만 특혜가 주어진 경우에 이는 비차별 원칙을 해하게 되며, 이러한 특혜는 다른 회원국의 같은(like) 상품·서비스·지재권 무역에도 확대 적용되어야 한다는 것이다.

주의할 점은 최혜국대우 의무는 수입영역에만 적용되는 것이 아니고 '수출' 영역에도 적용된다는 점이다. 따라서 미국이 특정한 상품·서비스의 대 이스라엘 수출에만 특혜를 부여하는 것은 최혜국의무를 위반하게 된다.

(2) 위반의 실례

최혜국대우 의무를 좀 더 명확하게 이해하기 위해서 실례를 살펴보기로 하자.

① 스페인 커피 분쟁[183)]

1981년 스페인은 수입커피를 여러 종류로 나누어 차등 관세를 부과하는 제도를 도입하였다. 즉 마일드(mild) 커피에는 0%의 관세가 부과된 반면 아라비카(Arabica)·로버스타(Robusta) 등의 커피에는 7%의 관세가 부과되었다. 이에 후자의 커피를 주로 스페인에 수출하고 있었던 브라질이 스페인을 상대로 GATT 분쟁해결절차에 제소하게 된다. 브라질의 주장은 마일드 커피와 아라비카·로버스타 커피는 '같은 제품(like products)'이고 이를 달리 취급하는 것은 GATT 제I조의 최혜국대우의무 위반이라는 것이었다. 이에 대한 스페인의 주장은 이들 제품은 질적인 면에서 차이가 있고 이는 스페인 소비자들로 하여금 다른 제품이라

외적인 경우에 최혜국대우의 적용을 가급적 실현하기 위해 GATT 제XIII조 2항은 일정한 기준을 제시하고 있는 것이다.

183) 최원목 (법무부, 2003) pp. 12~13 부분을 기초로 수정·보완하였다.

여겨지게 하므로 관세차이를 두는 것은 정당한 것이라는 것이었다. 이에 대해 GATT 패널은 각국이 관세분류의 권한이 있음을 인정하면서도 '같은 제품'의 경우 동일한 관세율이 적용되어야 한다고 전제한 후, 모든 종류의 커피는 '같은(like) 제품'이므로 스페인의 차등관세 조치는 최혜국대우 의무를 위반한다고 판정하였다.[184]

이 판례는 "모든 종류의 커피는 같은(like) 제품"이라는 식의 다소 무분별한 논지에 기초하고 있는 점에서 그 후 비판을 받고 있으나, 그 판결의 요지는 브라질의 '차별' 주장과 스페인의 '차등' 주장을 놓고 패널은 브라질의 입장을 지지한 것이라 평가할 수 있다.

② 인도네시아 국민차 분쟁

또 다른 실례로 '인도네시아 국민차 분쟁'을 들 수 있다.[185] 1997년 당시 인도네시아는 자동차를 국내생산하기 위해 외국의 자동차 생산업체와의 제휴 및 국내투자를 희망하였다. 이에 한국의 기아자동차가 인도네시아 국내기업과 제휴계약을 체결하고 인도네시아 정부는 이들이 생산한 국산자동차 및 이를 위한 수입부품에 대해 관세 및 조세상의 특혜를 부여하는 한편 국민차 생산업체에 거액의 특혜금융을 지원하였다. 이에 대해, 이러한 특혜로부터 배제된 EU, 미국 및 일본의 자동차업체들은 자국 정부를 통해 이 문제를 WTO에 제소하게 되었다. 동 건에서도 문제의 핵심은 인도네시아의 특혜조치가 차별이냐 아니면 단순한 차등이냐 하는 것에 있었다. 이에 대한 구별을 위해서는 문제가 되는 인도네시아 '국산차 및 그 부품'과 '여타 중소형차 및 그 부품'이 '같은 제품(like products)'인지 여부를 판정하는 것이 필요했다.[186] 결국 WTO패널은 이들이 '같은(like) 제품'이라 보고, 인도네시아정부의 조치는 차별조치에 해당하므로 비차별

184) 이상 Spain-Tariff Treatment of Unroasted Coffee (BISD 28S/102, adopted on 11 June 1981) 참조.
185) Indonesia - Certain Measures Affecting the Automobile Industry (WT/DS54, 55, 59/R, reported on 23 July 1998).
186) 인도네시아 국산차인 Timor(기아 Shephia 모델)와 유럽/일본/미국산 중소형차인 Peugot306/Opel Optima/Corolla/Ford Escort 등과의 관계가 주로 문제시되었다.

주의 의무를 위반한다고 판정하였다.

③ EC 바나나 분쟁[187)]

유럽 국가들이 원래 자신들의 식민지국가였던 ACP국가들과의 협력관계를 강화하기 위해 775,000톤의 ACP산 바나나에 면세를 부여하는 관세할당제도가 문제시되었다. WTO 패널은, “편의, 호의, 특권 또는 면제”의 혜택과 관련해서는, 톤당 176유로의 관세가 부여된 다른 원산지산 바나나와 비교하여 ACP 국가들에 대해 단지 ‘원산지’라는 기준으로 무관세를 조치를 함은 “혜택”을 구성한다고 판시했다. 같은 제품인지 여부와 관련해서는, ACP 국가들로부터 수입되는 ‘신선한 바나나’는 다른 WTO회원국들로부터 수입되는 ‘신선한 바나나’와 같은(like) 상품이라 보았다. 그리고 다른 WTO회원국으로부터 수입된 바나나에 ACP산 바나나와 같은 혜택이 “즉시, 무조건적으로 부여”되지 않았으므로 GATT 제I조 1항 위반임을 판시했다.

④ 캐나다 자동차 분쟁[188)]

캐나다정부는 자국 내에 설립된 일정한 지정 제조업자의 자회사들이 위치하고 있는 국가들로부터 수입되는 자동차에 대해 관세를 면제해 주고 있었다. 캐나다측은 이러한 관세 면제의 기준이 자동차의 원산지가 아니라 지정회사의 자회사 존재여부라는 중립적인 기준에 입각한 것이므로, GATT 제I조는 이러한 중립적(origin-neutral) 기준에 입각한 조치에는 적용되지 않는다고 주장했다.

상소기구는 GATT 제I조 의무는 형식적 차별(de jure discrimination)뿐만 아니라 실질적인(de facto) 차별도 금지하는 것인바, 지정회사의 자회사 존재여부를 기준으로 관세 면제 혜택을 부여하는 것은 같은(like) 상품 수출국들 간의 실질적 차별을 불러일으키므로, GATT 제I조를 위반한다고 판시했다.

---

187) EC-Regime for the Importation, Sale and Distribution of Bananas, WT/DS27/R/ECU (1997).

188) Canada-Certain Measures Affecting the Automotive Industry, WT/DS139, 2001.

⑤ 콜롬비아 항구진입 분쟁[189)]

콜롬비아정부는 파나마나 Colon Free Zone(CFZ)으로부터 도착하는 섬유 및 신발수입업자들을 대상으로 사전에 특별한 수입신고 및 준법절차를 밟아야 하는 의무를 부과했다. 이러한 신고에 기초하여 관세 및 조세 부과가 결정되었다. 또한 이들 수입업자들은 준법절차에 소요되는 추가적인 요금과 통관 소요 비용을 납부해야 했다. 분쟁당사국들은 이러한 조치들이 "수입과 관련한 규정 및 절차"(rules and formalities in connection with importation)에 해당한다는데 동의했다.

WTO 패널은 파나마 및 CFZ가 원산지인 제품은 물론이고 이들 지역을 통과하여 콜롬비아로 도착하는 제품들은 사전신고 및 준법절차를 거쳐야 하므로 콜롬비아 도착시 제품을 검사하여 세관신고의 정확성을 기할 기회가 없는데 반해, 같은(like) 제품인 다른 원산지 제품들은 그렇지 않으므로 제품이 콜롬비아에 도착했을 때 검사하여 정확한 세관신고가 이루어질 수 있도록 조치할 수 있는 유연성이 보장되게 됨을 주목하였다. 이러한 차이는 수입과 관련한 이익(advantage)을 일부 WTO회원국에게만 부여하는 것이므로 GATT 제I조에 위반한다고 판시했다.

이 밖에도 많은 실례가 있으나, 이들의 판정요지는 결국 차별이냐 아니면 차등이냐의 구별에 놓여있다고 볼 수 있다.

(3) 예제 풀이를 통한 최혜국 대우의 이해[190)]

그럼, 독자들이 진정으로 최혜국대우를 이해하였는가를 살펴보기 위해, 가상적인 예제들을 풀어봄으로써 최혜국대우에 대한 이해를 제고하고자 한다.

189) Columbia-Indicative Prices and Restrictions on Ports of Entry, WT/DS366, 2010.
190) 최원목 (법무부, 2003) pp. 17~23을 기초로 수정 · 보완하였다.

A, B, C국과 X, Y, Z국이 있다고 하자. A, B, C국은 WTO회원국이고 X, Y, Z국은 WTO비회원국이다. 이때, A국과 X국 간에는 양자통상협정이 맺어져 있다고 하자. 이를

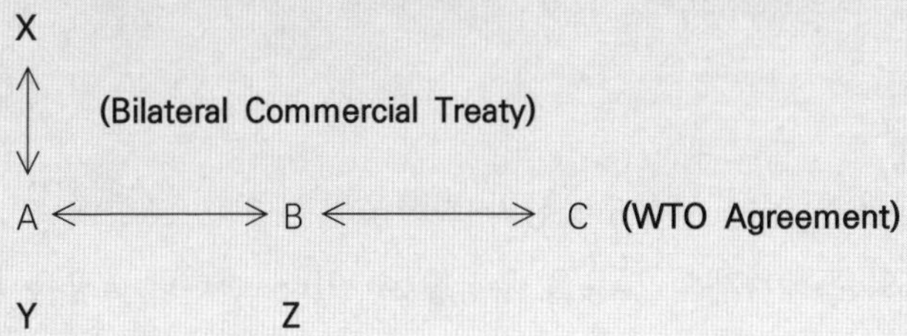

① 예제 1

이러한 가상의 상황하에서 A국이 모든 나라로부터의 '같은(like)' 수입상품에 대해 10%의 관세를 동일하게 부과하고 있었으나, 정책을 바꾸어 B국 상품에 대해서만 5%로 관세를 낮추어주는 조치를 취하고 있다고 가정한다. 즉 A국이 B국에게만 특혜를 부여하고 있는 것이다. 이때, 어떠한 나라들이 A국에 대해 최혜국대우 의무 위반을 주장할 수 있는가?

우선 C국이 A국에 대해 최혜국대우 의무 위반을 주장할 수 있다. C국은 B국과 같은 WTO회원국으로서 GATT 제I조에 의해 A국이 B국에 제공한 특혜를 자국에게도 제공하도록 A국에 대해 요구할 수 있는 권리가 있기 때문이다. 또한, X국도 일반적으로 A국이 B국에 대해 부여한 특혜를 자국에 부여할 것을 A국에 대해 요구할 수 있는바, 이는 대부분의 양자 통상협정이 최혜국대우 의무 조항을 포함하고 있으므로 X국과 A국 간에 맺은 양자 통상협정상의 최혜국대우 의무 조항에 기한 것이다.

결론적으로 C국과 X국은 5%의 관세감축 혜택을 A국에 대해 요청할 수 있으며, A국은 이를 수용해야 한다.

② 예제 2

X국이 Y국으로부터 수입되어 오는 상품에 대해서만 5%의 관세감면혜택을 부여하고 다른 모든 나라로부터 수입되는 '같은(like) 상품'에 대해서는 10%의 관세를 적용한다고 하자.

우선 A국이 X국과의 양자 통상조약상의 최혜국대우 의무 조항에 의거하여 자국 상품에 대한 5% 특혜관세의 적용을 주장할 수 있다. 반면에 A국을 제외한 다른 나라들은 최혜국대우 주장을 할 수 없다. 이는 X국과 아무런 조약관계가 성립되어 있지 않기 때문이다. 즉, GATT상의 최혜국대우 조항은 WTO비회원국을 구속하지 못하므로, 동 조항이 비회원국인 X국에 대해 WTO회원국들에게 최혜국대우를 부여할 것을 강제할 수는 없는 것이다. 이를 다른 시각에서 말하면 국제통상관계에서 최혜국대우 의무가 하나의 국제관습법(international customary law)상의 의무로 자리 잡고 있지는 못하다는 것을 의미한다. 즉, 국제사회에서 최혜국대우에 대한 광범위한 관행 및 법적 확신이 존재하지 않고 있으므로, 조약상의 최혜국대우 의무 규정이 없이는 동 의무가 일반적으로 적용되는 것은 아니라고 보아야 한다.

결론적으로 X국은 조약상의 의무사항인 A국에 대한 5%관세적용의 의무만 발생할 뿐 기타국가들에게는 어떠한 의무도 발생하지 않는다.

③ 예제 3

A국의 관세율표상 당해제품의 '양허관세율'(concession rate 또는 binding rate)이 10%라고 가정하자. 이때, A국이 Y국으로부터 수입되는 제품에 대해서는 10%의 양허관세율을 유지함에도 불구하고 5%의 관세를 '실제로' 부과하고 있고, 여타 모든 같은(like) 제품에 대해서는 양허관세율인 10%의 관세율을 그대로 실제로도 부과하고 있다고 가정한다. 이러한 경우 어느 나라가 A국에 대해 최혜국대우 위반을 원용할 수 있을 것인가?

우선 문제되는 논점은 최혜국대우 의무가 '양허관세율'에 적용되는 것인가 아니면 '실행관세율'(applied rate)에 적용되는 것인가이다. 만일 최혜국대우 의무가 양허관세율에 적용되는 것이라면, 본 예제의 경우 최혜국대우 위반이 문제시될 우려가 없다. 비록 A국이 Y국에 대해 5%의 실행관세율을 실제로 적용하고 있기는 하나, 10%의 양허관세율은 그대로 양국 간의 양허관세율로 유지되고 있기 때문이다. 즉, A국은 양허관세율에 있어서의 국가 간 차별은 두고 있지 않다. 반면, 최혜국대우 의무가 실행관세율에 적용되는 의무라면 문제는 다르다. Y국에 대해서만 낮은 실행관세를 적용하고 있는 것은 분명히 특혜를 부여하는 것이고 차별에 해당하기 때문이다. 이에 관해, 최혜국대우 의무는 실행관세 차원에서 문제되는 의무라 보는 것이 타당하다. 그렇지 않으면 양허관세는 높게 설정해 놓고 그 범위 내에서 정치적인 함수관계에 따라 실행관세를 국가별로 차별하여 적용하는 행태가 일반화될 수 있기 때문이다. GATT 제I조도 "실제로 부과되는(imposed on)" 관세에 대해 차별이 없어야 함을 명백히 하고 있다. 따라서 B, C 및 X국이 A국에 대해 GATT 또는 양자통상협정상의 최혜국대우 의무조항에 의거하여 최혜국대우 의무 위반을 주장할 수 있을 것으로 보인다.

그러나 또 다른 문제는 본 예제에서 특혜의 수혜국인 Y국이 WTO회원국이 아니라는데 있다. 한 WTO회원국이 다른 WTO회원국에 부여한 특혜가 WTO 협정상의 최혜국대우 의무에 위반됨은 의문의 여지가 없으나, 본 예제와 같이 WTO회원국(A국)이 WTO 비회원국(Y국)에 부여한 특혜의 경우에도 WTO협정상의 최혜국대우 의무 위반이 성립할 수 있는 것일까?

이는 GATT 제I조의 적용범위 문제이며 그 해답은 동 조항을 문리해석 함으로써 찾을 수 있다. GATT 제I조는 최혜국대우 의무는 "WTO회원국(any contracting party)"이 "다른 나라(any other country)"에 부여한 대우에도 적용된다고 규정하고 있다.[191] 이 중 "다른 나라"라는 어구에 주목할 필요가 있다. 즉,

---

191) "With respect to customs duties and charges of any kind imposed on or in connection with importation or exportation or imposed on the international transfer of payments for imports or exports, and with respect to the method of levying such duties and charges, and with respect to all rules and formalities in connection with importation and exportation, and with respect to all matters referred to in paragraphs 2 and 4 of

"다른 WTO회원국"이 아니고 "다른 나라"라는 말을 사용함으로써 WTO회원국이 다른 WTO회원국에 부여한 대우뿐만 아니고 다른 WTO비회원국에 부여한 특혜의 경우도 최혜국대우 의무 위반이 발생할 수 있음을 시사한 것이라는 유력한 해석이 가능하다. 다시 말하면, GATT가 "다른 나라"라는 포괄적 용어를 사용함으로써 비회원국에 대한 특혜부여 문제를 처리하였다는 것이다.

이 문제는 아바나 ITO헌장의 경우에는 좀 더 분명하게 해결된다. 즉, 헌장 제98조는 헌장의 회원국이 "비회원국에 특혜를 구하는 행위" 및 "비회원국에 특혜를 부여하는 행위"를 모두 금지하고 있다.192)

따라서 상기 GATT 제I조의 문구에 입각하고 하바나헌장의 관련규정 등을 참고할 때, WTO회원국이 부여한 특혜는 그 수혜국이 WTO회원국인지 여부에 관계없이 여타 WTO회원국들에 대해 최혜국대우 의무 위반문제를 발생시킨다고 결론지을 수 있을 것이다. 이러한 결론은 후술하는 바와 같이 남·북한 특혜교역과 관련하여 중요한 의미가 있다.

아무튼 상기의 예제에서 최혜국대우 의무를 위반한 A국에 대해 B국 및 C국은 GATT 제I조에 의거하여 최혜국대우를 요구할 수 있다. 그리고 X국은 A국과의 양자 통상협정에 의거하여 이를 주장할 수 있음은 물론이다.

Article III, any advantage, favour, privilege or immunity granted by any contracting party to any product originating in or destined for any other country shall be accorded immediately and unconditionally to the like product originating in or destined for the territories of all other contracting parties." GATT 제1조 1항.

192) Havana Charter Article 98 (Relations with Non-Members):
"... 2. The Members recognize that it would be inconsistent with the purpose of this Charter for a Member to seek any arrangement with non-Members for the purpose of obtaining for the trade of its country preferential treatment as compared with the treatment accorded to the trade of other Member countries, or so to conduct its trade with non-Member countries as to result in injury to other Member countries. Accordingly,
(a) No Member shall enter into any new arrangement with a non-Member which precludes the non-Member from according to other Member countries any benefit provided for by such arrangement;
(b) Subject to the provisions of Chapter IV, no Member shall accord to the trade of any non-Member country treatment which, being more favourable than that which it accords to the trade of any other Member country, would injure the economic interests of a Member country."

④ 예제 4

> 이번에는 A국이 모든 나라의 '같은' 상품에 대해 동등한 관세율을 적용하고 있으나, 동 세율이 양허세율을 초과한다고 가정한다. 이 경우 어느 나라가 최혜국대우 의무 위반을 주장할 수 있을 것인가?

이에 대한 정답은 '아무도 주장할 수 없다'이다. 즉, A국이 국가 간 차별을 두지 않고 있기 때문에 최혜국대우 위반문제는 발생하지 아니한다. 다만, A국이 양허세율을 초과하여 관세를 부과하고 있기 때문에 이는 관세양허 의무(GATT 제II조) 위반에 해당하게 되며, 따라서 B국 및 C국은 GATT 제II조 위반 문제를 제기할 수 있을 뿐이다.

이때, X국은 GATT회원국이 아니므로 이러한 주장을 할 수 없음은 물론이다. 그러나 흥미로운 점은 일단 B국과 C국이 A국에 대해 관세양허의무 위반을 주장하여 자국들에게 적용되는 관세율을 양허율 이하로 낮추는 데 성공한 경우, 이때 비로소 X국은 A국에 대해 최혜국대우 의무(양자 통상협정 상의)를 원용하며 자국에게도 B/C국에 적용되는 관세율을 적용하여 줄 것을 요구할 수 있다는 점이다. 즉, X국은 일종의 무임승차자(free rider)라 불릴 수 있으며, 자국의 A국을 상대로 한 최혜국대우 부여 주장이 B국 및 C국의 GATT 제II조 원용의 성공여부에 무임승차하는 결과를 낳게 된다.

아무튼, A국은 GATT 제II조에 의거하여 B국 및 C국에 적용되는 관세율을 양허관세율 이하로 낮추어야 하며, 이때 X국과의 양자통상협정상의 최혜국대우 조항에 따라 그 동일한 관세율을 X국에 대해서도 적용해야 한다.

3 내국민 대우 의무

가 내국민 대우 의무의 필요성[193)]

위에서 살펴본 바와 같이 최혜국대우는 여러 수입품들에 대한 대우에 있어서의 비차별성, 즉 '횡적 균형(horizontal balance)'을 추구하기 위한 원칙이다. 그렇다면 이러한 원칙이 확보되어 있음에도 불구하고 WTO협정이 내국민대우라는 '종적 균형(vertical balance)', 즉 수입품에 대한 대우와 국산품에 대한 대우간의 비차별성을 추가로 요구하는 이유는 무엇인가?

그 가장 큰 이유로서는 최혜국대우 의무가 종종 미약한 의무에 불과하기 때문임을 들 수 있다. 예를 들어 설명하자면, A국이 자국으로 수입되는 모든 제품들에 대해 동일한 조세율인 500%를 부과하는 반면 자국산 '같은(like)' 상품에는 10%의 조세를 부과한다고 가정하자. 이 조치는 횡적 균형은 유지하고 있으므로 최혜국대우에 위반되지 않으나, 외국제품은 A국 시장에서 거의 팔리지 않게 될 것이다. 이러한 조치가 자국 상품을 부당하게 보호하기 위해 취해진 조치임에도 불구하고 최혜국대우 의무는 이를 규제할 수 없다는 이야기가 된다. 따라서 단순한 횡적 균형 이외에 또 다른 균형인 종적 균형을 WTO회원국들에게 요구할 필요가 있으며, 이는 수입품과 국내제품 간의 비차별을 의무화하는 내국민대우 원칙에 의해 달성될 수 있는 것이다.

사실 과거의 GATT체제하에서는 국제통상규범의 관심의 초점은 관세(tariff)에 있었다고 볼 수 있다. 어떻게 하면 더욱 많은 상품분야에 대해 국제적으로 관세를 양허하고 그 양허 효과를 저해하는 관세의 차별적 운영을 규율할 것인가? 따라서 최혜국대우 의무가 시대의 각광을 받는 제도적 장치가 되어 왔던 것이다. 그러나 제8차에 걸친 다자통상협상(Round)을 통해 전세계적으로 많은 상품분야가 양허대상으로 포함되었고 이들의 전반적인 관세수준도 상당히 저하되

193) 최원목 등, 신국제경제법 (박영사, 2018, 이하에서는 "최원목 등 (2018)"이라 부른다)에서 필자가 작성한 부분 중 pp. 112-113 내용을 인용하였다.

어 왔다. 선진국의 경우 평균관세율이 10% 미만을 유지하기에 이른 것이다.

이에 따라 국제통상규범의 초점도 서서히 관세(tariff)등의 '국경조치'(border measure)'로부터 조세(tax)제도를 비롯한 '국내조치'(internal measure)로 옮아가게 되었다. 이제 어떻게 하면 각종 국내조치 부과에 있어서의 종적 균형을 유지하는가가 주요 문제로 부각된 것이다. 즉, 국제경제체제 입장에서는 가급적이면 광범위한 내국민대우 의무를 각국에 부여함으로써 국내조치에 있어서의 형평성을 제고하고 자유무역을 증진시키는 것이 주요 임무로 등장한 것이다.

한편, 개별 국가의 입장에서는 또 다른 이야기가 성립된다. 전반적 관세수준이 상당히 낮아진 현대에서 국가가 재정수입을 올릴 수 있는 주요 재원은 이제 조세 등의 국내조치가 전부이다. 따라서 가급적이면 국가의 조세주권을 더욱 광범위하게 인정해 주어야 국가가 필요한 재정수입을 확보할 수 있게 된다.

따라서 내국민대우 의무는 이러한 상반된 입장, 즉 체제적 과제인 '자유무역 증진'(freer trade)과 '국가의 정당한 국권 행사'(regulatory autonomy) 간의 피할 수 없는 대립과 충돌이 벌어지는 분야가 아닐 수 없게 되었다. 결국, 이 양자 간 어떠한 입장이 강화되느냐에 따라 내국민대우 의무의 범위 및 성질이 좌우되게 되는 것이다.

나 GATT 제III조의 해석194)

가장 기본적인 상품교역에 있어서의 내국민대우 의무는 GATT 제III조에 규정되어 있다. 물론 서비스 교역이나 지적재산권 교역에서의 내국민대우는 GATS 제XVII조나 TRIPS 제3조가 각각 규율하고 있는바 이에 대해서는 후술하기로 한다.

(1) 제1항

GATT 제III조는 10개의 항으로 구성되어 있는 방대한 조항이며, 제1항에서

194) 최원목 등 (2018), pp. 113-121 부분을 인용하였다.

"WTO회원국이 수입품에 대해 부과하는 국내조치(internal measure)가 자국 상품을 보호하도록(so as to afford protection) 적용되어서는 안 됨(should not)을 인정한다(recognize)."고 규정함으로써 내국민대우 의무의 기본원칙으로 선언하고 있다.[195] 이 제1항의 규정이 법적 구속력이 있는 조항인지 여부는 상당한 논란의 여지가 있을 수 있으나, 첫째, '법적 의무(shall)'가 아닌 '도덕적 의무(should)'를 의미하는 단어가 사용된 점, 둘째 "WTO회원국이 … 인정한다(recognize)"는 미온적인 어구가 채용된 점, 셋째, 후술하는 바와 같이 제III조 2항 2문이 제1항을 "원칙(principle)"이라 지칭하고 있는 점 등을 고려해 볼 때, 제1항은 법적 구속력이 있는 조항은 아니고 내국민대우 의무의 기본원칙을 선언한 조항에 불과하다고 판단할 수 있을 것이다.

(2) 제4항

이러한 기본 원칙 선언 하에 제4항은 내국민대우 의무의 구체적 내용을 규정하고 있다. 동 항에 따르면, "WTO회원국의 상품이 다른 회원국에 수입될 경우 수입국내의 같은(like) 상품에 부여된 대우보다 덜 유리한 대우(less favourable treatment)를 받아서는 아니 되며,"[196] 이러한 의무는 수입품의 "국내 판매, 판매를 위한 제공, 구매, 운송, 소비를 위한 분배 또는 사용에 영향을 미치는(affecting) 모든 법규 및 요건(all law, regulations and requirements)"에 관하여 적용된다.[197]

---

195) "The contracting parties recognize that internal taxes and other internal charges, and laws, regulations and requirements affecting the internal sale, offering for sale, purchase, transportation, distribution or use of products, and internal quantitative regulations requiring the mixture, processing or use of products in specified amounts or proportions, should not be applied to imported or domestic products so as to afford protection to domestic production." GATT 제III조 1항.

196) 주의할 점은 수입품과 국내상품 간의 "같은(the same)" 대우가 아니라 "불리하지 않은(no less favourable)" 대우가 의무화된다는 것이다. 즉, 수입품에 오히려 유리한 대우를 부여하는 것(역 차별)은 허용되게 된다.

197) "The products of the territory of any contracting party imported into the territory of any other contracting party shall be accorded treatment no less favourable than that accorded to like products of national origin in respect of all laws, regulations and requirements affecting their internal sale, offering for sale, purchase, transportation, dis-

이 조항으로부터 주목할 것은 우선 내국민대우 의무 역시 '차별(discrimination)'을 금지하는 것이지 '차등(differentiation)'을 금지하는 것은 아니라는 것이다. 상기 제4항이 "같은(like) 상품" 관계에만 동 조항이 적용됨을 선언하고 있기 때문이다.

또한, 동 조항은 내국민대우 의무의 적용 범위가 실로 방대함을 시사하고 있다. 즉, 상품이 수입되어 세관을 통과한 직후부터 소비자의 손에 닿을 때까지의 거의 모든 거래 단계인 "국내 판매, 판매를 위한 제공, 구매, 운송, 소비를 위한 분배 또는 사용" 등의 제반 단계에서 내국민대우 의무가 적용되는 것이다. 아울러 내국민대우 의무는 이러한 단계에 "영향을 미치는" 모든 "법규 및 요건"이라는 광범위한 대상을 포괄하고 있는 것이다.

(3) 제2항

그러나 조세(tax)를 중심으로 한 재정조치(fiscal measure)들은 제4항의 대상에서 제외되게 됨을 주의해야 한다. 제2항이 특별히 이러한 재정조치들만을 대상으로 하고 있기 때문이다. 즉, 제2항에 따르면, "WTO회원국의 상품이 다른 회원국에 수입될 경우 수입국 내의 같은(like) 상품에 직·간접적으로(directly or indirectly) 부과된 조세(tax) 또는 기타 부과금(charge)을 초과하여 과세되지 않는다."고 규정되어 있다. 제2항 제2문은 이러한 재정조치에 있어서의 내국민대우 의무의 범위를 한층 넓히면서, "더구나 수입품은 제1항에 규정된 원칙에 반하여 과세되지 않는다."라고 선언하고 있다.[198] 이 제2문을 해석하면서 제III조 2항의 주해는 제2문 위반이 성립하는 경우는 "제1문에 합치되는 조세부과라도

---

tribution or use. The provisions of this paragraph shall not prevent the application of differential internal transportation charges which are based exclusively on the economic operation of the means of transport and not on the nationality of the product." GATT 제III조 4항.

198) "The products of the territory of any contracting party imported into the territory of any other contracting party shall not be subject, directly or indirectly, to internal taxes or other internal charges of any kind in excess of those applied, directly or indirectly, to like domestic products. Moreover, no contracting party shall otherwise apply internal taxes or other internal charges to imported or domestic products in a manner contrary to the principles set forth in paragraph 1." GATT 제III조 2항.

직접적인 경쟁 또는 대체관계에 있는(directly competitive or substitutable) 상품 간 비슷하게 과세되지 않은 경우(not similarly taxed)"임을 규정하고 있다.[199)]

이상의 규정으로부터 다음과 같은 요점들을 파악해낼 수 있다.

① 요점 1

수입품과 국내제품 간의 조세부과 문제에 있어서는 "같은(like) 상품관계"(제2항 제1문)뿐만 아니고 "직접 경쟁 또는 대체(directly competitive or substitutable) 상품관계"(제2항 제2문)에까지 내국민대우 의무가 미치게 되는 것이다. 이는 조세 이외의 국내조치에 있어서 "같은(like) 상품관계"에만 내국민대우 의무가 적용(제4항) 되는 것과는 상당히 의미심장한 차이가 있는 것이다. 이는 WTO회원국이 재정조치를 취할 때는 재정조치 이외의 국내조치를 취할 때보다 더욱 조심스러울 필요가 있다는 것을 의미한다. 왜냐하면, 조세조치를 취할 때는 단순히 같은 상품에 대한 차별 이외에 직접경쟁 또는 대체관계에 있는 상품에 대한 차별도 내국민대우 의무 위반이 성립되기 때문이다.

그렇다면 왜 GATT의 기초자들은 GATT회원국들에게 조세문제에 있어서는 더욱 엄격한 의무를 부과하고 조세 이외의 국내조치 문제에 있어서는 덜 엄격한 의무를 부과했던 것일까? 참으로 흥미로운 질문이 아닐 수 없다. GATT의 준비회의 기록을 살펴보면, 당초 내국민대우 의무의 범위가 "같은(like) 상품관계"에만 한정되어 적용되는 것에 대한 다소 불만의 의견들이 제시되었던 것 같다. 즉, GATT의 기초자들은 내국민대우의 적용범위가 적어도 조세분야에 있어서는 상당히 넓어야 한다는데 대체로 동의했던 것이다. 따라서 이러한 취지의 노력이 진행되었고 1947년의 제네바 회의(Geneva Conference)에서는 GATT 제III조상에 "직접 경쟁 또는 대체관계"라는 어구를 삽입하는 데 성공했다. 즉, 제네바회

199) "A tax conforming to the requirements of the first sentence of paragraph 2 would be considered to be inconsistent with the provisions of the second sentence only in cases where competition was involved between, on the one hand, the taxed product and, on the other hand, a directly competitive or substitutable product which was not similarly taxed." GATT 제3조 2항 주해(Ad Article).

의에서 마련된 조세에 관한 내국민대우 의무 조항은 "수입품과 같은(like) 상품에 대한 실질적 국내생산이 없는 경우에는 직접적 경쟁 또는 대체관계에 있는 수입품과 국산품 간 조세부과에 있어서 차별을 할 수 없다"는 내용으로 기술되어 있다.200) 이러한 조세부과에 있어서의 내국민대우 강화노력은 그 후에도 계속되어 1948년 개정 시 '제3조에 대한 주해(Ad Article III)'를 첨부하면서 지금의 조항체계가 마련된 것이다.201)

그 경위야 어쨌든 이러한 노력의 결과 제III조 2항의 범위는 '같은(like) 상품' 관계를 넘어서 이제 '직접 경쟁 또는 대체(directly competitive or substitutable) 상품' 관계에까지 미치게 된 셈이다. 여기서, 한 가지 주목할 점은 제네바회의 당시에만 해도 제III조 2항이 '직접 경쟁 또는 대체관계'에 적용되는 경우는 "수입품과 같은(like) 상품에 대한 실질적 국내생산이 없는 경우"에 한정되었으나(즉 '직접 경쟁 또는 대체관계'는 '같은 관계'에 보충적으로 적용), 이제 제III조에 대한 주해가 추가되면서 제III조 2항이 '직접 경쟁 또는 대체관계'에 적용되는 경우는 수입품과 '같은 상품'의 국내생산이 있는지 여부와 상관없이 적용되게 되었다는 것이다. 즉, 제III조 2항이 '직접 경쟁 또는 대체관계'에 적용되는 경우가 보충적인 경우('같은 상품'이 부재하는 경우)에서 이제는 독립적인 경우로 바뀌었다는 점이다.202) 이제 제III조 2항은 '같은 상품관계'뿐만 아니라 '직접 경쟁 또는 대체상품관계'에도 독립적이고 전면적으로 적용되는 강력한 의무가 된 것이다.

② 요점 2

GATT 제III조 제2항 2문을 적용할 때, 제III조 제1항이 비로소 법적인 구

200) "[I]n cases in which there is no substantial domestic production of like products of national origin, no contracting party shall apply new or increased internal taxes on the products of the territories of other contracting parties for the purpose of affording protection to the production of directly competitive or substitutable products which are not similarly taxed; and existing internal taxes of this kind shall be subject to negotiation for their reduction or elimination." 55 U.N.T.S. at 264 (emphasis added).
201) See GATT Doc. GATT/CP.2/22/Rev. 1, report adopted Sept. 2, 1948; Protocol Modifying Part II and Article XXVI of the GATT.
202) "같은 상품이 부재하는 경우"라는 어구가 삭제되었음을 참조.

속력을 갖는 의무조항으로서 작용하게 된다는 점을 유의해야 한다. 원래 제1항은 전술한 바와 같이 구속력 있는 조항은 아니라고 보아야 하나, 이는 그 조항 자체로서 독립적인 구속력이 없다는 뜻이고, 제2항 2문에서처럼 제1항의 법적 효력을 부여하는 규정이 있는 경우는[203] 이 규정에 의해 제1항이 비로소 법적 구속력을 갖게 되는 것이다. 따라서 제III조 제2항 2문 위반여부의 판정에 있어서는 제1항이 하나의 법적 요건으로 등장하게 되는 것이다.

이러한 점이 제2항 1문 위반여부 판정과 다른 점임을 주의해야 한다. 즉, 제1문의 판정시에는 문제가 되는 조세조치가 "국내 산업을 보호하도록" 부과(제1항의 요건)되었는지의 여부와 관계없이 위반판정이 이루어지게 된다.

이러한 제1문과 2문의 차이점은 합리적인 것이라 판단된다. 수입품과 국내제품이 매우 유사한 '같은 상품'일 경우(제1문) 양자에 대한 조세의 차이가 존재하는 경우 내국민대우 위반을 곧바로 성립시키는 반면, 양자가 '직접 경쟁 또는 대체 상품'임에 그치는 경우(제2문)에는 추가적인 요건인 "국내제품에 대한 보호" 양태를 보아가며 내국민대우 의무 위반을 판정하는 것이 사리에 합당하기 때문이다. 이러한 이유 때문에 GATT 제III조 4항도 1항에 법적 구속력을 부여하는 문구를 두고 있지 않은 것이다.[204]

물론 이러한 결론이 제2항 1문 및 제4항이 적용되는 경우에도 해당 조치가 "국내 산업을 보호하도록 적용"되었는지 여부가 전혀 도외시되는 것을 의미하는 것은 아닌가. 그러한 경우에도 동 조항들의 여러 문구들을 해석하는 데 있어서 제1항은 하나의 묵시적인 해석의 기준(추가적인 법적 요건이 아니라) 역할을 수행할 수는 있는 것이다. 이는 제1항이 GATT 내국민대우 전체의 의의를 담고 있기 때문이다.

③ 요점 3

제1문은 "초과하여(in excess of)" 과세하지 말 것을 요구하고 있고, 제2문은

203) 제III조 2항 2문의 어구 참조("...수입품은 제1항에 규정된 원칙에 반하여 과세되지 않는다(No ... shall)").

204) 제III조 제4항의 경우에도 "같은(like) 상품"의 경우를 규율하고 있음을 참조.

"비슷하게(similarly)" 과세할 것을 요구하고 있음을 주목할 필요가 있다. 이러한 미묘한 문구의 차이를 어떻게 조화롭게 해석할 것인가? 이에 대해, 상소기구는 최소허용기준(de minimis level)의 적용여부에 차이점을 두고 있다. 즉, 제1문은 어떠한 조세율의 차이도 허용하지 않겠다는 의지의 표현이며, 제2문은 최소허용기준을 넘지 않는 조세율의 미소한 차이는 허용된다는 것이다.[205] 결과적으로 '같은 상품' 끼리는 정확하게 같은 조세가 적용되어야 하는 의무가 부과되는 것이고, '직접 대체 또는 경쟁 상품'끼리는 미소한 과세율의 차이 이상의 차이가 있는 경우에 내국민 대우 위반이 성립되는 셈이 된다.

다 문제점 도출 및 분석[206]

이상과 같은 내국민대우 의무에 대한 기본적인 이해는 아래와 같은 여러 의문점 및 문제점을 제기하게 하고 있다. 앞으로 이러한 사항에 대한 학문적 분석이 계속적으로 진행되어야 하며 WTO판례의 집적을 통해 관련 조약문구의 애매성을 보완할 수 있는 기준이 정립되어야 할 것이다.

(1) 왜 제2항은 '직접 경쟁 또는 대체(directly competitive or substitutable)' 관계를 규율하고 있는데 반해, 제4항은 '같은(like)' 관계만을 규율하는가?

전술한 바와 같이 현재의 협정 문구에 따르면, 어떠한 정부가 국내조치를 조세조치 형태로 취했을 때(제2항 문제)는 '직접 경쟁 또는 대제 상품'에 대해 차별을 할 수 없으므로 정부의 재량의 범위가 상대적으로 작은데 반해, 조세조치 이외의 조치를 취했을 때(제4항 문제)는 '같은' 상품에 대해서만 차별을 하지 않으면 되므로 정부의 재량권의 범위가 상대적으로 커지게 된다. 이는 다소 부당한

---

205) See Japan - Taxes on Alcoholic Beverages Appellate Report, sec. H 2 (c), WT/DS8/AB/R, WT/DS10/AB/R, WT/DS11/AB/R (1996).

206) 최원목 (법무부, 2003), pp. 61-73 부분을 기초로 최근의 동향까지 추가해 수정 및 보완하였다.

결론이 아닌가라는 의문이 제기될 수 있다. 즉, 어떠한 조세조치와 동일한 결과를 초래하는 조치를 조세조치가 아닌 여타 국내조치 형태로 취하는 경우를 상정할 수 있는데(즉 이러한 조세조치나 비조세조치가 국내제품과 수입품과의 경쟁관계에게 미치는 효과는 동일한데), 이러한 두 조치를 GATT 제III조가 달리 규율하는 것이 과연 타당한가라는 질문이다. 좀 더 구체적인 예를 다음과 같이 들어보자.

위스키를 수입하는 WTO회원국이 있다고 하자. 이 회원국이 자국 생산품인 소주를 보호하기 위해 위스키 수입에 대해 고율의 주세를 부과하는 경우, 소주와 위스키가 직접 경쟁 또는 대체관계에 있다고 판명될 것을 가정하면, 이 조치는 GATT 제III조 2항 위반으로 판정될 것이다.

한편, 동 회원국이 주류제품의 국내 판매 시의 최고가격제한 조치를 취한다고 하자. 위스키가 소주보다 더 고가품인 경우가 대부분이므로 외국의 위스키 생산업자들을 이러한 최고가격 제한조치 때문에 자신들의 제품의 판매에 상당한 피해를 받게 될 것이다.

이때 후자의 가격제한조치의 효과와 전자의 조세차별조치의 효과를 상호 비교해 볼 수 있다. 심지어 가격제한조치의 효과가 조세차별의 효과보다 큰 경우에도, 당해 최대판매가격 제한조치는 합법적 조치로 판정될 것이고 조세차별조치는 불법적인 조치로 판정될 것이다. 위스키와 소주는 '같은(like) 상품'이라고는 보기 어려우므로 GATT 제III조 4항 위반이 성립되지 않는 반면, 전술한 바와 같이 양 제품은 '직접 경쟁 또는 대체(directly competitive or substitutable) 상품'이므로 제III조 2항 위반이 성립될 것이기 때문이다.

이러한 '불합리'성을 극복하기 위해서, 최근에 해석을 통해 양 조항간의 적용범위를 일치시키려는 견해가 그동안 조심스럽게 제기되고 있다. 즉, 제4항의 '같은' 관계의 범위를 해석을 통해 제2항의 '직접 경쟁 또는 대체' 관계의 범위와 일치시키게 되면 상기와 같은 불합리성이 없어지게 된다는 것이다. 다시 말하면, 제4항의 '같은(like)'을 목적론적 해석을 통해 '직접 경쟁 또는 대체할 수 있는(directly competitive or substitutable)'이라 해석해 버리는 것이다.[207] 이러한

207) Panel Report on United States – Standards for Reformulated and Conventional Gasoline, paras. 6.8, 6.9, WT/DS2/R (1996); the Appellate Body Report, sec. I; EC – Measures Affecting Asbestos and Asbestos-containing Products Appellate Report, para. 99, WT/DS135/AB/R (2001). See also Edmond McGovern, International Trade Regulation 8.12-1 (Globefield Press, 1995).

주장을 '동등성 주장'이라 명명할 수 있을 것이다. 이 주장이 내세울 수 있는 것으로 내국민대우의 기본정신을 선언하고 있는 조항인 제III조 제1항이 조세조치와 기타 조치를 구별하지 않고 모든 국내조치가 국내 산업에 보호를 부여하지 않도록 취해져야 한다고 규정하고 있는 점에 비추어 볼 때 특별히 제2항의 적용범위와 제4항의 적용범위가 달라야 할 이유가 없다는 점을 들 수 있을 것이다.

그러나 필자는 이러한 동등성 주장은 아래와 같은 이유로 받아들여져서는 안 된다고 본다.

첫째, 문구상으로 제2항 자체에서 '같은' 상품과 '직접 경쟁 또는 대체' 상품을 구별하여 기술하고 있는데, 이러한 개념 구별을 무시하고 제4항의 '같은'을 '직접 경쟁 또는 대체'를 의미하는 것으로 해석하는 것은 조약문의 "통상적인 의미"에 따른 해석원칙(조약법에관한비엔나협약 제31조)에 배치되게 된다.

둘째, 입법의 과정을 고려해보더라도, GATT 제III조의 기초자들은 전술한 바와 같이 조세조치에 대해 가중된 책임을 회원국들에게 부담시키려는 의도가 있었다고 보는 것이 타당하다. 이에 반해 비조세조치의 경우에 대해 내국민대우가 광범위하게 적용되는 데 대해서는 다소간의 저항이 있었던 것으로 보인다. 실제로 GATT준비회의 기록을 보면, 심지어 내국민대우 의무를 재정적 조치 이외의 영역에 적용시키는 데 대해 몇몇 국가가 반대의사를 표시한 기록을 찾아볼 수 있다.[208]

셋째, 목적론적 해석을 하더라도 동등성 주장은 설득력이 미약하다. 왜냐하면, 제4항의 '같은' 상품을 '직접 경쟁 또는 대체' 상품보다 좁은 범위로 이해하더라도 조세조치와 비조세조치 간의 WTO협정의 규율의 적용범위에 있어 실질적인 차이가 나는 것은 아니기 때문이다. 그 이유는 다음과 같다.

(i) 기설명한 대로 제2항 2문의 경우 제4항과는 달리 제1항을 법적 요건으로 추가하기 때문에, 비록 조세차별이 직접 경쟁 또는 대체 상품에 대해 취해졌을지라도 그것이 국내 산업을 보호하기 위한 것이 아닌 경우에는 제2항 위반이 성립하지 않게 된다. 즉, 상기 예로 돌아가서 소주와 위스키간의 주세차별이 국내 산

208) 쿠바, 인도, 중국 등의 개도국들 및 노르웨이가 그러한 의사를 표시하였다. UN Doc. E/PC/T/A/PV/9 at 6, 11, 16-17, 47; UN Doc. E/PC/T/W/309, pp. 2-3.

업을 보호하도록 취해진 경우에만 제2항 위반이 되게 되므로 실제 적용상 제2항의 적용범위가 제4항에 비해 그리 크게 넓은 것은 아니다. 오히려 국내 산업을 보호하기 위한 조치가 아닌 경우는 제4항 위반은 성립될 수 있을지 몰라도 제2항 제2문 위반은 성립될 수가 없는 경우도 일반적으로 발생할 수 있는 것이다.

(ii) 아울러, 제4항이 규율하는 대상인 조세를 제외한 국내조치가 GATT이외의 다른 WTO협정에 의해 중첩되어 규율되고 있는 점을 유의할 필요가 있다. 특히 GATS 제XVII조의 경우 '같은 서비스(like service)' 또는 '같은 서비스 공급자(like service supplier)'들에 대해 차별대우를 부여할 수 없게 규정하고 있는 바, 이들 개념의 해석이 문제시된다. 만일 '같은 서비스' 또는 '같은 서비스 공급자'가 '같은 상품'뿐만 아니라 '직접 경쟁 또는 대체 상품'을 공급하는 서비스나 사람을 의미하는 것으로 해석된다면, GATT 제III조 4항의 '같은 상품'의 개념을 무리하게 확장하여 해석할 필요가 WTO협정 전체적인 측면에서 줄어들게 된다. 즉, 상기 예와 같이 '같은 상품'이 아닌 '직접 경쟁 또는 대체 상품'에 대해 조세 이외의 국내조치에 있어서의 차별조치를 취한 결과 GATT 제III조 4항 위반 판정이 나지 않을 경우라도, 그 조치가 당해 상품을 공급하는 서비스에 영향을 미치는 경우는 GATS 제XVII조 위반 판정을 받게 될 수가 있는 것이다.[209] 따라서, 이러한 경우 결과적으로 조세조치나 최고가격 제한조치 모두 WTO협정 위반 판정을 받게 되는 것이다. 이러한 논리는 그만큼 동등성 주장의 목적론적 근거를 약화시키게 된다.

(iii) 이에 추가하여, '무역에관한기술장벽협정'(TBT협정) 및 '위생및식물위생에관한협정'(SPS협정)상에 규정되어 있는 "필요성(necessity)", "투명성 (transparency)", "국제표준(international standard)에의 합치성" 및 "과학적 근거(scientific base)" 등의 요건이 GATT 제III조 4항을 떠받치고 있음을 상기할 필요가 있다.[210] 즉, 조세 이외의 국내조치에 있어서의 차별이 같은 상품이 아닌 직접 대체 또는 경쟁 상품 간에 취해진 결과 GATT 제III조 4항에 위반되지 않는 것으로 판정되

209) '같은 서비스' 또는 '같은 서비스 공급자'가 '같은 상품'뿐만 아니라 '직접 경쟁 또는 대체 상품'을 공급하는 서비스나 사람을 의미한다고 해석하는 경우 그러하다.

210) TBT협정 제2.2조, SPS협정 제2, 3, 7조 참조.

는 경우에도 동 조치가 무역에 관한 기술규정이거나 위생 및 식물위생에 관한 조치인 경우에는 상술한 여러 추가적 의무에 종속되게 되므로 결국은 TBT나 SPS협정 위반이 성립되는 경우가 있을 수 있는 것이다. 이러한 점 또한 그만큼 동등성 주장의 목적론적 근거를 약화시키고 있다.

이상을 종합해 보면, GATT 제III조 제2항이 '직접 경쟁 또는 대체(directly competitive or substitutable)'관계를 규율하고 있는데 반해, 제4항은 '같은(like)' 관계만을 규율하는 현 협정의 태도는 불합리하지는 않은 것이며, 해석론을 통해 양 관계의 범위를 같게 해석하는 동등성 주장은 그 이론적 및 실제적 타당성이 결여되어 있다고 결론지을 수 있다.

(2) 그렇다면 GATT하의 가장 기본적인 의무인 내국민대우 조항은 제III조 2항을 통해 '직접 경쟁 또는 대체(directly competitive or substitutable)' 관계를 규율하고 있는데 반해, 또 다른 기본적 의무인 최혜국대우 조항인 제I조는 '같은(like)' 관계만을 규율하는 것은 타당한가?

사실, GATT 제I조와 제III조가 GATT의 가장 기본이 되는 조항들임을 감안한다면, 가급적 그 적용범위를 넓게 하는 것이 타당하고, 따라서 제I조 상의 '같은' 상품의 개념을 해석을 통해 제III조 2항상의 '직접 경쟁 또는 대체' 상품의 개념과 같다고 이해해 버리는 것이 필요하다는 주장이 제기될 수 있다. 이와 관련 최근에 전개되고 있는 다음과 같은 주장은 주목을 요한다. 이 주장에 따르면, 제I조는 관세를 비롯한 국경조치뿐만 아니고 조세와 같은 국내조치와도 관련될 수 있는 바, 그 "적용되는 맥락에 따라 제I조의 적용범위가 달라야 한다"는 것이다.[211] 즉, 제I조 상의 '같은' 상품의 범위를 국경조치가 문제시될 경우와 국내조치가 문제시될 경우에 달리해서 이해해야 한다는 것이다.[212] 이러한 견해를 좀

211) See Ole Kristian Fauchald, Environmental Taxes and Trade Discrimination (Kluwer Law International 1998), at144-145.

212) See id. ("in cases concerning tariff classifications, the panels did not refer to the interpretation of the concept of like products in Article III. Spain Unroasted Coffee, para.4.8; Japan SPF Lumber, para. 5.14. On the other hand, in case concerning

더 구체적으로 표현하자면, 국내조치 중 조세부과 문제의 최혜국대우 의무 위반 문제가 조사되는 경우는 제III조 2항의 적용범위와 균형을 맞추기 위해 '직접 경쟁 또는 대체 상품관계'에도 제I조의 의무를 적용해야 한다는 셈이 되며, 이는 제I조 상의 '같은 상품'의 개념을 '직접 대체 또는 경쟁 상품'의 개념으로 사실상 해석해 버림으로써 가능하다는 것이다.

그러나 이러한 견해는 또 다른 '동등성 주장'(제III조와 제I조간의 동등성)이라 할 수 있으며, 상기 (1)항에서 살펴본 바와 같은 조약문의 문구해석 원칙상의 오류를 범하고 있는 것이다. 즉, 제III조 자체에서 '같은' 상품과 '직접 경쟁 또는 대체' 상품을 구별하여 기술하고 있으며, 제I조는 '같은' 상품만을 언급하고 있는데, 이러한 조약문안 상의 명시적 차이를 무시하고 제I조상의 '같은 상품'의 의미를 '직접 대체 또는 경쟁상품'이라 해석하는 것은 조약문의 "통상적인 의미"에 따른 해석이라 볼 수 없는 것이다.

사실, 제I조가 '같은' 상품관계에만 적용되게 규정된 데에는 그 나름대로의 이유가 있기 때문이다. 우선 필자는 제I조의 주된 임무는 관세양허의 가치를 보호하는데 있음을 상기시키고 싶다. 즉 제I조는 관세분류 체제와 밀접한 관계에 있는 것이다. 그런데 제I조가 '같은' 상품관계를 벗어나 '경쟁 또는 대체' 관계에 적용되기 시작한다면 관세분류 체제와 관련 심각한 문제점을 야기할 가능성을 배제할 수 없다. 이를 상술하자면, 대부분의 관세체계는 매우 세밀하게 분류되어 있고 이러한 분류에 따라 서로 다르게 분류된 상품에는 상이한 관세율이 적용되게 된다. 그런데 제I조가 '직접 경쟁 또는 대체 상품' 간에도 최혜국대우가 적용된다고 해석되는 경우, 서로 다르게 관세분류 되어 상이한 관세율을 적용받고 있는 상품 간에도 직접 경쟁 또는 대체관계가 있는 경우는 동일한 관세율을 강요하는 결과가 되어 결과적으로 세밀하게 분류된 관세분류체제가 무너지게

---

non-tariff-related measure applied to animal feed proteins, the panel did not distinguish between Articles I and III when applying the concept like products. EEC Animal Feed Proteins, paras.4.1-4.2."). See also Robert E. Hudec, Like Product: The Differences in Meaning in GATT Articles I and III, in REGULATORY BARRIERS AND THE PRINCIPLE OF NON-DISCRIMINATION IN WORLD TRADE LAW 112 (Thomas Cottier and Petros C. Mavroidis, eds., Univ. of Michigan Press, 2000).

되는 경우를 초래할 가능성이 있는 것이다. 따라서 제I조는 좁은 범위의 '같은 상품' 간에만 최혜국대우 의무가 적용된다고 보아야 하며, 이러한 취지가 바로 제I조와 제III조간의 문언상의 차이가 존재하는 중요한 실제적 이유인 것이다.

또한, 제I조가 관세가 아닌 조세조치에 적용되는 경우에 있어서도 제III조 2항의 적용범위와 균형을 맞추기 위해 '직접 경쟁 또는 대체 상품관계'에 제I조의 의무를 적용해야 할 필수적 이유가 있는 것은 아님을 유의해야 한다. 양 조항이 동일한 사안에 적용될지라도 최혜국대우와 내국민대우 의무는 그 목적 및 성질이 상이한 것이므로 각각 그 목적 및 성질에 따라 다른 범위로 적용될 수 있는 것이다. 즉, 소주와 위스키에 대한 조세차별 조치에 대해 내국민대우 및 최혜국대우 의무 위반 주장이 동시에 제기된 경우, 동 조치가 내국민대우 위반 판정을 받았다고 하여, 반드시 최혜국대우 위반 판정도 내려져야 할 이유는 없는 것이다. 따라서 '양 조항간의 균형 유지' 논거는 별로 설득력이 없다.

이상을 종합해 볼 때, 제I조와 제III조간의 '동등성 주장'은 타당성이 없으며, 협정문안 상의 차이에 따른 통상적 해석에 따라 제I조상의 '같은 상품'과 제III조상의 '직접 대체 또는 경쟁 상품'을 구별하는 것이 타당한바, 이는 제I조와 관세분류체제의 동일성(integrity)을 보존하기 위해서도 필요한 것이다.

(3) 제III조 제1문상의 "초과하여(in excess of) 과세하지 않을" 의무와 제2문상의 "비슷하게(similarly) 과세할" 의무 간의 차이가 과연 최소허용기준(de minimis)에 입각한 조세율의 차이를 허용하느냐 마느냐에만 있는 것인가?

현재의 WTO상소기구의 견해는 전술한 바와 같이 제III조 제1문상의 "초과하여(in excess of) 과세하지 않을 의무"와 제2문상의 "비슷하게(similarly) 과세할 의무" 간의 차이를 최소허용기준(de minimis) 범위 내로 좁혀버렸다. 즉, 제1문을 위반하기 위해 요구되는 '같은' 상품 간의 과세율의 차별의 정도나 제2문 위반이 성립되기 위해 요구되는 '직접 경쟁 또는 대체' 상품 간의 과세율의 차별 정도간 실질적인 차이가 없는 셈이 된다.

그러나 이러한 견해는 그 명확성에도 불구하고 많은 아쉬움을 남기고 있다. 과연 제1문과 제2문 간의 차이를 '최소화'(de minimis)하는 현재의 해석이 타당한가? 동 문장들을 합의했던 GATT의 기초자들이 "in excess of"와 "not similarly taxed"라는 매우 다른 표현을 각각 사용한 것이 과연 양자 간의 의미 차이를 거의 두지 않으려는 생각 하에서 이루어진 것인가? "similarly"란 말의 진정한 의미가 "거의 같은(최소허용기준 내의 조세차이가 있는)"이란 의미, 즉 정량적(quantitative) 의미인가? 아니면 이와 다른 정성적(qualitative) 의미를 내포하고 있는 것은 아닌가? 이러한 의문들이 제기될 수 있을 것이고 이에 대한 답변이 조속히 주어져야 한다.

이러한 질문들에 대해 답변하는 과정에서, 특히 관심을 가져야 할 것이 우리가 비차별주의에 대한 논의를 시작했을 때 제기했던 '차별(discrimination)'과 '차등(differentiation)' 간의 구별이다. 비차별주의의 목적이 부당한 차별을 응징하되 정당한 차등은 허용함으로써 자유무역 증진이라는 원칙과 국가의 정당한 권한행사간의 균형을 이루려는데 있음을 잊지 말아야 한다. 이러한 균형은 비차별주의 원칙을 선언하고 있는 핵심조항중의 하나인 GATT 제III조 2항에서 추구되어야 함은 당연하다. 이러한 기본적 사고에 입각하여 필자는 다음과 같은 해석을 내리고자 한다.

제1문의 "in excess of"는 말 그대로 국산품과 비교하여 조금이라도 높은 조세율이 '같은(like)' 수입품에 부과되었다면 비차별주의를 위반하는 '차별'에 해당함을 선언한 조항이라 이해해야 한다. 이는 매우 유사한 상품인 '같은 상품(like products)'간에 동등한 대우가 주어져야 한다는 점에서 당연한 논리적 귀결이라 할 수 있다.

그러나 제2문의 "not similarly taxed"라는 조건을 해석하는 데는 좀 더 유연성 있는 해석이 필요하다. 다시 말하면 "similarly"라는 말을 단순히 정량적으로 이해하는 것을 떠나 정성적인 해석이 가미되어야 한다는 말이다. 예를 들어, 모든 주류에 대해 알코올의 도수에 정확히 비례하여 세금이 부과되는 경우를 상정하여 이에 대한 논의를 진행할 수 있을 것이다. 즉, 어느 WTO회원국 정부가 알코올도수가 20도인 소주에 대해서는 20%의 세금을 종량세(specific tax)로 부과하고, 40도인 고급 위스키에 대해서는 40%의 세금을, 그리고 30도인 다른 종류의 위스키에 대해서는 30%의 조세를 부과한다고 하자. 이때, 이러한 조치가 취해진 목적은 대개 알코올도수가 높은 술일수록 고급주이고 고급주는 소득이 높은 사람들이 선호하므로 고급주에 고율의 세금을 부과함으로써 국민들의 담세능력을 고려한 사회적 형평성을 실현하기 위한 것이라 가정하자. 이러한 조치가 GATT 제III조 2항에 위반하는가? 다시 말하면, 이러한 과세조치가 국내주류인 소주와 수입주류인 위스키간 "similarly taxed"한 것인가? 현재의 상소기구의 해석에 의하면, 직접 경쟁 및 대체관계에 있는 소주와 위스키 간 최소허용기준 이상의 과세율의 차이가 존재하므로 제III조 2항 위반 판정이 내려질 것이다.

물론 이러한 조치를 취한 국가는 WTO분쟁해결절차에서 두 가지 항변을 제기할 수 있다. 첫째는 제III조 2항 2문 위반여부를 심사 시 제III조 1항이 별도의 법적 요건으로 추가되므로, 상기의 예에서 알코올 도수에 비례하게 조세율의 차이를 둔 것은 국민들의 담세능력을 반영하기 위한 것이지 "국내 산업을 보호"하려는 의도가 없는 것이므로 제1항의 요건이 충족되지 않는다는 주장이다. 그러나 제1조의 정확한 문구가 "so as to afford protection"임을 주의해야 한다. 여기에서 "so as to"는 "in order to"와 다른 것이다. 즉, 조치의 '의도'를 고려하는 것이 아니고 조치가 취해진 '양태(manner)'를 고려해서 국내 산업에 결과적으로 보호가 부여되느냐(그래서 국산품과 수입품 간의 경쟁조건에서의 차별이 결과하느냐)의 여부를 고려한다는 뜻인 것이다.[213] 이와 같이 본다면, 소주와 위스키 간 두 배의 과세율 차이가 나는 상기 조치가 국내 상품을 보호하는 양태로 취해지지 않았다고 보기는 어려울 것이다.

두 번째 항변은 GATT 제XX조에 기한 주장이다. 즉, 상기 조치가 상기와 같은 해석의 결과 제III조에 위반된다고 하더라도 동 조치를 취한 의도가 정당한

213) 상소기구의 해석도 이와 같다. 즉, 심사기준은 당해 조치가 적용된 양태가 "protectionist design, architecture and revealing structure"를 지니고 있는가의 여부이다. See Japan Alcoholic Beverages Appellate Report, sec. H, 2, (c); Korea Alcoholic Beverages Appellate Report, para.147; Chile Alcoholic Beverages Appellate Report, para.56.

것일 경우 제XX조에 의해 정당화될 수 있다는 것이다. 물론 조치의 '의도'는 제XX조하에서 고려된다. 그러나 문제는 제XX조가 허용하고 있는 정당한 의도는 그 나열된 사유들에 한정된다는 데 있다. 상기 조치가 "국민의 생명과 건강을 보호하기 위해 필요한 경우"인 경우에는 제XX조 (b)항의 사유에 해당하므로 정당화될 수 있으나, 상기 예의 경우는 이러한 사유에 해당되지 못한다. 그렇다고 이러한 조치가 "공중도덕을 보호"하기 위한 것(제XX조 (a))도 아니고, "고갈 가능한 자연자원을 보호"하기 위한 것(제XX조 (g))도 아니다. 따라서 결국은 동 조치는 제XX조에 의해 정당화되지 못하게 되고 만다.

이상과 같은 결론이 과연 타당한가? 이에 대해서는 견해가 나뉠 수 있으나, 필자는 그것이 타당하지 않다고 생각한다. 국민들의 담세능력을 고려하고 사회적 형평성을 증진하기 위해 부과되었으며 제품의 종류에 관계없이 알코올도수에 따라 정확하게 비례적으로 부과된 과세조치가 과연 비차별 원칙을 위반하는 '차별'(discrimination)로 판정되어야 하는가에 대해서는 부정적으로 답변되어야 할 것이다. 그렇다면 이러한 답변을 이끌어 내기 위해서는 어떻게 해야 하나? 물론 GATT 제XX조를 개정하여 '국민담세능력 고려' 또는 '사회적 형평성 실현'을 정당한 사유로서 추가하는 방법이 있을 수 있다. 그러나 WTO협정을 개정하는 것은 매우 절차적으로 힘든 일이다. 또한 상기 사유 이외에도 제XX조에서 빠져있는 다른 정당한 사유들이 있을 수 있으므로 이러한 사유들이 발견될 때마다 제XX조를 개정하는 것은 바람직하지 않다고 볼 수 있다.

그러므로 한 가지 바람직한 방법은 바로 제III조 2항의 "similarly taxed"란 문구를 신축적으로 해석함으로써 정당한 정부조치를 구제하는 것을 생각해 볼 수 있다. 즉, 상기의 예에서 도수에 비례하여 세금을 부과한 것은 "비슷하게(similarly) 과세한 것"(즉, 비슷한 방식으로 과세한 것)이므로 제III조 2항의 위반의 요건인 "not similarly taxed"를 충족시키지 못한다고 보는 것이다. 사실 알코올도수라는 상당히 객관적인 기준에 입각하여 이에 정확히 비례적으로 모든 직접 대체 또는 경쟁제품에 대해 과세하는 것은 이들 제품을 '비슷하게' 취급하는 것이 아닐 수 없을 것이며, 이렇게 "similarly"를 정성적으로 해석하는 것이 조약문구의 통상적 의미에 따른 해석의 범위를 벗어나는 것이라 볼 수는 없다.

한 가지 강조할 것은 필자의 이러한 제안이 제III조 2항을 적용할 때 어떠한 조치의 의도나 목적을 고려하라는 것이 아니라는 것이다. "similarly taxed"의 새로운 해석을 통해 고려되는 것은 조치의 정당한 의도가 아니고, 동 조치가 객관적이고 중립적인 기준에 입각해 비례적으로 취해짐으로써 직접 경쟁 또는 대체상품 간에 '비슷한 방식으로(similarly)' 과세되었는지 여부인 것이다. 즉, 조치의 양태를 제III조하에서 고려하라는 것이지, 조치의 정당한 의도에 대한 고려는 GATT 제XX조의 몫인 것이다.

결국, 제III조 2항 2문과 같이 직접 경쟁 또는 대체관계에 있는 비교적 넓은 범위의 상품관계를 규율하는 조항을 해석하는 데 있어서는 이 조항을 지나치게 엄격하게 해석함으로써 WTO회원국의 정당한 국권 행사권리(regulatory autonomy)의 범위를 지나치게 축소시키는 것을 피해야 하는 것이며, 이러한 노력은 이상에서 제시한 "similarly"에 대한 유연한 해석, 즉, 정량적 해석에 더한 정성적 해석을 통해 달성될 수 있는 것이다. 이러한 해석의 결과, 경제의 인플레이션을 방지하기 위해 취해지고 제품의 가격에 비례한 차등과세조치 등도 제III조 2항을 위반하지 않게 된다.

(4) 수입국내의 같거나 직접 경쟁 또는 대체관계에 있는 "상품에 직·간접적으로(directly or indirectly) 부과된" 조세나 기타 부과금을 초과하여 과세되지 않는다는 말의 구체적 의미는? - 국경세조정의 범위

국가 간 과세제도의 차이를 이용하여 수입상품이 국내 상품에 비해 유리한 대우를 누릴 수 없도록 국경세조정(border tax adjustment)을 통해 일정한 세금을 수입품에 부과하는 것은 위 GATT III조의 의무에 반하지 않는 한 허용된다. 즉, 수입품이 최종적으로 소비되는 국가인 수입국은 소비지원칙(destination principle)에 의해 과세권을 행사할 수 있는 것이다. 소비지원칙이란 상품이 소비되는 국가에서 세금이 부과되는 것을 말한다. 소비지 원칙에 따라 국경세조정이 이루어지면 각국의 국내 조세체계는 유지되면서 상품무역에 따라 발생하는 조세와 관련된 경쟁여건은 균등화되게 된다. 즉, 조세 조정은 조세의 무역 중립성(수입품에 대한 이중과세 방지 및 국산품과 수입품에 대한 동등 조세조건 확보)을 목적으로 하고 있다. GATT 제II조 2항(a)에서도 "수입품과 같은 국내제품 또는 해당 수입품의 제조나 생산에 전부 또는 일부 기여한 물품에 대하여 GATT 제III조 2항에 합치되게 부과하는 내국세에 상당하는 부과금"을 수입품에 대해 부과할 수 있는 권리를 인정하고 있어 수입국의 국경세조정 제도를 명시적으로 허용하고 있다. 그런데, 이러한 국경세조정 제도가 어느 범위까지 인정되는지에 대해서는 논란의 여지가 있다.

우선, 국경세조정이 수입품의 생산과정이나 공정(PPM: process and production method)을 대상으로 한 내국세에도 적용되는지가 문제시된다. 수입국이 국내에서 생산된 제품에 대해서는 그러한 제품의 최종 물리적 상태에는 영향을 미치지 않으면서 그러한 제품이 생산되는 과정에서 행해지는 많은 행위들에 대해 세금을 부과해 온 경우, 같거나 직접경쟁 또는 대체관계에 있는 수입품에 대해 국경세조정의 명목으로 동일한 종류의 세금을 부과할 수 있는지의 문제이다. 예를 들어, 온실가스를 배출시키며 생산한 철강제품 수입에 대해 과세하는 경우이다.

GATT시절에 직접적인 관련판례를 찾기는 어려우나, 미국-참치(tuna) 사건(1991)의 판결내용을 참고해 볼 수 있다. 이 사건에서의 쟁점은 미국의 조치가 돌고래 보호장치 사용의무를 준수하면서 생산한 참치제품인지 여부에 따라 그 규제의 발동여부를 결정하고 있는바, 그것이 정당화될 수 있는가의 문제였다. 피소국인 미국은 자신의 조치가 단순한 국경조치가 아니고, 돌고래의 보존을 위한 특별한 어로기술을 사용하여 참치조업을 행할 것을 요구하는 국내규제를 국내업자는 물론 수입업자에게도 동등하게 적용하는 차원에서 국경에서 이를 이행하기 위한 조치였으므로, GATT III조의 주해(ad article)에 의해 GATT 제XI조가 아닌 제III조(4항)가 적용되어야 함을 주장하였다. 이에 대해 패널은 이러한 조치는 "수입품 자체(products as such)에 대해 적용된(applies to)" 조치가 아니고, 수입품을 생산하는 과정에 대한 규제이므로, GATT 제III조가 아닌 XI조 사항임을 판시하였다. 이 패널 판정은 최종적으로 채택되지는 않았으나, 상품(참치)

이 아닌 제조방법(돌고래 보호장치 구비여부)을 기준으로 국경조정을 하는 것까지 GATT 제III조가 허용하는 것은 아님을 판시한 것으로 해석할 수 있다.

또한, 국경세조정이 수입품인 최종 생산품 자체를 기준으로 이루어지는 것이 아니고, 이러한 최종생산품의 생산을 위한 원료나 중간재를 대상으로 한 내국세 형태로 이루어지는 경우에는 어떠한가? 예를 들어, 국내에서 생산된 석유화학 제품이 생산과정에서 사용한 중간재에 대해 일정한 세금이 부과되고 있는 경우, 이러한 중간재가 수입되고 있지 않은 경우라 할지라도, 이러한 중간재를 사용하여 생산된 제품의 수입에 대해 동 중간재에 부과된 세금을 부과하는 것이 허용되는지의 문제이다. GATT시절 US Superfund(1987) 사건에서, 미국은 수퍼펀드법(Superfund Act)에 따라 수입된 화학제품의 가공과정에서 사용된 특정 화학물질에 대한 세금을 부과하였는데, 패널은 과세대상이 되는 화학물질이 물리적으로 수입되는 것은 아니라도 "이러한 물질이 마치 수입국내에서 판매될 경우 부과될 세금과 동일한 세금이 이러한 물질을 사용해서 생산된 제품의 수입에 대해 부과하는 것은 국경세조정 차원에서 허용될 수 있음"을 판시하였다.[214] 다시 말하면, 최종재에 대한 국경세조정은 물론 최종재가 아닌 원료나 중간재에 대한 국경세조정도 허용된다는 것이다. GATT 제II조 2항(a)에서도 "수입품(imported product)의 제조나 생산에…. 일부(in part) 기여한 물품(article)"에 대한 내국세 조정도 가능함을 언급하고 있어 이러한 판시내용을 뒷받침하고 있다.

그렇다면, 상품의 제조과정에서 소비되었으나, 최종상품의 특성으로 남아있지 않은 투입요소에 대한 세금의 경우에도 마찬가지로 국경세조정이 허용되는가? 예를 들어, 제품의 수송이나 생산과정에서 사용되는 자본설비, 재료 및 서비스 등에 대한 소비세, 에너지·운송·광고 등에 대한 조세 등이 이에 해당한다. 위 Superfund 판례는 사용된 화학물질이 최종 상품에 물리적으로 포함되어야 하는지 여부까지 주목하여 판시한 것은 아니고, GATT 국경세조정작업반(Working Party on Border Tax Adjustment)의 작업시 이러한 최종상품의 특성으로 남아있지 않은 투입요소에 대한 세금의 국경세조정 여부에 대해서는 여러

214) United States - Taxes on Petroleum and Certain Imported Substances, L/6175-34S/136, para. 5.2.8.

논란이 있었던 것으로 알려져 있으므로, 향후 해결해야 할 과제라 볼 수 있다.

정리하자면, 아직까지는 국경세조정을 이유로 수입품에 대해 과세하는 행위는 해당 제품의 제품으로서의 성격에 직접 또는 간접적으로 연관된 경우에 대해 인정되며, 단순한 제조 과정의 차이점을 기준으로 부과되거나, (제품과 상관없이) 생산여건과 관련하여 생산자에게 부과된 조세를 국경 조정하는 권리는 인정되고 있지 않다고 볼 수 있다. 생산여건과 관련하여 생산자를 대상으로 부과하는 세금은 직접세라 부르는바, 이러한 직접세의 국경조정은 허용되지 않고, 간접세에 한해 허용된다. 이것은 간접세(판매세, 물품세, 부가가치세 등)는 제품에 대해 직접 부과되므로 제품가격에 전가되지만, 직접세는 그렇지 않다는 인식에 근거한 것이었다. 만일 수입국이 환경보호를 위해 제조 과정상의 문제를 해결할 목적으로 수입품에 대해 과세하거나 생산자 기준으로 과세하는 경우에는 GATT 제XX조 (b)나 (g)호의 일반적 예외사유에도 해당되는 문제가 되는 것이다.

WTO출범 이후에는 무역과 환경의 관계가 중요한 문제로 대두되고, 생산공정 및 방법에 대한 국경세조정이 가능한지 여부가 전세계적 관심의 대상이 되고 있다. 아울러 간접세는 물론 직접세의 경우에도 시장조건이나 경기 등 각종 경제여건의 변화에 따라 세금의 소비자 전가 정도는 달라지는 것이므로 전통적인 직접세-간접세 이분론적 인식에 대한 재검토가 필요하다. 특히 탄소세의 국경세조정 문제는 기후변화 방지 정책을 시행하는 국가에서의 기업(특히 철강, 시멘트, 유리, 종이, 화학제품 등 에너지 집약 산업 부분 기업)이 기후변화 방지 정책을 시행하지 않고 있는 국가의 기업의 경쟁력과 비교하여 불리한 조건에 처하지 않도록 하는 문제와 관련되어 있다. DDA협상에서도 '무역과 환경에 관한 작업반'(Committee on Trade and Environment)에서 이 문제를 주요의제로 채택하여 논의를 진행해 오고 있으며, 환경보호 목적의 조세와 보조금의 범위를 어느 정도까지 허용할 것인지를 다자적으로 협의 중이다.

이 문제는 결국 GATT 제III조상의 "상품에 직·간접적으로(directly or indirectly) 부과된" 표현의 해석의 문제인바, 최근의 Mexico Soft Drink 사건[215]에서의 WTO 패널 판시내용은 시사점을 주고 있다. 패널은 "최종 제품에 직접적으로 부과된 세금은 그 제품에 함유된 투입제품의 경쟁조건을 간접적으로 영향을 미칠 수 있으므로 제III조의 관할 사항"임을 인정하고 있다.[216] 즉, 멕시코 정부가 음료수에 대한 세금을 부과하면서 음료수에 함유된 "sweeteners"에 "간접적" 영향을 미치고자 한 것은 결국 수입설탕과 국내생산 설탕 간의 내국민대우 문제가 될 수 있다는 것이다. 이 판례는 해당 상품과 수입국의 규제간의 직접적 규제관계에 있는 경우는 물론 간접적 관계에 있는 경우에도 국경세조정의 문제가 될 수 있음을 시사하는 것이므로 의미가 크다.

〈환경세조정과 직·간접세 구분 문제〉

요즘 환경분야에서 오염물질 배출세 문제가 논의되는 것으로 아는데, 만약 A국이 탄소배출세를 운영하고 있고 B국은 해당 내국세가 없는 경우 A국이 국경에서 B국 상품에 자국 탄소배출세와의 형평을 맞추기 위한 세금을 부과한다면 이는 III:2항 위반이 될까?

탄소는 석탄, 정유 및 천연가스 등 모든 화석연료에 포함되어 있으며, 탄소가 타면서 이산화탄소로 배출된다. 따라서 탄소세는 연료의 탄소 함유량이나 탄소가 연소될 때 발생하는 이산화탄소의 양에 기초하여 부과되며, 화석연료의 채취부터 궁극적인 소비단계에 대하여 부과될 수 있다. 즉, 가장 단순한 부과 형태는 석탄채굴, 석유채취, 또는 천연가스 추출 등의 화석연료의 생산을 대상으로 부과하는 것이며, 화석연료나 탄소함유 상품을 소비하는 소비자에게도 부과할 수 있다. 탄소세의 부과형태로, 첫째 화석연료를 추출하여 이용 가능한 연료로 만드는 회사나 이러한 제품을 국내 경제에 처음으로 도입하는 회사에 부과할 수 있다. 둘째, 화석연료의 중간 또는 최종 사용자에게 모두 부과하는 방식으로, 화석연료를 연소하여 상품을 제조하는 회사나 그러한 상품의 소비자에게 부과할 수 있다. 셋째, 화석연료를 연소하는 모든 주체에 대해 탄소세를 부과하는 것으로, 각 주체가 자신들이 연소하는 연료량에 비례하여 세금을 부담할 수 있다. 딘소세를 직접세로 보느냐 간접세로 보느냐는 논란이 있을 수 있고, 부과형태에 따라 다를 것이나, 탄소함유량을 기준으로 화석연료 대해 부과하거나 상품의 제조공정에서 배출되는 이산화탄소 배출량에 근거하여 당해 상품을 대상으로 부과하는 경우에는 조세와 제품 간의 합리적 상관관계가 있으므로 간접세로 분류할 수 있을 것이다.

---

215) Mexico-Tax Measures on Soft Drinks and Other Beverages, WT/DS308 (2004).
216) Ibid., paras. 8.40-8.45.

(5) 유럽법원에서의 비차별원칙과 환경보호 문제 해석 경향

유럽연합기능조약(이하 “TFEU”)에는 ‘관세와 동등한 효과를 가지는 과징금’의 부과를 금지하는 제28조·제30조와 차별적 내국과세를 금지하는 제110조가 존재한다. GATT 제III조와는 달리, TFEU 제110조 비차별의무에는 GATT 제XX조에 상응하는 예외규정이 없다. 그럼에도 불구하고 ECJ는 제110조에 대한 재정정책에 대해 EU 차원에서 완전한 조화가 이루어지지 않았다는 점을 감안하여, EU회원국이 국내정책목적을 달성하기 위해 과세정책을 운용하는 데에 있어 상당한 재량을 가질 수 있도록 허용해 왔다. 이러한 맥락에서 Outokumpu Oy 사건[217]을 포함한 다수 사건에서 ECJ는 과세조치가 TFEU 제110조에 일응 불합치 하는, 즉 ‘유사한’ 국내상품에의 과세수준을 ‘초과하는’ 과세가 수입상품에 이루어진 경우에도 다음의 세 가지 요건이 충족되는 경우 그러한 위법성이 조각되는 것으로 인정해 왔다. 이를 ‘객관적 정당화’(objective justification)라 하며, 흡사 GATT 제III조 위반에 대한 제XX조 예외사유들에 상응하는 기능을 TFEU 제110조 위반에 있어 수행하는 것으로 생각된다. 그 세 가지 요건은 (i) 과세가 추구하는 목적이 정당한 것으로서 EU법과 EU의 이차입법에 합치하는 것이고, (ii) 객관적 기준에 근거한 것으로서, (iii) 모든 과세대상(국내·수입상품)에 대하여 차별 없이 동일한 효과를 가져야 한다는 것이다.

① 목적의 정당성

조치가 추구하는 목적이 정당한(legitimate) 것으로서 EU법과 EU의 이차입법에 합치해야 한다.

② 기준의 객관성

차등과세조치는 객관적인 기준(objectivity)에 근거한 것이어야 한다. ECJ는 이 요건을 비례성원칙에 연관 지어 보고 있다. 즉, 과세에 사용된 기준이 그 국가가 추구하는 목적에 관련된 것이며 비례하는 것이라면 그러한 기준은 ‘객관적’

217) Case C-213/96 Outokumpu Oy [1998] ECR I-1777.

인 것이다. 예를 들어, ECJ는 (i) 상품 또는 Outokumpu Oy 사건에서처럼 에너지(전기)에 대해 원자재의 성질 또는 생산방식에 따라 차등 과세하는 경우, (ii) 자동차 배기량에 따라 차등적으로 누진세를 부과하는 경우에 조치가 객관적인 기준에 근거한 것이라고 인정했던 바 있다.

③ 조치의 비차별성

차등과세는 어떠한 차별도 야기해서는 안 된다. 내국과세조치가 수입상품에 대해 차별을 야기하는 경우 환경적 목적에도 불구하고 제110조 위반이 발생하게 된다. Outokumpu Oy 사건에서처럼 환경적 목적에서 이루어진 차등과세는 그 목적의 정당성만을 놓고 볼 경우 제110조에 합치할 수도 있을 것이다. 그러나 에너지소비세법에서는 수입전기에 대한 과세가 유사 국내전기에 대한 과세와는 상이한 공식에 따라 이루어지고 그 결과 일부 경우 수입상품이 유사 국내 상품에 비해 높은 과세를 부담하게 되었다. 수입전기에 대한 단일세율은 핀란드 국산전기에 부과되는 가장 낮은 소비세율보다는 높은 수준이었으므로, 수입상품에 대한 차별이 있다. 따라서 ECJ는 핀란드의 조치가 제110조 위반이라고 보았다.

비차별 요긴에 대해 ECJ가 이 사건에서 보인 엄격한 입장에 비추어 볼 때, 엄밀한 의미에서 핀란드 에너지소비세법이 제110조에 합치하도록 하는 유일한 방법은 수입전기에 부과하는 세율이 핀란드 국산전기에 부과되는 세율 중 가장 낮은 세율을 초과하지 않도록 함이었을 것이다. 그러나 이 방법은 그다지 현실적이지 못하다. 그러한 조치는 오히려 수입업자로 하여금 '반환경적인' 전기를 핀란드로 수입하도록 유인을 제공해 주는 셈이기 때문이다.

한편 비차별 요건에 대한 ECJ의 엄격한 입장은 Outokumpu Oy 사건 외 일부 판례에서도 유지되어 왔다. 예를 들어, 그리스는 낙후된 수입자동차의 등록을 감소시키고 오염방지기술이 장착된 새로운 자동차의 사용을 촉진시키기 위한 '환경적' 목적으로 차등과세 제도를 실시하였으나 수입상품에 대한 차별이 야기되었다는 이유에서 제110조 위반판결을 받았으며, 루마니아의 경우 가스배출이 심한 자동차의 운행을 줄이도록 유도하기 위해 중고차에 대해 공해세를 부과하였으나, 모든 유형의 자동차에 대해 그러한 공해세를 부과하지 않았다는 이유로 제110조 위반판결을 받았다.

그러나 상기 입장과는 반대로, Chemial Farmaceutici 사건[218] 등에서는 ECJ는 과세가 객관적·비차별적인 기준에 근거한 경우, 비록 수입상품에 국내 상품보다 많은 부담을 부과하는 것이라 하더라도 다른 국가로부터 수입된 상품들이 '유사한' 또는 '경쟁적인' 국내 상품보다 빈번하게 높은 과세범주에 포함된다는 사실만으로는 해당 조세제도가 '차별적'이라 볼 수 없다고 하였다. 예를 들어, 지구온난화에 대처하기 위해 자동차 배기량에 따라 누진세를 부과하는 조치는 '비록 배기량이 상대적으로 큰 수입자동차만이 사실상 누진세의 대상이 되고 있음에도 불구하고' 적법하다고 판시하였다. 그러한 과세에도 불구하고 소비자들은 자동차시장에서 - 국산 또는 수입산인지를 불문하고 - 보다 낮은 과세범주에 속하는 자동차를 여전히 자유롭게 선택·구매할 수 있다는 이유에서였다. 또한 유사한 예로서, 배기량이 큰 수입자동차에 대해 환경적 목적에서 누진세를 부과한다 하더라도 오로지 국산자동차에게만 유리한 대우를 부여하는 경우가 아니라면 제110조 위반이 아니라고 판시하였던 적도 있다.

Outokumpu Oy 사건 판결은 여기서도 의미가 크다. 이 사건에서 ECJ는 EU회원국이 "사용된 원재료의 성질 또는 이용된 생산방법 등과 같은 객관적인 기준에 근거하여" 즉 '제품특성 무관련 제조공정방법'(NPR PPMs)에 근거하여 차등 과세하는 경우 그러한 과세조치는 TFEU 제110조의 적용대상이며, 수입상품에 대한 차별이 발생하지 않는 한 동 규정의 위반이 아니라고 판시하였다. 따라서 EU회원국 간에는 NPR PPMs에 근거해서도 수입상품에 대한 국경세조정이 가능하며 그러한 조치는 제110조의 규율범위에 속하게 될 것이라 보인다.

WTO체제에서는 탄소세 국경세조정 등 'NPR PPMs에 근거하여' 수입상품에 국경세조정을 하는 것이 WTO법의 관련 규정상 허용된다는 판례가 아직 형성된 바 없고, 여전히 회원국들 사이에 이견이 남아있는 상태이기 때문이다. 오늘날 기후변화 문제의 심각성에 비추어 볼 때, WTO협정상 탄소세에 대한 국경

218) Chemial Farmaceutici v. DAF, ECJ Case 140/79 (1981).

세조정을 허용할 것인지의 문제가 각료회의나 일반이사회, 또는 분쟁해결제도를 통해 입법·사법적으로 근시일 내에 해결되어야 한다. 생각건대, 기후변화문제 해결을 위해 자국 산업에 앞장서서 탄소세를 부과한 국가들이 오히려 경쟁력 약화라는 손실을 입게 되는 것은 형평하지 못하며, WTO협정하에서도 (Outokumpu Oy 사건에서 ECJ가 보인 유연한 입장과 같이) GATT 제III조 2항에 합치하는 범위 내에서는 회원국들이 자유롭게 탄소세 국경세조정을 할 수 있도록 허용하는 방향으로 정책 및 법리를 형성해 나가야 할 것이다. 다만 이러한 새로운 법리의 형성이 상이한 문화와 정책적 필요성이 존재하는 국가나 지역들 간에 서로 자기 자신의 기준과 필요성을 상대방에 사실상 강요하는 수단으로 활용되는 시대의 문을 열어젖히는 결과를 낳을 위험성은 경계해야 마땅하다. 따라서 NPR PPMs에 기초한 국경세조정이 허용되는 범위를 "명백한 국제(관습)법을 이행하는 차원에서 초래되는 경쟁력 약화를 만회하기 위한 목적"의 국경세조정으로 한정하는 등의 접근방식이 합리적이라 판단된다.

4 '같은 상품' 및 '직접 경쟁 또는 대체 상품' 개념의 이해[219)]

이상의 논의를 통해 우리는 비차별대우 의무의 범위를 정하는 일은 결국 차별과 차등의 한계를 정하는 데서 출발함을 이해하였다. 그리고 이러한 이해를 기반으로 각 조항간의 미묘한 문구의 차이를 합리적으로 해석하였다. 즉, WTO의 비차별 원칙은 좁게는 '같은 상품' 관계에서부터(제III조 제2항 1문, 제III조 제4항, 제I조) 넓게는 '직접 경쟁 또는 대체 상품' 관계에(제III조 제2항 2문) 적용되는 것임을 알 수 있었다. 이러한 과정에서 결국 비차별대우 의무의 적용범위를 좌우하는 결정적 요소는 실제로 '같은 상품(like products)' 또는 '직접 경쟁 또는

219) 이 부분은 필자가 작성한 최원목 등 (2018), pp. 122-137의 내용을 수정 및 보완한 것이다. 이에 관한 광범위하고 자세한 개념론적이고 방법론적 고찰에 관한 저서로는 'Won-Mog Choi, Like Products in International Trade Law - towards a Consistent GATT/WTO Jurisprudence, the Oxford University Press, London, 2003' 참조.

대체 상품(directly competitive or substitutable products)' 판정을 어떠한 기준과 방법론에 따라 내리느냐에 있음을 지적하지 않을 수 없다. 따라서 본 장에서는 이 점에 대한 그동안의 논의를 종합, 비판한 후 합리적인 대안을 제시하고자 한다.

가 두 가지 방법론

'같은 상품' 및 '직접 대체 또는 경쟁 상품' 개념을 이해하는 데 있어서 그동안 GATT/WTO패널이 취한 입장은 두 가지 방법론으로 집약될 수 있다. 첫째는 1970년의 '국경과세조정보고서(the Border Tax Adjustment Report: BTA Report)' 이래로 GATT/WTO패널이 주로 의존해 온 'BTA Approach'를 들 수 있다. 두 번째는 1992년 '미국 주류 분쟁'[220] 및 1994년 '미국 자동차 분쟁'[221]에서 GATT패널이 취한 방법론이 있으며, 이를 흔히 'Aim-and-Effect Theory'라 부른다. 필자는 전자의 방법론을 '상품성질설'이라 명명하고, 후자의 방법론은 '조치목적설'이라 명명하고자 한다.

(1) 상품성질설(The BTA Approach)

전통적으로 GATT/WTO패널이 취해 온 방법은 1970년에 제시된 '국경세조정에관한보고서'(The Report of the Working Party on Border Tax Adjustments)에서 기술된 요소들을 심사한 후 '같은 상품' 여부를 판정하는 것이다. 동 보고서는 제품의 물리적 특성이나 성질, 제품의 최종 소비자 용도 및 소비자의 기호나 습관 등을 고려하여 '같은 상품'여부를 판단할 것을 제시하고 있다.[222] 이 보

220) United States - Measures affecting Alcoholic and Malt Beverages, BISD 39th Supp. 206, 270-71 (1992).

221) United States - Taxes on Automobiles, DS31/R (1994, unadopted).

222) "With regard to the interpretation of the term like or similar products, which occurs some sixteen times throughout the General Agreement, it was recalled that considerable discussion had taken place . . . but that no further improvement of the term had been achieved.. The Working Party concluded that problems arising from the in-

고서가 있은 후 GATT/WTO패널은 '같은 상품' 및 '직접 경쟁 또는 대체 상품' 여부를 판정할 때 항상 동 보고서의 내용을 언급해 오고 있다. 그런데 한 가지 특이한 점은 이 보고서가 제품의 물리적 특성 및 용도 등의 객관적인 요소는 물론 소비자의 기호 및 습관이라는 다소 주관적 요소도 하나의 고려요소로 제시하고 있는데 반해, GATT/WTO패널은 주로 상기 객관적 요소에 그 심사요소를 한정해 오고 있었다는 점이다. 그 구체적인 예를 들면 아래와 같다.

첫째, 'EEC 동물사료 분쟁'에서 문제가 되었던 것은 식물성 단백질과 사료용 분유가 GATT 제I조 및 III조 상의 '같은 상품'인지 여부였는바, 패널은 양 제품의 관세분류, 단백질 함유량, 소비용도 등을 고려하였다.223)

둘째, '스페인 커피에 대한 관세조치 분쟁'에서 패널이 최혜국 대우 위반여부에 대한 판정에서 고려한 점들은 서로 다른 커피재료들의 식물조직학적(organoleptic) 차이점, 재배방식, 가공과정, 유전적 요소, 스페인 관세체제의 특성, 소비용도 등이었다.224)

셋째, '일본 포도주 및 주류제품 분쟁'에서 패널은 주류제품 간의 최종용도의 유사성의 정도에 주로 의거하여 GATT 제III조 2항 위반여부를 심사하였다.225)

넷째, '미국 가솔린 분쟁'에서 WTO패널 및 상소기구는 미국의 재래식 가솔린(conventional gasoline)과 재구성 가솔린(refomulated gasoline) 간의 차등조치의 GATT 제III조 4항 위반여부를 심사하면서 제품의 물리적 특성, 최종용도, 관세분류, 대체가능성 등에 의존하였다.226)

---

terpretation of the terms should be examined on a case-by-case basis. This would allow a fair assessment in each case of the different elements that constitute a similar product. Some criteria were suggested for determining, on a case-by-case basis, whether a product is similar: the product's end-uses in a given market; consumers tastes and habits, which change from country to country; the products properties, nature and quality." Report of Working Party on Border Tax Adjustments, BISD 18S/97, para.18 (emphasis added).

223) See EEC - Measures on Animal Feed Proteins Panel Report, B.I.S.D. (25th Supp.) paras. 4.1, 4.3 (1978).

224) Spain - Tariff Treatment Of Unroasted Coffee Panel Report, paras.4.5-4.8, L/5135 - 28S/102, B.I.S.D.(28th Supp.) 102, 112 (1981).

225) Japan - Customs Duties, Taxes and Labelling Practices on Imported Wines and Alcoholic Beverages, L/6216 - 34S/83 (1987).

다섯째, '일본 주세 분쟁'에서 WTO패널 및 상소기구는 GATT 제III조 2항 제1문의 해석에서 소주와 수입주류간의 물리적 특성의 차이, 소비용도, 관세분류, 시장여건 등을 고려하였다.227)

여섯째, '한국 주세 분쟁'에서 WTO패널 및 상소기구는 GATT 제III조 2항 제2문 해석의 맥락에서 상기 '일본 주세 분쟁'의 고려요소 이외에 소주와 수입주류간의 잠재적 경쟁성에 의존하였으며, 이러한 경향은 '칠레 주세 분쟁'으로 이어졌다.228)

이상에서 본 바와 같이, 그동안의 패널의 입장을 종합해 보면 주로 '같은 상품' 및 '직접 경쟁 또는 대체 상품' 여부를 판정하는 기준은 제품의 물리적 성상, 최종용도 및 관세분류라는 세 가지 요소로 집약될 수 있으며, 이러한 입장은 GATT 및 WTO패널에 의해 상당히 일관성 있게 견지되어 오고 있음을 알 수 있다.

(2) 조치목적설(the Aim-and-Effect Approach)229)

이러한 상품성질설에 반해, GATT 패널은 한때 국경과세조정보고서에서 기술된 요소들 이외의 것에 의존하여 '같은 상품' 여부를 판정한 적이 있었다.

---

226) United States - Standards for Reformulated and Conventional Gasoline, WT/DS2/9, WT/DS2/R (1996).

227) Japan - Taxes on Alcoholic Beverages Panel Report, paras. 4.54, 4.58, 4.59, 5.7, 6.23 and the Appellate Report, sec. H.

228) Korea - Taxes on Alcoholic Beverages, WT/DS75/AB/R & WT/DS84/AB/R (1999), paras.10.56, 11.2; Chile - Taxes on Alcoholic Beverages, WT/DS/87/AB/R, WT/DS/110/AB/R (1999), paras.4.186-4.194. 칠레주세 분쟁의 개요는 다음과 같다. 칠레는 패널판정 이행 이전의 한국 및 일본과는 상이한 주세제도를 보유하고 있었다. 한국과 일본이 술의 '종류'에 따라 차등과세를 하고 있었던 반면("type discrimination"), 칠레는 술의 '도수'와 가격(ad valorem)에 따른 차등과세("discrimination based on alcoholic strength and value")를 하는 체제였다. 그런데, 이러한 차등과세가 도수에 따라 점진적으로 이루어지지 않고, 자국주인 pisco가 속해있는 35o와 대부분의 수입주류들이 속해있는 39o 사이에 급격한 세율의 격차를 두어 pisco를 보호하는 효과를 거두고 있었다. WTO 패널 및 상소기구는 이러한 세율의 격차가 사실상의 차별에 해당한다고 판정하여 칠레 주세제도를 GATT 제III.2조 위반으로 판정하였다.

229) 조치목적설에 대한 비판 및 극복에 관해서는 'Won-Mog Choi, Overcoming the Aim and Effect Theory in the GATT, UC Davis Journal of International Law and Policy (Winter 2002)' 참조.

1992년의 '미국 주류 분쟁' 및 1994년 '미국 자동차 분쟁'이 그것이며, 이들 경우에 있어 패널은 해당 조치를 통해 미국정부가 달성하고자 했던 '목적(aim)'을 결정적인 요소로 고려하였다. 즉, 알코올도수가 높은 맥주와 낮은 맥주간의 차별대우를 취한 미국의 제도 및 3만불 이상의 고급 승용차와 그 이하의 저가 승용차간 조세 차별을 둔 미국의 조치가 국내산업을 보호하기 위한 것이 아니고 각각 청소년의 건강보호 및 환경보호라는 정당한 목적에 입각하고 있음을 '같은(like) 제품' 판정과정에 반영한 것이었다.[230] 사실 이 조치목적설은 당시 GATT 사무국의 법률국장이었던 '롸슬러'(Frieder Roessler)에 의해 주창된 것이다. 그에 의하면, 무엇이 같은 상품인지는 두 대상 상품이 지각 되어지는 관점에 따라 다를 수 있는 것인바, 다음과 같은 명제가 성립 가능하다는 것이다.

"여우와 독수리는 토끼에게는 같은 동물이지만 모피장수에게는 다른 동물이다."(A fox and an eagle are like animals to a hare but not to a furrier.)[231]

즉, 토끼의 목적은 생존이고 이러한 시각에 입각해 본다면 여우와 독수리는 모두 자신의 생존을 위협하는 같은 동물일 수밖에 없는 반면, 모피장수의 목적은 값비싼 모피를 얻는데 있으므로 모피장수에게는 여우와 독수리는 분명 다른 동물이라는 것이다. 결국, 정확하게 동일한 두 물체가 이를 지각하는 대상의 시각 및 목적 차이에 따라 같은 물체로 인지되기도 하고 다른 물체로 인지되기도 하므로, 결국 이러한 '목적'을 고려하지 않고 '같은 제품'인지 여부를 판정한다는 것은 불합리하다는 것이다.

조치목적설은 이러한 해석의 근거로써 GATT 제III조 1항이 "국내제품에 보호를 부여하도록(so as to afford protection)" 조치를 취하는 것을 금지하고 있

230) See Panel Report of United States - Measures affecting Alcoholic and Malt Beverages, supra note 85, at paras .5.25, 5.71; Panel Report of United States - Taxes on Automobiles, supra note 86, at paras. 5.8 et seq.

231) Frieder Roessler, Diverging Domestic Policies and Multilateral Trade Integration, in FAIR TRADE AND HARMONIZATION (v.2) 29 (Jagdish Bhagwati & Robert Hudec eds., 1996).

음을 들고 있다. 즉, 상기 문구가 조치의 '의도' 내지는 '목적'을 내국민대우 조항의 해석에 있어 고려할 것을 의무화하고 있다는 것이다.

이러한 조치목적설을 따르는 경우 전통적인 견해인 상품성질설과 상이한 결론이 도출될 가능성이 많음을 주목할 필요가 있다. 예를 들면, '종이컵'과 '플라스틱컵'에 대해 차등 과세를 한 경우, 이것이 내국민대우에 위반되는지가 문제로 제기되었다고 하자. 전통적인 상품성질설에 의하면, 종이컵과 플라스틱컵은 물리적 특성이 유사하고, 관세분류가 동일하며, 최종 소비용도도 같으므로 결국 '같은 상품'으로 판정될 것이다. 이에 반해, 조치목적설에 따르면 이러한 차등 조치가 취해진 목적이 고려되어지므로 상기와 같은 결론이 보장되지 않는다. 즉, 만일 그 목적이 플라스틱컵은 종이컵과 달리 환경에 유해하므로 환경을 보호하기 위해 플라스틱컵에 가중된 과세를 한 경우라면 두 제품이 '같은 상품'이 아니라고 판정될 가능성이 많은 것이다. 환경보호라는 목적에 입각해서 두 제품을 바라보면 분명히 종이컵과 플라스틱컵은 다른 제품이기 때문이다.232)

나 두 방법론 간의 장단점 비교

그렇다면, 이와 같은 양 방법론은 어떠한 장단점을 지니고 있고 이에 입각해 볼 때 어느 방법이 우월한 것이라 볼 수 있는가?

우선 중요한 점은 조치목적설의 경우 WTO회원국의 정당한 국권행사의 영역을 증진시킬 수 있다는 점이다. 이미 설명한 바와 같이 GATT 제XX조는 한정된 경우만을 일반적 예외사유로 나열하고 있다. 따라서 이와 같은 사유에 해당되지 않는 기타 정당한 사유의 경우 비차별조항 위반이 정당화되기가 어렵다는 측면이 있다. GATT 제XX조가 제정된 1947년에 비해 현대사회는 많이 변화되었고 환경, 인권, 사회복지 등의 제반분야에서 새로운 사회문제가 대두되고 있는바, 이에 대처하기 위해 적극적인 정부의 역할이 요구되고 있다는 점을 고려할 때, 제XX조 예외사유의 제한성은 더욱 부각된다.

---

232) 실제로 Frieder Reossler 교수는 강의시간에 이러한 예를 들어 조치목적설을 설명하고 있다.

따라서 제XX조의 협소성을 보완할 수 있는 방안이 필요한 바, 조치목적설은 그 하나의 대안이 될 수 있는 것이다. 즉, 조치의 정당한 목적을 그것이 무엇이든 간에 제III조의 '같은 상품' 판정 단계에서 고려해 버리므로 제XX조에 규정된 사유 이외의 정당한 사유들도 결과적으로 비차별조항의 적용에 반영될 수가 있게 되는 것이다.

또한, 무역에관한기술장벽에관한협정(TBT협정) 제2조 2항과 GATT와의 비교도 흥미로운 관심거리를 제공해 주고 있다. 즉, TBT협정의 경우 조치의 정당한 사유로 나열하고 있는 국가안보, 건강 및 생명보호, 환경보호 등이 한정적이 아닌 예시적인 사유로 규정되고 있는데 반해,[233] GATT제XX조의 경우는 한정적 사유로 규정되어 있다는 차이점이 있다. 그 결과 GATT하에서는 이러한 사유 이외의 정당한 사유가 고려되지 못하는 반면 TBT협정 하에서는 이러한 추가적 고려가 가능한 것이다. 이러한 불균형성을 해결하기 위해서 조치목적설을 적용하여 정당한 사유들의 고려가능성을 넓힐 필요가 있다는 것이다.

분명 이상을 고려해 볼 때, 조치목적설은 상당한 매력을 보유하고 있다. 그러나 다음과 같은 치명적 약점을 지니고 있는 점을 간과해서는 안될 것이다. 우선 가장 큰 문제점은 이론의 협정상의 문언적 근거가 부족하다는 것이다. 상술한대로 조치목적설은 GATT 제III조 1항을 문언적 근거로 하고 있으나, 이는 "… so as to …"를 "… in order to …"와 같이 해석하는 오류를 범하고 있다. 또한 비록 동 조항이 조치의 '목적'에 대한 고려를 규정한 것이라 해석하는 것을 용인할 경우라도, 동 조항이 독립적으로 법적 구속력을 지닌 조항이라 볼 수는 없음은 이미 설명한 바와 같다. 또한 GATT 제III조 2항 1문 및 제III조 제4항이 제III조 2항 2문과는 달리 직접 제III조 1항을 원용하고 있지 않으므로 결국 제III조 1항이 법적 구속력을 지니는 것은 제III조 2항 2문의 경우로 한정될 뿐이다. 따라서 GATT 제III조 1항은 조치목적설의 충분한 근거가 되지 못하는 것이다. 이를 고려해 볼 때, 조치목적설은 GATT협정상의 통상적 문구의 해석의 범위를 벗어나, 지나치게 목적론적인 해석을 시도하는 이론이라 볼 수 있다.

---

233) TBT협정 제2조 제2항 참조.

둘째로, GATT 제XX조와의 관계에서 볼 때, 분명히 조치목적설은 전술한 바와 같이 상당한 장점을 보유하고 있다. 그러나 이러한 장점만큼이나 커다란 결함을 또한 지니고 있음을 주목해야 한다. GATT의 기초자들은 제III조와 제XX조간의 일종의 분업관계를 의도했음은 분명하다. 즉, 제III조는 정부조치가 두 상품 간의 경쟁관계에 어떠한 영향을 미치는가에 전적으로 주목하여 비차별원칙을 실현하려는데 의도가 있는 반면, 제XX조는 정부조치의 의도 내지는 목적이라는 요소에 초점을 맞추어 어떠한 조치로 인해 일정한 차별적 결과가 초래될 경우에도 정당한 목적하에 취해진 조치는 구제하려는 의도하에 제정된 조항인 것이다. 다시 말하면, 조치의 목적론적 해석은 모두 GATT 제XX조의 관할사항으로 넘겨졌던 것이다. 그런데, 조치목적설은 이러한 GATT의 기본구조를 무너뜨리게 된다. 조치의 의도나 목적을 제III조의 "같은 상품" 또는 "직접 경쟁 또는 대체 상품" 판정 단계에서 고려함으로써 제XX조가 적용될 가능성을 대폭 축소해버리게 되는 것이다. 즉, 조치의 목적을 고려하여 "같은 상품"이 아니라고 판정되어 버리면, 이미 동 조치의 제III조 위반이 성립되지 않게 되므로 제XX조가 적용될 이유가 없어지고 결과적으로 제XX조는 존재 의의를 잃게 된다.

조치목적설의 지지자들은 이러한 점이 오히려 장점이라고 말할지 모른다. 상술한대로 제XX조에 나열되어 있는 정당화 사유들이 한정되어 있으므로, 더 많은 정당화 사유들을 고려하기 위해서라도 이러한 해석이 바람직하다는 것이다. 그러나, 이러한 주장의 치명적 약점은 제XX조가 적용되지 않게 됨으로써 제XX조의 각 항에 규정된 '정당화 사유'뿐만 아니고 각 항에 병존하고 있는 조치의 '필요성(necessity) 기준' 및 제XX조 모두(chapeau) 또한 적용될 기회를 잃게 된다는데 있다. 즉, 각 항에서는 당해 조치와 그 목적간에 "필요성이나 관련성"이 존재할 것을 요구하고 있으며,[234] 제XX조 모두는 각 항하의 정당한 목적을 실현하기 위해 취해진 조치라 할지라도 그것이 "자의적이거나 부당하게 적용"되거나 "무역에 대한 위장된 제한"으로 작용되어서는 아니 된다"고 규정하고 있다.[235] 그런데, 조치목적설이 채택된다면, 정당한 목적을 지닌 조치들이 제III조

234) 제(a), (b), (d)항은 필요성("necessary")을 요구하고 있고, (c), (e), (g)항은 관련성("relating to")을 요구하고 있다. GATT 제XX조 참조.

하에서 그대로 합법적인 조치로 판정되어 버리게 되므로, 결국 이러한 제XX조 모두에 규정된 '자의성'이나 '위장된 제한 여부'의 심사 및 각 항하의 '필요성'이나 '관련성' 심사를 거치지 않고 조치가 정당화되는 셈이 된다. 이는 이러한 제XX조하의 요건들을 사문화(死文化)시켜 버리는 결과를 낳게 된다.

이러한 점을 좀 더 깊이 생각하면 문제는 더욱 심각해진다. 조치목적설이 채택될 경우, 각 정부들이 자신이 정당하다고 믿는 목적에 따라 수많은 차별조치를 취하게 되고 이를 제XX조하의 필요성이나 자의성 심사를 거침이 없이 합법화할 수 있으므로 결국 GATT의 비차별원칙을 회피할 수 있는 좋은 빌미를 제공해 주게 되는 것이다.

셋째, 조치목적설이 입증책임(burden of proof)의 귀속문제에 대해 미묘한 영향을 미치는 점을 간과할 수 없다. 원래 어떠한 조치의 목적의 정당성에 대한 '최초 입증책임'(prima facie burden of proof)은 피소국에 귀속된다. 왜냐하면 GATT 제XX조가 제III조에 대한 예외조항이기 때문에 제소국의 제III조 위반주장에 대해 예외사유를 원용하는 피소국이 그 정당성에 대한 입증책임이 있기 때문이다. 그러나 조치목적설이 채택될 경우, 조치 목적의 정당성 여부에 대한 최초 입증책임은 제소국 측에 이전되는 문제점을 낳게 된다. 즉, 제소국이 어쨌든 제III조 위반의 입증책임이 있으므로 제소국이 제소대상 상품의 동일성 또는 직접 경쟁 또는 대체성에 대한 입증을 하여야 하는데, 이때 이를 해당 조치의 목적에 입각하여 전개하여야 하는 부담을 지게 된다. 결국 피소국이 내세우고 있는 당해 조치의 목적의 부당성 또는 부적절성을 주장하고 이와는 다른 진정한 목적을 내세워 이에 입각하여 볼 때 당해 상품이 '같은 상품'이라는 것을 입증해야 할 책임이 제소국에 지워지게 되는 것이다. 이는 과중한 부담을 제소국 측에 지우는 것이라 볼 수 있다.

이상과 같은 이론적 측면들 이외에도 현실적으로 조치목적설을 적용하는 것

---

235) "Subject to the requirement that such measures are not applied in a manner which would constitute a means of arbitrary or unjustifiable discrimination between countries where the same conditions prevail, or a disguised restriction on international trade, ..." GATT 제XX조 모두.

이 곤란한 점이 많다. 모든 조치가 나름대로 정당한 목적을 지니고 있다고 주장되므로 어떠한 조치의 진정한 '목적'을 파악해 내기가 어려운 경우가 많다. 따라서 해당 조치가 채택된 배경에 관한 각종 자료들을 참조하는 경우가 많은데, 이러한 자료들이 미비한 경우가 많으며, 때로는 왜곡되는 경우도 있다.

그러므로 이상과 같은 점들을 종합해 볼 때, "같은 상품"이나 "직접 경쟁 또는 대체 상품"을 판정하는 데 있어 조치목적설을 취하는 것은 바람직하지 않다고 결론지을 수 있다.

다 대안 - 시장기반설(the Market-based Approach)

조치목적설이 상기와 같은 문제점 때문에 채택될 수 없다면, 상품성질설로 돌아가는 방법밖에는 대안이 없는 것인가? 아니면, 조치목적설의 문제점을 극복하면서도 그 장점을 발휘할 수 있는 대안이 있는 것인가? 이러한 대안으로써 필자가 제시하고자 하는 것이 '시장기반설(the market-based approach)'이다.[236] 시장기반설을 도출해 내기 위하여 우선 다음과 같은 두 질문을 던질 필요가 있다.

- 소비자들이 같은 상품으로 대하지 않는 두 상품을 상품의 객관적인 물리적 특성이 같다고 하여 굳이 같은 상품으로 판정하여 비차별주의 의무를 부과할 필요가 있는가?
- 소비자들이 같은 상품으로 대하지 않는 두 상품을 해당 정부조치의 목적이 정당하지 않다고 하여 같은 상품으로 판정하는 것이 무슨 의미가 있는가?[237]

---

236) Won-Mog Choi, Like Products in International Trade Law - towards a Consistent GATT/WTO Jurisprudence, the Oxford University Press, London, 2003 (hereinafter "Choi (2003)"). 시장기반설에 대한 국제적인 평가로는 "Book Review by Board of Editors, American Journal of International Law v.98, no.3, pp.610-614 (July 2004)"를 참고. 한편, 브롱커스 변호사는 자신의 논문에서 "a market-based approach"라는 말을 언급한 적이 있다. 그가 지칭한 이러한 방식은 필자의 방식과 기본적 생각 면에서 통하는 측면이 있다. 다만, 브롱커스 변호사는 주로 반덤핑협정의 같은 상품 판정시 이러한 접근법에 의할 때 반덤핑당국의 자의성을 줄일 수 있는 잇점이 있음을 위주로 논의를 전개하고 있다. See Marco Bronckers & Natalie McNelis, Rethinking the Like Product Definition in WTO Antidumping Law, Journal of World Trade 33(3) (Kluwer Law International, 1999).

문제가 되는 두 대상 상품을 소비자들이 '같거나 직접 대체 가능하다'고 생각하지 않는다면, 이 두 상품에 대해 서로 다른 대우가 부여되었을지라도 상호 경쟁관계에 미치는 영향은 유의미하지 않은 것이다. 정부가 한 상품에 대해 유리한 대우를 부여하는 것이 다른 상품에 대한 유의미한 소비 감소로 연결되지 않기 때문이다. 즉 이러한 조치는 '차별'이 아닌 '차등' 조치인 것이다. 다시 말하면, 이러한 상품에 대해 같거나 직접 경쟁 또는 대체상품이라는 판정을 내림으로써 비차별대우 의무를 적용시킬 이유가 없는 것이다. 그러므로 '같은 상품' 또는 '직접 경쟁 또는 대체 상품'인지 여부는 결국 당해 상품의 물리적 특성이나 해당 조치의 목적에 의해 결정되는 것이 아니라 그 상품을 소비하는 최종사용자들이 진정으로 그것을 '같은 상품' 또는 '직접 경쟁 또는 대체 상품'으로 보느냐에 의해 결정되어야 하는 것이다. GATT 비차별주의 원칙의 목적은 결국 상품간의 경쟁관계에 있어서의 비차별성을 유지하려는 것임을 잊지 말아야 할 것이다.

일반적으로 "여우와 독수리가 토끼에게는 같은 동물"일지는 몰라도 '만일 토끼가 우연히 나무 위에 올려 있다면' 분명히 여우와 독수리는 토끼입장에서 다른 동물인 것이다.[238] 더 이상 여우는 토끼에게 위협을 주지 못하기 때문이다. 즉, 이때, 같은 동물인지 여부는 토끼가 나무 위에 있는지 아니면 나무 아래에 있는지에 의해 결정될 수 있다. 토끼가 처해 있는 상황, 즉 GATT 비차별주의 의무 맥락에서 표현한다면, 두 상품이 놓여있는 '시장여건(market condition)'에 의해 같은 상품 여부가 결정되어야 하는 것이다. 즉, 상품이 거래되는 여건을 고려하지 않고 해당 상품이 같은 상품인지 여부를 추상적으로 판정하는 것은 무의미한 것이다. 이러한 시장여건을 좌우하는 가장 결정적 요소는 물론 상술한 바와 같이 해당 시장에서의 소비자들의 판단이다. 결국, 대상 상품이 거래되는 시장에서 소비자들이 두 상품을 같은 상품이라 보는지 여부에 의해 같은 상품 판정이 내려져야 한다.[239]

예를 들어, 두 상품인 개와 개고기가 거래되고 있다고 하자. 프랑스에서는

237) 최원목, GATT 제III조와 시장기반설(Market-based Approach) (이화여대 법학논집, 2004년 2월호).
238) Choi (2003), pp. 82-84.
239) Ibid.

개와 개고기는 절대 '직접 경쟁 또는 대체 상품'이 될 수 없을 것이다. 그러나 개고기를 즐겨 소비하는 국가에서는 이 두 상품은 '직접 경쟁 또는 대체상품'이 될 수 있는 것이다. 즉, 똑 같은 두 상품이 시장여건에 따라 직접 경쟁 또는 대체상품인지 여부가 달라지는 것이다.[240]

상기를 고려해 볼 때, 상품성질설은 시장기반설에 열등한 이론이라 말할 수 있다. 상품의 물리적 특성, 관세분류 및 용도가 유사한 경우 대개 소비자들이 이를 '직접 경쟁 또는 대체 상품'이라 볼 가능성이 높아지는 것은 사실이나, 반드시 그런 것은 아니기 때문이다. 즉, 시장기반설이 포착할 수 있는 중요한 요소인 시장의 여건을 상품성질설은 놓치는 경우가 있을 수 있는 것이다.

한편, 이러한 시장기반설을 취할 경우 조치목적설에서와 같은 단점이 발생하지 않는다. 시장기반설은 조치의 '목적'을 제III조하에서 고려하자는 것이 아니고 객관적 시장여건을 고려하자는 것이기 때문이다. '목적'에 대한 고려는 여전히 제XX조하에서 이루어지게 되므로 조치목적설에서와 같은 제XX조 모두의 사문화 및 입증책임의 전환 등과 같은 문제점이 발생되지 않게 된다. 반면, 시장기반설은 조치목적설이 가져다주는 커다란 장점인 제XX조의 제한성을 극복하는데 도움을 준다. 소비자의 기호 및 습관과 같은 요소들을 제III조하에서 고려하게 되므로 상품성질설을 취할 때보다 좀 더 많은 상품들이 '같은 상품'이 아니라고 (비차별원칙 의무 위반이 아니라고) 판정될 수가 있기 때문이다. 결국 제XX조의 예외사유에 해당하지 못한 정당한 조치의 경우에도 경우에 따라서는 시장기반설에 의해 합법성을 획득할 수 있는 가능성이 열리는 것이다. 예를 들어, 한국이라는 시장에서 대부분의 소비자들이 소주와 위스키가 직접 경쟁 또는 대체 상품이 아니라고 보고 있고 이러한 것이 입증된다면, 이에 대한 한국정부의 차등과세 조치는 정당한 것으로 판정될 것이다. 이러한 결론은 한국정부가 한국시장의 특성을 고려한 상태에서 정당한 국권 행사를 행사할 수 있는 여지를 높여주게 된다.

이렇게 시장여건을 고려해야 한다는 주장이 단기적이고 가변적인 소비자의 기호나 습관까지 고려해야 한다는 말은 아니다. 시장기반설에서 판단기준으로

---

240) Ibid.

삼고 있는 소비자 기호나 습관은 여러 종류의 것들 중에서 비교적 장기적이고 안정적으로 유지되어 오고 있는 기호나 습관을 의미한다.[241] 이러한 것들은 하루아침에 형성된 것이 아니며 시장의 구성요소들 간의 오랫동안의 상호작용을 통해 자리 잡게 된 것이다. 따라서 이러한 요소들은 시장의 여건(market condition)과 필수적으로 결부되어 시장의 판매조건을 오랫동안 좌우하게 마련이다. 이렇게 안정적이고 명백한 고려요소를 기반으로 같은(like) 제품여부 판정을 내리는 것은 당연한 것이며, 이러한 추가적인 고려가 같은 상품 판정을 불안정하게 하지도 않는다.[242]

이러한 점에서 'EC 석면 분쟁'은 매우 흥미롭다. 이 분쟁에서 상소기구는 "chrysotile asbestos"와 "PCG fibres", 그리고 "chrysotile asbestos fibres"가 함유된 시멘트 상품과 "PCG fibres"가 함유된 시멘트 상품이 각각 GATT 제III조 제4항하의 "같은 상품(like products)"인지 여부를 판정함에 있어 패널이 "소비자의 건강에 대한 위협과 관련한 소비자의 기호나 습관에 있어서의 차이"를 고려하지 않고 두 제품을 같은 상품이라 판단한 것은 잘못임을 판정하였다.[243] 이러한 판정에 대해 최근 몇몇 실무가들은 이것이 조치목적설이 다시 부활하고 있음을 의미한다는 주장을 조심스럽게 언급하는 경향이 있으나, 이러한 판단은 올바르지 않은 것이다. 'EC 석면 분쟁'에서 상소기구가 관심을 기울인 요소는 EC집행위의 '목적'이 아니고 EC '소비자들의 기호와 습관'이었기 때문이다. 이는 분명히 WTO상소기구가 "같은 상품" 판정에 있어 시장여건을 고려하기 시작한 것이라 볼 수 있으며, 이러한 점에서 시장기반설과 상통하는 측면이 있다. 이제 조치목적설이 채택되었던 짧은 기간을 제외하고 그동안 철저하게 객관적 요소들에 초점을 맞추어 상품성질설에 입각해 심사해오던 패널의 판정경향이 서서히 바뀌고 있는 것이다. 물론 그 방향은 시장기반설 쪽이며, 이는 좀더 세심하고 융통성 있는 판정을 요구하는 시대의 흐름을 반영한 것이다. 결국

241) Choi (2003), pp. 22-28.
242) Ibid.
243) See EC - Measures Affecting Asbestos and Asbestos-containing Products Appellate Report, WT/DS135/AB/R (2001), paras. 104 - 132.

WTO협정은 통상협정이며 다양한 소비자들이 경제행위를 하고 있는 각국의 시장에서 그 기능을 발휘하고 있기 때문이다. 'EC 석면 분쟁'은 이러한 판정기준의 변화의 서곡인 셈이다.

그렇다면 이러한 시장기반설이 GATT 제III조 이외의 조항 하에서의 "같은(like) 상품" 판정에도 적용될 수 있는가? 이는 매우 어려운 질문이 아닐 수 없다. 특히 WTO협정에서 "같은(like) 상품" 판정을 요하는 조항이 무려 50여 개에 이름을 고려해 볼 때 더욱 그러하다. 필자는 기본적으로 모든 WTO협정상의 "같은(like) 상품" 판정은 시장기반설에 바탕을 두어야 한다고 본다. 결국 WTO 협정은 하나의 상업협정(commercial agreement)이므로 시장(market)에서의 기본적인 시각이 WTO협정상의 의무위반 여부를 판정하는 데 기초가 되어야 하기 때문이다. 다만, 각 조항의 목적이 다소 차이가 있으므로 각 목적에 가장 부합하는 "같은(like) 상품" 판정이 이루어져야 함을 주의하여야 한다. 따라서 각 조항마다 판정요소간의 비중이 달라야 할 것이다. 즉, "같은 상품" 판정을 위한 요소들(물리적 특성, 관세분류, 용도, 소비자의 기호와 습관, 시장의 유통구조 등을 비롯한 시장의 조건 등)을 각 조항의 목적에 맞게 다른 비중으로 조합하여 "같은(like) 상품" 판정을 내려야 한다.244)

예를 들어 GATT 제I조 최혜국대우 의무 위반 판정을 위해 "같은(like) 상품" 판정을 내릴 경우는 위 요소들 중 '관세분류'(tariff classification)에 상당한 비중이 주어져야 할 경우가 많을 것이다. 세계 각국은 국제적으로 공인된 품목분류제도인 HS Code에 따라 수입품을 분류한 후 이에 의거하여 수입관세를 부과하는 경우가 일반적이다. 그런데, 최혜국대우가 주로 문제되는 사항이 수입관세 부과에서의 차별이므로, HS Code등에서 분류된 상품분류를 비중 있게 참조하여 "같은 상품" 판정을 내리지 않을 경우, 서로 다르게 분류되어 다른 관세율을 부과받는 두 상품을 "같은 상품"이라 판정할 가능성이 발생하게 된다. 이러한 판정이 내려지면 해당 수입국은 두 제품에 대해 동일한 관세를 부과해야 할 의무가 발생하게 된다. 이는 관세율 분류체계 자체가 최혜국대우 의무에 의해 무너

---

244) Choi (2003), 제III장 참조.

지게 될 위험성이 생긴다는 말이다. 이러한 결과를 방지하기 위해서라도 관세부과 차별문제와 관련한 "같은 상품" 판정은 '관세분류' 요소에 상당한 비중을 두어 이루어져야 할 것이다.[245]

반면, GATT 제III조의 경우는 관세분류 체계 유지 문제와 관계가 없으므로 소비자의 기호나 시장의 조건 요소에 커다란 비중을 두어 같은 상품 판정을 내릴 수 있다.[246] 또한 공정무역관련 규정인 반덤핑·상계관세 조항 및 세이프가드 조항 등에서는 시장에서 발생하고 있는 국내산업의 피해를 구제하는 것이 동 조항들의 일차적인 목적이므로, '시장의 조건' 요소에 비중을 두되, 같은 상품에 대한 '소비자의 시각'뿐만 아니라 동 조항들이 보호하려는 대상인 '생산자(즉 국내산업)의 시각'도 반영할 수 있을 것이다.[247]

아무튼 "같은(like) 상품" 판정 문제는 국제경제법에서 가장 기본적인 문제이나 가장 논란이 많고 가장 어려운 문제가 아닐 수 없다. 따라서 어느 하나의 이론에 전적으로 의존하거나 집착하기보다는 지금까지 주장되어 온 세 가지 이론인 상품성질설, 조치목적설 및 시장기반설의 주장 내용과 그 배경을 명확히 이해하고 이를 비판적으로 소화한 후, 그 바탕 위에서 균형 잡힌 시각으로 '차별'과 '차등'에 대한 이해와 판정을 내려야 할 것이다.

라 "같은(like) 상품" 판정의 미래[248]

"같은(like) 상품" 판정 문제는 국제경제법에서 가장 기본적인 문제인 비차별주의의 범위를 설정하는 문제이다. 즉, '차별'(discrimination)과 '차등'(differentiation)을 구별함으로써 WTO협정하에서 어떠한 정부의 행위가 불법화되고 어떠한 행위는 합법적인 국내문제인지를 가리는 기준을 설정하는 이슈이다.

245) Choi (2003), pp. 100-102. 참조.
246) Choi (2003), pp. 118-119 참조.
247) Choi (2003), pp. 136-140, 149-151 참조.
248) 이 주제에 대해서는 "Won-Mog Choi and Freya Baetens, 'Like Products', Max Planck Encyclopedia of Public International Law (Oxford University Press, 2011)"에 종합 정리되어 있음.

최근에는 조치목적설을 좀 더 발전시킨 방식인 "Alternative Comparators' Approach"가 등장하였다. 필자는 이 방식을 "조치기준 평가방식"이라 명명하고자 한다. 이 방식은 문제시되는 조치를 취한 WTO회원국 자체가 '차등' 조치를 설정한 "근거기준(comparator)"을 먼저 패널에 제시할 것을 요구하자는 것이다. 그런 다음에 패널이 제시된 기준의 "정당성(legitimacy)"을 심사하고, "해당 조치의 구조가 그 기준에 맞게 적절하게 취해졌는지(whether the architecture of the measures was properly tailored to the comparator)" 여부를 평가하게 된다.[249] 물론 기준의 정당성이 인정되는 경우라 할지라도 그러한 기준에 입각해서 볼 때에도 해당 조치가 부당한 차별적 효과(effect)를 발생시키는지 여부는 객관적으로 평가하게 된다.

이러한 방식은 어차피 제시된 근거기준의 정당성 여부는 패널에 의해 결정되게 되어 있고 그 정당성 여부가 전체적인 판정에 결정적 영향을 미친다는 점에서는 조치목적설과 차이가 없다. 다만, 해당 조치를 취한 국가가 적극적으로 근거기준을 먼저 패널에 제시하도록 한다는 점에서 전통적인 조치목적설의 방식과는 미묘한 차이를 보이고 있다. 수많은 국내외 사회문제에 직면하고 있는 현대의 정부가 좀 더 적극적으로 정당한 목적을 지닌 조치임을 항변할 수 있는 여지를 부여하려는 접근방식이라고 평가할 수 있다.

또한, 최근에는 단순한 제품제조공정(PPMs)의 차이가 "같은(like)" 상품 판정에 영향을 줄 수 있는지가 문제시되고 있다. 즉, 모든 객관적 특성에서 같은 상품일지라도 제조공정이 상이하다고 해서 두 비교대상 상품을 같은 상품이 아니라고 판정할 수 있는지가 논란의 핵심인 것이다. 이 점에 대해 미국-참치(tuna) 사건 패널에서는 "제품 자체의 특성에 영향을 남기지 않는 제조공정의 차이는 같은 상품 판정에 고려요소가 아님"을 판시하고 있다.[250] 만일 이러한 제조공정

---

249) PT Stoll and F Schorkopf, WTO: World Economic Order, World Trade Law (Nijhoff Leiden 2006) 17; H Horn and JHH Weiler, "European Communities – Measures Affecting Asbestos and Asbestos-Containing Products", 3 World Trade Review 129-51 (2006).

250) "Distinctions that go to production methods and are not reflected in the product itself are not relevant for the determination of likeness", US -Tuna Panel Report, para. 5.15.

의 차이를 고려하여 같은 상품 판정을 내린다면, 인권, 환경, 노동 등 다양한 분야의 각종 요소들을 모두 고려하여 비차별대우 위반 판정을 내려야 하는 사태가 발생(예를 들어, 아동노동을 통해 생산된 신발과 그렇지 않은 신발이 같은 상품이 아니므로 이에 대해 차별과세를 하는 것이 정당화될 수 있다는 주장)할 수 있음을 우려한 것이다. 즉 전통적인 판례에 의하면, 단순한 제조공정의 차이는 같은 상품 판정의 고려요소가 아니고, GATT 제XX조의 일반적 예외사유에서 고려할 수 있다는 것이다.

이에 대해, 반대의견이 조심스럽게 제시된 바 있다. 예를 들어, 국제인권규약상의 기준이나 멸종동식물 보호를 위한 국제협정에 위반한 조치를 통해 생산된 상품 관련 조치의 내국민대우 위반여부 판정에 있어 이러한 국제기준을 고려하는 것은 WTO분쟁해결양해 제3.2조와도 합치하는 것임이 지적되고 있다. 또한, 제조공정의 차이에 따른 같은 상품 판정은 객관적이고 중립적인 기준이 될 수 있음도 지적되고 있다.[251)]

이상에서 살펴본 바와 같이 같은(like) 상품 판정의 문제는 각 시대에 따라 고려요소의 초점이 바뀌어 오고 있으며, 시대적 문제를 해결하기 위해 다양한 관점의 시도가 끊임없이 행해지고 있는 분야임을 주의해야 한다. 때로는 카멜레온처럼 그 색깔을 변화시키기도 하고, 아코디언처럼 그 연주 음역의 폭을 조절하기도 한다. 따라서 어느 하나의 이론에 전적으로 의존하거나 집착하기보다는 지금까지 주장되어 온 세 가지 이론인 상품성질설, 조치목적설 및 시장기반설의 주장내용과 그 배경을 명확히 이해하고 이를 비판적으로 소화한 후, 변화하고 있는 시대적 상황을 반영하여 균형 잡힌 시각으로 '차별'과 '차등'에 대한 이해와 판정을 내려야 할 것이다.

---

251) R Howse and DH Regan, "The Product/Process Distinction – An Illusory Basis for Disciplining 'Unilateralism' in Trade Policy", 11 EJIL 249-89 (2000); OK Fauchald, "Flexibility and Predictability under the World Trade Organization's Non-discrimination Clauses", 37 Journal of World Trade 443-82 (2003).

마 한-미·EU 주세분쟁[252] 사례 분석[253]

이제 이상에서 살펴본 여러 논의 내용들을 종합하고 실례에 적용하는 의미에서 WTO 내국민대우 원칙에 대한 최적의 판례 중의 하나인 '한국 주세 분쟁'을 분석해 보기로 한다. 이 분쟁 분석을 통해 독자들은 내국민대우 의무와 그 핵심요건인 "같은(like) 상품" 판정에 대한 입체적인 이해는 물론, 한국적 상황하에서 비차별주의 및 그 분쟁해결절차가 어떠한 과정을 겪게 되고 또한 어떠한 의미를 지니는가를 살펴볼 수 있을 것이다.

(1) 배경 및 경위

1996-1997년 당시 우리나라의 주세제도는 수입증류주의 주종인 위스키, 브랜디에 대하여 꾸준히 세율을 인하해 오고 있었음에도 불구하고, 1968년 이래 가격이 비싼 제품에 누진적으로 고율 과세하는 '누진적 종가세제(incremental ad valorem tax)'를 유지하고 있었다. 즉, 당시 우리나라의 주세율표는 소주의 경우 증류식이 50%, 희석식이 35%였으며, 보드카·진·럼의 경우 80%, 위스키·브랜디는 100%의 종가세(ad valorem tax)체제를 유지하고 있었다.[254] 또한 교육세의 경우에도 주세율이 80% 이상인 제품(주로 수입 주류)에는 30%의 고율의 교육세율이 적용되고 80% 미만인 제품에는 10%가 적용되었다.

이러한 상황하에서, '일 - EU·미국·캐나다 주세분쟁'의 결과 일본의 차별적 주세제도가 WTO협정 위반으로 판정됨에 따라,[255] 일본과 유사한 주세체계를 갖고 있는 우리나라에 대해 EU, 미국, 캐나다 측이 조속한 주세제도 변경을 요구하는 것은 예견된 일이었다. EU 및 미국의 기본입장은 한국 소주 문제가 일본 소주 문제의 복사판(mirror case)이라는 전제하에 우리나라의 주세제도가 일본의 주세제도와 유사하므로 일본 주세에 관한 WTO패널 보고서의 결론에 따

252) Korea - Taxes on Alcoholic Beverages: WT/DS75, WT/DS84.

253) 최원목 (법무부, 2003), pp. 89-171의 내용을 요약정리하고 수정 및 보완하였다.

254) 맥주는 130%.

255) Japan - Taxes on Alcoholic Beverages, WT/DS8, WT/DS10, WT/DS11, 96.7.11. 패널, 96.10.2. 상소기구 판정.

라 우리 측의 주세제도도 개선되어야 한다는 것이었으며, 이는 수입·국산주류의 세율차이를 최소허용기준(de minimis) 이내로 축소하라는 것이었다. 아울러 EU는 우리 측이 주세제도를 종가세에서 종량세 제도로 전환할 것을 주장하였다. 이러한 제안을 우리 측이 수용하지 않자 EU와 미국은 1997년 4월과 5월 한국의 주세제도를 WTO에 제소하게 된다.

(2) "같은(like) 제품" 판정에 대한 양측의 기본입장

우리 측은 먼저 소주의 음용습관, 소비자 선호 등이 위스키와 다르다는 논리(Bain study)[256] 및 주류 음용장소 및 방법 등에 있어 우리와 일본 간에 차이가 있다는 점에 주목하고 관련 연구결과를 제소국 측에 제시한 바가 있다. 다만, 이러한 논리를 우리 측 핵심논리로 사용할 경우, 우리 주류 시장에 대해 제한된 지식을 가질 수밖에 없는 패널위원들을 설득하기가 사실상 어려울 것이므로 이러한 차이들은 핵심 논거 보다는 보완 논리로 사용하기로 하였다. 따라서 우리 측의 핵심논리는 희석식 소주와 위스키간의 가격차(price difference)가 매우 큰 점을 감안하여 가격 측면의 경제논리에 두기로 하였다.

즉, 증류식 소주와 위스키는 상대적으로 가격차이가 적으므로 직접 경쟁 또는 대체관계를 적극적으로 부인하지는 않되, 희석식 소주와 위스키는 가격차이가 크므로 직접 경쟁 또는 대체관계가 될 수 없음을 주장해 나가는 것이었다. 실제로 일본에서 소주와 위스키간의 가격 차이가 4배 전후에 불과한데 비해, 우리의 경우는 생산원가 기준 10-15배 이상의 가격차이가 존재하였다. 가격이나 판매량 등은 객관적 수치화가 가능한 명백한 증거(hard evidence)이므로 우리 주류시장과 일본 시장과의 차이를 분명히 제시할 수 있을 것으로 기대하였던 것

---

256) 우리 측이 EU측에 제시한 'Bain study'(Bain & Company study)에 의하면, (1) 소주 소비자들 중 90%가 소주를 타음료와 섞지 않고(straight) 마시는데 비해, 위스키 소비자는 40%만이 's-traight로' 마시며, (2) 소주 소비자중 대다수가 식사와 함께 술을 마시는 데 반해, 위스키의 경우는 10%만이 식사와 함께 마시며(일본의 경우 위스키 소비자 28%가 식사와 함께 마심), (3) 소주 소비자중 40%가 집에서 마시는 데 반해, 위스키의 경우 10%만이 집에서 마시고(일본의 경우 60%의 소주 및 위스키 소비자가 집에서 마심), (4) 소주와 위스키간의 시장 유통 채널이 상이하며, (5) 양 주류의 가격탄력성이 미소한 것으로 조사되었다.

이다. 이를 위해 희석식 소주와 위스키간의 '직접 경쟁 또는 대체관계'의 부재를 입증하는 계량경제학(econometrics) 모델을 개발해 나가며, '직접 경쟁 또는 대체관계'에 대한 구체적 정의가 부재함을 감안, 경제적 측면과 통상법적 측면에서 동 개념을 구성하는 기본요소(variables)를 추출해 냄은 물론, 국제적 신용도 있는 컨설팅회사에 의뢰하여 시장조사(market survey)를 실시하기로 하였다. 이제 시장조사에 기반을 둔 경제학적 분석(economic analysis)을 통해 법률적 주장을 입증하려는 경향이 WTO분쟁해결절차에도 본격적으로 등장하기 시작한 것이며,257) '한국 주세 분쟁'에서 우리나라가 취한 태도는 이러한 경향의 서막을 알리는 것이었다.

이러한 시장조사에 기초한 경제학적 분석을 통해 GATT 제III조 위반의 요건 중 하나인 '직접 경쟁 또는 대체관계'를 부인하는 방안을 우리 측이 택하는 데는 적지 않은 고민이 있었다. 직접 경쟁 또는 대체관계에 대한 정의 및 방법론이 부재한 상태에서 패널에 설득력을 지니기 위해서는 우리 측이 신빙성 있는 새로운 방법론을 창안해내야 하고 이에 따라 정밀하고도 객관적인 경제학적 분석을 진행해 그 결과를 패널에 제시해야 하는 것이었다. 이러한 방법론상의 어려움 때문에 당초 우리 측은 좀 더 방법론상으로 쉬운 방식인 '조치목적설(Aim & Effect Test)'을 적용할 지 여부에 대해 신중한 검토를 진행했다. 이 방식은 '일본 주세 분쟁'에서 일본과 미국이 각각 피소국과 제소국의 입장 차이에도 불구하고 함께 지지했던 바가 있었다.

조치목적설에 따르면, GATT 제III조 위반여부의 중요 요건인 대상제품 간의 '같은(like) 상품' 여부 판별에 있어 제품 간의 객관적 특성만을 단순 비교함으로써 유사성을 판별하는 것은 바람직하지 않다는 것이다. 해당 조치를 취한 정부의 동기 또는 목적(aim) 및 조치의 경쟁조건에 대한 영향(effect)을 고려하여 제품의 유사성 여부를 판정해야 정당한 정부조치들이 불법판정을 받는 경우를 줄일 수 있다는 것이었다. 즉, GATT 제XX조가 일정한 정부조치들을 정당화시키는 사유들을 나열하고는 있으나, 현대에는 1947년도에 제정된 GATT 제XX조

257) 사실, 이러한 경제분석의 시도는 일본 주세 분쟁에서도 있었다.

에 제한적으로 열거된 예외사유에 해당되지 않을지라도 변화된 시대 환경하에서 정당성을 인정할 수 있는 정부조치들이 있을 수 있으며, 이러한 조치들은 GATT 제XX조의 융통성 없는 예외사유들이 구제해 주지 못하므로 이들을 구제할 수 있는 유일한 수단은 GATT 제III조의 '같은 상품'의 해석에 있어서 정당한 정부조치의 목적을 고려하는 길 밖에는 없다는 것이다. 따라서 우리 주세제도에서 주류제품 간 세율이 차이가 있더라도 이러한 차등조치를 취한 우리정부의 목적에 정당성이 인정될 수 있다면 이는 소주와 위스키간의 동일성 또는 직접 경쟁·대체성을 부인하게 되어 결국 우리조치가 GATT 제III조 위반이 아닌 것으로 판정되게 된다는 것이다.

실로, 조치목적설은 우리로서는 매력적인 이론이 아닐 수 없었다. 그러나 그 매력에도 불구하고 우리 측이 조치목적설에 의존할 수는 없었다. '일본 주세 분쟁'을 통해 WTO상소기구가 조치목적설의 적용을 명확히 배제하는 판시를 내렸기 때문이었다. '일본 주세 분쟁' 상소기구는 조치목적설의 장점에도 불구하고 이를 채택했을 때 결과하는 위험성에 주목했다. 조치목적설이 받아들여지면 어느 정부도 GATT 제XX조를 통해 자신의 조치를 합리화하려 하지 않을 것이며, GATT 제III조 자체에서의 조치의 목적 심사를 통해 조치의 정당성을 옹호하려 할 것이기 때문이다. 그렇게 되면 GATT 제XX조 모두(Chapeau)에 규정되어 있는 조치의 자의성(arbitrary)·부당한 차별성(unjustifiable discrimination) 및 위장된 제한성(disguised restriction)에 대한 심사 의무 규정[258]은 그 적용 기회가 박탈당하게 되어 GATT 제XX조의 기안자(drafters)들이 구상했던 기본적 의도가 효과적으로 회피(circumvention)되게 되는 것이다. 이러한 GATT 제III조와 XX조간의 관계에 주목하여 상소기구는 조치목적설 이론을 결국 거부했던 것이다. 이것을 잘 알고 있는 우리측이 조치목적설 방식을 다시 원용하여 한국 소주 분쟁을 승리로 이끌기에는 너무나 부담이 큰 것이었다. 따라서 우리 측은 정부조치의 동기 또는 목적(aim)에 초점을 두기보다는 시장 속에서의 제품 소비자의 인식(consumers view)에 초점을 두어 제품의 직접 경쟁·대체성을 파악하고 이

258) 제XX조 모두 참조.

를 경제학적 분석을 통하여 입증하는 방식을 채택했던 것이다.

판단컨대, 이러한 접근방식은 대체로 적절한 것이었다. 사실 조치목적설이 금과옥조처럼 내세우는 명제인 "A fox and an eagle are like animals to a hare but not to a furrier"는 사물이 바라보는 자의 목적(aim)에 따라 다르게 보일 수 있다는 점을 잘 지적해 주고 있다. 그러나 이러한 목적에 대한 고려가 GATT 제III조의 '같은 상품' 판단에 적용되어야 할 이유는 없는 것이다. GATT의 기초자들이 구상했듯이 정부조치의 목적의 정당성에 대한 고려는 GATT 제XX조의 몫이다. 제III조 자체에 목적을 끌어들이는 것은 상술한 바와 같은 여러 문제를 야기 시키게 된다. 이는 무엇보다도 제III조를 해석함에 있어서 조약의 통상적 의미(ordinary meaning)에 따라 해석해야 한다는 조약해석의 원칙을 위반하게 되는 것이다. 시대가 변화되어 제XX조의 범위가 협소하게 되었다면 이는 제XX조의 개정을 통해 그 범위를 넓혀나가야 할 것이다. 아니면 적어도 제III조와 XX조간의 균형 관계를 해하지 않는 범위 내에서, 또한 명시적 조약 문안을 벗어나지 않는 범위 내에서의 해석론을 통해 변화된 국제통상환경에 맞는 제품의 동일성 또는 대체성 판정이 이루어져야 할 것이다.

이러한 의미에서 필자는 이미 제품의 동일성 또는 대체성은 '목적'이 아닌 '시장조건'의 차이 속에서 파악되어야 한다는 점을 설명하였다. 즉, 같은 제품일지라도 시장조건이 다른 곳에서 팔리게 될 경우 제품의 동일성은 다르게 판정될 수 있는 것이다. 일본에서 소주와 위스키가 직접 경쟁제품이라 판정되었다 하여 한국에서도 반드시 동일하게 판정될 이유는 없는 것이다. 중요한 것은 소비자의 선택이 집약되어 있는 당해 시장 내에서 제품의 직접 대체성을 파악해야 한다는 것이고 이것은 GATT/WTO협정이 결국은 상업협정(commercial agreement)이기에 당연한 것이다. 이러한 의미에서, 조치목적설이 아닌 시장조사를 통한 경제학적 분석에 초점을 맞춘 우리 측의 입장은 타당한 것이었다.

그러나 이제부터의 문제는 이렇게 시장조건에 따라 변화무쌍한 개념인 직접 대체성을 어떻게 객관적이고 투명성 있는 분석을 통해 파악해 내어 패널을 설득할 수 있는가이며, 이는 실로 매우 힘든 작업이 아닐 수 없었다. 또한, 우리 측의 핵심 논거인 제품 간 가격 차이는 결국은 절대적인 기준이 될 수 없으므로 동 논리를 패널이 수용할지 여부가 미지수였다. 일본 주세 패널은 교차가격탄력성 내지 대체탄력성이 직접 경쟁·대체 관계 판정의 기준이 됨을 인정하였을 뿐이고 '가격차이'를 직접 경쟁 · 대체 관계 판정의 기준으로 인정한 것이 아니었다. 실제로 가격차이가 크다고 하여 곧바로 경쟁관계가 없다는 논리가 성립하는지는 의문이며, 가격차이가 큰 상품 간에도 용도가 같은 이상 직접 경쟁 · 대체관계는 있을 수 있는 것이다(예: 신형 승용차와 동일 모델의 구형 승용차). 설령, 가격차이가 직접 경쟁 · 대체관계 판단의 중요요소라 하더라도 어느 정도의 가격차이가 있어야 직접 경쟁 · 대체관계를 부인할 수 있는지에 대해서는 객관적 기준이 없으므로 우리 측이 일관성 있게 패널로 하여금 소주와 위스키 간(가격차이가 10배) 및 소주와 럼/진간(가격차이가 2배 내외)의 직접 경쟁 · 대체관계를 부인하도록 이론 구성하는 것은 실로 어려운 것이었다. 더구나, 만일 이러한 가격 차이에 기초한 우리측 입장을 패널이 받아들이지 않는 경우(즉, 우리측 패소 시), 이것이 우리 측의 패널 판정의 이행에 있어서 부담을 가중시키게 되는 '자승자박(自繩自縛)'의 우려도 있는 것이었다. 즉, 우리 측이 패널 판정의 이행방안으로 제시할 알코올도수 비례 주세율 안에 대해 EU측이 고도주이면서도 '고가(高價)'인 위스키에 대해 여전히 차별적이라고 주장할 확실한 근거가 마련되기 때문이다. 사실, 이러한 우려는 나중에 현실로 나타나게 된다.

(3) 패널 절차에서의 양측의 주장 내용

1998년 1월 양측은 패널에 서면입장서를 제출하였으며, 3월 구두심리를 시작으로 패널 절차가 진행되었다. 양측이 패널 절차에서 주장한 내용을 요약하면 다음과 같다.

우선 제소국인 EU 및 미국의 주장내용의 핵심을 살펴보자. 제소국 측은 한국 소주분쟁이 일본 주세패널과 동일 사안(the mirror image)이라는 이미지 부각에 역점을 두었다. 물론 이는 한국 분쟁도 일본 분쟁의 선례에 따르면 된다는 선입견을 패널리스트에 심어주기 위한 것이었다. 구체적으로는 우리 소주와 일본 소주 간에 성분 등에서 차이가 없다는 입증자료를 제시하였다. 또한 EU는 소주와 여타 증류주간 교차가격탄력성(cross price elasticity)이 있음을 내세우고 이를 보여주는 경제학적 분석 결과(Dodwell Study)[259]를 제시하였다.

둘째로, 제소국 측은 우리나라 주류시장의 보호주의적 전통(폐쇄성)을 부각시켰다. 심지어 직접 관련이 없는 과거 세제, 양자협상에 의한 세율인하과정 등까지 열거하면서, 위스키 등의 주세율, 관세율 인하에 따른 판매량 증대 실적을 제시하였다. 이러한 주장은 실체법적으로는 의미가 없음에도 불구하고 EU와 미국이 부담해야 할 입증책임을 교묘히 한국 측의 결백 입증책임으로 전가하는 효과(psychological impact upon the panelists)를 노린 것이라 보인다.

셋째로, EU 및 미국은 우리 주세법의 증류주 분류에 있어서의 작위성을 지적하였다. 소주의 정의가 모든 증류주를 포괄할 수 있을 만큼 광범위하며, 여타 주류는 이에 대한 예외로서 기술되어 있는 등 특정주류의 보호를 염두에 두고 주세분류가 이루어졌다고 주장하였다.

따라서 제소국 측은 일본 주세분쟁의 판정의 토대 위에서 보드카는 한국 소주와 같은 상품(like product)이고 보드카를 제외한 나머지 주류는 직접 경쟁 또는 대체상품(directly competitive or substitutable product)인 바, 한국의 주세제도가 차별적으로 국내 상품에 대해 보호를 부여하고 있으므로 GATT 제III조 제2항 내국민대우 규정에 위반된다고 주장하였다. (제소국 측은 나중에 보드카에 대한 같은 상품 주장을 철회하고 직접경쟁 또는 대체상품에 함께 포함하여 주장하였다.)

이에 대해, 우리 측은 (i) 우리 소주와 일본 소주의 차이점을 제시하였으며, (ii) 제소국에 입증책임이 있음에도 제소국들이 직접 경쟁·대체 관계에 대한 충분한 증거를 제시하지 못하고 있고, (iii) 우리 주세법 운용에 있어 국내산업 보호 목적이 없음을 핵심내용으로 아래와 같은 주장을 전개하였다.

첫째, 우리 소주와 일본 소주는 맛(일본 소주가 더 달다), 음용방법(일본 소주는

259) EU측이 제출한 수요의 대체탄력성(cross-price elasticity of demand) 분석(일본소주 분쟁시 제출된 ASI Study와 유사)으로 소주가격 10% 상승시 8%의 갈색양주(scotch, cognac 등 brown spirits) 수요가 증가하며, 소주가격의 20%상승과 백색양주 가격의 20% 하락시 72%의 백색양주의 수요가 증가한다는 결론을 제시하고 있다. 이 결과를 기초로 EU측은 소주와 양주간 충분한 대체탄력성이 있고 이는 양제품에 대한 소비용도(end-use)가 유사함을 주장하였다.

타음료와 섞어서 마신다), 색깔(일본에서는 갈색소주가 존재), 가격(일본 소주가 5배 이상 고가), 희석식/증류식 판매현황(우리는 희석식이 99.8% 판매, 일본은 양제품 판매량이 비슷), 마케팅(우리는 서민대상, 일본은 위스키등 서양주류와의 유사성 강조) 등에서 차이가 있다. 따라서 일본에 수출되는 우리 소주는 대부분 일본식 규격에 맞춰 별도 생산되고 있는 실정이다.

둘째, 제소국은 입증책임을 다하지 못하고 있는바, 제소국 측이 제시하고 있는 Dodwell 보고서는 실제적 경쟁관계 입증이 미비하고, 설문조사 응답 결과의 신뢰도에 대한 의문이 있으며, 질문이 모호한 형태로 구성되어 있다.

셋째, 희석식 소주와 증류식 소주를 각각 위스키, 브랜디, 진, 럼 및 보드카 등과 일일이 원료, 제조공정, 물리적 특성, 가격 및 용도 면에서 구체적으로 비교해 보면(product-by-product approach) 이들 간에 직접 경쟁·관계가 없음을 알 수 있다. 특히, 희석식 소주와 위스키 간에는 제품특성(무색-갈색, 비숙성-숙성, 알코올 도수 25%-40%), 음용형태(straight-on the rocks, 식사 중-식사 전·후), 음용장소(한·중식당/포장마차-호텔 /나이트/룸살롱), 가격차이(위스키가 11-12배 고가), 마케팅(서민주-고급주) 등에서 현저한 차이가 있다. 또한, 소주와 위스키는 유통구조 및 판매망 측면에서 상이하다. 시장조사결과(Nielsen survey)[260]에 의하면 한국식당, 중식당 및 포장마차 등에서는 소주를 판매하고 있는 데 반해 위스키는 서구스타일의 음식점이나 바(bar)에서 판매되고 있다. 이는 소주와 위스키가 직접 대체관계에 있지 않음을 보여주고 있다.

넷째, 한국의 주세제도는 국내산업 보호와는 상관이 없으며, 우리나라가 소주 원료인 '주정'의 70% 정도를 수입에 의존하고 있으므로 여타 수입주류에 비

---

260) 우리 측이 2차 서면입장과 함께 제출한 주류유통현황 및 소비행태 보고서로 당시 지난 3개월간 소주나 위스키를 소비한 적이 있는 600명의 20-59세 남자를 대상으로 한 탐문조사이다. 조사결과 모든 한국식당, 중식당 및 포장마치가 소주를 판매하고, 대부분의 카페나 서구식 식당 및 바(bar)에서 위스키를 판매하며, 29.3%의 응답자가 "집"에서 주류를 식사와 함께(with meals) 소비하고, 81%가 "식당"에서 주류를 식사와 함께(with meals) 소비한다고 답변하였으며, 소주를 식사와 함께 소비하는 장소는 한식당(73%), 일식당(18.7%) 순임에 반해, 7종류의 주류 중 아무것도 서구식 식당이나 바에서 식사와 함께 소비되지 않았다. 또한 소주는 스트레이트(straight)로 소비되는 비율이 98.6%, 위스키는 얼음과 함께(on the rocks)소비되는 비율이 63.8%에 이르렀다. 우리측은 이상의 결과를 바탕으로 소주와 수입주류 간에 소비용도가 다름(very distinct end-use)을 주장하였다.

해 소주를 차별 우대할 이유가 없다. 또한, 국내 위스키 생산은 원액 전부를 수입에 의존하는 'bottling' 위주의 단순 작업 형태이기는 하나, 상당한 국내 부가가치가 창출되는 것이 사실이므로 엄연한 국내 산업으로 간주되고 있는 바, 수입위스키에 대한 차별대우는 곧바로 국내 위스키에 대한 부당 대우로 연결되므로 어떠한 보호주의적 색채도 없다.

따라서 한국의 주세제도는 GATT 제III조의 의무에 합치된다.

상기 우리 측의 주장 중 네 번째 항목은 GATT 제III조 제1항의 국내산업의 보호를 위해 적용되어서는 안 된다는 요건과도 밀접히 관련되어 있는 것으로 한국 주세구조의 정당성에 관한 항변이라 할 수 있다. 일본 소주분쟁에서 일본은 '가격기준 조세 비율'(tax/price ratio)라는 개념을 도입하여 자국 주세구조의 차등세율에 대한 정당성을 설명하기 위해 많은 노력을 경주하였다. 사실, 이 개념은 일본의 차등세율의 정당성을 설명하기 위한 궁여지책에서 창안한 것으로, 이 개념에 자국의 세율을 대입하면 주종간 '대체적으로 비례(roughly constant)'하게 된다고 강변하였으나 결국 패널을 설득하는데 실패하였다.

우리나라는 주세구조가 종가세(ad valorem)라고 설명하고 있는 바, 승소를 위해서는 어떤 산출기준(criteria)하에 희석식 소주에 35%, 위스키에 100% 등과 같이 차등세율을 설정·적용하고 있는지, 교육세에 대하여도 왜 세율을 달리하고 있는지를 설명하고, 그것은 WTO체제하에서도 조세주권과 관련하여 정당하다는 논거를 개발하여 이것을 서면입장에 반드시 포함시켜야 하는 것이었다. 따라서 비록 정치(精緻)하게 이론 전개되지는 못하였으나 우리제도의 목적론적 정당성을 주장한 것은 바람직한 것이었다고 볼 수 있다.

패널 심리 시 우리나라와 EU/미국 양측은 서로 상대방의 주장에 대한 반박 및 재반박을 전개했는바, 이를 요약하면 아래와 같다.

EU는 우리 측이 희석식 소주를 살리기 위해 증류식 소주를 희생시키는 전략을 구사하고 있다고 비판하면서, (i) Dodwell study는 일본 주세패널에서의 ASI보고서 작성방법을 그대로 원용하여 만들어진 것이므로 금번 패널에서도 수용되지 못할 이유가 없음, (ii) 한국 측이 주장하고 있는 소주와 위스키간의 소비자 행태 및 판매망의 차이는 사실이 아님(Nielsen study 결과와 상치되는 Trendscope survey[261]결과를 제출), (iii) 소주 칵테일이나 '소주방'의 존재는 소주가 주로 음식과 함께 반주로서 소비되며, straight로 음용된다는 한국 측의 주장을 일축하고 있음, (iv) 소주와 위스키간의 가격격차가 크다고 하나, 알코올 도수 차이를 감안할 경우 스탠다드급 위스키와 프리미엄 소주간의 가격차이(2-3배)는 프리미엄 소주와 일반 희석식 소주간의 가격차이 보다 크지 않음, (v) 잠재적(potential) 경쟁관계 문제는 이미 일본 주세패널이나 '캐나다 periodicals' 분쟁 에서도 인정된바 있음, (vi) 한국 측은 소주의 상당부분이 수입주정으로 만들어지고 있음을 들어 국내산업 보호가 아니라고 주장하나, 위스키 원액과는 달리 주정은 소주뿐만 아니라 보드카, 진 및 여타 약품생산에까지 광범위하게 사용되고 있음을 주목해야 할 것임을 반박하였다.

미국은 제품특성이나 제조공정이 경쟁·대체관계를 판정하는 주요근거가 될 수 없으며, 소비자 취향도 변화되어 가는 것임을 들어 소주가 여타 증류주와 전혀 별개의 제품이 될 수 없음을 주장하면서, (i) 설탕과 sweetener, 코카콜라와 환타 간의 관계에서 보듯 제품 간의 경쟁관계를 결정하는 것은 제품특성이나 제조공정이 아니라 소비자가 같은 범주의 제품으로 인식하느냐 하는 것임, (ii) 92-96년 기간 중 위스키 수입이 200%이상 신장되고 소주 칵테일 제품이 급성장하는 데서 보듯이 소비자 취향은 변화하기 마련이며, 한국 주류 시장도 'evolving market'임, (iii) 소주뿐만 아니라 Tequila도 주요 'meal drink'임, (iv) 일본은 상당량의 소주를 수입하고 있으나, 한국의 경우에는 사실상 소주수입이 전무한 실정인 것도 국내산업 보호 현실을 명확히 보여주고 있음을 반박하였다.

이에 대해 우리 측은 (i) 우리 측의 과거 주세 및 관세인하 조치는 주요 무역상대국가와의 우호적인 해결을 모색하기 위한 취지였을 뿐 우리제도의 WTO협정 위배 문제와는 무관한 것임, (ii) 제소국들은 일본 주세 패널에서 승소했으므

261) EU 주류업계측이 한국 측이 제출한 Nielsen study결과를 반박하기 위해 1998년 4월 자체적으로 시장 조사를 벌인 소비행태 관련 결과 보고서로서, EU측은 소비용도 면에서 소주와 위스키가 상당한 정도의 공통점(significant degree of overlapping as regards their end-uses)이 있다는 결론을 이끌어냈다.

로 금번 패널에서도 이기는 것이 당연하다는 단순 논리로 본건 패널에 임하고 있으나, GATT 제III조 제2항 위배 문제는 해당 제품 간 직접적인 경쟁관계가 있어야만 발생하며, 동 여부는 관련 국가의 시장 현황에 대한 개별 분석을 통해서 결정되어야 할 것인바, 이러한 분석을 진행하지 않은 제소국들은 입증책임을 다하지 못함, (iii) 한국 소주는 성분, 맛, 음용형태, 가격 등 모든 면에서 일본 소주와 다르며, 국내주류 시장에서 어떠한 서양주류와도 직접적인 경쟁관계에 있지 않음을 재강조하였으며, 구체적으로 한국 소주와 일본 소주의 샘플을 제시하기도 하였다.

또한, 양측은 같은 상품 판정과 관련 잠재적 경쟁관계(potential competition) 및 미래 경쟁관계(future competition)에 관해 공방을 펼쳤다. 제소국 측은 한국 소주와 위스키가 현재 직접적 경쟁관계에 있음은 물론, 잠재적 또는 미래 경쟁관계도 있으므로 GATT 제III조 제2항 제2문의 직접경쟁 또는 대체관계가 성립한다는 입장이었고, 우리 측은 잠재적·미래 경쟁관계와 같은 불확실한(speculative) 기준에 의거하여 직접경쟁 또는 대체관계를 판정하는 것은 바람직하지 않음을 전제하고, 소주와 위스키 간 가격차이가 크고 소비자의 인식이 상이하므로 잠재적·미래 경쟁관계가 존재하지 않음을 주장하였다. 이러한 잠재적·미래 경쟁관계 존재여부는 후술하는 바와 같이 한국 소주 분쟁의 핵심사항으로 향후 WTO 분쟁해결절차에 있어서의 같은 상품 판정에 지대한 영향을 미치는 것이었다.

(4) 패널 및 상소기구 판정 내용

마침내 1998년 7월 31일 한국 주세 패널은 판정을 내렸는바, 그 요지는 (i) 소주(희석식/증류식)와 위스키, 브랜디, 코냑, 럼, 진, 보드카, 데킬라, 리큐르(liqueurs) 및 혼합주 등 수입주류 간에는 "직접 경쟁 또는 대체관계"가 존재하고, (ii) 한국은 수입상품에 대해 "유사하지 않은 방식(not similarly)"으로 과세하였고, 즉, 이러한 차별적 과세가 미소마진(de minimis)을 넘고 있고, (iii) 그로 인해 "국내생산에 보호를 제공하도록 적용"되었으므로, 한국의 주세법은 내국민대우를 규정한 GATT 제III조 제2항에 위배된다는 것이었다. 패널 판정의 핵심

사항인 소주와 수입주류 간 직접 경쟁 또는 대체관계 존재에 관한 패널의 상세 이유는 아래와 같다.262)

한국 주세분쟁에서의 직접 경쟁 또는 대체 제품 판정

✓ **제품특성**

소주와 위스키는 제품특성이 유사함

- 소주와 수입주류는 모두 증류주로서 유사한 bottling, labelling과정을 거침
- 여과, 숙성과정, 색, 향 등에 있어서의 차이는 부차적 요소에 불과
- 특히 잠재적 경쟁관계 판단에 있어 물리적 특성의 유사성이 중요

✓ **소비용도**

최종용도 면에서 meal과 snack의 구분이 모호함에 비추어 meal-drink로서의 소주 특성은 인정 곤란

✓ **음용장소**

업소 외 판매의 경우, 유사한 장소에서 유사한 방법으로 판매

- 업소 판매의 경우, 일식집과 까페/레스토랑 등에서 유통망의 중복 발견

✓ **가격**

소주와 수입주류 간의 현격한 가격 차이는 인정할 수 없음

- 위스키 간에도 커다란 가격차이 존재
- 절대적 가격차는 상대가격의 변화에 따른 소비행태 변화보다 덜 중요

✓ **분석대상 시장**

한국시장이 그동안 폐쇄적이었음과 아직도 현저한 세율차이가 존재함에 비추어 해외 마케팅 선략 및 외국의 사례도 감안 필요가 있음. 때로는 다른 시장을 실펴보고 같은 유형의 사건이 발생할 수 있는지 여부를 판단하는 것은 당해 시장의 상황을 평가하는 합리적인 방법이 될 수 있음

- 유사시장인 일본 내에서의 소주 위상 변화, 우리 소주의 해외광고 내용 등을 고려할 필요

262) 패널보고서 참조.

✓ **교차가격 탄력성**

일본 주세분쟁에서 상소기구가 같은 상품 판정에 있어 상품의 물리적 특성, 일반적인 최종용도, 관세분류뿐만 아니라 시장에 관하여도 살펴본 것에 동의함. 관련된 시장(relevant market)을 검토하는 한 가지 수단으로 수요의 교차가격탄력성을 참조할 수 있으나 이것이 결정적인(decisive) 기준은 아님. 한국 측의 반론에도 불구, Dodwell Study는 교차가격탄력성의 존재 및 잠재적 경쟁관계에 관한 유용한 정보를 제공하고 있는바, 이를 참조할 수 있음

✓ **희석식/증류식 소주 구분**

희석식/증류식 소주의 구분 판정 필요성 기각

- 한국 측이 제시하는 차이점들은 두 제품을 구분하여 분석할 필요가 있을 정도가 아님

✓ **품목별 비교판정**

수입주류 간에 물리적 차이가 있음은 인정하나, 제품특성, 최종용도, 유통망, 가격 등에서의 공통점을 감안하여 하나의 그룹으로 간주

✓ **잠재적 경쟁관계**

제III조 제2항은 경쟁기회에 대한 기대를 보호하고 있으며, 이는 필연적으로 시간요소를 포함하고 있으므로 가까운 장래에 발생할 것이 합리적으로 기대되는 현상에 대한 증거는 고려 가능

- 특히, 경험재(experience goods) 분석에 있어 추세(trend)는 주요한 고려요인

✓ **경쟁법 원칙 적용**

통상법이 경쟁기회의 보호를 중시하는 데 반해, 경쟁법은 실제 경쟁상태를 보호하는 데 중점을 두므로 통상법상의 직접 경쟁 또는 대체관계의 범위가 더 넓어야 함

이러한 판정내용은 제소국의 주장을 거의 일방적으로 수용한 반면, 우리 측 주장의 주요논지인 제소국 측에 대한 높은 수준의 입증책임 부여, 경쟁대체관계를 판단하는 지표로서의 가격차이, 일본과 한국 시장의 차별화 및 개별시장별 분석, 희석식 소주와 증류식 소주의 구분, 수입증류주와 소주 간 개별품목별 비교분석 등을 모두 수용치 않은 것이었다. 이러한 패널의 결론은 대부분 1996년 일본 주세 분쟁 및 여타 선례에 관한 상소기구 판정 등을 기초로 한 것으로 패널이 일본 주세분쟁 패널 판정과 일관성을 유지하기 위한 노력을 기울인 것으로

평가할 수 있다.

우리 측은 위의 패널 판정에 대한 상소를 진행하였는바, 1999년 1월 18일 상소기구는 보고서를 회람하였다. 이로써 우리나라가 당사자인 분쟁에서 최초의 WTO상소기구 판정이 내려지게 되었다. 상소기구 판정의 요지는 아래와 같다.263)

한국 주세분쟁 상소기구 판정 요지

GATT 제III조 제2항 제2문에 대한 주석 및 보충규정 상의 "직접적으로 경쟁적이거나 또는 대체가능한 상품"에 대한 패널의 해석과 적용을 지지함.

✓ 한국의 주장과는 달리 패널이 현존하는 경쟁관계가 없음을 극복하기 위해 잠재적 경쟁관계에 의존한 것은 아님.

✓ 직접 경쟁 또는 대체관계는 좁게 해석되어서는 안 되며, 일반적인 용어의 의미에 따라 상품이 서로 교환 가능할 때 또는 상품이 특별한 필요나 기호를 만족시키는 대안적인 방법을 제공하는 경우, 동 상품은 경쟁적이거나 대체가능하다고 말할 수 있음.

✓ GATT 제III조 제2항상의 "국내 산업에 보호를 제공하도록(so as to afford protection)"에 대한 패널의 해석과 적용을 지지함.

✓ 조세체제가 국내 산업에 보호를 제공하는지 여부에 대한 검토는 '문제가 된 조치가 어떻게 적용되는가에 관한 문제'이고, 그와 같은 검토는 조치의 '포괄적인 구조(structure)와 방향(design)'에 대한 객관적인 분석을 요한다는 일본 주세 판결을 인용함.

✓ 한국 주세 패널이 소주와 수입주류 간 과세수준의 차이에 주로 의존하여 국내 산업에 대한 보호 제공여부를 판단한 것이 상기 접근 방식을 따르지 않은 것은 아님.

따라서, 상소기구는 DSB로 하여금 한국이 주세법과 교육세법을 GATT에 따른 한국의 의무에 일치하도록 요청할 것을 권고함.

263) 상소기구보고서 참조.

(5) 판정에 대한 분석

한국 주세분쟁의 핵심은 소주와 수입주류 간에 제품의 직접 경쟁 또는 대체성이 인정될 수 있느냐 하는 것이었다. 우리 측은 양 제품 간 가격차이 및 소비자의 기호·음용습관 등이 상이하므로 직접경쟁 또는 대체성이 성립하지 않는다는 것이었고, 제소국 및 패널 측은 그럼에도 불구하고 소주와 수입주류 간 최소한의 물리적 특성에 있어서의 공통점이 인정되고 소비자들의 기호 및 습관이 양 제품을 상호 대체적으로 사용하도록 변화될 가능성이 크므로 직접경쟁 또는 대체성을 인정할 수 있다는 것이었다. 따라서 상품의 유사성 또는 직접경쟁·대체성에 대한 판정에 초점을 맞추어 한국 주세판정을 분석·평가해 볼 수 있을 것이다.

대부분의 GATT/WTO분쟁사안에 있어 패널 및 상소기구는 객관적 기준인 물리적 특성(physical characteristics), 소비용도(end-use) 및 관세분류(tariff classification)를 기준으로 제품의 같은 상품성(또는 직접 경쟁·대체성)을 판정해 왔다. 이러한 대부분의 판정들이 그 근거로서 원용하고 있는 것은 1970년 국경과세조정에 관한 Working Party 보고서(the Report of the Working Party on Border Tax Adjustments: BTA Report)인바, BTA 보고서는 상기 3가지 객관적 기준을 제시하고 있는 것으로 알려져 왔다.

그러나 BTA 보고서가 제시한 같은(like) 상품 판정기준은 사실 주관적인 요소들을 포함하고 있었다. 제품의 소비용도도 주어진 시장상황에서 파악하도록 하고 있었고("end-uses in a given market"), 나라에 따라 변화하는 소비자의 취향이나 습관("consumers tastes and habits, which change from country to country")도 고려하도록 되어 있었다. 동 보고서 원문의 관련부분은 아래와 같다.

BTA 보고서 - 같은(like) 제품 판정 기준

> This would allow a fair assessment in each case of the different elements that constitute a similar product. Some criteria were suggested for determining, on a case-by-case basis, whether a product is similar: the product's end-uses in a given market; consumers tastes and habits, which change from country to country; the products properties, nature and quality.

따라서 그동안의 대부분의 패널 판정이 물리적 특성, 소비용도 및 관세분류라는 객관적 기준들을 위주로 같은(like) 상품 여부를 판단해 온 것은 동 판단이 BTA 보고서에 따른 것이라는 자체적 선언에도 불구하고 사실은 동 보고서의 '취지'와 합치하는 것은 아니었다. 다시 말해, 원래의 취지와는 상관없이, 그동안 패널 판정의 일관된 경향은 주관적인 요소들을 배제하고 객관적인 요소들을 기초로 제품 유사성 판단을 하여 온 것이다.

그런데, '일본 주세 분쟁'에서 상소기구는 "같은 상품(like product)"의 개념은 "아코디언의 이미지를 연상시키는 상대적인 개념"(a relative one that evokes the image of an accordion)이라고 판시하였다. 즉, 이 개념은 "문제가 되는 조항에 따라 그 범위가 수축되기도 하고 확장되기도 하는"(stretches and squeezes in different places as different provisions) 가변적인 개념이라는 것이었다. 또한, 일본 소주 분쟁 상소기구는 상품의 유사성 판단에 있어 물리적 특성, 용도 및 관세분류 이외에 "시장(market place)"을 고려할 필요가 있다고 판시하였다.

이는 '같은 상품' 판정이 새로운 국면으로 접어들고 있음을 제시하는 중요한 판시였다. 이제 전통적인 제품 유사성 판정에 있어서의 객관화 또는 일반화의 경향이 서서히 후퇴하고 국가마다 상이한 시장상황에 따른 주관적 요소들이 개입할 수 있는 문이 열린 것이다. 즉, 소주와 위스키가 물리적 특성, 관세분류 및 제품의 일반적 용도가 유사하고 또한 일본에서 소주와 위스키가 직접 경쟁 또는 대체 상품이라고 판정되었다 하더라도 이러한 판정내용이 한국이라는 시장(market place)에 그대로 적용될 수는 없는 것이었다. 일본 소주 분쟁 상소기구의 선례를 그대로 답습한 한국 소주 분쟁 패널 및 상소기구가 시장 분석의 필요를 강조한 일본 소주 분쟁의 판시 내용을 그대로 이어 받지 않을 수는 없는 것이었다. 따라서 한국 소주 패널 및 상소기구는 한국시장에서의 소주와 위스키간의 관계를 정의해야 하는 피할 수 없는 과제를 지녔던 것이다.

이러한 과제를 수행하기 위해, 패널은 Dodwell Study라는 경제학적 분석(수요의 가격탄력성 분석)에 의존하지 않을 수 없었다. 한국시장에서 한국 소비자들이 소주와 위스키를 대체가능한 것으로 여긴다는 것 외에 더 좋은 시장 분석(market place analysis) 증거는 없었던 것이다. 그러나 유감스럽게도 제소국 측이 제출한 Dodwell Study의 방법론상의 결함이 한국 측(Hindley 보고서)에 의해 효과적으로 밝혀짐에 따라 동 study의 결과에 대한 신뢰도가 현저히 저하되었다. 그렇다고 한국 소주분쟁 패널은 이미 일본에서 직접 대체성이 인정된 소주와 위스키를 한국에서는 직접 대체성이 없다고 판정함으로써 패널 판정의 일관성(consistency)을 저해했다는 비판을 감내하길 원하지 않았던 것 같다. 그러므로 한국 소주분쟁 패널은 소주와 위스키간의 직접 대체성을 증거 할만한 Dodwell Study이외의 강력한 근거를 찾아야만 했었을 것이다.

결국, 그 근거로서 패널이 집중적으로 의존한 것은 패널의 부인에도 불구하고 '잠재적 경쟁관계(potential competition)'였다. 비록 한국 측의 비판을 받아 수정된 Dodwell Study의 결과가 소주와 위스키간의 미미한 직접 대체성을 보여주는데 불과했지만 이는 잠재적 경쟁관계를 추론하기에 충분한 바, GATT 제III조는 이러한 잠재적 경쟁관계도 보호하기 위한 조항이기에 결국 소주와 위스키는 직접 대체 상품이라는 것이 패널판정의 요체였다. 사실, 한국 소주분쟁 패널은 패널보고서 상에 '잠재적 경쟁관계'라는 용어(potential/potentially/potentiality/future)를 총 101회나 사용하였는바, 이는 패널이 이러한 잠재적 경쟁관계 논리에 지대하게 의존하였음을 보여주고 있다. 패널이 '경험재(experience goods)'로서의 주류제품의 특수성이나, 제품의 '본성(nature)'에 대해 강조한 것도 이러한 잠재적 경쟁관계 논리와 일맥상통하는 것이었다.

그러나 이러한 잠재적 경쟁관계에의 지나친 의존은 매우 위험한 경향이 아닐 수 없다. 그 개념의 모호성과 판단의 자의성으로 인해 패널이 마음먹기에 따라 웬만한 상품 간의 관계는 모두 잠재적 경쟁관계로 규정지을 수 있기 때문이다. 이제 전통적인 "WTO협정상의 각 조항별 아코디언(Accordion of Provision by Provision)"에 더해 "잠재적 경쟁관계 아코디언(Accordion of Potentiality)"을 양손에 하나씩 쥔 패널이 상호 보완적으로 이들을 원하는 만큼 확장 또는 수축(stretch or squeeze)함으로써 WTO회원국 정부의 조치들을 원하는 만큼 규율해 나갈 수 있게 된 것이다.

결국, 1970년 주관적 기준과 객관적 기준간의 조화를 규정한 BTA보고서상의 같은 상품 판정 방식이, GATT/WTO 패널에 의해 객관적 기준 위주로 편향되어 적용되어 오다가, 일본 주세분쟁 상소기구에 의해 시장조건(market place)이라는 주관적 요소가 부활됨에 따라 겨우 주관적 요소와 객관적 요소간의 균형이 회복되려던 참에, 한국 주세분쟁 패널에 의해 또다시 객관적 기준 쪽으로 복귀하고 있는 것이다. 같은 상품 판정에 있어 잠재적 경쟁관계라는 불확실한 개념에 의존하는 것은 실제적으로는 같은 상품 판정이 잠재성이라는 형식적이고 일반적인(따라서 객관적인) 판단기준에 의거해 내려짐을 의미하기 때문이다.

한국 소주분쟁 패널은 결국 한국시장이 아닌 일본시장을 참조하게 되고 경험재(experience goods)의 특성을 강조하는 등 소주와 위스키간의 잠재적 경쟁관계 분석에 기초해 유사성 판정을 내리고 말았다. 이제, 제품의 유사성 판정에 있어 중요한 이슈는 잠재적 경쟁관계라는 생래적으로 모호한 개념의 분석에 있어 WTO 패널이 얼마나 설득력 있는 판단기준을 수립하여 일관성 있게 적용해 나가느냐에 주어지게 되었으며, 실로 이는 이륙기(take-off stage)를 지나 도약기로 접어드는 WTO분쟁해결 체제에 남겨진 가장 중요한 과제중의 하나가 아닐 수 없다. 왜냐하면, 같은 제품 판정은 WTO협정의 중심축인 내국민대우 의무의 범위를 결정하게 되고, WTO 내국민대우 조항은 국제통상법 체제가 어쩔 수 없이 받들어야 하는 '두 주인(the two masters)'인 '자유무역(free trade)'과 '각 정부의 주권(regulatory autonomy)'이 필연적으로 교차하는 곳이기 때문이다.

5 비차별 의무의 예외

가 최혜국대우 의무의 예외

(1) 역사적 예외

그렇다면, 이상과 같은 일반적인 최혜국대우 의무에 대한 예외는 없는가? 우선, GATT 제I조 자체가 일정한 예외를 허용하고 있음을 주목할 필요가 있다. GATT 성립 이전부터 식민지관계에 있는 국가 간에 설정된 특혜관세 제도는 정치적으로 폐지하기가 곤란하였으므로, 일종의 면제권(grandfather right)을 부여하여 GATT 제I조의 예외로 규정했던 것이다. 이러한 예외는 GATT 제I조 2항에서부터 4항까지 규정되어 있는바, 영연방(Commonwealth)국가 간의 특혜제도, 프랑스동맹지역, 베네룩스관세동맹지역, 미국과 그 식민지 지역 등에 대한 역사적인 예외가 규정되어 있다.

(2) 지역무역협정

다음으로 GATT 제XXIV조의 지역협정에 대한 예외가 있다. WTO회원국들이 '자유무역지대(Free Trade Area)'나 '관세동맹(Customs Union)'을 맺는 경우 최혜국대우 의무의 예외가 인정되어 동 지역협정의 회원국끼리만 특혜를 주고받는 것이 일정 조건하에 허용된다. 이때 이러한 예외가 허용되는 조건으로는 지역협정 회원국 상호간 무역장벽을 철폐해야 한다는 대내적 조건과 당해 지역협정의 회원국이 아닌 국가에 대해서 무역장벽을 더 높이지 말아야 한다는 대외적 조건이 부과된다.[264] 또한, 지역협정은 WTO에 통보되어야 하며 일정한 심사를 받아야 한다. 이러한 조건들이 규정되어 있음에도 불구하고 그동안 동 조건의

---

264) GATT 제XXIV조는 지역무역협정을 체결할 때, "당해 지역협정의 결과로 이전보다 대외 무역장벽이 증가해서는 안 되며", "회원국 간의 대내 무역장벽은 실질적으로 모두(substantially all) 철폐해야" 함을 규정하고 있다. 또한, 이러한 대내무역장벽 철폐는 통상 지역무역협정 체결 후 10년 이내에 철폐되어야 한다. 또한, 관세동맹(Customs Union)의 경우에는 회원국 간 대외무역장벽을 단일화해야 하는 추가적 의무가 부과된다.

충족여부에 대한 심사가 엄격하게 진행되어 오지 못했다. 이는 동 조건들의 구체적 의미에 관한 해석의 다양성 및 지역협정 문제의 정치적 민감성에 기인한 측면이 많다. 따라서 사실상 상기 조건들을 갖추지 못한 부분적 지역협정들이 많이 설립되어 그 회원국끼리만 부분적인 분야에서 상호 특혜무역을 실시해 오고 있는 실정이다. 이는 엄밀한 의미에서는 최혜국대우 의무 위반이나, 지역협정의 당사국들은 GATT 제XXIV조의 예외를 원용하면서 이를 정당화해 오고 있으며, 다른 WTO회원국들은 이에 대한 문제제기를 자제해 오고 있는 실정이다. 이 문제에 대해서는 항을 별도로 구성하여 아래에서 논의하기로 한다.

(3) 국경무역

GATT 제XXIV조 3항은 "국경지역 무역(frontier traffic)증진"을 위해 "인접한 국가(adjacent countries) 간의 일정한 교역행위"에 대해 최혜국대우 의무 면제를 인정해 주고 있다. 동 조항의 해석상 어느 지리적 범위까지 특혜무역이 가능한가에 대해 이견이 있을 수 있으나, 과거 GATT의 준비회의 중 하나였던 '런던회의'(London session of the GATT Preparatory Committee) 시 미국은 국경으로부터 15km이내의 범위에서만 최혜국대우 의무 면제가 인정된다는 견해를 피력한 바가 있다.[265] 일반적으로 동남아시아나 유럽처럼 국가가 밀집되어 있는 지역에서 역사적으로 국경지대를 중심으로 한 한정된 특혜교역이 이루어진 경우 최혜국대우 의무의 적용이 배제된다고 볼 수 있을 것이다.

(4) 의무면제 제도 및 WTO협정 적용 배제

WTO협정은 '의무면제제도(waiver)'를 인정하고 있다. 즉, WTO각료회의에서 WTO회원국의 4분지 3 이상의 동의를 얻는 경우 WTO협정상의 특정 의무로부터 면제를 받을 수가 있는 바,[266] 최혜국대우 의무도 예외가 아니다. 과거 미국은 '캐리비아만 경제부흥법'에 의한 캐리비안제국에 대한 관세면제조치에 대

265) WTO Secretariat, Guide to GATT Law and Practice ("GATT Analytical Index") pp. 795-796 (1995).

266) WTO설립협정 제IX조 3항.

해 최혜국대우 의무로부터의 면제를 부여받은 바가 있다.[267] 이탈리아는 리비아에 대한 특별관세 혜택 부여를 의무면제제도를 통해 승인 받았었다. 이 밖에도 아르헨티나, 호주, 벨기에, 브라질, 캐나다, 칠레, 쿠바, 인도, 인도네시아, 이태리, 말레이시아, 뉴질랜드, 필리핀, 태국, 터키, 유고, EC, 우루과이, 스리랑카, 트리니다드토바고, 파키스탄, 네덜란드, 말라위, 자메이카, 불란서, 헝가리, 콜롬비아 등 여러 나라들이 각종 의무면제를 받은 바가 있다.[268] 이렇게 1995년 초 WTO체제가 출범할 당시 승인된 면제의 건수는 115건에 이르렀다.[269]

따라서 두 국가 간 특혜를 교환하기 위해서는 최혜국대우 의무로부터 면제를 얻는 것도 하나의 방법이다. 그러나 WTO전체회원국의 4분지 3 이상의 동의를 얻는 것은 쉬운 일이 아니다. 또한, 이러한 면제의 부여에는 기한 및 조건 등의 제한이 있고, 추후에도 매년 면제제도의 지속필요성에 대한 각료회의의 심사를 받아야 한다.[270] 이러한 절차적 요건에 더해, 의무면제는 "예외적인 상황(exceptional circumstances)"하에서만 부여된다는 실체적 요건을 충족해야 한다.[271] 실제로 이러한 실체적 요건을 충족하지 못해 면제 부여가 부인된 예도 있다. 즉, 1969년 'EEC의 이스라엘 및 스페인산 감귤류 관세감축을 위한 면제요청'[272] 및 '1970년 그리스의 소련산 제품에 대한 특혜부여 요청'[273] 등은 승인을 받지 못하였다.

한편, WTO협정 제XIII조에 의해 특정한 국가와의 관계에서 WTO협정상의 권리와 의무관계를 인정하지 않기로 한 경우도 WTO협정상의 최혜국대우 의무의 예외가 허용된 예라 볼 수 있다.

---

267) 1985년 2월 15일 면제가 부여되었다. The Report of the Working Party on "United States Caribbean Basin Economic Recovery Act, L/5779, 31S/20.

268) GATT Analytical Index, vol 2, supra note 15, pp. 891-905.

269) Ibid., p. 887.

270) WTO설립협정 제IX조 4항.

271) WTO설립협정 제IX조 3항, 4항.

272) EEC - Reduction of Customs Duties on Certain Citrus Fruit originating from Israel and Spain, 17S/61 and C/M/59 and 61.

273) Greece - Preferential Tariff Quotas to the USSR, 18S/179 and C/M/63 and 65.

(5) 반덤핑 및 상계관세 제도

반덤핑 및 상계관세 제도 또한 최혜국대우 의무에 대한 예외이다. 수입품이 정상가격보다 저렴한 가격으로 판매되고 있으며 이로 인해 국내 산업에 피해가 발생하는 경우 수입국은 일정한 판정절차를 거쳐 수입품에 대해 반덤핑관세를 부과할 수 있다.[274] 또한, 수입품의 본국정부가 수입품을 생산하는 생산자에게 일정한 보조금을 지급하여 그 결과로서 수입국의 국내 산업에 피해가 야기된 경우 수입국은 일정한 판정절차를 거쳐 당해 수입품에 대해 상계관세를 부과할 수 있다.[275] 이 두 경우에 판정대상이 된 특정 국가로부터 수입되는 물품에 대해서만 높은 관세가 부과되게 되므로 원칙적으로는 최혜국대우 의무에 위반하여 관세를 부과하는 셈이 된다. 그러나 이러한 반덤핑 및 상계관세 조치가 GATT 제VI조 및 반덤핑/보조금 및 상계관세협정 등에 의해 허용되고 있으므로 이것이 최혜국대우 의무의 예외에 해당한다는 것이다. 실로 반덤핑/상계관세 조치는 특정 국가를 대상으로 하는 것이므로 최혜국대우 의무에 합치되게 반덤핑/상계관세 조치를 취한다는 것은 사실 불가능한 것이다.

(6) 국제수지의 어려움 해소를 위해 IMF와 협의하에 취하는 수량제한 조치

국제수지의 어려움을 겪고 있는 상태에서 IMF와 협의하에 수입에 대해 수량제한을 가하는 경우는 GATT 제XIV조에 의거하여 최혜국대우 의무의 면제가 허용된다. 즉, GATT 제XII조에 의하면 수량제한 금지원칙의 예외로서 국제수지의 어려움을 극복하기 위해 수입을 제한할 수 있는바, 이러한 예외적인 경우에도 최혜국대우 원칙에 맞게 수량제한을 취해야 할 의무가 GATT 제XIII조에 의해 부과된다. 그런데 GATT 제XIV조는 다시 이러한 수량제한시의 최혜국대우 의무의 예외 사유로서 IMF와의 협의를 들고 있는 것이다. 따라서 IMF와 협의하여 외환보유고를 확보하기 위한 조치를 취하는 경우에는 선별적으로 특정 국가로부터의 수입에 대해서만 수입제한 조치를 취할 수 있게 된다.

---

274) GATT 제VI조 및 반덤핑협정 참조.
275) GATT 제VI조 및 보조금및상계관세협정 참조.

(7) 국가안보 보호 조치

GATT 제XXI조는 '국가안보에 관한 예외'(security exceptions)를 규정하고 있다. 이는 WTO회원국이 "핵분열물질 처리, 무기교역, 전쟁수행, 국제비상사태, UN헌장상의 안보유지 활동" 등과 관련하여 "자국의 필수적 국가이익을 보호하기 위해 필요한 경우" GATT상의 각종 의무로부터 벗어날 수 있음을 의미한다.[276] 따라서 국가안보 보호를 위한 일정한 조치는 최혜국대우 의무의 구속을 받지 않게 된다.

(8) 분쟁해결절차를 통한 보복조치

WTO회원국이 WTO분쟁해결절차에서 승소한 경우, 승소한 국가에게는 패널 판정의 이행(implementation)을 요구할 수 있는 권리가 생기게 되고 패소한 국가에게는 판정이행의 의무가 발생한다. 그런데 패소한 국가가 이행을 하지 않고 절적한 보상의 합의도 없는 경우, 승소한 국가는 분쟁해결기구(DSB)로부터 패소국에 대한 보복을 승인 받아 보복조치를 취할 수 있다. 이러한 보복조치는 패소국에 대해서만 차별적으로 취해지므로, 결국 WTO분쟁해결절차 상의 보복제도는 비차별주의 원칙의 예외를 허용한 예라 볼 수 있다.

(9) 개발도상국에 대한 특혜

전통적으로 개발도상국에 대해서 선진국이 특혜를 부여하는 것이 허용되어 왔다. 이러한 개도국에 대한 특혜는 1979년 GATT회원국의 결정으로 GATT체제의 한 부분으로 체화되게 되었다. 이것이 바로 1979년 GATT체약국단이 결정한 '개발도상국에 대한 특혜에 관한 허용조항'[277]인 것이다. 이 결정에 의하면 선진국이 개도국에 "차별적이고 유리한 대우를 부여하는 것이 허용"되며 일반특혜관세(GSP) 제도를 통한 관세 상의 특혜 및 여타 비관세 분야에서의 특혜를 부

---

276) GATT 제XXI조 참조.

277) "Differential and More Favourable Treatment, Reciprocity and Fuller Participation of Developing Countries", L/4903 (Decision by GATT Contracting Parties, 28 November 1979).

여할 수 있다.[278] 한 가지 유의할 점은 이러한 특혜 부여가 선진국의 권한 사항이지 의무 사항이 아니라는 점이다. 따라서 전적으로 선진국의 결정에 의해 개도국에 대한 특혜 부여 여부가 좌우되게 되며, 이 때문에 동 결정의 통칭도 '허용 조항(Enabling Clause)'이라 붙게 된 것이다. 아무튼, 선진국이 개도국에 특혜를 부여하기로 결정한 경우 이는 최혜국대우 의무의 예외로서 허용되게 된다.

위의 허용 조항은 선진국이 개도국에 대해 부여하는 특혜조치만 정당화하도록 규정되어 있고 개도국이 최빈개도국(least-developed countries)에 대해 부여하는 특혜는 포함되어 있지 않다. 최근 개도국 중에서도 급속한 경제발전을 이룬 국가들이 속속 등장함에 따라 이들 국가들에 의한 최빈개도국 지원의 정당화 문제가 제기되게 되었다. 이러한 결과 WTO 일반이사회는 1999년 6월 의무면제 결정을 통해 '개도국을 위한 특혜관세 제도'(Preferential Tariff Treatment for Least-Developed Countries)를 마련하고, 2009년 6월 30일까지 WTO회원국인 개도국이 UN이 지정한 최빈개도국 제품에 대해 일방적으로 특혜관세를 부여하는 것을 "허용"(allow)하였다.[279] 따라서 이 결정은 또 하나의 GATT 최혜국대우 의무에 대한 예외로서 현재 기능하고 있는 것이다. 이 제도는 비록 한시적인 의무면제 형태로 입법화되었으나, 앞으로 1979년 허용조항의 경우와 같이 영구적인 제도로 정착할 수 있을지 여부가 주목되고 있다.

(10) GATT 제XX조 일반적 예외의 경우

GATT 제XX조는 '일반적 예외(General Exceptions)'라는 제목하에 몇 가지 예외 사유들을 기술하고 있다. 즉, "공중도덕 보호, 인간·동식물 생명 · 건강 보호, 금 · 은 수출입, 죄수노동을 통한 생산물 관련, 국보급 문화재보호, 유한 천연자원 보존 등을 위해 필요한 경우"는 GATT의무로부터 벗어날 수 있다는 취지로 문안이 구성되어 있다.[280] 따라서, GATT 제XX조가 최혜국대우 의무의 예외조항이라 일견 이해할 가능성이 있다. 예를 들면, 중국이 WTO에 가입한 현

---

278) Ibid., 제1항, 제2항.
279) WT/L/304 (adopted on 15 June 1999).
280) GATT 제XX조 참조.

시점에서 사회주의 특유의 공중도덕을 유지하기 위해 서구로부터의 음란물의 수입을 제한할 필요를 느낀다고 가정하자. 이때 중국이 일본으로부터 수입되는 음란물과 미국으로부터 수입되는 같은(like) 음란물간에 차별대우를 취하는 것이 GATT 제XX조에 의해 정당화될 수 있을 것인가? 일견 GATT 제XX조를 볼 때, '일반적 예외'라 제목이 붙어 있고 예외사유 중 하나로 "공중도덕을 보호하기 위해 필요한 경우"를 들고 있으며 이러한 중국의 조치는 이러한 예외 사유에 해당하므로 일반적 예외가 적용되어 GATT 제I조 위반을 정당화할 수 있을 것으로 보인다.

그러나 이 조항의 모두(chapeau)[281]에는 이러한 예외사유에 해당되는 조치일지라도 일정한 요건을 갖출 경우에만 GATT의무로부터 예외를 허용한다는 문구가 자리 잡고 있음을 주의할 필요가 있다. 이 모두는 예외사유에 해당하는 조치가 "동일한 조건하에 있는 국가 간에 자의적이고 정당화할 수 없는 차별의 수단이 되거나 국제무역에 대한 위장된 제한이 되도록 적용되어서는 아니 된다"고 규정하고 있다.[282] 이 중 예외사유에 해당되는 조치를 취할 경우에도 "동일한 조건하에 있는 국가 간에 자의적 차별을 가해서는 안 된다"는 조건을 주목할 필요가 있다. 이는 일종의 비차별원칙을 의미하는 것이라 이해할 수 있다. 그러므로 중국이 사회주의 공중도덕을 보존하기 위해 음란물에 대한 수입규제를 가하는 경우에도 근거 없이 일본상품과 미국상품 간에 차별을 둘 수는 없다는 이야기가 된다. 즉, GATT 제XX조는 최혜국대우의 완전한 예외가 아니라는 셈이 된다.

여기서 상기 모두 조항은 "자의적이거나 정당화할 수 없는" 차별만을 금지하고 있음을 주의할 필요가 있다. 이를 반대해석하면 '자의적이지 않고 정당화할 수 있는' 차별은 허용된다는 것이 된다. 따라서 만일 일본산 음란물이 미국산 그것보다 중국사회에 더 위해를 가할 것이 여러 사정으로 보아 명백한 경우는 중국정부가 일본산 음란물에 대해 더욱 강력한 규제를 가하는 것은 "동일한 조건하에 있는 국가 간에 자의적인 차별"을 취하는 것이 아니므로 결국 허용된다는

281) 협정문 상의 일정한 조항 내에서의 '모두(chapeau)'란 동 조항 하의 각 항에 공통적으로 적용되는 사항을 기술해 놓은 조항의 서두부분을 말한다.
282) GATT 제XX조 모두 참조.

것이다. 다시 말하면, 비록 일본산과 미국산이 같은(like) 상품으로 판정되는 경우에도 이러한 정당하고 자의성이 없는 차별은 허용되게 된다.

그러므로 결론적으로 GATT 제XX조는 최혜국대우에 대한 완전한 예외조항도 아니고 그렇다고 완전한 최혜국대우를 요구하는 조항도 아니라고 보아야 한다.[283] 정당한 목적하의 조치가 차별적으로 적용되는 것을 경계하고는 있으나 자의성이 없는 차별은 허용하고 있기 때문이다. GATT 제XX조의 해석에 관한 상세사항은 나중에 논하기로 한다.

나 내국민대우 원칙의 예외

GATT는 내국민대우의 예외를 몇 가지 인정하고 있다. 첫째, 제III조 3항은 1947년 4월 10일 현재 시행중인 무역협정 상에서 승인되어 있는 과세조치에 대해서는 일정한 조건하에 내국민대우 의무의 적용을 면제하고 있다.[284]

둘째, 제III조 제8항은 두 가지 중요한 내국민대우에 대한 예외를 선언하고 있다. 즉, 정부조달에 있어서는 GATT상의 내국민대우 조항의 적용을 배제시키고 있는바, 정부조달협정의 가입국에 한해 '정부조달협정'상의 내국민대우 조항이 적용되게 된다. 또한 국내 산업에 대해 보조금을 지급(payment)하는 조치도 내국민대우 의무가 적용되지 않는다. 사실 이러한 면제조항이 없다면 대부분의 보조금 지급이 내국민대우 의무 위반으로 판정될 것이다. 보조금은 국내 산업에만 지급되고 이와 경쟁관계에 있는 외국의 '같은' 상품의 생산업자에 대해서는 지급되지 않는 것이 보통이므로 보조금 지급으로 인해 국내외 '같은 상품' 간의 차별이 발생하기 때문이다. 이렇게 내국민대우 의무 때문에 보조금을 지급하지 못하는 것을 방지하기 위해 제III조는 보조금 지급을 예외사유로 규정하고 별도의 '보조금및상계관세협정'에 의해 보조금 지급이 규율되도록 하고 있는 것이다.

셋째, 제III조 제10항은 영화필름 상영에 대한 양적 제한조치를 내국민대우

283) 이를 Jackson교수는 "Soft MFN"의무라 부른다. Jackson (1997), p. 164.
284) GATT 제III조 3항 참조.

조항의 예외사유로 선언하고 있으며, 제IV조가 이를 상세히 규정하고 있다. 이에 따라, 수입영화와 국산영화간의 차별조치를 일정한 조건에 따라 스크린쿼터(screen quotas) 형식으로 운영할 경우 내국민대우 의무 위반이 성립되지 않게 된다.285)

넷째, 의무면제를 획득한 조치 및 국가안보 보호 조치가 내국민대우의 예외임은 상기 최혜국대우 의무의 예외 부분에서 설명한 바와 같다.

다섯째, GATT 제XX조의 일반적 예외가 내국민대우 의무의 완전한 예외인지 여부는 상기 제2편 제III장(최혜국대우 의무의 예외)에서 설명한 것과 동일한 논리가 적용될 수 있다. 따라서 "동일한 조건하에 있는 국가 간에 자의적이고 정당화할 수 없는 차별의 수단이 되거나 국제무역에 대한 위장된 제한이 되도록 적용되지 않는" 범위 내에서 일정한 예외사유에 해당하는 조치는 내국민대우 의무 위반이 정당화되게 된다.

6 지역무역협정과 비차별주의 원칙

지역무역협정(Regional Trade Agreement: RTA 또는 Free Trade Agreement: FTA)은 그 가입국 간에 관세 및 무역장벽을 철폐하는 협정이므로, 비 가입국과의 관계에서 차별이 발생하게 되고, 이것은 WTO협정의 대원칙인 최혜국대우 의무(MFN)와의 충돌을 일으키게 된다. 다시 말하면, 모든 FTA는 MFN 의무와의 충돌이 전제되어 있다. 이러한 시원적인 충돌관계를 해결하기 위해 WTO협정 자체가 FTA의 일정한 조건을 규정하고 그러한 조건을 충족한 FTA에 대해서만 MFN의무의 예외로서 그 위반을 정당화할 수 있도록 규정하고 있다. 그러므로 FTA의 성립요건이 MFN위반의 정당성 요건이 되는 셈이다. 본 항에서는 이러한 요건을 살펴봄으로써 WTO협정과 FTA와의 관계를 정리하기로 한다.

지역주의(regionalism) 형성과 관련된 주요원칙은 GATT 제XXIV조 및 GATS 협정문 제V조에 규정되어 있다. 이중 상품분야의 지역주의 조항인

285) 이러한 조건에 관해서는 GATT 제IV조 참조.

GATT 제XXIV조에 대해 본 항에서 설명하기로 하고 서비스분야의 FTA통합에 대한 문제에 대해서는 다음 항에서 설명하기로 한다.

GATT 제XXIV조에 따르면 FTA의 형성으로 인해 발생한 차별이 정당화되기 위해서는 아래 요건이 모두 충족되어야 한다.[286]

첫째, 대외적 요건으로, 역외국에 대한 관세 및 기타 교역 규제를 협정체결 전보다 더 교역 제한적으로 변경해서는 안 된다.[287] FTA보다 더 진전된 형태인 관세동맹(customs union) 형태로 경제통합을 하는 경우에는 위 대외적 요건에 더해 공통대외관세(common external tariffs)를 갖추어야 한다. 즉 관세동맹 회원국 간에 품목별로 공통의 대외관세를 설정하여, 관세동맹의 비회원국들에 대해 적용해야 하는 것이다. 예를 들어, 관세동맹인 EU는 특정품목에 대해 동일한 대외관세를 적용하고 있으므로, 한국의 일정한 제품이 어느 개별 EU회원국을 통해 EU역내로 수출되든지에 상관없이 동일한 관세를 부과받게 되는 것이다.

이러한 대외적 요건의 경우는 비교적 충족시키기가 용이하다. 역외국에 대한 관세 및 기타 교역 규제가 협정체결 전보다 더 교역 제한적이어서는 안 되므로, 각 FTA 회원국들이 FTA 체결 이전에 적용하고 있던 관세율을 그대로 FTA 형성 후에도 유지하게 되면, 위 요건을 충족하는 데 문제가 없다. 물론 FTA체결을 계기로 FTA 비회원국에 적용되는 관세율을 낮추어서 적용해 주는 것도 가능하다. 반면, FTA 체결을 계기로 비회원국에 대한 관세를 어느 한 품목에서도 올리게 되면, 이러한 대외적 요건을 위반하게 됨을 주의해야 한다. 이때, FTA 체결 전후 높여서는 안 되는 "관세"란 양허관세가 아니고 실행관세이다. "관세(duties)" 뿐만 아니라 "다른 교역규제(other regulations of commerce)"도 높여서는 안 되는바, 이때, 다른 교역규제의 범위가 어디까지인지에 대한 논란이 있어왔다. 특히, 원산지규정, 수량제한 규제 등도 "다른 교역규제"에 해당하므로, FTA 체결 전에 비해 더 교역제한적으로 변경하지 못한다는 견해가 제기되어 왔다. 이 점에 대해, WTO패널은 수량제한조치와 같이 GATT 제XI조에 위반하는

286) Won-Mog Choi, Reigional Economic Integration in East Asia: Prospect and Jurisprudence, Journal of International Economic Law (2003).

287) GATT 재XXIV조 4, 5

조치는 "다른 교역규제"에 해당하지 않음을 설명하고, 그 WTO합치성이 보장되는 한 "교역에 영향을 미치는 모든 규제(any regulation having an impact on trade)"가 "다른 교역규제"에 포함될 수 있는바, 이것은 위생검역조치, 관세평가, 반덤핑, 기술장벽, 국내 환경기준, 수출신용제도 등이 포함될 수 있는 진화하는 개념(evolving concept)임을 판시한 바 있다.[288] 한편, WTO상소기구는 이 점에 관하여, 심지어 WTO규정에 합치하지 않는 규제라도 (i) WTO에 합치되는 식으로 FTA를 형성할 당시에 도입된 규제이며, (ii) 그러한 규제를 도입하지 않으면 그러한 FTA를 형성하지 못하는 경우에는 그러한 규제를 도입하는 것이 정당화됨을 판시하였음. 즉, 위 두 가지 조건이 충족되는 규제는 "다른 교역규제"에 해당하지 않게 되어 FTA형성 이전보다 더 교역제한적이 되더라도 문제가 없게 된다는 것이다.[289]

둘째, 대내적 요건으로, 역내국 간에는 "실질적으로 모든 무역"(substantially all the trade)을 대상으로 관세장벽을 철폐해야 하는바, 이러한 철폐는 합리적 기간(통상 10년) 내에 이루어야 한다.[290] 이때, "실질적으로 모든" 무역이라는 의미 해석과 관련하여, 양적 기준을 채택하여 80% 정도의 교역분야가 FTA관세 철폐 스케줄에 포함되면 위 조건이 충족된 것으로 보는 입장(주로 EU측의 입장)과 90% 이상을 기준으로 삼는 입장(농산물 수출국을 포함한 주요 수출국들의 입장) 등이 간간히 제기된 바가 있으며,[291] 질적 기준을 도입해서 농산물과 같은 주요 부문을 전면 제외하는 RTA의 GATT 합치성에 대해 의문을 제기하는 학설이 일부 있다.

---

288) Turkey Textile 분쟁 패널 보고서, WT/DS34, para. 9.120.

289) Turkey Textile 분쟁 상소기구 보고서, para. 58.

290) GATT 24조 8항.

291) EC를 성립시킨 Treaty of Rome에 대한 GATT회원국 심사과정에서 6개국이 "해당 협정 당사국들 간의 교역량의 80% 이상이 자유화되어야 한다"는 기준을 제시한 바가 있다. EFTA의 심사과정에서는 농산물 분야를 대폭 제외하여 1/3만 자유화 대상에 포함한 것은 GATT 24조 8항에 위반한다는 의견이 제시된 바 있다. EC-Czech/Hungary/Poland/Slovak 협정의 심사과정에서는 호주와 일본이 농산물 부문에 존재하는 "상당한 교역장벽(significant barriers)"을 문제제기한 바가 있다. 호주는 HS6단위로 계산해서 95%가 자유화되어야 한다는 기준을 제시했다. Won-mog Choi, Regional Economic Integration in East Asia: Prospect and Jurisprudence (JIEL, Oxford Univ. Press, 2003)

농산물 부문을 FTA관세 철폐 대상에서 전면 제외하는 것에 대해서는 아래와 같은 두 가지 논쟁이 가능하다.

- 해석1: "실질적으로 모든 무역"이란 실질적으로 모든 "상품 섹터"에서 무역을 의미하는 것이 아니고, 전반적으로 80~90% 정도의 무역이 관세철폐의 대상에 포함됨을 의미하므로, 농업분야를 협상에서 제외하더라도 제외되는 무역의 비중이 전체 무역의 10~20%를 넘지 않으면 문제가 없다는 견해
- 해석2: "실질적으로 모든 무역"이란 어떤 섹터의 완전한 예외를 허용하지 않는 것을 의미하므로, 농업분야를 협상에서 전면 제외하는 것은 위 조건에 불합치 한다는 견해

한국이 EFTA와 맺은 FTA는 86~88%의 공산품과 수산물을 중심으로 관세철폐에 합의했으며, 농산물의 경우에는 현재 양측간 교역되고 있는 품목에 한해 관세철폐를 규정했다. 한국-ASEAN FTA와 한-중 FTA 등에서는 수많은 민감 농산물이 관세철폐에서 제외됐다. 따라서 이러한 FTA가 과연 대내적 요건에 합치하는지는 논쟁거리일 수밖에 없다.

위와 같은 여러 논쟁에도 불구하고, 아직까지 '실질적으로 모든 무역'에 대한 유권해석을 내린 판례나 결정은 없다.[292] 더구나, FTA에 대한 WTO회원국의 심사도 형식적으로 이루어져, 비구속적인 코멘트(comments)가 제기되었을 뿐, 구속적인 권고(recommendation)나 결정(decision)이 내려진 바가 없으므로, 위 RTA의 합치성 요건의 해석에 대한 문제는 명확한 국제적 기준이 정립되지 못하고 있다. 한마디로, FTA의 적법성 문제는 정치적 민감성으로 인해 WTO회원국 상호간에 구속적인 형태로 문제를 제기하는 것을 자제(mutual political restraints)해 왔다고 볼 수 있다.[293]

292) 터키 Textile 분쟁에서 패널은 "substantially all"의 일반적 의미는 양적 기준과 질적 기준 모두를 포함하는 개념이라 보았다. 상소기구는 또한 일정한 퍼센티지의 교역의 자유화를 요하는 개념이며, 주요섹터를 제외하지 않아야 함을 판시한 바 있다. 다만, 구체적인 % 기준을 제시하지는 않고, "교역의 약간보다는 상당히 더 많은 교역에 있어서의 자유화를 요한다(something considerably more than merely some of the trade)"고만 판시했다.

293) FTA의 적법성 요건 전반에 대한 정리는 Won-Mog Choi, Regional Economic Integration in East Asia: Prospect and Jurisprudence, Journal of International Economic Law (Oxford University Press, 2003), pp. 49-77 참조.

다만, 앞으로 치열한 지역주의 경쟁 하에서 FTA간의 적법성 분쟁이 발생할 수도 있고, 차별당하는 역외국 기업이 문제를 지속적으로 제기하여 WTO분쟁으로 비화될 소지도 있으므로,294) FTA 적법성 요건에 대한 균형 잡힌 해석에 입각해 FTA정책을 펼쳐나갈 필요는 있는 것이다. 그런 의미에서, 농업부문 전체를 FTA 적용제외 하는 식의 협정체결은 바람직하지 못하며, 농산물을 일부라도 포함하여 90% 내외의 품목분야에 대해 관세철폐가 이루어지도록 협정을 체결해야 한다고 판단된다. 아울러 한국은 OECD국가이므로 개도국끼리 맺은 FTA에 대한 특혜를 규정한 허용조항(Enabling Clause)를 원용하는 것은 사실상 어려움을 염두에 두어야 한다.

또한, 대내적 철폐의 대상이 되는 "관세 및 다른 제한적 교역규제(the duties and other restrictive regulations of commerce)"의 개념을 확정할 필요가 있다. 즉, "다른 제한적 교역규제"의 범위가 어디까지냐의 문제이다. GATT 제24조 8항 자체가 "GATT 제11, 12, 13, 14, 15, 20조하에서 허용되는 규제는 필요한 대로 이러한 철폐대상 규제에서 제외됨(except, where necessary, those permitted under Articles XI, XII, XIII, XIV, XV and XX)"을 명시하고 있으므로, 이러한 조항들의 적용의 결과로 발생하는 규제는 FTA 당사국 간 철폐하지 않아도 문제되지 않는다. 반면, 위 예외조항에 명시되지 않은 여타 규제의 경우에 과연 "다른 제한적 교역규제"의 개념에 포함되어 FTA 당사국 간 철폐해야 하는지가 논란이 될 수 있다.

예를 들어, GATT 제XXI조는 일정한 국가안보 보호를 위한 통상규제의 정당성을 규정하고 있다. GATT 제XIX조는 수입량 급증에 따라 국내 산업에 심각한 피해가 발생할 경우 긴급수입제한조치를 취할 수 있음을 규정하고 있다. GATT 제VI조는 덤핑과 보조금지급과 같은 불공정 무역행위가 있는 경우 해당 국가로부터 수입된 제품에 대해 반덤핑 및 상계관세 조치를 취할 수 있음을 규정하고 있다. 이러한 조항들은 위 XXIV조 8항에서 예외조항을 명시되지 않고 있으므로, FTA를 체결하면 그 당사국끼리는 국가안보를 위한 조치, 긴급수입제

294) GATT 제24조의 해석에 관한 양해에 따르면, 지역무역협정 문제와 관련하여서도 WTO분쟁해결절차가 원용될 수 있음을 명시하고 있다(12항).

한 조치, 무역구제 조치 등을 취할 수 없다는 것인지의 논란인 것이다. 이에 대해 WTO 상소기구는 FTA 당사국 간의 무역장벽 철폐의무는 100%철폐하는 것이 아니고 “실질적으로 모든” 장벽을 철폐할 의무를 지는 것이므로, 이러한 조치들을 취하더라도 FTA 당사국 간의 교역에 미치는 영향이 미소하다면, 위 실질적으로 모든 장벽 철폐의무에 배치되지 않을 것이므로, 정당한 조치를 취할 수 있는 권리는 확보되어 있다고 판시하고 있다.[295)]

주의할 점은 개도국끼리 맺은 RTA의 경우에는 위 대내적 요건(실질적으로 모든 무역을 대상으로 관세장벽 철폐)이 완화되어 적용되는바, 반드시 역내 관세 철폐(elimination)에 이르지 않고 관세 감축(reduction)에 그치는 형태의 FTA도 용인되며, WTO회원국이 정하는 기준에 따른 비관세장벽의 상호 철폐나 감축도 가능하다.[296)] 유의할 점은 이러한 유연성이 허용되는 경우는 “개도국끼리” 맺은 FTA라서, 선진국이 개도국과 체결하는 FTA에는 적용되지 않는다는 점이다. 따라서 한국의 경우 개도국 지위를 원용하기 곤란해지 현재의 상황에서는 아무리 경제여건이 열악한 개도국과 FTA를 체결하더라도 위 Enabling Clause상의 유연성을 원용할 수 없을 것이다.

셋째, 절차적 요건으로 늦어도 FTA 당사국 간 특혜를 적용하기 이전에 WTO에 통보하고, 관세양허, MFN 관세율, 특혜원산지규정, 수입통계 등의 정보를 제공해야 한다. WTO사무국은 통보된 RTA에 대한 사실관계보고서(factual presentation)을 작성하고, 이에 기해 WTO회원국들은 통보된 RTA를 심사(consideration)하게 되는바, WTO회원국들은 입장서를 제출하거나 코멘트를 제출할 수 있다. 이러한 각종 자료와 회의록은 공표된다. WTO회원국들은 이러한 심사를 거쳐 RTA 회원국에 대하여 일정한 권고(recommendation)를 발할 수 있는바, RTA당사국이 이러한 권고를 수용하지 않을 경우에는 해당 RTA를 철회하거나 시행하지 않아야 한다.[297)]

WTO협정상의 FTA의 투명성 요건을 좀 더 상세히 규정하여 FTA의 통보

---

295) Argentina-Footwear 분쟁, WT/DS121/AB/R, especially para. 99-104.
296) Enabling Clause 제2항.
297) GATT 24조 7항.

및 심사절차를 명확화하기 위해 WTO 일반이사회에서 'RTA에 대한 투명성메커니즘 관련 일반이사회 결정'을 내린바 있다.[298] 그 주요 내용은 아래와 같다.

RTA 투명성 메커니즘

① 조기 선언

- 지역무역협정의 체결을 목표로 협상을 진행하는 WTO회원국은 WTO에 그 사실을 통보하고, 지역무역협정에 서명하게 되면, 명칭, 범위, 서명일, 예상 발효계획, 접촉선, 웹사이트 주소 및 기타 공개가능 관련 정보를 제공해야 함.

② 통보

- 지역무역협정의 WTO통보는 비준 후 즉시 이루어져야 하며, 늦어도 지역무역협정 당사국들간의 특혜조치가 적용되기 전에 이루어져야 함.
- 통보시 당사국은 WTO협정 어느 조항에 의거하여 통보하는지를 명시해야 하며, 해당 협정의 전문과 양허표, 부속서 및 의정서를 제출해야 함.

③ 투명성 제고절차

- 통보된 지역무역협정에 대한 심사는 보통 1년 이내에 이루어지며, 심사절차는 WTO사무국이 해당 당사국과 협의하여 구체적인 시간계획을 세우게 됨.
- 이러한 심사를 위해 당사국은 WTO사무국에 부속서에 기재된 관련 정보(아래)를 전자파일 형태로 제출하며, 사무국은 RTA의 사실관계 프리젠테이션을 준비함. 이러한 정보는 통보후 10주(개도국이 맺은 RTA의 경우는 20주) 이내에 제출되어야 함.

- 관세양허사항: 발효시 적용된 당사국의 특혜관세 현황, 이행기간 동안 적용될 특혜관세 현황, RTA발효 이전과 이후의 MFN관세 현황, 적용가능한대로 여타 관련 자료,
- 특혜원산지 규정
- 최근 3년간의 수입통계: 당사국 간의 수입가액 현황, 대세계 수입현황을 원산지별로 정리한 자료,
- 서비스 교역자료: 최근 3년간의 서비스섹터 및 파트너별 교역지불현황 통계, 총국내 서비스생산액 통계, 해외직접투자와 자인인 이동 관련 섹터별 통계
- 개도국이 당사국인 RTA의 경우에는 이상의 자료를 준비하는데 기술적 제약이 있음을 고려해야 함.

298) Transparency Mechanism for Regional Trade Agreements (General Council Decision of 14 December 2006, WT/L/671)

④ **심의 절차**

- 이러한 사실관계 프리젠테이션은 분쟁해결을 위한 기초자료로 사용될 수 없으며, 한 번의 정식 회합으로 심사가 이루어지며 추가적인 정보교환은 서면으로 이루어짐.

- 이러한 회합 이전 8주까지 관련 정보는 WTO회원국들에게 배포되며, 회원국들의 질문과 코멘트는 회합 이전 4주까지 협정 당사국들에게 전달됨. 모든 서면과 회의록은 WTO홈피에 공개됨.

- RTA의 이행과 운영에 영향을 미치는 변경사항도 통보해야 하는바, 그러한 변경이 이루어진 후 즉시 통보함. 변경사항의 개요, 관련 조문, 양허표 및 부속서 등이 전자문서 형태로 포괄되어 제출되어야 함.

- RTA의 이행기간 말에 애초 통보했던 자유화 양허사항들이 지켜졌는지에 대한 간단한 서면보고서를 제출함.

- 이러한 통보 및 보고에 대해 WTO회원국들은 적절한 의견교환의 기회가 보장됨.

⑤ **기타**

- The Committee on Regional Trade Agreement는 일반적 RTA 통보 및 심사를 담당하며, the Committee on Trade and Development는 Enabling Clause 상의 RTA를 담당함.

- WTO의 모든 회원국은 타 회원국의 WTO사무국에 대한 통보 의무와 관련하여 관련 WTO기구의 주의를 환기시킬 수 있음.

- 이러한 투명성 절차는 그 운영의 경험을 살려 DDA협상에서 영구적인 체제로 대체할지 여부를 논의하며, 이러한 절차와 WTO의 관련조항간의 법률적 관계에 대해서도 검토함.

이상의 요건을 모두 충족할 경우 상품분야 MFN의무 위반이 정당화되는 FTA가 탄생하게 된다. 주의할 점은 이러한 정당화의 이익은 WTO회원국끼리 맺은 FTA에만 부여된다는 점이다. 즉, FTA 당사국 중 WTO비회원국이 포함되어 있으면, WTO회원국인 FTA당사국이 다른 FTA 당사국에 부여한 특혜(관세철폐)의 MFN위반을 정당화할 수 없게 된다. 따라서 한국의 경우 북한과 FTA를 체결함으로써 남북한 특혜교역을 정당화하려 한다면, 북한이 WTO에 가입하는 것이 전제되어야 함을 주의해야 한다.[299)]

---

299) 최원목, '남·북한 경제협력 정책과 한국의 자유무역협정 추진과의 관계 - 국제통상법적 접근 - 국제

이렇게 WTO비회원국과 FTA를 체결하려 하는 경우에 원용될 수 있는 조항이 GATT 제XXIV조 10항이다. 이에 따르면, GATT 제XXIV조 5항 - 9항까지의 요건을 모두 준수하지는 않는 FTA의 경우라도 GATT 회원국모임에서 2/3 다수결로 승인할 수 있다고 규정하고 있다.300) 즉, 2/3 다수결의 승인을 얻게 되면, 대외적 요건, 대내적 요건 및 절차적 요건을 준수하지 않는 FTA도 성립 가능하므로, 심지어 WTO비회원국과의 FTA도 정당화될 수 있다고 판단된다. 이 점은 남북한이 FTA를 맺는 경우 등에 매우 유용하게 활용될 수 있을 것이다. 다만, 10항 자체가 이러한 승인의 효과가 영구적인 것은 아니고 궁극적으로는 GATT상의 요건에 합치되는 FTA를 형성시킬 것을 조건으로 하고 있으므로, WTO 비회원국인 FTA당사국을 결국은 WTO에 가입시키는 노력을 기울여야 하는 부담은 있다.

흥미로운 점은 한국과 같은 분단국이었던 서독의 경우는 동독과의 관계에 있어 이러한 의무면제를 요청할 필요가 없었다는 점이다. 이는 서독이 GATT에 가입할 당시인 1951년 체약국단(Contracting Parties)의 결정으로 동 서독의 거래에 대한 특별한 지위를 인정받아 두었기 때문이었다. 즉, GATT 체약국단은 "GATT 제I조에도 불구하고 서독의 GATT가입으로 인해 독일에서 생산된 상품의 독일 내 무역의 현 지위나 조치들이 수정될 필요가 없다"고 결정함으로써, 동서독간의 무역거래에 대한 최혜국대우 의무의 적용을 배제하였던 것이다.301) 이에 반해, 1967년 한국의 GATT 가입시의 체약국단의 결정문에는 남·북한 관

법학회논총 제47권 제3호(2002년 12월, 대한국제법학회, 이하에서 "최원목 (2002)"이라 칭한다), pp. 199-200 참조.

300) "The Contracting Parties may by a two-thirds majority approve proposals which do not fully comply with the requirements of paragraphs 5 to 9 inclusive, provided that such proposals lead to the formation of a customs union or a free-trade area in the sense of this Article."

301) "The CONTRACTING PARTIES further agree that, notwithstanding the provisions of Article I of the General Agreement the accession of the Government of the Federal Republic of Germany will not require any modification in the present arrangements for, or status of, intra-German trade in goods originating within Germany." Accession of the Federal Republic of Germany, GATT Contracting Party Decision, 21 June 1951, para.1(b).

계를 염두에 둔 아무런 언급이 없다.[302] 한국은 훨씬 나중에 GATT에 가입했기에 좀 더 면밀한 분석이 가능했고 또한 이미 서독의 선례가 있었기에 이를 원용할 수 있었음에도 불구하고 그러지 못한 점은 많은 아쉬움을 주고 있다. 물론 1951년 당시의 독일은 동 서베를린 통항문제 등으로 세계의 주목을 받고 있었던 시절이었고, 1967년의 한국은 세계적 냉전체제와 국내적으로는 군사정권 하에서 반공의 기치를 높여가고 있던 때라는 시대적 차이가 있기는 하다. 그러나 4문단 7항목으로 되어 있는 서독의 GATT가입 결정문에 비해 형식적인 간단한 문구로만 기술되어 있는 한국의 그것은 아무래도 초라하기 그지없다.[303]

아무튼 이러한 역사적인 사실의 차이는 이후에 전개되는 서독의 대동독 경제협력과 한국의 대북한 경제협력간의 국제법적 지위의 차이를 초래했다. 서독은 GATT가입 후 마음 놓고 동독과 대규모의 경제협력을 진행할 수 있었으나, 남·북한 문제 제기라는 역사적 기회를 놓친 한국의 경우는 반세기가 지나 본격적으로 진행된바 있는 대북한 경제협력의 국제적 정당성 문제에 빠져들고 있는 것이다.[304]

또 한 가지 짚고 넘어갈 것은 GATT 자체가 특수관계에 있는 국가 간 무역에 관한 특별조항을 두고 있다는 점이다. GATT는 인도와 파키스탄의 경우 "양국이 하나의 경제공동체를 형성해 온 사실을 고려하여, GATT상의 제반 규정에도 불구하고 양국 간 특별대우를 부여하는 조치를 취하는 것이 허용된다"라는 조항을 두고 있다.[305] 이 조항은 1947년 8월 인도와 파키스탄이 분리된 직후 시점인 1947년 9월에 개최된 '제네바회의'(Geneva session of the Preparatory Committee)에서 GATT문안으로 추가된 것이며, 그 후 1954-1955년의 GATT

---

302) 한국의 GATT가입 결정문 全文은 다음과 같다. "The CONTRACTING PARTIES, Having regard to the results of the negotiations directed toward the accession of the Republic of Korea to the General Agreement on Tariffs and Trade, and having prepared a Protocol 2 for the accession of the Republic of Korea, Decide, in accordance with Article XXXIII of the General Agreement, that the Republic of Korea may accede to the General Agreement on the terms set out in the said Protocol." Korea – Accession under Article XXXIII, Decision of 2 March, 1967.

303) 최원목 (2002), p. 201.

304) 최원목 (2002), p. 202.

305) GATT 제XXIV조 11항.

개정 심사회의(Review Session)시 인도와 파키스탄 대표의 주장에 따라 그대로 존속되게 된 것이다. 유의할 점은 GATT는 상기 특별조항의 적용에 대한 일정한 제한을 가하고 있다는 점이다. 즉, 이러한 특별조항은 인도와 파키스탄간의 "상호무역관계가 확고하게 수립될 때까지" 인정되며, 양국 간의 특별대우조치는 "GATT상의 일정한 조항으로부터 일탈할 수 있으나 협정의 목적에는 일반적으로 일치해야 한다"는 것이다.[306]

한국과 같은 또 하나의 분단국인 인도와 파키스탄은 상호간 특혜적 경제협력을 진행할 수 있는 국제법적 근거를 GATT 자체에 규정하는 데 성공했고, 한국은 그렇지 못하다는 사실이다.[307] 이러한 남북한 교역에 관한 특별규정의 부재의 요인으로는 GATT체결 시점이 남 북한 분단 이전이었다는 점, 북한이 GATT 비회원국인 점 및 그동안의 남북한 관계가 적대관계로 일관되어 온 점 등을 들 수 있을 것이다. 그러나 이러한 요인들은 남북한 관계에만 존재하는 특수한 것이 아니었다. 따라서 무엇보다도 한국의 경우는 대외정책을 결정할 때 이의 국제법적 합치성에 대한 검토 및 고려가 결여되었고, 남북한 관계를 장기적인 안목에서 바라보는 정책적 시각이 부족했기 때문이라고 볼 수 있다.[308]

---

306) 최원목 (2002), p. 202.
307) 이 밖에도 GATT는 몇몇 역사적 관계에 대해 예외를 부여하고 있다. GATT 제XXIV조 3항은 2차 대전 이후 '트리에스테(Trieste) 자유지대'와 인접국가 간의 특혜무역을 허용하고 있으며, 제I조 2항은 MFN의 일반적 예외로써 GATT체결 이전의 몇몇 기존의 특혜무역을 허용하고 있다.
308) 최원목 (2002), pp. 202-203.

7 서비스 무역과 비차별 원칙[309)]

가 GATS의 기본입장

'서비스무역에관한일반협정'(GATS)도 GATT과 마찬가지로 해당 규율분야의 무역자유화를 달성하는 것을 기본 목표로 삼고 있는 점에서는 유사하나, 무역자유화를 달성하는 방법론에 있어서는 다소 상이한 자세를 취하고 있다. 즉, GATS는 회원국들의 의무를 '일반적 의무사항'(general obligations)과 '특정적 의무사항'(specific obligations)으로 양분하고 이 양자간 서비스무역 자유화의 수단을 다르게 규율하고 있는 점이 특징적이다. '일반적 의무사항'은 모든 서비스부문에 적용되는 의무이며, 최혜국대우 의무는 이러한 일반적 의무사항에 속한다. 반면에 내국민대우 의무가 속한 특정적 의무사항은 WTO회원국이 자국의 양허계획표에 포함시킨 서비스부문에 대해서만 적용되게 된다.

이러한 차이점은 WTO회원국들이 서비스무역 분야에서 존재하고 있었던 각종 차별조치들을 철폐하는데 대한 합의가 형성되지 못한 상태에서 GATS가 채택·발효되었기 때문에 다자간 무역자유화와 기존의 국내정책 보호간의 균형을 이루려는 노력의 결과물인 것이다. 즉, 비교적 가치중립적인 상품교역분야를 규율하는 GATT와는 달리, GATS는 각국의 정치적, 사회적, 정서적 이해대립이 민감하게 교차하고 있는 서비스분야를 규율하는 협정이므로 좀 더 그 규율에 신중할 필요가 있으며 각 WTO회원국의 특수한 국내사정을 감안하여 비차별주의 의무를 부과할 필요가 있다는 것을 의미하는 것이었다. 따라서 WTO회원국은 기본적으로 자국의 양허부문의 범위를 설정함으로써 내국민대우 의무를 적용 받는 부문을 선별적으로 설정할 수 있는 것이며, 좀 더 민감한 부문은 양허대상에서 제외함으로써 내국민대우 의무의 적용을 차단할 수 있게 된다.

309) 이 부분은 최원목 (법무부, 2003), 제4편의 내용을 수정 및 보완한 것이다.

나 최혜국대우 의무

(1) GATS 제II조

GATS 제II조는 "WTO회원국은 타회원국의 서비스와 서비스공급자에 대해 여타 국가(any other country)의 같은 서비스와 서비스공급자(like services and service suppliers)에 부여하는 것보다 불리하지 않은 대우(treatment no less favourable)를 즉각적이고 무조건적으로(unconditionally) 부여해야 한다"고 규정하고 있다. 즉, 이는 WTO회원국이 자국의 서비스 시장을 모든 WTO회원국에 대해 동등하게 개방해야 함을 의미한다. 따라서 우리나라 시장에서 서비스를 공급하고자 하는 외국의 서비스공급자간 차별대우 조치를 한국정부가 취하는 경우, 이는 '횡적 균형'(horizontal balance)를 깨뜨리게 되므로 최혜국대우 위반이 성립하는 것이다. 예를 들어 한국정부가 미국의 의사들에 대해서만 우리나라에서의 진료권을 허용하고 영국의 의사들에 대해서는 이를 허용하지 않을 경우, 영국은 한국의 최혜국대우 의무 위반을 WTO분쟁해결절차에서 주장할 수 있게 된다.

이러한 GATS상의 최혜국대우 의무 규정에서 주의할 점을 지적하면 아래와 같다. 첫째, GATS는 GATT와 마찬가지로 '무조건적 최혜국대우(unconditional MFN) 의무'를 채택하고 있다는 점이다. 따라서 위의 예에서 한국정부가 영국의 사들의 진료권을 인정하지 않으면서, 그 이유로서 미국과는 달리 영국 내에서는 한국의사들의 진료권이 인정되고 있지 않음(상호주의)을 드는 것은 허용될 수 없는 것이다. WTO회원국이 최혜국대우를 부여하는 데 있어서 어떠한 조건도 부과되어서는 아니 되기 때문이다.

둘째, WTO회원국이 비회원국에 부여한 특혜에 대해서도 최혜국대우 의무가 적용되게 된다는 점을 주목할 필요가 있다. 즉, GATS도 GATT와 같이 '여타 국가(any other country)'에 부여한 대우(여타 회원국에 부여한 대우가 아니고)를 최혜국대우의 기준으로 삼고 있기 때문이다. 따라서 한국이 북한으로부터 제공되는 서비스에 대해서만 특혜를 부여하게 되면, 이는 한국의 GATS 제II조 위반이 성립되게 되고, 다른 WTO회원국의 제소에 직면할 가능성이 있게 된다.

셋째, 이러한 최혜국대우 의무 위반은 '같은 서비스(like services)' 또는 '같은 서비스 공급자(like service suppliers)'들 간의 차별이 존재할 경우 성립되게 되는바, 무엇이 '같은 서비스/서비스공급자'인지를 판정하는 문제가 중요해진다. 이에 대해서는 후술하기로 한다.

넷째, "불리하지 않은 대우"(no less favourable treatment)란 구체적으로 무엇을 의미하는 것인가가 문제가 된다. 물론 문제의 핵심은 '형식상의 차별'(de jure discrimination)뿐만 아니라 '사실상의 차별'(de facto discrimination)까지도 '불리한 대우'에 포함될 수 있는가이다.[310] 이에 관해 '유럽공동체 바나나 분쟁'[311]은 많은 시사점을 준다. 이 분쟁에서 WTO패널(panel)은 GATS 제II조상의 최혜국대우 의무와 GATS 제XVII조상의 내국민대우 의무 규정간의 '불리하지 않은 대우' 개념의 해석은 일치해야 함을 판정하였다. GATS 제XVII조에 따르면, '불리하지 않은 대우 부여' 의무를 충족시키는 방법은 "불리하지 않은 경쟁조건(conditions of competition)을 부여"하면 되는 것이고 이것을 달성하는 방식이 "형식적으로 동일한(formally identical) 대우"이거나 아니면 "형식적으로 상이한(formally different) 대우"이거나 여부에 상관이 없다는 것이다.[312] 이러한 규정은 GATT의 비차별주의 규정의 해석을 통해 발전되어 온 논리들을 명문화한 것이고, GATS 제II조와 제XVII조는 모두 동일한 문구인 "불리하지 않은 대우"를 채택하고 있으므로 결국 GATS 제II조의 해석에 있어서도 이러한 제XVII조의 규정들이 그대로 타당해야 한다는 것이 그 이유였다. 따라서 GATS의 최혜국대우 조항은 형식상의 차별뿐만 아니라 사실상의 차별도 그 규율대상으로 하고 있다는 것이다. EC 바나나분쟁의 상소기구는 이러한 논리에 더해 GATS 제II조의 해석은 GATT 제I조의 해석을 유추해야 함을 전제로 하고, GATT 제I

310) '형식상의 차별'이란 차별 조치의 형식적 형태(또는 내용) 자체가 두 주체간의 차별에 기한 경우를 말하고, '사실상의 차별'이란 조치의 형식 자체는 공평하게 취해진 것으로 보이나, 그 실질적인 효과가 두 대상 주체간의 경쟁조건의 차이를 초래하는 경우를 말한다.

311) EC – Regime for the Importation, Sale and Distribution of Bananas, WT/DS27/R, WT/DS27/AB/R (1997).

312) GATS 제XVII조 제2항 및 3항 참조.

조의 해석에 있어 '사실상의 차별'이 규제대상이 되어왔으므로 GATS 제II조의 해석에 있어서도 '사실상의 차별'은 불리한 대우에 해당됨을 판시하였다. 사실, GATS의 경우 GATT에 비해 각 WTO회원국이 외국 서비스 공급자에 불리한 각종 규제를 고안해 내기가 훨씬 용이하므로 '사실상의 차별'을 규제해야 할 필요성은 더욱 큰 것이다. 따라서 GATS의 최혜국대우 의무의 적용에 있어서는 형식상으로 차별이 존재하는가 여부에 대한 심사에 그치지 않고 '사실상의 차별'(de facto discrimination)이 초래되고 있는지 여부까지 심사하는 것이 더욱 필요한 것이다.

(2) 최혜국대우 의무의 예외

GATT의 경우와 같이 GATS의 경우에도 최혜국대우 의무의 예외사항들이 존재한다.

우선, 주목할 점은 GATS는 GATT와는 달리 회원국 자체가 최혜국대우 의무의 예외사항을 GATS부속서 형태로 설정할 수 있다는 점이다(GATS 제II조 제2항).[313] 이는 서비스분야의 민감성을 고려하여 회원국 스스로 일정한 예외부문을 설정할 수 있도록 한 것이다. 이러한 예외사항은 WTO협정의 발효시에 GATS 부속서에 포함되어야 하며 그 후에 추가적으로 포함하는 것은 허용되지 않는다.[314] 그 후에 추가하기 위해서는 WTO협정하의 '의무면제제도(waiver)'를 통해 의무면제를 획득해야 하며, 이를 위해서는 WTO각료회의에서 WTO회원국의 4분지 3이상의 동의를 얻어야 한다. 이러한 예외사항을 GATS 부속서에 포함시키기 위해서는 당해 회원국은 '서비스무역위원회'(Council on Trade in Services)에 통보해야 하며, 10년이 넘지 않는 기간 내에서 동 예외사항의 종료시점을 명시해야 하는바, 만일 5년보다 장기간의 종료시점을 갖는 예외사항인 경우 5년 경과이전에 서비스무역위원회에 의한 재검토(review)를 받아야 한

313) 이를 소위 '배제조항'(Opt-out provision)이라 한다.

314) 단, 기본통신협상 및 금융협상은 GATS발효 이후에 후속적으로 진행되도록 GATS가 예정하고 있었으므로 이들 협상이 종료된 시점에서 MFN예외사항들이 부속서 형태로 추가되었다. 그리고 또하나의 후속협상인 해운서비스는 그 협상이 종료되는 시점에 동 예외사항이 포함되게 된다.

다.[315] 이러한 예외사항들은 서비스분야의 후속 협상의 대상이 된다.[316] 미국 등의 선진국들은 이러한 예외사항 설정권에 입각해 자국의 시장접근에 대한 차별조치를 설정하고 이를 무기로 삼아 개도국들과 후속 협상을 전개함으로써 금융, 통신분야 등에서의 시장접근, 내국민대우 등에 관한 개도국들의 양허를 획득해 온 측면이 있다.[317]

둘째, GATT와 마찬가지로 GATS에서도 일정 조건하에 지역협정을 체결하는 경우 그 가입국 간 상호 특혜를 교환할 수 있는 예외가 인정되어 있다. 즉, FTA를 체결하여 서비스 분야의 특혜를 당사국들이 주고받는 것은 GATS 최혜국대우 의무와 충돌하게 되는데,[318] GATS 제V조에 따르면 "이 협정상의 어떠한 조항도 서비스분야의 경제통합(economic integration)을 이루는 협정을 체결하는 것을 막지 못한다"고 규정하면서,[319] 이러한 경제통합협정의 요건으로 지역협정 회원국 상호간 무역장벽을 철폐해야 한다는 대내적 조건과 당해 지역협정의 회원국이 아닌 국가에 대해서 무역장벽을 더 높이지 말아야 한다는 대외적 조건을 부과하고 있다. 결국 이러한 조건들에 합치되는 형태로 서비스분야에서의 지역협정을 맺는 경우 동 협정 가입국 간의 관계에 있어서는 최혜국대우 의무 위반이 정당화되게 되는 것이다.

이러한 GATS 제V조 조건 중 핵심은 이러한 경제통합 협정이 "실질적인 부문을 포함(substantial sectoral coverage)"해서 내국민대우 부문의 실질적으로 모든 차별을 철폐해야" 한다는 것이다.[320] 이 조건은 상품분야 FTA의 정당화 요건인 "실질적으로 모든 교역부문(substantially all the trade)"에 대해 관세 및 교역제한을 철폐해야 한다는 것 보다는 상당히 완화되어 있음을 주목할 수 있다. 또한 노동시장 통합협정의 경우는 특별조항이 있어, 경제통합협정의 당사국

315) GATS 'Annex on Article II Exemptions'.
316) Ibid.
317) 현재 부속서에 포함된 예외사항 중 가장 많은 부분을 차지하는 것은 통신서비스의 시청각부문(Communication services - audiovisual sector)과 운송서비스(transport services)이다.
318) GATS 제II조는 "같은 서비스와 서비스공급자(like services and service suppliers)" 간에 차별을 금지하는 최혜국대우 의무를 규정하고 있다. 서비스분야 FTA를 맺게 되면 FTA 비당사국이면서 WTO회원국인 국가에서 공급하는 서비스에 대한 차별이 성립한다.
319) GATS 제V조 1항 서두부분 참조.
320) GATS 제V조 1항 (a)와 (b).

간 "거주요건과 취업허가 요건을 면제"하는 형태의 협정을 체결하고 "서비스무역이사회에 통보"할 것을 조건으로 노동시장의 완전한 통합을 구축하는 것은 허용된다.321) 이는 자연인의 이동에 특화된 최혜국대우의 예외를 별도로 인정한 것이라 볼 수 있다.

따라서 상품분야의 FTA체결의 경우와는 달리 서비스 부문의 FTA는 반드시 실질적으로 모든 서비스 부문을 개방하지 않더라도 "실질적인 부문을 포함"하기만 하면 그 MFN 위반이 정당화될 수 있는 것이다. 상당한 숫자의 민감한 서비스 부문은 양허하지 않더라도 양허한 부문이 "실질적"이기만 하면 되므로, 얼마든지 서비스 개방수준을 FTA 당사국들이 선택할 수 있다는 이야기다.322)

또 한 가지 주목할 점은 GATS 제V조의 해석상 이러한 서비스분야의 FTA의 당사국이 반드시 WTO회원국일 필요도 없다는 점이다.323) 반면 상품분야의 FTA의 경우에는 그 당사국들 "모두가" WTO회원국일 경우에만 GATT 제XXIV조를 원용할 수 있어 GATT 제I조 MFN 위반을 피해갈 수 있음은 이미 설명한 바와 같다. 이점은 남북한 특혜교역 체제와 관련 중요한 의미를 지닌다. 북한이 WTO회원국이 아니더라도 한국이 북한과 서비스분야의 특혜협정을 체결하는 것의 정당화 근거로 활용될 수 있기 때문이다. 즉, 남북한이 FTA를 체결하여 특혜교역 체제를 정당화하려면, 상품분야가 아닌 서비스 부문을 대상으로 하여 민감한 부분을 제외하고 선별적으로 서비스 부문을 양허하는 방식을 채택할 수 있는 것이다. 특히 노동시장 통합을 허용하는 GATS 제V조의2까지 원용하게 되면 노동 분야에서 남북한 간 특혜를 수여하는 것까지 가능한 것이다. 즉, 남북한 간 노동시장의 통합을 위한 지역협정을 맺고 체류나 취업허가에 있어서 특혜를 부여할 수 있는 것이다.

---

321) GATS 제V조의2.

322) Won-Mog Choi, Regional Economic Integration in East Asia: Prospect and Jurisprudence, Journal of International Economic Law, Vol 6(1) pp. 49 - 77 (Oxford University Press, 2003) 참조.

323) GATS 제V조 1항의 해당 어구가 "이 협정상의 어떠한 규정도 서비스 분야의 자유화협정을 '그 당사국 간에(between or among the parties to such an agreement)' 체결하는 것을 저해할 수 없다"고 되어 있어서, 서비스분야 "자유화협정의 당사국"이기만 하면 그 국가가 WTO회원국이 아닌 나라가 포함되어 있더라도 이 조항을 원용하여 MFN위반을 정당화하는 것이 가능하다고 해석된다.

이렇게 노동 및 서비스 분야에서의 경제통합을 먼저 이루고, 북한이 WTO에 가입할 때에 맞추어 상품분야에까지 FTA관계를 확장하는 방법이 국제규범과 합치되게 남북한 경제공동체를 형성시켜 나가는 방법일 것이다.[324)]

셋째, GATS 제II조 3항은 "인접한 국경 지대(contiguous frontier zone) 내에서 교역을 증진시키기 위한 인접국가(adjacent countries) 간의 일정한 교역행위"에 대해 최혜국대우 의무 면제를 인정해 주고 있다. 이는 GATT 제XXIV조 제3항과 유사한 조항이다. 따라서 이러한 국경지대에서는 인접국가 간 상품 및 서비스 교역에 있어서 특혜무역이 가능하게 된다.

넷째, GATS 제VII조는 WTO회원국이 어느 특정한 타국가 내에서의 교육이나 경력, 각종 요건이나 면허 등을 '인정'(recognition)하는 조치를 취하는 것을 허용하고 있다. 이는 이러한 인정을 받지 못하는 제3국 입장에서는 최혜국대우 의무의 위반을 의미하게 되나, 상기 조항이 이를 허용하고 있으므로 결과적으로 이러한 '인정'과 관련해서는 GATS 제II조의 면제가 성립되는 것이다. 단, 이러한 면제를 남용하는 것을 방지하기 위해 GATS 제VII조는 제3국의 신청 기회 보장, 기준 적용상의 비차별, 투명성 등의 의무를 부과하고 있다.[325)]

다섯째, GATS 제XIV조 및 제XIV조의 2(bis)는 일반적 예외사유(공중도덕 보호, 공공질서 유지, 사기 행위 예방, 인간 및 동식물의 생명이나 건강 보호, 안전 등) 및 국가안보조치를 최혜국대우의 면제사유로 규정하고 있다. 일반적 예외에 대해서는 장을 바꾸어 설명하기로 하나, 예외사유에 해당되는 조치를 취할 경우에도 "동일한 조건하에 있는 국가 간에 자의적 차별을 가해서는 아니 된다"[326)]는 일종의 완화된 비차별 원칙이 적용되게 되는 것임을 주의해야 한다. 이는 최혜국대우에 대한 완전한 예외조항도 아니고 그렇다고 완전한 최혜국대우를 요구하는 조항도 아니라고 보아야 한다.

여섯째, WTO회원국이 WTO분쟁해결절차에서 패소한 국가가 이행을 하지

324) 최원목, 남·북한 경제협력 정책과 한국의 자유무역협정 추진과의 관계 - 국제통상법적 접근, 국제법학회논총 제47권 제3호 (2002년 12월, 대한국제법학회) 참조.
325) GATS 제VII조 제2, 3, 4, 5항 참조.
326) GATS 제XIV조 모두 참조.

않고 절적한 보상의 합의[327]도 없는 경우, 승소한 국가가 분쟁해결기구(DSB)로부터 패소국에 대한 보복을 승인 받아 취하는 서비스분야의 보복조치의 경우 최혜국대우 의무의 예외사유라 볼 수 있음은 이미 설명한 바와 같다.

일곱째, GATS 제XIII조는 정부조달의 경우 최혜국대우 의무가 적용되지 않음을 규정하고 있다.

한편, 서비스무역 분야에서는 상품무역과는 달리 개발도상국에 대한 특례에 대한 일반적 규정이 없다.[328] 따라서, 선진국이 개도국에 서비스분야에서의 특혜를 부여하기로 결정한 경우 이는 최혜국대우 의무의 예외로서 허용될 수 없게 된다고 볼 수 있다.[329] 다만, 서비스 협상시 개도국의 특수성을 반영한 상태에서 협상의 양허범위나 조건에서 사실상의 특혜를 개도국에 부여하는 방식으로 GATS는 개도국 문제를 해결할 수 있는 것이다.[330]

또한, '항공운송서비스에관한부속서'(Annex on Air Transport Seivices)는 GATS의 적용범위를 항공운수권 관련 서비스 이외의 항공기 수선 및 유지, 항공운송서비스 판매 및 마케팅, 컴퓨터예약(CRS) 서비스 등에 한정하였다.[331] 따라서, 항공운수권 관련 서비스는 GATS상의 최혜국대우 의무 및 내국민대우 의무를 비롯한 각종 의무가 적용되지 않게 된다. 해운서비스(maritime transport sector)도 그 협상이 타결될 때까지 최혜국대우 의무의 적용이 중지되고 있다.[332]

---

327) GATS 제XXIII조는 "상호 만족할만한 조정(mutually satisfactory adjustment)"에 합의할 의무를 규정하고 있다.
328) 소위 '허용조항(Enabling Clause)'은 상품무역분야에 관한 규정이다.
329) 다만, GATS 제V조 제3항은 서비스 분야 지역협정 체결시 개도국이 지역협정의 가입국으로 되어 있으면 그 성립조건에 있어 유연성을 인정하고 있다.
330) GATS 전문 및 제IV조 참조.
331) GATS 'Annex on Air Transport Services' 참조.
332) WTO회원국들은 해운협상을 진행하였으나, 1996년 6월 결정(Decision)을 통해 광범위한 범위의 협상이 타결될 때까지 최혜국대우 적용을 중지하였다.

다 내국민대우 의무

(1) GATS 제XVII조

GATS 제XVII조는 WTO회원국이 자국의 국내 서비스공급자에 부여한 대우보다 불리하지 않은 대우를 외국의 서비스공급자에 부여하는 것을 요구하고 있다. 이를 통신서비스에 적용하자면 외국의 통신서비스공급자들이 우리나라의 공중통신망에 우리 국내 서비스공급자들과 동일한 조건으로 접속할 권리를 한국정부가 보장해야 한다는 것이 된다.

GATS의 내국민대우 의무와 GATT의 내국민대우 의무 간의 차이점은 무엇인가? 우선, 가장 큰 차이점은 전술한 바와 같이, GATS의 경우에는 내국민대우 의무가 강제적인 의무가 아니라는데 있다. 즉, WTO회원국이 내국민대우 의무의 구속을 받기 위해서는 그 양허표에 해당 서비스를 양허한 경우에만 그 구속력이 미치게 되는 것이다.[333] 또한 회원국은 양허를 하는 경우에도 필요한 각종 조건 및 자격요건들을 부기함으로써 그만큼 내국민대우 적용을 제한할 수 있다.[334]

실례를 통해 이해해 보자. 아래는 중국의 WTO 서비스양허표 중 교육서비스 분야의 양허내용이다.

● **중국의 WTO 서비스 양허표 - 교육서비스 부문**

Sector or sub-sector	Limitations on market access	Limitations on national treatment	Additional commitments
5. EDUCATIONAL SERVICES (Excluding special education services e.g. military, police, political			

333) GATS 제XVII조 참조("In the sectors inscribed in its Schedule ...").
334) Ibid. ("... subject to any conditions and qualifications set out therein, ...").

and party school education) A. Primary education services (CPC 921, excluding national compulsory education in CPC 92190) B. Secondary education services (CPC 922, excluding national compulsory education in CPC 92210) C. Higher education services (CPC 923) D. Adult education services (CPC 924) E. Other education services (CPC 929, including English language training)	(1) Unbound (2) None (3) Joint schools will be established, with foreign majority ownership permitted. (4) Unbound except as indicated in horizontal commitments and the following: foreign individual education service suppliers may enter into China to provide education services when invited or employed by Chinese schools and other education institutions.	(1) Unbound (2) None (3) Unbound (4) Qualifications are as follows: - possession of Bachelor's degree or above; - and an appropriate professional title or certificate, with two years' professional experiences.	

우선 위 양허 및 유보내용을 전제적으로 이해해 보자. 맨 왼쪽 "Sector or Subsector"칼럼을 읽어보면, 특수교육서비스(군대교육, 경찰교육, 정치교육 등)는 제외하고, 초등교육(CPC 921 - 국민의무교육(CPC 92190)은 제외), 중등교육(CPC 922 - 국민의무교육(CPC 92210)은 제외), 고등교육(CPC 923), 성인교육(CPC 924), 기타 교육(CPC 929 - 영어교육 포함) 분야를 동 칼럼에 기재함으로써 이 분야들에 대한 개방의사를 표명했다.

두 번째와 세 번째 칼럼에서 "(1)"과 "(2)"는 각각 Mode 1과 Mode 2를 말하므로, 위 개방의사를 표명한 서비스들의 국경간 공급은 미개방("Unbound")하였으나, 해외소비 형태를 전면개방("None")하였다. 이들 서비스의 상업적 주재("(3)" 즉, Mode 3)의 경우 "Limitations on market access" 칼럼에는 "(3) Joint schools will be established, with foreign majority ownership permitted."라 기재되어 있으나 "Limitations on national treatment" 칼럼에는 "Unbound"라 기재되어 있는 것이 보인다. 이것은 합작형태(외국인 과반수 지분 보유도 허용)의 학교의 설립은 허용하나, 내외국인 차별을 가할 수 있도록 해서("Unbound") 민감성을 보호하는 규제를 취할 최소한의 여지는 확보(즉, 외국 투자자 차별조치)해 놓은 것을 알 수 있다. 이처럼 GATS의 내국민대우 의무조항은 비록 개방한 서비스분야라도 일정한 조건을 유보함으로써 국내적 민감성을 담보할 수 있는 정책재량을 확보할 수 있는 것이다. 즉, 개방할지 말지의 선택과 개방하더라도 어떠한 재량은 유보할지라는 이중의 안전장치가 있는 셈이다.[335)]

두 번째의 GATT 내국민대우조항과의 차이점은 GATS의 경우에는 양허를 한 회원국의 국내시장에서 외국의 공급자가 직면하게 되는 "생래적인 불이익(inherent competitive disadvantage)까지 동 회원국이 보상해 주어야 하는 것은 아니다"라는 명문의 규정이 마련되어 있다.[336)] 이는 무엇이 "불리하지 않은 대우"(no less favourable treatment)인가에 대한 해석에 있어 매우 중요한 지침을 제공하는 것이다. 불리하지 않은 대우가 형식적·사실적 차별이 없는 상태임은 전술한 바와 같다. 따라서 회원국이 부담해야 할 의무의 범위는 국내업자와 외국의 업자간의 형식상 또는 사실상의 '경쟁적 기회의 평등'을 유지해야 하는 것에 그치는 것이지 양자간의 '결과적인 평등'까지 보장해 주어야 하는 것은 아니라는 것이다. 예를 들어, 당해 시장에서의 소비자들이 국내 서비스업자에 대한 생래적인 선호의식을 가지고 있다고 한다면, 외국의 서비스업자들은 그만큼 불리한 여건하에서 동 시장에서 경쟁하게 되는 것이다. 그러나 이러한 불이익은

335) 위 양허표의 "(4)"부분을 마저 이해해 보면, 자연인의 이동의 경우 중국학교나 여타 교육기관에 의해 초청받는 경우 중국내에 입국하여 교육서비스를 제공할 수 있는바, 학사학위 이상의 학력, 2년 이상의 실무경력 및 관련 전문인 자격이나 인증서 보유를 요건으로 한다는 걸 유보해 놓았다.

336) GATS 제XVII조 각주 10 참조.

그 시장의 특성에서 오는 "생래적"인 것이라 볼 수 있다. 따라서 동 회원국이 자국의 소비자들의 선호의 변경을 유도하기 위한 적극적인 조치를 취할 의무까지 내국민대우 의무가 요구하는 것은 아닌 것이다.

흥미로운 점은 GATS와는 달리 이러한 생래성에 관한 규정이 GATT에는 없다는 점이다. 따라서 GATT의 내국민대우 의무는 국산품과 수입품 간의 생래적인 경쟁조건의 차이까지도 보상해 줄 것을 요구한다는 주장이 제기될 여지가 있다. 그러나 이러한 주장이 지나치게 내국민대우 의무의 적용범위를 확대하게 되고 그만큼 정당한 국권행사의 범위를 축소하게 될 가능성을 신중히 검토해야 할 것이다. GATT의 경우 제품의 동일성(likeness)이나 대체성(substitutability) 판정시 시장기반설(market-based approach)에 따르게 되면 이러한 문제점을 많이 해소할 수 있게 된다. 소비자의 선호 내지 소비습관이 '같은 상품' 또는 '직접 경쟁 또는 대체 상품' 판정시에 어쨌든 고려되게 되기 때문이다. 즉, 소비자의 인식이나 습관 등 '생래적인(inherent) 변수'들이 GATS의 경우에는 '불리한 대우' 부여 여부의 판정 단계에서 고려되게 되고, GATT의 경우에는 같거나 직접 경쟁 또는 대체상품 판정 단계에서 고려되게 되는 셈이 된다.

(2) 내국민대우 의무의 예외

전술한 바와 같이 각 회원국은 양허범위를 제한함으로써, 또는 양허표상에 각종 조건을 부기함으로써 GATS의 내국민대우 의무가 적용되지 않는 부문을 설정할 수 있다. 이 밖에 내국민대우 의무의 예외로 들 수 있는 것은 아래와 같으며, 이는 상기 최혜국대우 의무의 예외 사항 맥락에서 설명한 바와 같다.

첫째, WTO협정하의 '의무면제제도(waiver)'에 따라 의무면제를 획득한 경우에는 국내 서비스 공급자와 외국 서비스 공급자간에 차별대우를 부여할 수 있다.

둘째, GATS 제XIV조 및 제XIV조의 2(bis)상의 일반적 예외사유 및 국가안보조치를 위한 경우 내국민대우 의무 면제가 인정된다. 물론 이러한 예외사유가 적용되는 범위는 해당 회원국이 양허한 서비스 부문에 한해서이다. GATS 제XIV조의 일반적 예외사유가 내국민대우 의무에 대한 완전한 예외조항이 아님은 전술한 바와 같다.

셋째, WTO분쟁해결절차에서 승소한 국가가 분쟁해결기구의 승인하에 취하는 보복조치의 경우, 내국민대우 의무상의 이익 부여를 중지하는 방식으로 조치를 취할 수 있으므로, 이 경우에는 GATS의 내국민대우 의무의 적용이 면제되게 된다.

넷째, 정부조달의 경우는 내국민대우 의무가 적용되지 않는다.337)

라 '같은(like) 서비스 또는 서비스 공급자' 개념의 이해

유럽공동체 바나나 분쟁에서 패널은 역사상 최초로 '같은 서비스' 개념에 대한 판단을 내리고 있다. 패널에 따르면, 바나나 총판(wholesale)서비스는 바나나의 원산지에 관계없이 모두 '같은 서비스'이며 이러한 서비스를 제공하는 공급자들은 모두 '같은 서비스 공급자'이다.338) 비록 이 판결이 '같은 서비스' 개념에 대한 전체적인 정의를 내리지는 않고 있으나, 이와 같은 패널의 해석은 상당히 넓은 범위의 '같은 서비스' 개념을 의미하는 것이라 볼 수 있다. 모든 바나나 총판서비스는 '같은 서비스'이며 이를 공급하는 공급자들은 모두 '같은 서비스공급자'라는 해석을 유추한다면, 모든 외과 의료서비스는 '같은 서비스'이며 이러한 같은 서비스를 공급하는 의사들은 모두 '같은 서비스공급자'라는 말이 되며, 모든 변호사는 같은 서비스 공급자라는 말이 된다. 그러한 의사 또는 변호사들이 세계 어느 나라에서 공부했고 어디에서 자격증을 받았으며, 또한 실무 경력이 얼마이든 상관없이 말이다.

그러나 이러한 해석은 비판받아 마땅하다. GATT하의 '같은 상품' 판정시의 '상품성질설'(BTA Approach)에서와 같이 객관적인 기준에 지나치게 의존하는 방식이기에 많은 문제점들이 발생하게 되기 때문이다. 따라서 이러한 문제점들을 해소하기 위해서는 '시장기반설'(market-based approach)과 같은 방식을 GATS

337) GATS 제XIII조 참조.
338) 패널보고서 para.7.322 참조.

하에서도 채택하여야 할 것이다. 즉, 당해 서비스의 소비자들의 시각이 '같은 서비스나 서비스공급자'의 판정에 있어 결정적인 요소로 작용해야 하는 것이다.

사실, 이러한 점은 서비스 분야의 특수성을 고려해 볼 때 더욱 설득력이 있다. 우선, GATT하에서 같은 상품판정에 적용되는 기준인 상품의 '물리적 특성(physical properties)'의 경우 물리적 형태가 없는 서비스에는 적용하기가 곤란한 점에 유의해야 한다. 또한, 관세분류(tariff classification) 기준 또한 서비스에 그대로 적용될 수가 없다. 서비스에 대한 관세분류표가 없기 때문이다. 물론, 서비스분야에도 서비스를 특성별로 분류해 놓은 국제적인 분류표가 존재한다. 국제연합의 분류 및 이를 기초로 한 GATT 사무국의 서비스분류[339]에 따르면 서비스가 종류별로 분류되어 있으며 이러한 분류는 서비스 분야의 양허협상에 있어 일반적으로 준수되고 있다. 그러나 이 분류는 단지 160개의 서비스분류로 이루어졌으며, 이는 HS(Harmonized System)의 5019개의 6단위 상품분류체계와 비교하면 매우 단순하다고 하지 않을 수 없다. 따라서, '같은 서비스'의 판정에 있어서는 서비스의 최종용도(end-use)가 매우 중요한 역할을 할 수밖에 없는 것이다. 즉, 상호 비교되고 있는 두 서비스가 당해 시장에서 같은 용도로 소비되고 있는지의 여부가 핵심적인 기준이 되는 것이다. 이러한 결과는 '같은 서비스' 판정에 있어 자연스럽게 '시장기반설'(market-based approach)이 채택되는 것을 의미하며, 또한 그래야 하는 현실적 이유이기도 하다.

그러므로 문제가 되고 있는 조치가 취해진 시장에서 소비자들이 바나나 총판서비스에 대해 어떻게 인식하고 있는가, 그리고 소비자들이 외과 의사나 변호사들의 자격 획득지 및 경력보유 정도에 대해 어떠한 인식을 하고 있는가 등에 대한 심도 있는 조사를 통해 '같은 서비스나 서비스공급자'에 대한 판정이 이루어져야 할 것이다.

---

339) GATT Document MTN.GNS/W/120.

8 교역 관련 지식재산권 보호와 비차별 원칙[340]

가 TRIPS의 기본입장

'지적재산권의무역관련측면에관한협정'(Agreement on Trade-Related Aspects of Intellectual Property Rights: TRIPS)은 제3조 및 4조에서 지적재산권보호와 관련하여 내국민대우 및 최혜국대우 의무를 각각 규정하고 있다. 이러한 비차별 원칙이 TRIPS의 근간을 이루고 있음은 물론이다. 이러한 비차별원칙은 19세기 후반부터 '파리협정'(The Paris Convention for the Protection of Industrial Property) 및 '베른협정'(The Bern Convention for the Protection of Literary and Artistic Works)상에서 보장되고 있었으며, TRIPS가 이들 협정을 자신의 규정으로 체화(incorporate)함에 따라[341] 자연스럽게 이러한 의무가 지적재산권관련 무역에 도입되게 된 것이다. 이렇게 지적재산권 보호 분야에서는 우루과이라운드 이전에 몇몇 국제협정들이 존재하고 있었는바, TRIPS는 기존의 지적재산권관련 국제협정상의 의무사항들을 가급적 충실히 준수하는 기본 의도하에, 이들을 몇몇 추가적 보호체계와 더불어 공통된 단일협정체제로 유도하는 데 그 의의가 있는 것이었다. 따라서 TRIPS 제2조는 WTO회원국의 기존의 국제협정하의 권리와 의무가 준수됨을 우선 선언하고 있다.[342]

340) 이 부분은 최원목 (법무부, 2003), 제4편의 내용을 수정 및 보완한 것이다.
341) TRIPS 제2, 3조 참조.
342) TRIPS 제2조는 이러한 기존협약으로 파리협약, 베른협약, 로마협약(The International Convention for the Protection of Performers, Producers of Phonograms and Broadcasting Organizations) 및 IPIC협약(Treaty on Intellectual Property in Respect of Integrated Circuits)을 지적하고 있다.

나 내국민대우 의무(TRIPS 제3조)

GATT와는 달리 TRIPS는 내국민대우 의무를 '상품'이 아닌 '사람'들 간의 의무로 규정하고 있는 점이 특징적이다. 따라서 WTO회원국은 "지적재산권의 보호와 관련하여 자국민(nationals)에게 부여하는 대우보다 불리하지 않은(no less favourable) 대우를 다른 회원국 국민(nationals)에게 부여하여야" 한다.[343] 이때 TRIPS는 지적재산권의 '보호(protection)와 관련'된다는 것을 해석하면서, 각종 지적재산권의 "사용, 이용가능성, 획득, 범위, 유지 및 집행" 등과 관련한 문제를 의미한다고 규정함으로써 매우 광범위한 내국민대우 의무를 부과하고 있다.[344]

다 최혜국대우 의무(TRIPS 제4조)

TRIPS 제4조는 "지적재산권의 보호와 관련하여 WTO회원국은 타회원국의 국민에 대해 여타 국가(any other country)의 국민에 부여하는 모든 특권, 이익, 특혜, 면제를 즉각적이고 무조건적으로(unconditionally) 부여해야 한다"고 규정하고 있다. 따라서 한국정부가 미국에서 인정된 지적재산권만을 보호하는 경우 이는 '횡적 균형'(horizontal balance)을 깨뜨리게 되므로 최혜국대우 위반이 성립하게 되고, 여타 WTO회원국은 한국의 최혜국대우 의무 위반을 이유로 WTO 분쟁해결절차에 이 문제를 제기할 수 있는 것이다.

이러한 TRIPS상의 최혜국대우 의무 규정이 GATT나 GATS와 마찬가지로 '무조건적 최혜국대우(unconditional MFN) 의무'를 채택하고 있는 점, 그리고 WTO회원국이 비회원국에 부여한 특혜에 대해서도 최혜국대우 의무가 적용되게 된다는 점[345]은 주목할 필요가 있다. 또한 TRIPS는 "지적재산권의 보호와 관련하여"라는 문구를 상술한 내국민대우 의무의 경우와 마찬가지로 매우 광범

343) 제3조 제1항.
344) TRIPS협정 제3조 제1항 주석 3 참조.
345) TRIPS도 GATS나 GATT과 같이 '여타 국가(any other country)'에 부여한 대우(여타 회원국에 부여한 대우가 아니고)를 최혜국대우의 기준으로 삼고 있기 때문이다.

위하게 해석하고 있음을 상기할 필요가 있다.

라 비차별주의 의무의 예외

TRIPS협정은 비차별주의 의무의 예외를 아래와 같이 규정하고 있다. 첫째, 저작권(copyrights)이 아닌 저작인접권(related rights 또는 neighboring rights)의 경우에는 TRIPS협정하에서 규정한 범위 내에서만 비차별주의 의무에 입각한 보호가 부여되게 되고 TRIPS협정이 규정하지 않는 범위 내에서의 특혜부여는 허용된다.346) 즉, 연기자, 레코드 생산자 및 방송기관 등의 권리와 같은 저작인접권은 기존의 국제협정상 보호되고 있는 바와 관계없이 TRIPS에 의해 새로이 창출된 보호범위에 따라 보호되게 되는 것이다. 이는 이러한 인접권 보호에 대한 국제협정 및 각국의 태도의 상이성에 비추어 TRIPS의 명시적 규정에 따라 그 보호를 확정할 필요가 있기 때문이다.

둘째, TRIPS는 기존의 국제협정상의 내국민대우 의무에 대한 예외의 효력을 인정하고 있다. 즉, WTO회원국들은 베른협약 제6조 및 로마협약 제16조 제1항(b) 하에서 인정된 유보를 행사할 수 있으며, 그 범위 내에서 내국민대우 의무의 적용이 제한된다. 이때, 그 내용을 TRIPS이사회에 통보해야 한다.347) 또한 지적재산권관련 국제협정이 송달을 위한 주소 지정이나 대리인의 임명을 포함한 사법·행정절차 상의 예외를 허용한 경우, 이러한 예외적인 경우와 관련해 외국인을 차별하는 것은 TRIPS상의 내국민대우 의무 적용이 면제되게 된다.348) 다만, 이러한 면제가 부여되는 경우는 TRIPS협정상의 여타 규정들과 합치하는 법규의 준수를 확보하기 위해 필요한 경우에 한해, 그리고 무역에의 위장된 제한을 구성하지 않는 방식으로 이러한 예외가 적용될 경우에 한하게 된다.349)

셋째, WTO협정 발효이전에 발효된 국제협정 상의 각종 특혜(최혜국대우 의

346) 제3조 제1항 2문 및 제4조 (c) 참조.
347) 제3조 제1항 3문.
348) 제3조 제2항.
349) Ibid.

무 위반사항)는 TRIPS이사회에 통보되고 여타 회원국 국민에 자의적이고 부당한 차별을 구성하지 않는 한 허용되게 된다.[350] 아울러 지적재산권 분야에 특정되지 않은 일반적인 성격의 사법공조나 법집행관련 국제협정상의 특혜의 경우에도 최혜국대우 의무가 적용되지 않는다.[351]

넷째, 지적재산권의 획득이나 유지와 관련하여 세계지적재산권기구(WIPO)의 후원하에서 체결된 다자간 협정상의 절차사항에도 최혜국대우 의무의 적용이 배제된다.[352]

이상과 같은 일반적인 비차별주의 원칙에 관한 규정하에 TRIPS는 저작권, 상표권, 지리적표시권, 의장권, 특허권, 집적회로디자인 등 각각의 지적재산권별로 보호의 범위 및 그 제한에 관해 규정하고 있다.

9 디지털교역과 비차별 원칙

이상과 같은 비차별이라는 대원칙이 디지털 교역부문에도 적용되어야 함은 물론이다. 다만 일반적인 상품, 서비스, 지식재산권 교역과는 다른 디지털교역의 특성을 감안하여 비차별 대우 원칙을 적용해야 할 필요성이 있다. 즉, 컨텐츠나 전자적 전송물의 부가가치 창출에는 많은 주체나 장소가 기여한 것이므로, 이러한 가치 창출에 기여한 많은 주체나 장소를 기준으로 비차별대우 원칙이 적용되도록 할 필요성이 생긴다.

이러한 점을 반영하여 최근 체결된 디지털경제동반자협정(DEFA)에서는 "같은 디지털제품(like digital products)"의 "창작, 제작, 발행, 계약, 발주 또는 최소 상업적 제공이 이루어진 장소" 또는 이러한 제품의 "저작자, 실연자, 제작자, 개발자 또는 소유자"가 체약국이거나 체약국 국민인 경우 이에 대한 차별을 금지하는 식으로 비차별대우 원칙(내국민대우 및 최혜국대우)을 규정하고 있다.[353] 한-

350) 제4조 (d) 참조.
351) 제4조 (a) 참조.
352) 제5조 참조. 이러한 예로 특허협력협약(Patent Cooperation Treaty)을 들 수 있다.
353) "No Party shall accord less favourable treatment to digital products created, produced,

미FTA에서는 위 기준에 더해 디지털제품이 "저장되거나 전송된 장소" 및 "배포자"까지 추가하여 이러한 장소 및 사람이 한국 또는 미국인 경우 상대국이 비차별대우(내국민대우 및 최혜국대우)를 부여해야 한다고 규정하고 있으며, 이러한 장소 및 사람에 의해 창작, 제작, 발행, 저장, 전송, 계약, 발주 또는 최소 상업적 제공된 같은 디지털 제품 간 "달리 보호하기 위한 목적"을 가지고 대우를 하는 것까지도 금지하고 있다.354)

이렇게 한-미FTA에서처럼 해당 디지털 제품을 단순히 저장하거나 전송한 장소가 FTA체약국이고, 그런 제품을 단순히 배포한 사람이 FTA체약국 국민이라고 해서 FTA상의 비차별대우를 적용하는 것이 바람직한 방향인지는 다소 의문의 여지가 있다. 더 나아가 FTA체약국 정부의 "목적"만을 기준으로 차별대우 의도가 있기만 하면 실제로 차별효과가 없더라도 비차별대우 의무를 위반하는 것으로 규정하고 있는 방식은 더더욱 그 적절성 여부에 의문이 생긴다.

아무튼 한-미FTA는 디지컬 컨텐츠와 관련된 "장소", "사람", "규제 목적"을 기준으로 이중 하나에만 해당하면 비차별대우 의무를 적용시킴으로써 주권국가의 디지털 규제 재량권을 최대한 축소시키고 있다고 요약할 수 있다. 이는 한-미 간 디지털 교역을 최대한 자유화하려는 미국 측의 의도가 전적으로 반영된 협정이라 평가할 수 있을 것이다.

---

published, contracted for, commissioned or first made available on commercial terms in the territory of another Party, or to digital products of which the author, performer, producer, developer or owner is a person of another Party, than it accords to other like digital products." DEFA 제3조.

354) "Neither Party may accord less favorable treatment to some digital products than it accords to other like digital products (a) on the basis that: (i) the digital products receiving less favorable treatment are created, produced, published, stored, transmitted, contracted for, commissioned, or first made available on commercial terms in the territory of the other Party, or (ii) the author, performer, producer, developer, distributor, or owner of such digital products is a person of the other Party; or (b) so as otherwise to afford protection to other like digital products that are created, produced, published, stored, transmitted, contracted for, commissioned, or first made available on commercial terms in its territory." 한-미 FTA 제15.3조.

제 4 절 공정무역 원칙 (Fair Trade Principle)

전통적으로 기업의 덤핑행위와 정부의 보조금 혜택을 받아 교역하는 행위는 불공정무역행위(unfair trade practices)로 간주하여 각국이 불공정성을 시정할 수 있는 규제를 취할 수 있도록 허용했다. 덤핑행위에 대해서는 수입국이 조사를 거쳐 반덤핑조치(antidumping)를 취할 수 있고, 보조금을 받은 제품에 대해서는 수입국이 조사 후 상계조치(countervailing measures)를 취할 수 있었다. 즉, 불공정행위에 의해 초래된 불공정성만큼 수입국이 관세 추가부과 등의 대응조치를 취함으로써 수입품의 수입국내 판매가격에 영향을 미쳐 원래 공정한 상태의 가격으로 환원시키도록 유도하는 것을 허용하는 것이다. 이처럼 불공정무역을 공정무역으로 회복시키기 위한 제도가 공정무역 원칙인 셈이다.

그런데 시대에 따라 이러한 반덤핑 및 상계조치 제도가 수입국에 의해 남용되거나 자의적으로 운용되는 상황이 많이 발생했다. 수입국의 국내 산업이 경쟁제품의 수입을 배제하기 위한 노력의 일환으로 반덤핑과 상계조치 제도를 활용하도록 정부에 압력을 행사하는 경우도 비일비재 하였다. 정부가 일종의 산업보호주의 수단으로 반덤핑 및 상계조치 제도를 적극적으로 활용하는 경우도 많다. 이렇게 남용되고 부당한 규제를 당하는 기업들은 시장접근 기회를 박탈당하고 기업의 명성에 치명적 피해를 당하기 일쑤였다. 수출국 정부도 일종의 보복으로 반덤핑 및 상계조치를 남용하여 맞불을 놓는 경우도 많았다. 따라서 이제는 더 이상 기업의 불공정무역행위를 각국이 규제하는 것이 공정무역 원칙의 목적이 아니라, 얼마나 반덤핑 및 상계조치 제도가 남용되는 것을 다자적으로 통제하는 메커니즘을 구축하는 것이 공정무역 원칙의 핵심이 되어 가고 있다. 즉, 기업의 덤핑이 아니라 이에 대한 규제를 빌미로 한 국가의 과도한 반덤핑이 공정무역원칙의 주요 견제대상이 된 것이다.

1 반덤핑 제도의 이해

가 덤핑의 정의

일반적으로 덤핑(dumping)이란 수출기업이 해외 수출시장에서의 판매와 관련, 정상가격 보다 낮게 설정하여 판매하는 행위를 말한다. 덤핑행위의 결과 수입국의 국내 생산자에게 실질적 피해(material injury)가 발생하게 되면, 수입국 정부는 일정한 조사를 거쳐 덤핑과 산업피해 판정을 내린 후 덤핑마진(dumping margin)을 계산하고, 그 범위 내에서 해당 수입품에 대해 반덤핑관세를 부과함으로써 국내 산업을 보호할 수 있는 제도가 반덤핑 제도이다.

이렇게 수출가격과 정상가격을 비교하여 덤핑의 존재를 판단할 때 원칙적으로 같은 상품(like product)의 수출국에서의 시장 판매가격이 정상가격이 되고, 이 가격과 수출가격을 비교하여 수출가격이 낮을 때 덤핑이 존재한다고 본다. 그런데 수출국내에서 통상적인 거래에 의한 같은 상품 판매가 없거나, 판매가 있더라도 특정 시장상황(particular market situation: PMS)이나 미소량 판매(수출물량 대비 5% 미만의 미소한 물량만 수출국내에서 판매)에 그쳐 그러한 물량의 판매가격의 대표성을 인정하기가 부적절한 경우에는 제3국으로의 수출가격이나 구성가격(제품 생산비에 합리적인 행정·판매·이윤을 합한 금액)이 정상가격이 된다.[355] 최근 이러한 "특정 시장상황"(PMS) 개념이 WTO협정상 정의되어 있지 않은 점을 활용하여, 수입국이 자국의 국내체제와 상이한 수출국내의 여러 산업

355) 반덤핑협정 제2.2조.

보호 체제의 문제점을 지적하며, 이것이 PMS에 해당하므로 이러한 국가로부터 수출된 제품의 수출국내의 판매가격을 정상가격으로 인정하지 않는 경향이 전개되고 있다. 즉, PMS가 산업보호적 수단으로 남용되고 있는 것이다.

아무튼 이렇게 도출된 정상가격과 비교대상인 수출가격은 수입자가 지불한 또는 지불해야 하는 가격으로 일반적으로는 수출자가 보고한 실제 수출가격에 기초하여 결정한다. 그러나 실제 수출가격이 존재하지 않거나, 존재하는 경우에도 수출자와 수입자 또는 제3자 사이에 제휴나 보상 약정이 있어 수출가격을 신뢰할 수 없는 경우가 있다. 이러한 경우 조사당국은 수입품이 독립구매자에 처음으로 재판매되는 가격을 기초로 수출가격을 구성할 수 있고, 이때 수입과 재판매 사이에 발생하는 관세와 조세를 포함한 비용과 이윤을 공제할 수 있다.[356)]

이렇게 수출가격까지 도출했으면 조사당국은 정상가격과 수출가격을 공정하게 비교하여 덤핑의 존재 여부를 판단하고 덤핑마진을 산정해야 한다. 공정한 비교를 위해서는 동일한 거래단계, 일반적으로는 공장도 단계에서 가능한 한 같은 시기에 이루어진 판매를 비교해야 하며, 판매조건, 과세, 거래단계, 수량, 물리적 특성의 차이를 비롯하여 가격비교에 영향을 미치는 차이점을 적절히 고려하여 공정비교가 되도록 조치해야 한다.[357)]

이러한 공정비교 의무와 관련, 문제가 된 것이 '제로잉' 관행이었다. 두 종류의 제로잉이 WTO판례에 의해 불법 판정을 받았다. 첫째, '모델 제로잉'의 경우, 최초 덤핑마진(수출가격과 정상가격간의 차이)을 산정할 때, 덤핑상품을 일정모델별로 분류하고 각 모델 내 개별상품의 정상가격과 수출가격의 가중평균을 계산한 후 전자가 후자보다 높을 경우 그 차액을 덤핑마진에 산입하는 데 반해, 전자가 후자보다 낮다면 마이너스(-)마진으로 계산하지 않고, '제로(零)'로 처리하는 것이다. 그리고 덤핑상품의 최종 덤핑마진은 이러한 모델별 덤핑마진을 합산하여 산출하는데 이를 모델 제로잉이라고 한다. 이에 반해 '단순 제로잉'은, 덤핑상품의 정상가격 가중평균을 실제거래별 수출가격과 비교하여 전자가 후자보다 높을 경우는 그 차액을 덤핑마진으로, 낮을 경우는 그 차액을 0으로 계산한 후, 이

356) 반덤핑협정 제2.3조.
357) 반덤핑협정 제2.4조.

러한 거래별 덤핑마진 계산 결과를 합산하여 최종마진을 산출하는 것이다. 이처럼 제로잉을 하면 제로잉을 하지 않은 경우에 비하여 높은 덤핑률이 산정된다. 수출가격이 정상가격보다 낮은 경우만을 골라서 덤핑마진을 계산하고, 그 반대의 경우는 모두 0으로 처리하기 때문이다. 어떤 상품의 수출가격이 수출국의 국내가격을 밑돌아 덤핑임이 인정되고 덤핑수입에 의해 국내산업에 피해가 발생하면 반덤핑 관세를 부과할 수 있으므로 덤핑률이 높을 경우 수출자에게 불리한 결과가 초래됨은 물론이다.

미국 오렌지주스 분쟁[358]의 WTO 패널은 덤핑이 개별수출자의 가격부과와 관련된 것이라는 입장을 취하며 덤핑마진은 "조사대상 상품 전체(product as a whole)"에 대해 산정하는 것이지, 거래별로 특정(transaction-specific basis) 기준에 따라 산정하는 것이 아님을 판시했다. 반덤핑협정이 덤핑에 대한 하나의 배타적인 정의를 내리고 있지는 않으나, 과거의 상소기구 판정례를 들며 덤핑은 개별거래 별이 아닌 상품전체에 대해 판단해야 함을 지적한 것이다. US-Zeroing(Japan) 사건에서 상소기구는, 덤핑마진은 상품에 대해 구하는 것이지 각 거래 별 비교결과는 그 자체가 덤핑마진이 될 수 없다고 판정한 바가 있다. 만일 제로잉이 허용된다면 이는 특정거래(수출가격이 정상가격보다 높은 정상거래)를 덤핑마진 상정 시에는 덤핑거래가 아닌 것이라 하여 제외했다가 피해판정 시에는 다시 덤핑마진으로 취급하는 결과가 되므로, 반덤핑협정 제2.4조의 공정비교원칙에도 어긋난다는 것이다. 미국 오렌지 주스 분쟁은 반덤핑 원조사뿐만 아니라 재심의 경우에도 제로잉은 금지되며, 구체적인 제로잉 조치는 물론 제로잉을 지속적으로 관행화하고 있는 것 자체도 금지된다고 판시했다.

---

358) United States - Antidumping Administrative Reviews and Other Measures related to Imports of Certain Orange Juice from Brazil, WT/DS382/R.

나 반덤핑 절차

반덤핑 조치는 덤핑이 있다고 바로 취할 수 있는 것이 아니다. 덤핑으로 인해 수입국의 같은 상품(like product)을 생산하는 국내 산업에 실질적 피해(material injury)가 발생한 경우에만 취할 수 있는 것이다. 따라서 산업피해에 대한 조사를 진행해야 한다. 피해판정은 수입물량, 수입이 국내가격에 미치는 효과, 그리고 국내생산자에 미치는 영향(판매량, 이윤, 생산량, 시장점유율, 생산성, 투자수익률, 생산능력 이용도, 국내가격 요소, 덤핑마진, 현금흐름에 대한 부정적 효과, 재고율, 고용, 임금, 성장률, 자본과 투자 동원 능력)이라는 세 가지 요소를 분석함으로서 도출된다.[359)]

이 과정에서 수출기업은 가격을 합의된 수준으로 인상할 것을 약속하고 절차를 중지시킬 수 있다. 덤핑마진이 미미(수출가격의 2% 미만)하거나, 특정 국가로부터의 덤핑 수출물량이 무시할만한 수준(특정국으로부터의 수입량이 그 상품 총 수입량의 3% 미만)인 경우에도 조사를 종료해야 한다.

이 밖에도 반덤핑협정은 반덤핑 조사를 개시하고 진행하는 과정에 모든 이해관계자에게 증거를 제시할 기회를 보장하기 위한 상세한 절차적 규율을 마련하고 있다.[360)] 반덤핑 조치는 부과일로부터 5년 내에 종료되어야 하는바, 이를 종료할 경우 피해가 발생한다는 조사결과가 있으면 연장할 수도 있다. 반덤핑조치 부과 후 합리적 기간이 지난 후에는 조치의 계속적인 부과 필요성을 당국이 재심사해야 하며, 이해관계인의 청구에 의해 재심이 진행되기도 한다.[361)]

WTO회원국들은 모든 반덤핑 잠정 및 확정조치에 대한 상세한 내용을 반덤핑위원회에 즉각 통보해야 한다.

조사당국이 이상과 같은 반덤핑 절차에 관한 규정을 위반한 경우, 수출국 정부는 협의를 거쳐 WTO 패널에 제소할 수 있다. 이는 반덤핑제도를 남용하여 국내산업 보호의 목적하에 수출품의 국내진입을 억제하려는 시도에 다자주의적

---

359) 반덤핑협정 제3조.
360) 반덤핑협정 제5, 6, 7조.
361) 반덤핑협정 제11조.

으로 대응하기 위함이다. 과도한 덤핑마진 산정, 절차적 권리의 박탈, 불투명한 조사절차 등에 효과적인 대응 메커니즘을 마련한 것이다. 다만, WTO패널이 심사함에 있어 일반적인 기준인 객관적 평가(objective assessment)가 아닌 특별심사기준이 적용됨을 주의해야 한다. 즉, 사실관계에 대해서는 조사당국이 수립한 사실관계가 적절하고 편견이 없는 객관적인 것인지 여부만 패널이 심의할 수 있고, 협정의 해석문제에 대해서는 조사당국이 내린 해석이 국제관습법에 비추어 허용될 수 있는 범위내인지 여부만 심사할 수 있다.[362] 이것은 반덤핑 조사당국이 수립한 사실 및 협정해석에 있어서의 재량권을 존중해야 함을 의미하며, 이러한 재량권의 범위를 일탈하여 편견에 입각한 사실파악이나 허용될 수 없는 해석에 대해서만 WTO 패널이라는 다자주의적 절차가 심사의 대상화할 수 있다는 말이다.

다 FTA에서의 WTO플러스적 규율

반덤핑 제도가 남용되어 보호무역주의 수단으로 전락하는 경향에 대한 견제의 노력으로 FTA와 같은 협정에 이를 견제하는 조항을 두는 경향이 있다. 이러한 시도는 (i) 반덤핑 조사절차나 조사요건을 수정하거나 특별조항을 도입하여 제도남용을 방지하는 유형, (ii) FTA 당사국 간 반덤핑조치의 적용을 상호 면제해버리는 유형으로 대별해 볼 수 있다. FTA에서의 전형적인 WTO 플러스적인 특별규정의 유형을 요약하면 아래 표와 같다. 앞으로 얼마나 창의적이고 협력적인 특별조항들이 FTA 등 양자협정 및 복수국 간협정에서 등장하여 공정무역 원칙을 수정보완하게 될지 지켜볼 만하다.

362) 반덤핑협정 제17.6조.

FTA에서의 수입국 권리남용 방지 위한 WTO 플러스적 규정의 예

- ✓ 반덤핑 또는 상계관세 부과에 있어 마진 미만의 관세가 국내 산업에 대한 피해를 제거하기에 충분할 경우 그 마진 미만으로 부과 의무(lesser duty principle)
- ✓ 반덤핑조사 신청이 접수되면 조사가 개시되기 이전에 상대국 정부에 통보하고 협의 기회를 제공하도록 의무화
- ✓ 반덤핑조사 개시일로부터 적어도 00일 이전에 상대국에 통보하도록 의무화
- ✓ 조사가 개시되면 가격약속에 관한 상세한 정보(가격, 수입물량, 제안의 시한 등)를 의무적으로 상대국에 제공할 의무
- ✓ 조사당국이 긍정적인 예비판정을 내린 경우, 가격약속의 제안에 대하여 적절한 고려와 충분한 협의기회를 부여하도록 의무화
- ✓ 2개국 이상으로부터의 수입이 동시에 반덤핑 또는 상계관세 조사의 대상이 될 때, 피해의 누적평가가 비교대상 제품 간의 경쟁조건에 비추어 적절한지 여부를 특별한 주의를 가지고 검토할 의무
- ✓ 반덤핑관세나 상계관세를 부과하기 전에 공공의 이익을 고려하기 위해 노력해야 할 의무
- ✓ 반덤핑관세의 부과가 종료된 이후 1년간 동일 상품에 대한 조사개시를 금지
- ✓ 반덤핑 재심(review) 절차에도 미소마진 기준을 적용 명시 등

2 보조금에 대한 규율

가 보조금의 정의와 분류

보조금(subsidy)이란 "상품(또는 상품의 생산자)에게 혜택을 부여(benefit conferred)하는 정부의 재정적 기여나 소득 및 가격지지"를 말한다.[363] 유의하여야 할 것은 "재정적 기여"는 금전의 지급만을 의미하는 것이 아니라는 점이다. WTO 보조금협정 제1.1(a)(1)조에 따르면 "재정적 기여(financial contribution)"

363) 보조금협정 제1조.

는 다음의 네 가지 유형으로 구분할 수 있다.

(i) 자금의 직접 이전(예: 무상지원금 제공, 대출 제공 및 지분 참여, 즉 주식구매를 통한 정부 투자금의 유입), 자금의 잠재적 직접 이전 또는 채무부담(예: 대출 보증)

(ii) 정상적인 상황이라면 징수되어야 할 세금 및 각종 공과금의 감면(예: 세액공제 등 세제 인센티브) 단, 국내에서 소비될 같은 상품에 부과되는 관세 또는 내국세를 수출상품에 대해 면제하는 것이나 환급하는 것(징수한 금액을 초과하지 않는 경우)은 보조금으로 보지 않음(보조금협정 각주 1)

(iii) 정부가 일반적인 사회간접자본(general infrastructure)이 아닌 상품 또는 서비스를 제공하거나 상품을 구매하는 경우

(iv) 정부가 자금공여기관(funding mechanism)에 지급하거나, 정부가 민간주체에 위의 (i) 내지 (iii)에 명시된 유형의 기능으로서 정상적으로는 정부에 부여될 기능 중 하나 이상을 수행하도록 위임(entrust)하거나 지시(direct)하였고, 그 기관의 관행이 일반적으로 정부가 행하는 관행과 실질적으로 상이하지 않은 경우

WTO 보조금협정 제1.1조 상 "재정적 기여"의 네 가지 유형은 열거 규정이고 한정적인 목록이므로, 이 규정에 포함되지 않은 지원 형태는 재정적 기여에 해당하지 않는다. 그러나 각 유형은 매우 광범위한 정부의 행위 또는 정부의 위임·지시를 받은 민간주체의 행위를 포함하도록 해석될 여지가 있다. 또한, 보조금협정 제1.1조 상 "재정적 기여"를 공여하는 주체는 정부(government) 또는 공적 기관(public body)이다. 그러나 위의 (iv) 유형에서 볼 수 있듯이 정부 또는 공적 기관이 자금공여기관에 자금을 지급하거나, "재정적 기여"로 인정되는 (i)부터 (iii)까지 유형의 행위를 민간주체에 위임 또는 지시하여 민간주체가 동 기능을 수행한 경우 이 역시 "재정적 기여"에 해당한다.

보조금협정 제1.1조의 (a)(2)에 따르면, 보조금은 재정적 기여 외에도 GATT

제XVI조에 규정된 소득 또는 가격 지지(income or price support)의 형태도 포함한다. 소득 또는 가격 지지는 농산물 국내가격 안정화 조치(최저가 도입, 정부의 구매 · 판매를 통한 시장 개입 등) 또는 농민의 소득유지 조치(보상 등 지불금 공여)와 같은 보조를 의미한다.

China – GOES 사건의 패널은 "가격지지"라는 용어가 특정 가격을 설정하거나 목표로 하는 조치만을 의미한다고 해석했다.[364] 즉, 가격에 부수적이거나 임의적 영향을 갖는 모든 정부 조치가 이 용어에 포섭되는 것은 아니다. 보조금협정 제1.1조 (a)(1)(i)-(iv)가 재정적 기여 여부를 정부 조치의 시장에 대한 효과보다는 정부 조치 그 자체를 기준으로 규정하는 방식을 취하고 있으므로 위와 같은 협의의 해석이 타당하다고 본다.

보조금이라고 해서 모두 WTO협정상의 규제대상이 되는 것은 아니고, "특정적인(specific)" 기업에게 제공되고 "무역왜곡효과(adverse effect)"가 있는 경우 규율되게 된다. 단, 금지보조금(prohibited subsidy)은 특정성과 무역왜곡효과가 있는 것으로 간주된다.

보조금협정 제3.1조는 두 가지 종류의 보조금을 "금지보조금(prohibited subsidies)"으로 규정하고 있는바, (i) 수출실적에 따라 지급되는 보조금(가호) 및 (ii) 수입대체보조금(나호)이 그것이다. 2022년 제네바에서 개최된 각료회의에서는 불법 · 비보고 · 비규제 어업행위에 대한 보조와 남획 어종에 대한 보조를 금지하는 합의를 도출했으며 수산보조금협정(Agreement on Fisheries Subsidies)이라는 이름으로 WTO협정 체제에 협정을 추가하게 되었다.[365] 이 협정이 발효하게 되면, 금지보조금의 세 번째 유형이 탄생하는 셈이다.

반면, "제소가능보조금(actionable subsidy)"이나 "상계가능보조금(countervailable subsidy)"에 해당하기 위해서는 우선 특정성이 있어야 하는바, 특정적인 기업이나 산업에 보조금이 부여되는 경우에만 국제법적 의무가 발생하는 것이지, 비특정적인 보조금은 얼마든지 합법적으로 수여할 수 있는 것이다. 보조금 수여당국

---

364) China – GOES (Countervailing and Aiti-Dumping Duties on Grain Oriented Flat-rolled Electrical Steel from the United States), WT/DS414, 패널보고서, 7.84항.

365) 2025년 6월 현재 미발효 상태이다.

이나 관련 법령이 수혜대상자나 보조액에 관한 객관적(objective) 기준이나 조건을 설정하고 있는 경우, 수혜여부가 자동적(automatic)이고, 이러한 기준이나 조건이 엄격하게 준수되게 되면 특정성이 없는 것으로 간주된다. 이때 "객관적"인 기준이나 조건이란 경제적인 성격(economic in nature)의 기준·조건이며 모든 기업들에 수평적으로 적용(horizontal in nature)될 수 있는 기준·조건(예를 들어, 고용인 수나 기업의 규모)을 의미하며, 특정한 기업을 다른 기업에 비해 우대하지 않는 중립적인 것을 말한다. 이러한 기준이나 조건은 검증 가능하도록 법령이나 공식문서에 명확히 기재되어 있어야 한다. 주의할 점은 위와 같은 요건을 갖추었더라도 실제로 일정한 기업에 불비례적으로(disproportionately) 많은 액수의 보조금이 수여된 경우는 특정성이 있는 것으로 간주된다. 또한 보조금 수여결정에서 당국의 재량권이 행사된 방식이 중요하다.[366)]

특정성이 있다고 간주되는 경우에도 "무역왜곡효과(adverse effect)"가 발생하지 않는 식으로 보조금을 수여하게 되면 문제가 없다. 무역왜곡 효과를 판정하는 기준은 다양한 바, 대표적인 기준이 교역 상대국 기업들에 "이익의 심각한 손상(serious prejudice)"이 발생하거나 "피해(injury)"가 발생하는 경우이다. 이러한 개념들을 판정하는 기준은 복잡다기한 기준들이 있으나, 일반적인 기준은 교역상대국 제품이 판매되는 데 있어 "대체·저해관계"가 발생하거나 수입국 국내산업에 산업피해가 발생하는지 여부이다.[367)] 이때, "대체·저해관계"란 (i) 보조금 지급국가 시장 내로 수출국의 같은 상품이 진입하는 것을 대체·저해하는 효과가 발생하거나, (ii) 제3국 시장 내에서 이러한 대체·저해 효과가 발생하거나, (iii) 동일한 시장 내에서 같은 상품 가격의 억제나 하락이 발생하거나, (iv) 보조금을 받은 일차상품의 세계시장 점유율이 이전 3개년 기간에 비해 증가하는 효과가 발생하는 경우를 말한다.[368)]

즉 어떠한 시장에서든 보조금을 지급받은 상품 때문에 수출국의 같은(like) 상품이 악영향(대체효과, 가격효과, 시장점유율)을 받게 되면 이러한 무역왜곡 효과

---

366) 보조금협정 제2조.
367) 보조금협정 제6조.
368) 이런 효과를 "심각한 손상"(serious prejudice)이라 부르는 것이다. 보조금협정 제6.3조.

가 있는 보조금을 "제소가능 보조금"(actionable subsidy)으로 정의하여, 수입국은 수출국을 상대로 WTO패널에 제소하여 그 무역왜곡 효과를 확인받을 수 있게 된다. "actionable"이라는 영어단어의 의미가 "소송을 제기할 수 있는"의 의미라서 WTO 패널이라는 국제소송 절차에 제소할 수 있는 요건을 갖춘 보조금이 바로 "actionable subsidy" 개념인 것이다. 그런데 이 개념의 번역을 "조치가능 보조금"이라 잘못 번역하여, 그렇게 그동안 국내에서 널리 알려지게 되었다. 이러한 번역의 오류 때문에 마치 수입국이 일방적인 "조치를 취할 수 있는" 보조금인양 이해되어 "상계가능(countervailable) 보조금" 개념과 혼동을 일으킨 측면이 있다. 제소가능 보조금은 다자채널에 제소할 수 있는 보조금이고, 상계가능 보조금은 수입국의 국내조사를 통해 상계조치를 취할 수 있는 보조금이라는 점에서 국내채널을 말하는 것이어서 양자는 엄연히 구별되는 개념이다. 이 점을 이번 기회에 바로잡고자 한다.

수입국 국내 산업에 산업피해(injury)가 발생하는 경우에는 수입국이 보조금 수여여부 및 피해여부를 조사하여 "상계가능(countervailable) 보조금"으로 판정한 후 상계관세(countervailing duty)를 부과할 수 있다.[369)]

주의할 점은 "허용보조금(non-actionable subsidy)"을 규정하고 있는 보조금협정 제8조와 9조의 효력이 종료하였다는 것이다.[370)] 그래서 이제는 허용보조금 개념이 사라졌다는 말인가? 그렇지 않다. 비록 8조와 9조는 종료했지만, 보조금협정 전체조항들의 해석상 아직도 허용보조금 개념은 얼마든지 도출될 수 있다. 왜냐하면, 금지보조금, 제소가능 보조금 및 상계가능 보조금에 해당하지 않는 보조금은 허용보조금 일 수 밖에 없기 때문이다. 다시 말하면, 수출조건이나 수입대체 조건이 부과되지 않으면서, 심각한 손상이나 산업피해를 야기하지 않는 보조금이 바로 허용보조금이므로, 아무런 규제를 받지 않고 정부가 수여할 수 있는 것이다. 또한 특정적이지 않은 보조금도 결국 허용보조금으로 볼 수 있다.[371)] 결국 WTO 보조금협정상 보조금의 분류는 금지보조금(prohibited sub-

369) 보조금협정 Part V.
370) 보조금협정 제31조.
371) 보조금협정 제1.2조의 해석.

sidy), 제소가능 보조금(actionable subsidy), 상계가능 보조금(countervailable subsidy), 그리고 허용보조금(non-actionable subsidy)로 분류해 볼 수 있는 것이다.

● **WTO 보조금협정상의 보조금 분류**

보조금의 종류	요건
금지보조금 (Prohibited)	- 수출조건(Export performance) - 수입대체(Import substitution)
제소가능 보조금 (Actionable)	- 부정적 효과(피해, 심각한 손상, 이익의 무효화)
상계조치가능 보조금 (Countervailable)	- 피해
허용보조금 (Permitted)	- 금지되지 않고 부정적 효과가 없는 보조금 - 특정성이 없는 보조금

나 보조금에 대한 규율

보조금 및 상계관세에 관한 국제규범은 GATT협정문 제VI조, 제XVI조 및 제XXIII조와 이의 시행령 격인 동경라운드의 보조금 및 상계관세 협정에 의거하여 행해졌었다. 그러나 이러한 협정은 보조금에 대한 명확한 정의를 두지 않았고, 보조금을 수출보조금과 국내보조금으로 단순히 구분했으며, 상계관세절차가 명료하지 않아 자의석 운용의 소지가 컸다. 이로 인해 각국별로 보조금 지원이 경쟁적으로 이루어지고, 주요 선진국들은 상계관세제도를 자국산업의 보호수단으로 활용하여 이에 대한 국제적 분쟁이 지속되었다. 이에 따라 선진국들은 UR 협상에서 국제무역에 영향을 미치는 모든 보조금과 상계관세조치에 관련되는 GATT 규율의 개선을 추진하여 보조금의 범위와 기준을 명확히 하고 상계조치의 발동절차에 대한 명백한 규정으로 각국의 보조금 지급 및 상계조치와 관련된 분쟁을 완화하려 하였다. 그 결과 WTO 보조금협정이 탄생되게 되었다.

협정의 주요내용으로는 수출 및 수입대체 보조금은 금지보조금으로 규정하여 금지시키고, 국내보조금의 경우에도 다른 WTO회원국의 이익에 심각한 손상이나 산업피해를 발생시키는 특정적 보조금을 제소 가능토록 하여 다자적으로 규율하도록 하고 있다. WTO 패널에 의해 심각한 손상이나 피해가 확인되게 되면, 수입국은 그러한 효과를 없애는 조치를 취하거나 보조금 자체를 철회해야 한다.

다른 회원국의 국내 산업에 산업피해를 야기하는 보조금에 대해서는 수입국이 조사를 통해 사실관계를 확정하고 상계관세를 부과할 수 있다. 상계관세의 효력의 지속기간은 5년이며, 재심사 결과 동 관세의 종료에 따라 보조금이 지급되거나 피해가 계속되거나 초래될 가능성이 있는 경우 연장할 수 있다.[372]

다 농업보조금의 특별 규율[373]

(1) 농산물 개념의 이해

농산물에 대해 보조금을 주게 되면 WTO농업협정상의 특칙이 적용되게 된다. 이때 "농산물"의 개념 정의를 이해해야 한다. 일반인이 상식적으로 이해하는 농산품의 개념과 상당히 다를 수 있기 때문이다. 농업협정 제1부속서상의 농산물의 범위는 HS Chapters 1~24까지에 해당하는 곡물류, 우유, 산(live) 동물 등의 기초 농산물은 물론 이러한 기초농산물로부터 파생된 제품들을 포괄하고 있다. 따라서 육류, 유제품, 초콜릿, 각종 주류제품 등 가공식품은 물론이고, 담배, 면화, 비단, 양털, 동물가죽 등의 교역이슈가 농업협정의 적용을 받게 된다. 그렇더라도 어류와 어류제품, 그리고 임산물은 농업협정의 적용대상이 아니다. 주의할 점은 "어류 및 어류제품"(fish and fish products)이 적용대상이 아닌 것이지 모든 수산물이 적용 제외되는 것은 아니라는 점이다. 따라서 미역, 다시마

372) WTO 보조금 및 상계조치 협정(Agreement on Subsidies and Countervailing Measures)의 전반적 규정내용 참조.

373) 최원목, WTO 농업협정문해설서(한국국제경제법학회, 2016.12)의 해당부분을 수정 보완하였다.

등 “어류제품”이 아닌 식물류의 수산물은 농업협정의 적용대상 제품에 해당하게 된다.

(2) 농업 보조 개념

WTO 농업협정에서는 GATT에서 사용하고 있는 ‘보조금’(subsidy)[374]이라는 용어에 더해 ‘보조’(support)라는 용어도 함께 사용하고 있다. 그 이유는 반드시 전통적인 ‘보조금’ 개념이 잡아낼 수 없는 조치를 통해 보조금과 같은 효과를 거두는 조치를 ‘보조’라는 개념으로 파악해 내기 위해 보다 포괄적인 의미를 지닌 용어를 사용하고 있는 것이다.[375] 그 결과, 농업협정에서 ‘국내보조’(domestic support)는 농산물 생산자 및 농업 자체에 영향을 미치는 보조행위를 포괄하는 개념으로 사용되고 있으며, 수출보조금 개념과 대비하여 사용하는 용어이다.

국가는 농업정책을 수행할 때 재정사업과 조세사업 등을 통해 농업생산을 장려하고 농업생산자의 소득을 지원하는 방식으로 농업보조금 정책을 시행한다. 예를 들어 친환경농자재 구입을 금전적으로 지원하는 사업형태는 재정사업이고, 병충해방지 및 상품성 향상을 위해 사용하는 과일봉지나 비닐하우스용 필름 등의 기자재를 매입할 때 부담하였던 부가가치세를 환급해 주는 것과 같이[376] 농업·축산업·임업용 기자재에 대한 부가가치세 영세율 사업을 실시하여 조세감면 및 면제 등으로 지원하는 사업형태가 조세사업이다. 재정사업과 조세사업은 가격지지, 소득보전, 생산량 조절 등 다양한 수단으로 실시될 수 있는데, 정부가 농산물 생산자를 위해 재정적 기여(financial contribution)를 제공하고, 그 결과

---

374) GATT 제16조는 “subsidies”라는 용어를 사용하고 있음.

375) EC-유지종자 분쟁에서 면적단위의 생산(production)에 따라 소득을 지지하는 시스템이 문제가 되었을 때 EC는 유지종자를 생산하는 행위에 대한 보조가 아니라 경작면적의 일부에서 유지를 생산한 생산자의 소득을 보조하기 위한 것이어서 유지종자 생산과는 직접 관계가 없다고 주장하였으나, GATT 패널은 해당 시스템이 명목적으로 소득보조(to support producers' income)인지 생산보조(production support)인지가 중요한 것이 아니라, 실제로 쟁점이 되는 바는 특정 품목 생산을 위해 보조가 이루어졌는지 여부라고 판결하였다. Follow-up on the Panel Report “European Economic Community-Payments and Subsidies Paid to Processors and Producers of Oilseeds and Related Animal-Feed Proteins”, Report of Members of the Original Oilseeds Panel(DS28/R BISD 39S/91) para. 79.

376) 조세특례제한법 제105조 2(농업·임업·어업용 기자재에 대한 부가가치세의 환급에 대한 특례).

이익(benefit)이 수여되면 WTO 농업협정의 '보조'가 성립된다.[377] 이때 재정적 기여란 직접적이거나 잠재적인 자금의 이전, 조세 감면, 그리고 일반 인프라 구축 차원이 아닌 제품이나 서비스의 제공과 상품의 구매 조치를 의미하는 것임은 보조금협정상의 보조금의 정의로부터 알 수 있다.

최근에는 농업의 다원적 기능을 감안하면서 환경 친화적 요소를 기본요건으로 하여 국내보조를 부여하는 방향으로 진화하고 있다. 예를 들면, 유럽연합 등이 농업생산자에 대한 국내보조의 대가로 식품 안전성, 동물복지, 친환경농경 등의 조건을 부과하고 있다. 농업부문은 국가와 국민경제의 안정적 발전에 필수적인 식량안보를 위해 필요할 뿐만 아니라 전통문화 보존과 휴양공간을 제공하고 있으며, 생태계라는 공공재를 농업인 전체가 집합적으로 생산하고 있다는 사실을 인정해야 한다는 것이다. 이러한 농업의 비교역적 기능(Non-trade concern)은 WTO설립협정에도 언급되어 있는데, 2000년 9월 이후 OECD에서도 의제로 다루어진 바 있다. 한국은 스위스, 일본, 노르웨이 등과 함께 농업의 비교역적 기능을 강조하는 G10 국가 중의 하나이다.

(3) 농업보조의 유형과 규율

WTO 농업협정은 국내보조를 다섯 개의 종류로 분류하고 있다. 첫째, 국내의 생산제한 프로그램 하에서 지불하는 직접 지불(Blue box), 둘째, 보조금액이 미소보조(de minimis 보조), 셋째, 무역왜곡효과가 거의 없는 형태의 보조(Green box), 넷째, 개도국의 일정한 개발목적 투자 및 투입재 보조나 마약작물 전환 보조(Development box), 그리고 다섯째, 이상의 종류에 해당하지 않아 무역왜곡효과가 큰 보조(Amber box)가 그것이다. 이중 첫 번째부터 네 번째 까지는 상대적으로 무역왜곡효과가 적으므로, 감축의무로부터 면제시키는데 반해, 마지막 종류는 감축의무를 부과한다. 농업협정 제6조 3항에서 말하는 "현행보조총액측정치 합계"(Current Total Aggregate Measurement of Support)는 결국 국내보조 중에서 감축의무가 면제되는 것들을 제외하고, 'Amber box'에 해당하는 보조

377) 농업협정도 보조금협정상의 보조금정의를 적용받게 됨.

만을 모두 합산한 측정치를 말하는 것이다.

UR에서의 협상결과 WTO회원국은 국내보조에 대해 일정한 양허약속을 하였다. 기준년도인 1986년-1988년간 평균 국내보조 금액으로부터 출발하여 선진국은 6년간(1995년-2000년) 20%, 개도국은 10년간(1995년-2004년) 13.3%를 균등 감축하도록 협상이 타결됐다. 이렇게 감축한 최종적인 보조한도가 '최종양허수준'(Final bound commitment level)이며, 이러한 최종목표를 성취하기 위한 연도별 보조한도를 '연도별양허수준'(Annual bound commitment level)이라 한다. 해당 국가는 자국의 WTO 양허표 제4부에 이를 기재하게 된다.

이러한 회원국은 기재된 감축약속수준을 초과하여 국내생산자에게 보조를 제공하게 되면 농업협정 제3조 2항(제6조 3항)의 위반이 성립하게 되는 것이다. 이것은 다른 시각에서 보면, 감축약속수준을 넘지 않는 범위에서는 품목 간 신축성 있게 'Amber box' 보조를 운용해 나갈 수 있음을 의미한다. 국내보조는 품목을 특정하여 제공할 수도 있고 품목을 불특정하여 제공할 수도 있는바, 민감한 특정 품목에 대한 보조는 오히려 늘려나가더라도, 다른 품목에 대한 보조를 줄임으로써 전체적인 균형을 맞출 수 있는 것이다.

실제로, 미국 농업보조금 사건[378]의 경우, 브라질과 캐나다가 미국을 상대로 제반 농축산물에 대한 국내보조금이 양허약속수준을 초과하고 있음을 이유로 2007.7.11. 자로 제소한 바가 있다. 제소국 측은 미국의 밀, 옥수수, 보리, 면화, 쌀 등의 농산물과 쇠고기, 돼지, 양 등 축산물 생산에 대한 국내보조금의 합산이 미국의 1999-2001, 2002, 2004-2005년도 기간의 AMS 영허수준을 각각 넘고 있음을 주장했다. 또한 미국이 일부 국내보조금을 통보에서 누락한 점도 제소사유에 포함됐다.[379] 한편, UR시 자국의 이행계획서 제4부에 국내보조감축약속을 기재하지 않은 회원국은 'Amber box'를 사용할 수 있는 권한 자체가 없다. 즉 'Amber box'에 해당하는 어떠한 보조도 제공하지 않을 의무를 지게 된

378) US - Domestic Support and Export Credit Guarantees for Agricultural Products, WT/DS365.

379) WTO협의가 실패하자 제소국 측의 요청에 의해 2007.12.17 패널이 설치되었으며, 15개국(아르헨티나, 호주, 칠레, 중국, EU, 인도, 일본, 멕시코, 뉴질랜드, 니카라과, 남아프리카공화국, 대만, 태국, 터키, 우루과이)이 3자 참여를 요청하였음. 그 이후 절차가 더 이상 진전되지 않고 있고 제소국 측이 문제를 더 이상 제기하고 있지 않는 상황이다.

다. 단, "미소보조 수준"(de minimis level)을 초과하지 않는 범위내의 보조는 허용된다(제7조 2항 나). 물론 이 경우에도 감축의무로부터 면제되는 보조인 개도국 개발보조(제6조 2항), 생산제한보조(제6조 5항), 부속서 감축면제보조(부속서2)는 여전히 제공할 수 있다고 보아야 한다.

보조의 성질상 무역왜곡효과나 생산 유발 효과가 없거나 미미한 정도인 정책이 있을 수 있기에 이들 보조 조치들을 농업협정 부속서2가 모아서 규정하고 있는바, 이를 "부속서 감축면제보조"(Green Box)라 한다. 이러한 보조를 그동안 국내에서는 "허용보조"라는 이름으로 불러왔는데 이는 올바른 용어가 아니다. 부속서2의 요건을 충족하는 보조라 할지라도 "국내보조 감축의무"로부터 면제되는 것이지(부속서 자체가 그렇게 규정하고 있음), 더 이상의 혜택이 주어지는 것은 아님을 주의해야 한다. 다시 말하면, 부속서2에 해당하는 보조라 할지라도 "부정적 영향("심각한 손상"이나 "피해")"가 발생하게 되면 보조금협정에 의거하여 제소가능(actionable) 보조금으로 취급되어, 결국 해당보조를 철폐하거나 부정적 효과를 제거해야 하는 부담이 발생하는 것을 피할 수 없는 것이다.[380] 따라서 진정한 의미의 "허용 보조"인 부정적 영향이 발생하지 않는 국내보조금이나 특정적이지 않은 국내보조금에는 해당하지 않는 셈이다. 그런데도 이를 마치 허용되는 보조인 것처럼 "허용 보조"라는 명칭으로 부르는 것은 보조금의 전체적인 체계에 맞지 않는다. 따라서 필자는 이를 "부속서 감축면제 보조"라는 명칭으로 불러 잘못된 점을 차재에 바로잡고자 한다.

이러한 부속서2의 목록은 정부서비스, 식량안보 목적의 공공비축, 국내식량구호, 생산자에 대한 직접지불 등의 12가지의 개별항목으로 규정되어 있다. 이들이 감축면제 혜택을 받기 위한 공통요건으로는 (i) 보조가 소비자로부터의 소득이전을 수반하지 아니하면서 공적으로 재원이 조달되는 정부의 계획에 의해 제공되며, (ii) 생산자에 대한 가격지지 효과가 없어야 함을 규정하고 있다.[381]

380) 이 점은 농업협정 제13조의 평화조항(peace clause, 농업협정상의 국내보조와 수출보조에 관한 특칙에 합치하는 보조에 대해서는 WTO설립이후 9년 동안 WTO 보조금협정의 규율이 적용되지 않도록 하고 WTO제소 및 상계조치를 자제할 의무를 부과)의 적용기간이 이미 만료되어, 농업보조의 경우도 WTO보조금협정상의 일반법적 조항들의 구속을 받게 된 결과인 것이다.

381) WTO 농업협정 부속서2 1항의 규정.

이중 식량안보 목적의 공공비축(public stockholding)이 최근 DDA에서 관심의 초점이 된 바 있다.

식량안보 목적의 공공비축 형태의 보조가 감축면제 혜택을 받기 위해서는 까다로운 조건을 충족해야 한다. 즉, 이러한 재고물량과 비축은 식량안보만을 고려하여 사전에 결정된 목표치에 상응해야 하고, 재고 비축과 방출이 재정적으로 투명하게 이루어져야 하며, 시장가격에 의한 수매와 방출이 이루어짐으로써 가격지지수단으로 사용되지 않아야 할 것이 요구된다.[382] 개도국 특별대우와 관련하여 주석5에는 개도국에 대해서는 투명하고 목표치에 근거하여 시행되는 경우에는 시가수매와 방출이 아닌 정부관리가격에 의한 수매와 방출도 인정하고 있다. 단, 수매가격과 외부참조가격의 차액은 AMS에 포함된다고 단서를 둠으로써, 개도국이 해당 조항을 사용하는 데 제한요인으로 작용하고 있는 점도 주목해야 한다.[383] 즉, UR협상에서 대부분의 개도국들은 AMS 지급실적이 없는 것으로 양허계획서를 제출했으므로, 미소보조수준으로만 식량안보 목적의 공공비축을 보조하는 경우에는 전체 AMS에 산정되지 않으므로 괜찮으나, 그렇지 않은 경우 주석5에 의한 정부관리가격에 의해 식량안보 목적의 공공비축 보조를 지출할 수 없는 제약에 직면하게 된다.

더구나 DDA에서는 미소보조도 무역왜곡보조총액에 포함되도록 논의되고 있으므로, 더욱 위 주석규정이 개도국에 실질적인 혜택을 주지는 못한다는 비판이 제기되었다. 따라서 인도를 비롯한 개도국들은 식량안보를 강화하기 위한 조치를 위와 같은 제약 없이 감축면제 보조로 인정해 줄 것을 요구하게 되었다. 이에 2013년 제9차 WTO 각료회의(발리)에서 개도국의 식량안보용 공공비축이 주요 의제로 논의되어,[384] 미국과 인도간의 합의를 바탕으로 발리 각료회의 및 2014년 11월 일반 이사회에서 '개도국 식량안보를 위한 잠정적 방법'(Interim Mechanism)[385]이 채택된 바 있다. 그 골자는 현재 공공비축제도가 있는 개도국

382) WTO 농업협정 부속서2 3항.
383) WTO 농업협정 각주5.
384) 식량안보법(National Food Security Act, '13년)시행에 따라 대규모 식량보조를 시행한 인도는 식량안보용 공공비축제도를 강력하게 주장하였다.
385) Draft Ministerial Decision, WTO Ministerial Conference, Public Stockholding for Food

이 보조한도를 초과하더라도 일정 조건 충족 시 농업협정 위반에 따른 분쟁으로부터 항구적 해법이 마련되기 전까지 보호해 주는 것이다. 이 문제에 있어서의 항구적 해법을 어떻게 찾아나갈지가 국제사회의 주요 관심사인 것이다.

농업협정 국내보조 분류체계 정리

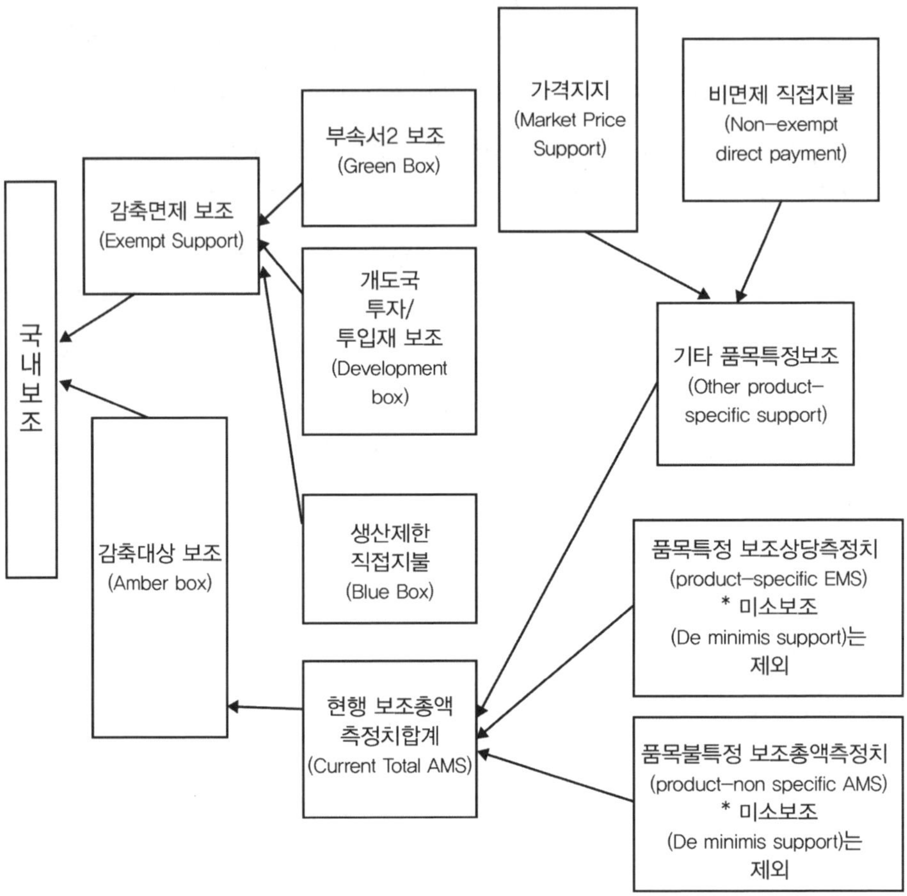

Security Purposes, WT/MIN(13)/W/10 (6 December 2013).

한편, WTO 보조금협정 제3조는 일반적으로 수출보조금(농산물에 대한 수출보조 포함)을 금지하고 있으나, 농업협정에서 제9조의 특칙을 둔 농산물에 대한 수출보조는 양허표에 기재된 바대로의 감축할 의무만 있지 금지되지 않으므로, 보조금협정의 금지의무의 적용을 받지 않는다.[386] 그러나 2015년 WTO 나이로비 각료회의에서 결정을 채택하여 선진국은 즉시, 개도국은 2018년까지 모든 농업수출보조금을 철폐하는데 합의했다.[387] 이제 이러한 결정이 성실히 이행된다면 농업수출보조금도 보조금협정의 일반적 규율하에 편입되게 된 것이다.

WTO회원국은 매년 현행 국내보조는 물론이고 그 변경내용을 일정한 형식에 따라 WTO에 통보해야 한다. 아울러 감축의무가 면제된 새로운 국내보조와 기존 조치의 변경내용에 대해서도 신속히(promptly) 통보해야 한다. 통보시 자국의 농업분야 국내보조를 그 국제법적 근거와 함께 통보해야 하고, 해당 조치가 농업협정 제6조 혹은 부속서 2에 규정된 기준에 일치하는지를 확인할 수 있는 상세한 자료를 첨부해야 한다.[388] 이처럼 농업협정의 경우는 투명성을 더 높이기 위한 노력을 전개하고 있다.

이상에서 살펴본 공정무역(Fair Trade) 원칙은 GATS에는 의무조항으로 도입되지 못하고 있다. 서비스부문에서도 국경간 공급이나 해외 상업적주재의 경우 국내시장에서의 서비스 제공가격과 해외시장에서의 제공가격을 차별화하는 것이 가능하므로 일종의 “덤핑”개념이 성립할 여지는 있다. 즉, 상품 덤핑에 이어 “서비스 덤핑(service dumping)”개념도 부분적이나마 상정해 볼 수 있는 것이다. 실제로 서비스 덤핑 행위는 만연되어 있다. 같은 항공사라도 국내승객들을 대상으로 하는 경우에 비해 해외승객들을 상대로 항공료를 싸게 파는 경우가 허다하며 특정한 시즌에는 이러한 덤핑행위가 집중적으로 이루어지기도 한다. 너무나 만연해서일까, 아니면 서비스 덤핑행위를 상품분야처럼 전체적으로 정의하기가

386) 단, 양허표에 명시되지 않은 농산품에 대해서는 공산품과 마찬가지로 모든 수출보조금이 완전히 금지되게 된다. 제9.1조에서 열거한 수출보조를 사용하기 위한 전제조건은 양허표에 대상품목과 그 한도를 명시할 것이기 때문이다.

387) 단, 개도국을 위한 수출 마케팅 및 운송보조금 특례조항은 2023년(최빈개도국은 2030년)까지만 허용하도록 못 박았다. Ministerial Decision of 19 December 2015 - Export Competition, 21 December 2015, WT/MIN(15)/45, WT/L/980.

388) WTO 농업협정 제18조 3항.

어렵기 때문일까? GATS는 덤핑 및 반덤핑에 대해 침묵하고 있는 것이다.

한편, 보조금에 대해서 GATS 제XV조는 서비스 분야의 보조금도 "어떤 경우에는 서비스 교역을 왜곡하는 효과가 있을 수 있음"을 언급하며 이러한 "왜곡효과를 다스리기 위한 상계조치의 적절성 문제를 포함한 관련사항들을 논의하기 위해 다자협상을 개최"할 것을 규정하고 있다.[389] 그럼에도 아직까지 서비스 분야에서는 보조금 관련 규율이 정립하고 있지 못하다. 다만, "서비스 보조금으로 부정적 효과를 당하는 국가는 협의를 요청할 수 있고, 피요청국은 이에 대해 긍정적 고려(sympathetic consideration)를 해야 한다"는 조항[390]만이 홀로 서비스 분야의 공정무역의 꿈을 지키고 있을 뿐이다.

3 세이프가드(Safeguard) 제도와의 구별

가 불공정무역행위에 대한 규율과 정상교역행위에 대한 규율

세이프가드(긴급수입제한) 조치는 특정물품의 수입급증으로 수입국의 국내 산업이 심각한 피해를 입거나 입을 우려가 있을 때 GATT 제XIX조에 근거하여 행하는 일시적 수량제한 또는 관세보호조치를 의미한다. 이 조치는 수출국의 정상적인 수출행위에 대한 수입제한조치라는 점에서 반덤핑조치와 상계조치와 같은 불공정무역행위에 대한 무역구제조치와 구별되는 제도이며, 불공정무역행위 제도에 비해 그 발동요건이 훨씬 까다롭다는 것이 특징이다. 즉, "실질적 피해"(material injury) 대신 "심각한 피해"(serious injury)를 산업피해 요건으로 부과하고, 세이프가드 조치를 취하게 되면 그 대상국이 입은 피해를 합의에 의거해서 보상해 주어야 한다. 보상 합의가 실패하게 되면 수출국은 보복조치까지 취할 권리를 획득하게 된다.

이에 따라 선진국들은 발동이 어려운 세이프가드 대신에 수출자율규제나 시

389) GATS 제XV조 1항.
390) GATS 제XV조 2항.

장질서유지협정 등 회색지대조치를 선호하는 경향이 있었다. 선진국들은 회색지대조치를 신흥공업 개도국들의 주종 수출품목에 집중하여 발동하여 왔다. 이러한 회색지대조치는 국제교역의 불안정성을 증대시키고 정치·외교적 갈등을 유발해 왔기에 오랫동안 개도국들의 비난의 대상이 되어 왔다.

새로운 WTO 세이프가드협정은 GATT체제에 위협요인이 되고 있는 회색조치 등을 철폐하도록 한 반면, 엄격한 기준을 충족할 경우에는 수입국들이 세이프가드를 용이하게 활용할 수 있도록 하였다. 주요 규율내용으로는 무차별원칙을 준수하도록 했고, 수출자율규제, 시장질서유지협정 혹은 이와 유사한 조치들의 적용을 금지하며, 이미 발동중인 조치는 협정발효일로부터 5년 이내에 철폐하도록 하였다. 새로운 협정에서는 세이프가드 조치의 실용성을 높이기 위해 절대적 수입증가를 이유로 세이프가드를 발동한 경우 최초 발동 후 3년간은 해당 상대국의 보복을 면제할 수 있도록 하였으며, 세이프가드 조치의 발동기간은 잠정조치 발동기간과 세이프가드 조치의 최초 발동기간 및 연장기간을 포함하여 8년을 초과하지 못하도록 제한하였다.391)

이와 더불어, WTO농업협정은 '농산물에 대한 특별세이프가드'(SSG) 제도를 채택하고 있다. 이 제도에 따르면, 특정한 농산물의 수입급증이라는 특별상황에 일시적으로 대처하기 위해 대응조치를 취할 권리를 규정하고 있는바, 일반 세이프가드와 다른 점은 미리 수입 물량이나 가격 기준(trigger level)을 마련해 두고 그 기준이 충족되면 자동적으로 세이프가드 관세를 부과할 수 있게 되므로 심각한 피해의 판정이 불필요하다는 점에 있다. 이러한 SSG는 관세화된 총 농산물의 20% 이내에서 사용될 수 있으며, 세이프가드 관세는 "해당년도 실행중인 통상관세(ordinary customs duty in effect in the year)"의 1/3 범위 내에서 당해 연도의 연말까지만 부과할 수 있다.392) 이러한 SSG는 TRQ 물량 이내에서는 사용할 수 없으며, WTO회원국의 농산물 관세양허표에 기록하여 특정한 품목393)의 범위 내에서 발동 가능한 것이다.

---

391) WTO 세이프가드협정(Agreement on Safeguards)의 전반적 규정내용 참조.
392) 농업협정 제5.4조.
393) UR시 한국을 포함한 39개국이 6,156개의 품목을 지정하였다.

나 FTA와 세이프가드

FTA를 체결한 회원국들 간에 경제통합을 공고히 하여 경제적 효율성을 높이기 위해 상호간에 세이프가드조치를 철폐하는 경우도 있다. 상당한 수의 FTA들이 이러한 규정을 두고 있다. 단, WTO 판례는 세이프가드 조사의 범위에 FTA회원국을 포함시킨 후, 세이프가드 조치의 대상국(또는 심각한 피해 판정의 대상국)에는 동 회원국을 제외시킨 것이 정합성("parallelism") 원칙에 어긋남을 이유로 WTO협정 위반이라는 판정을 내린바가 있다. 미국 Wheat Gluten WTO 분쟁[394]사례에서 미국의 국제무역위원회(ITC)는 1차적으로 모든 수입을 전체로 피해분석을 실시하고 2차적으로 캐나다로부터의 수입에 대해서만 세이프가드조치의 적용 대상에서 배제하였다. 이에 대해 WTO 패널은 조사대상이 된 수입상품의 범위와 긴급수입제한조치 적용대상이 되는 수입상품의 범위가 정합하지 않음을 이유로 미국의 조치에 대해 WTO협정 위반 판정을 내렸다. 그 후 이러한 판시내용은 유사한 사실관계의 분쟁에서 일관되게 적용되었는데[395] 이러한 일련의 판례는 조사와 조치부과 절차상의 공정성 결여라는 절차적 하자가 불법이라는 것을 선언한 것일 뿐, FTA회원국끼리 세이프가드 조치를 아예 철폐해버리면서도 정합성원칙을 준수하는 경우에 대한 판정을 내린 것은 아닌 것임을 주의해야 한다.

한편, FTA에서는 WTO협정상의 세이프가드(다자 세이프가드) 이외에도 "FTA에 따른 관세감축"("수입증가"가 아니라)으로 국내 산업에 심각한 피해가 발생할 경우, MFN 관세율까지(MFN관세율 이상으로가 아니라) 관련 상품에 대한 특혜관세율을 인상할 수 있는 제도인 '양자세이프가드'(bilateral safeguard: BSG) 제도를 채택하는 경우가 많다. 한·미 FTA의 경우 양자세이프가드를 발효 후 10년 또는 10년 이상 관세철폐 대상 품목의 경우 관세철폐기간까지 발동이 가능하도록 규정되어 있는데 비해, 한-EU FTA에서는 "관세 인하 또는 철폐 완료일 후

394) US-Definitive Safeguard Measures on Imports of Wheat Gluten from the European Communities, WT/DS166.

395) Argentina-Footwear, DS121/123; US-Lamb, DS177/178; US-Line Pipe, DS202 등.

10년까지" 발동이 가능하도록 규정하고 있다.[396] 이것은 한-EU간에는 농업분야의 민감성을 고려하야 매우 장기간의 양자세이프가드 발동 가능기간을 상호 설정한 것으로 10년 관세철폐 품목을 기준으로 할 때, 한-미FTA에 비해 2배의 발동가능 기간이 설정된 셈이다.[397]

판단컨대, 양자세이프가드는 그 성질상 FTA의 관세철폐 기간 동안 관세철폐의 효과를 조절함으로써 정책적 목적을 달성하자는 것이므로, 장기적 목적인 FTA를 통한 경제통합 달성을 목표로 단기적으로 관세감축의 속도를 조절하는 데 근본적 취지가 있는 것이다. 그러므로 FTA 관세철폐와는 상관없이 일반적으로 산업피해를 구제하며 MFN관세율 이상으로 관세를 높일 수 있게 하는 일반적인 의미의 세이프가드 제도(즉, 다자세이프가드)와는 그 근본적 성격을 달리하고 있다고 볼 수 있다. 이 점을 고려하면 적어도 관세철폐 이행기간 동안 관세가 철폐되는 대상품목에 대해 MFN관세율 이내에서 적용되는 양자세이프가드 제도는 WTO합치성이 보장되어 있다고 볼 수 있다. 그러나 한-EU FTA에서와 같이 관세철폐가 완료되었는데도 그 후 10년이라는 장기간 동안에도 양자세이프가드를 발동할 수 있도록 규정하고 있는 것은 바람직하지 않다고 볼 수 있으며, 이러한 제도의 WTO합치성이 과연 보장될 수 있는지의 논란이 발생할 여지가 있다.[398]

또한, FTA에서는 농산물의 경우 특정 품목마다 미리 정해둔 물량을 초과하여 수입될 경우에 세이프가드 발동이 가능하며, 해당 농산물에 대한 특혜관세율을 MFN 관세율까지 인상하는 것이 가능토록 규정하는 경우도 있는바, 이를 '농산물세이프가드'(agricultural safeguard: ASG)라 부른다. 이것은 마치 WTO SSG와 같은 식으로 농산물에 대한 특별세이프가드(SSG)를 FTA 맥락에서 도입한 제도인 셈이다. 다시 말하면 상대국이 원산지인 지정 농산물의 수입량이 그

396) 한-EU FTA 제3.5조. 단, 두 FTA 모두 양측이 합의하면 그 이상의 기간에도 발동가능하도록 규정하고 있다. 한-EU FTA 제10.2조 5항, 한-미FTA 제3.2조 5항.

397) 한-미FTA에서는 10년, 한-EU FTA에서는 20년까지 발동이 가능하다.

398) 이 점에 대한 종합적 분석으로는 "Won-Mog Choi, FTAs and Safeguard Norms: Their Variation and Compatibility, Asian Journal of WTO and International Health Law and Policy, vol 6 no 1, pp. 81~108 (2011)" 참조.

농산물에 대해 설정된 일정한 기준량(trigger level)을 넘어설 때 MFN 관세율까지 복귀하여 FTA라는 급진적 시장자유화의 충격으로부터 일시적으로 벗어날 수 있는 안전정치를 설정한 것이다. 대게 FTA 부속서에서 ASG 발동 대상 품목의 연도별 발동기준물량 및 이를 초과할 경우 부과할 수 있는 관세 인상률을 명시하고 있는데, 이러한 ASG 관세 부과는 MFN관세율의 범위 내에서만 가능하도록 제한하고 있다.

더 나아가 한-미FTA에는 섬유세이프가드와 자동차세이프가드와 같은 특정 품목을 대상으로 그 발동요건을 변경하여 규정한 세이프가드를 도입한 것이 특이하다.

이처럼 FTA 등을 통해 다양한 종류의 세이프가드 제도가 변형되어 도입되고 있는 실정이다. 이러한 제도를 남용되어 과도하게 보호주의적으로 운영되는 것을 견제해야 한다. 다른 시각에서 보면, 각종 FTA 세이프가드 제도가 피해산업의 민감성을 상당한 정도로 확보하고 산업의 연착륙을 위해 유용한 정책적 수단으로 활용될 수 있는 측면도 있다. 강화된 형태의 안전장치 마련으로 인해 그만큼 개방의 폭을 넓힐 수 있어 결국 양측이 윈 윈(Win-Win)하는 높은 수준의 FTA를 달성하는데도 도움이 됨도 고려해야 한다. 이처럼 안전장치를 강화해 나가되 이를 남용하는 것을 막기 위해 FTA에서는 세이프가드 장치들이 서로 중복적용되지 못하도록 동시 발동을 금지하는 규정들을 함께 규정하는 추세이다.399)

앞으로 반덤핑, 보조금, 세이프가드 등 무역구제(trade remedy) 제도가 FTA 등을 통해 얼마나 변형을 겪을지 모두가 지켜보고 연구해볼 만하다.

399) 일례로 한-EU FTA 제3.6조 4항에서는 농산물세이프가드 조치가 그 자체로서 해당 농산물에 대한 피해를 구제하기에 충분하므로, 양자세이프가드, 다자세이프가드, 또는 WTO 농업협정상의 특별세이프가드 조치와 동시에 적용될 수 없음을 규정하고 있다.

세이프가드 제도의 FTA를 통한 변형

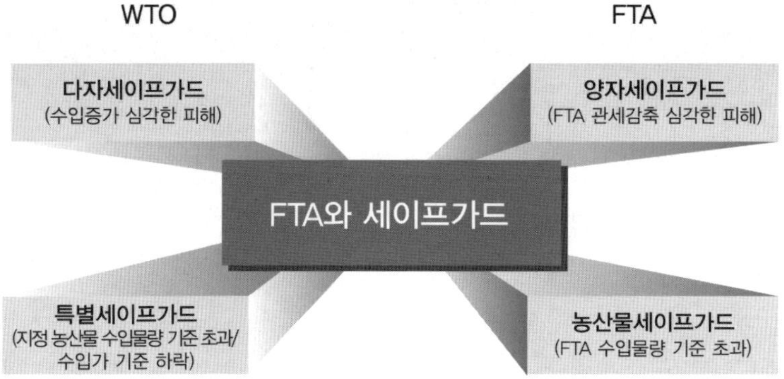

WTO세이프가드		FTA세이프가드	
다자세이프가드 (Global Safeguard)	수입증가 + 심각한 피해 = MFN관세 이상 관세 인상	양자세이프가드 (Bilateral Safeguard)	FTA로 인한 관세감축 + 심각한 피해 = MFN관세율로 복귀
특별세이프가드 (Special Safeguard)	지정 농산물의 수입물량이나 가격이 특정 발동기준 초과 = 현행관세율에서 일정비율 추가인상	농산물세이프가드 (Agricultural Safeguard)	지정 농산물의 수입물량이 특정 발동기준 초과 = MFN관세율 이내에서 일정비율 인상

제 5 절 최소기준 대우 원칙 (Minimum Standard Principle)

이상에서 살펴본 시장접근 보장원칙과 비차별주의 원칙만 있으면 국제경제체제는 문제없이 규율될 것인가? 아니면 다른 원칙이 추가적으로 요구되는가?

전통 국제법상 외국인에 대한 대우에 대해서는 두 가지 접근방법이 존재해 왔다. 그 하나는 내국민대우 방식이고 다른 하나는 국제수준 보호 방식이다. 즉, 내외국민을 동등하게 대우하는 한 어떠한 대우를 외국인에게 부여하더라도 문제가 없다는 것이 전자의 입장인데 반해, 외국인에 대한 대우에 관해서는 국제적으로 인정되는 최소 보호수준이 존재하므로 최소한 이 수준에 맞게 대우해야 한다는 입장이 후자이다. 국제수준 보호 방식을 주장하는 사람들에 따르면, 인권보호 수준이 낮은 국가가 외국인에 대해 내국민대우를 부여할 경우에는 당해 외국인이 누리는 대우는 하향 평준화된다는 문제점을 지적하고 있다. 따라서 단순한 평등 대우보다는 한 단계 더 나아가 최소보호기준(minimum standard)을 설정하고 이 기준을 충족한 상태에서 비차별 의무를 부과하는 것이 좀 더 바람직하다는 것이다.

이러한 생각이 전통적인 비차별주의 원칙을 위주로 한 국제무역체제에도 적용될 수 있는 것인가? 사실 여러 국가가 규제를 가하는 데 있어 공통적으로 적용되는 국제표준을 발전시키게 되면, "생산의 효율성이 증대"되고 "국제무역의 흐름이 더욱 원활하게" 될 것이다.[400] 이러한 표준화작업은 국제무역의 투명성

400) 동경라운드 Standards Code 및 WTO TBT협정, 서문 참조.

을 증대시킬 수 있기 때문이다. 이러한 최소기준 수립노력은 동경라운드에서부터 '무역관련 기술장벽'(Technical Barriers to Trade: TBT)부문을 중심으로 전개되기 시작했으며, 우루과이라운드의 결과 '위생 및 식물위생'(sanitary and phytosanitary: SPS)부문으로 확산되어 결국 WTO TBT협정과 SPS협정에 반영되게 되었다. 이들 협정은 SPS관련 조치나 TBT조치들이 가급적 국제적으로 수립된 표준을 따를 것을 요구하고 있다. 아울러 이러한 국제표준 준수를 유도하거나 하향 평준화된 대우를 부여하는 것을 방지하기 위한 각종 최소기준 원칙들을 규정하고 있다. 물론 이러한 원칙들은 전통적인 비차별주의 원칙을 보완하는 의미가 있다.

관세가 전반적으로 인하됨에 따라, 비관세 장벽을 설치해 국내산업을 보호하려는 각국의 유인도 증가하였다. 이러한 비관세 장벽 중에는 국내산업에 유리하도록 각종 기술규정 및 표준을 자의적이고 복잡다기하게 설정함으로써, 국내시장에서의 외국생산자들의 경쟁력을 상대적으로 감소시키는 형태를 지니는 경우가 있었다. GATT 1947하에서 이러한 경우에 대한 규율은 제III조 4항 및 제XI조에 의해 행해졌다. 즉, 자의적인 제품 규정이나 표준의 부과로 인해 국산품과 "같은(like) 제품"인 수입품에 대해 차별적 대우가 부여되는 경우에는 내국민대우 위반이 성립되었으며, 이러한 표준으로 인해 수입품의 수입이 제한되면 수량제한 금지원칙으로 처리되었던 것이다. 그러나 이러한 제한조치들이 GATT 제XI조 2항(c)나 제XX조하에서 한정적으로 규정된 목적 달성에 필요한 경우에는 예외적으로 그 위반이 정당화되었다. 이때, 이러한 예외가 단순하고 간단하게 규정되어 있어, 구체적으로 어떻게 기술규정과 표준이라는 이슈에 적용되는지가 분명치 않았다.[401]

그러므로 동경라운드에서는 이 문제에 대한 논의 끝에 1979년 '무역관련기술규정협정'(Agreement on Technical Barriers to Trade: "Standards Code")을 탄생시키는 데 성공하였으나, 이 협정은 32개국이 가입한 일종의 복수국 간 무역협정에 불과하였다. 그 후 우루과이라운드에서는 이 협정을 수정·보완하여

401) 최원목, 우루과이라운드의 의미 - 비차별 · 컨센서스의 세계에서 최소기준 · 규범력의 세계로, 국제법평론 2016-11 통권 제44호 (국제법평론회, 2016, 이하 "최원목 (2016)"이라 칭한다), p. 63.

'무역관련기술장벽협정'(Agreement on Technical Barriers to Trade: TBT협정)을 체결하게 되었다. 이제 TBT협정은 WTO회원국 전체를 구속하며, 그 이행이 분쟁해결양해에 의해 보장되는 다자무역협정이 된 것이다.

한편, 인간과 동식물의 건강과 안전을 보호하기 위한 각종 위생검역조치들 또한 문제시되었다. 각국마다 위생검역기준이 상이한 데서 오는 차이점은 농산물의 원활한 교역에 장애요소가 되었음은 물론이고, 위생검역조치들이 국내 산업을 보호하기 위해 자의적으로 취해지거나 통관의 지연을 초래하는 경우가 많았다. 이러한 복잡하고 다양한 위생관련 조치들을 GATT 제XX조 (b)의 단순한 규정이 규율하는 데에는 한계가 있었으므로, 위생관련 조치들이 국제무역을 저해하지 않도록 그 한계를 명확화할 필요가 있었다. 또한, 우루과이라운드에서 힘겹게 합의에 이른 농업협정의 규율내용들의 효과가 위생관련 조치의 남용을 통해 상쇄되어버릴 위험성이 있었다. 따라서 우루과이협상에서 각국은 농업협정과 병행하여 위생조치들을 규율하기 위한 협정을 체결하려는 노력을 적극적으로 전개하게 되었고, 그 결과 '위생및식물위생조치적용에관한협정'(Agreement on the Application of Sanitary and Phytosanitary Measures: SPS협정)이 채택되었던 것이다.[402]

이러한 최소기준 원칙은 전통적인 시장접근 보장원칙, 비차별 원칙 및 공정무역원칙을 보완하여, 주로 비관세장벽의 영역에서 국제적 기준을 확립해 나가려는 미래의 국제통상법의 방향을 제시하는 것으로 주목할 만하다. 여러 국가가 규제를 가하는 데 있어 공통적으로 적용되는 국제표준을 발전시키게 되면, "생산의 효율성이 증대"되고 "국제무역의 흐름이 더욱 원활"하게 될 것이다.[403] 이러한 표준화작업은 국제무역의 투명성을 획기적으로 증대시킬 수 있기 때문이다. 이렇게 UR이 발전시킨 국제 최소기준 수립노력은 이미 수많은 FTA나 투자협정에 반영되어 TBT/SPS분야는 물론이고, 지재권교역, 무역구제, 통관, 원산지규정, 투자 등의 제반 이슈에 교역의 최소기준을 설정하려는 시도로 확산되고 있다.[404] 앞으로 환경, 보건, 기술, 과학 등의 여러 분야와 무역이슈가 상호 충

---

402) Ibid.
403) 동경라운드 Standards Code 및 WTO TBT협정, 서문 참조.

돌하거나 조화되어 가는 미지의 분야에서 적극적으로 기능할 수 있는 교역규범이므로, 이를 미래지향적이고 국제체제 조화적으로 해석하고 적용해 나가야 할 시대적 사명이 국제 법률가들의 눈과 손에 달려있음을 잊지 말아야 할 것이다.

1 SPS협정을 통한 위생 분야의 국제 최소기준 실현

농식품의 경우 다양한 질병으로 인해 국제적으로 수입을 차단하는 경우가 종종 발생한다. 이럴 경우, SPS협정상의 여러 의무에 반하지 않도록 규제조치를 고안할 필요가 있다. 이것은 각 회원국에서 취하는 식품위생, 병해충 통제 등의 정책이 적극적인 통상규정의 규율하에 놓이게 되었다는 의미가 있다. 인간과 동식물의 건강과 안전을 보호하기 위한 각종 위생검역조치들은 각마다 위생검역기준이 상이한 데서 오는 차이점이 많아 농산물의 원활한 교역에 장애요소가 되었다. 위생검역조치들이 국내산업을 보호하기 위해 자의적으로 취해지거나 통관의 지연을 초래하는 경우도 많았다. 이러한 복잡하고 다양한 위생관련 조치들을 GATT 제XX조 (b)의 단순한 규정[405]이 규율하는 데에는 한계가 있었으므로, 위생관련 조치들이 국제무역을 저해하지 않도록 그 한계를 명확화할 필요가 있었다. 이처럼 GATT의 예외규정을 더욱 자세히 규정하려는 의도에서 출발하였지만 SPS 협정은 단순히 GATT의 예외의 기준을 설정함에 그치지 않고, 위생관련 규제에 대해 일정한 실체적인 규범을 마련함으로써 독립적인 법리를 형성하고 있다. 이에 따라 SPS협정은 GATT의 위반이 전제되지 않는 독자적인 합법성 기준을 설정하고 있는 점은 주의를 요한다.

또한, 우루과이라운드에서 힘겹게 합의에 이른 농업협정의 규율내용들의 효과가 위생관련 조치의 남용을 통해 상쇄되어버릴 위험성이 있었다. 식물이나 농산물 교역의 자유화 필요성이 각국의 음식물이나 농산물 교역에서 오는 위험요

404) 최원목 (2016), p. 67.

405) GATT 제XX조는 인간이나 동식물의 생명과 건강을 보호하기 위해 필요한 조치는 GATT상의 다자통상규범 위반을 정당화할 수 있다고 규정하는 일반적 예외사유를 인정하고 있다.

소로부터 자국 내의 인간과 동식물의 건강과 생명을 보호할 수 있는 권리와 쉽게 충돌하기 때문이다. 따라서 우루과이협상에서 각국은 농업협정과 병행하여 위생조치들을 규율하기 위한 협정을 체결하려는 노력을 적극적으로 전개하게 되었고, 그 결과 '위생및식물위생조치적용에관한협정'(Agreement on the Application of Sanitary and Phytosanitary Measures: SPS협정)이 채택되었던 것이다. 농업협정 제14조는 "SPS협정에 효력을 부여하는 데 합의한다"라고 규정하여, 농산물교역상의 SPS이슈에 대해서는 SPS협정이 특별법적으로 적용됨을 인정하고 있다.

SPS 협정은 WTO회원국들이 "인간, 동물 또는 식물의 생명 또는 건강을 보호하기 위하여 필요한 조치"(necessary to protect human, animal or plant life or health)를 채택하여 시행하는 것을 주권적 권한으로 인정하고 있다.[406)]

그러나 이러한 권한을 정당하게 행사하려면, 국제 공통의 최소기준을 충족해야 하며 위생검역조치를 자의적이며 불공평한 차별의 수단 또는 국제무역에서 위장된 제한조치로 사용하지 말아야 한다고 규정한다.[407)] 질병이나 위험요소의 발생은 축산농가의 피해 감소라는 중차대한 정책적 과제를 부각시킴은 물론, 한편으로는 국내 농업을 보호하기 위한 좋은 구실을 제공해주기도 한다. 이러한 구실을 빌미로 비과학적 조치를 취하거나 과도한 교역장벽을 설치하거나 부당하게 교역재개 절차를 지연시키기 되면, 국제교역의 안정성과 예측가능성이 저해당하게 되기 때문이다.

이러한 위생주권과 교역의 안정성 가치간의 조화를 위해 WTO회원국의 SPS 보호수준 및 조치는 과학적 근거(Scientific Evidence) 원칙, 국제표준과의 조화(Harmonization) 원칙, 위해성 평가(Risk Assessment) 원칙, 보호수준의 일관성(consistency) 원칙, SPS조치를 선택함에 있어서의 필요성(necessity) 원칙, 투명성(Transparency) 원칙, 지역화 수용(Adaptation to Regional Conditions) 원칙 등의 최소기준(minimum standard)을 준수해야 한다. 이러한 최소기준들을 설명하면 아래와 같다.

406) WTO SPS협정 제2조 1항.
407) WTO SPS협정 제2조, 제3조.

가 SPS조치의 개념

SPS조치의 개념은 SPS협정의 적용범위와 직결되는 선결적인 문제이다. SPS협정은 직간접적으로 국제교역에 영향을 미치는 모든 SPS조치에 대해 적용되기 때문이다.[408] 따라서 SPS협정의 관할범위는 두 가지 요소로 정의할 수 있다. 첫째는 SPS조치여야 하며, 둘째는 직간접적으로 국제교역에 영향을 미쳐야 한다. SPS조치의 개념에 대해서는 SPS협정 제1부속서가 상세한 정의조항을 두고 있다. 이에 따르면 SPS조치란 "인간의 생명 또는 건강, 동물의 생명 또는 건강, 그리고 식물의 생명 또는 건강을 일정한 위험요소로부터 보호하기 위한 조치"인바 이를 목적별로 정리하면 아래와 같다.

(i) 인간의 생명 또는 건강
- 식품, 음료 또는 사료내의 첨가제, 오염물질, 독소 또는 질병원인체로 인하여 발생하는 위험
- 동물, 식물 또는 동물 또는 식물로 만든 생산품에 의하여 전달되는 질병이나 해충의 유입, 정착 또는 전파로 인하여 발생하는 위험

(ii) 동물 생명 또는 건강
- 해충, 질병, 질병운반체 또는 질병 원인체의 유입, 정착 또는 전파로 인하여 발생하는 위험

408) SPS협정 제1.1조. 이에는 SPS협정 발효(1995.1.1.) 이전에 채택된 조치라도 계속 시행되고 있는 것이면 적용대상에 포함된다. EC-Measures Concerning Meat and Meat Products ("EC Hormones") 상소기구 보고서, WT/DS26, para 128. 패널 설치를 요청하는 당사국이 DSU 제6.2조에 따라 분쟁사안인 특정한 조치를 적시할 의무가 있다. 이점이 2005.4.8. 판시된 EC-Measures Affecting the Approval and Marketing of Biotech Products ("EC-Biotech,"WT/DS291) 패널절차의 예비적 결정에 있어 논쟁이 된 사안이다. 이에 따르면, EC가 제소국 측이 그렇게 하지 않았음을 입증하는데 실패했다고 판시했는바, 이것은 비공식적 조치(사실상의 승인금지)의 경우에는 제소국 측에 추가적인 관용이 부여됨을 의미하고, 패널 요청서에 적시하는 조치의 정확성의 정도에 영향을 미치는 측면을 감안한 결과다. EC - Biotech 패널보고서(WT/DS291), para 7.24 (예비결정 para 22, 34, 45).

(iii) 식물 생명 또는 건강

- 해충, 질병, 질병운반체 또는 질병 원인체의 유입, 정착 또는 전파로 인하여 발생하는 위험

(iv) 다른 피해의 방지 또는 제한

- 해충의 유입, 정착 또는 전차로 인한 피해[409]

위에서 주의할 점은 SPS조치는 명확한 영토적 한계에 종속되는 개념이라는 것이다. 즉, 해당국가의 영역 이외에서 관련 이익을 보호할 것을 추구하는 조치는 SPS조치의 정의로부터 제외된다. 물론 보호의 대상(예를 들어 공중보건) 자체가 규제국의 영역 내에 위치하고 있는 것인 한, 다른 국가에서 수행하는 활동을 겨냥한 조치일지라도 제외되는 것은 아니다. 예를 들어, 수입품의 제조방식을 문제 삼는 수입규제 조치일지라도 그것이 규제국 내의 특정 이익을 보호하기 위해 적용된 것인 한, SPS조치에 해당된다. 즉, SPS조치에는 '제조 및 생산 방식'(PPMs)과 '동식물의 운송과 관련한 요건'이 포함된다.[410] 특히, 위 제1 부속서 1항 라호에 규정된 바와 같이 해충의 유입, 정착 또는 전파로 인해 발생하는 "다른 피해"를 방지 또는 제한하기 위해 취한 조치의 개념은 인간이나 동식물의 생명과 건강에 대한 피해 이외의 재산에 대한 피해, 좀 더 일반적으로는 경제적 피해까지 포함하는 개념이다.[411] 다만, 그러한 다른 피해가 해충에 의해 유발돼야 SPS조치가 된다는 점에서 제한적인 범주라 볼 수 있다. 아울러 생물체에 대한 피해 이외의 환경 자체에 대한 피해도 규율될 수 있는 것이다.[412]

TBT협정은 SPS협정 제1부속서에 정의된 SPS조치에는 적용되지 않는다.[413] SPS협정에의 합치성에 상관없이 SPS조치에 해당하기만 하면 TBT협정의 적용이 고려될 여지는 없다는 말이다.[414] 어떠한 단일한 요건이 동시에 SPS조치와

409) WTO SPS협정 제1부속서 1항의 해석.
410) 이와 관련 SPS의 정의가 TBT의 정의보다 광범위하다는 점을 주목해야 한다. TBT는 '제품 특성 또는 그 관련 제조 및 생산 방식'을 말한다. (TBT협정 제1 부속서 1항)
411) EC-Biotech 패널보고서 para 7.370.
412) EC-Biotech 패널보고서 para 7.372.
413) TBT협정 제1.5조.
414) SPS협정 제1.4조. TBT협정 제1.5조와 SPS협정 제1.4조의 요건이 상합하는 것은 아니다. 전자가

TBT조치를 구성할 수는 있다. 식품 안전성과 소비자 보호를 위해 표시의무를 부과하는 것이 그 예다. 그렇더라도 이러한 요건이 TBT 측면에서는 그 합치성이 보장될 수 있을지 몰라도 SPS협정 위반을 피해갈 수 없는 것이다.

나 최소기준

자국 영토 내 인간과 동식물의 생명과 건강 보호를 위하여 SPS조치를 취하는 것은 주권국가로서 WTO회원국의 권리이다. 동시에 국가가 정당한 SPS조치를 빙자하여 교역에 대한 불필요한 장벽을 부과하거나 교역상 위장된 차별을 할 가능성도 상존한다. 따라서 SPS협정상 회원국은 인간, 동물 또는 식물의 생명 또는 건강을 보호하기 위하여 필요한 위생 및 식물위생 조치(이하 SPS조치)를 취할 수 있는 권리를 갖지만, 이러한 권리는 협정상의 여러 조건에 합치하여야 한다.[415] 다시 말하면 회원국은 자국의 정책목표에 부합하는 위생 보호수준을 설정하고 이를 달성할 수 있는 위생조치를 취할 수 있으나, 이러한 보호수준은 일관되게 설정되어야 하고, 위생조치는 과학적 근거에 기초하여 필요한 정도로 취해져야 하며 국가 간의 자의적 또는 부당한 차별 또는 국제무역에 대한 위장된 제한을 구성하는 방법으로 이용되지 않도록 취해져야 한다는 등 조약상 제한이 적용된다.[416]

모든 SPS조치에 대해 TBT협정의 적용을 배제하고 있는데 비해, 후자는 SPS협정 범위에 속하지 않는 조치에 대한 TBT협정의 적용여부는 언급하지 않고 있다. 어떠한 조치가 제1부속서와 TBT 제1.5조상의 SPS조치일 수는 있지만, 그것이 직간접적으로 국제교역에 영향을 미치지 않으면 SPS협정이 적용되지 않는다. 제1.1조에 따라 SPS협정이 해당 조치에 적용될 때, SPS협정의 범위 내에 속하는 조치가 됨을 의미한다. 이러한 상합성의 결여가 실제로 문제를 야기할 것 같지는 않다. SPS조치가 국제교역에 영향을 미치지 않아도, TBT협정, 특히 제2.2조의 규율범위에 속할 것 같지는 않기 때문이다.

415) SPS협정 제2조 1항, "Members have the right to take sanitary and phytosanitary measures necessary for the protection of human, animal or plant life or health, provided that such measures are not inconsistent with the provisions of this Agreement."

416) SPS협정 전문 제1문.

SPS협정 제2조 2항은 WTO회원국들이 취하는 모든 위생 및 식물위생 조치가 충족해야 할 아래 세 가지 요구사항을 규정하고 있다.

(i) 인간, 동물 또는 식물의 생명 또는 건강을 보호하는데 필요한 범위 내에서만 적용될 것
(ii) 과학적 원칙에 근거할 것
(iii) 충분한 과학적 증거 없이 유지되지 않을 것[417)]

(1) 필요한 범위 내에서만 적용

GATT 제XX조 (b)호의 "필요한"이라는 용어를 적용함에 있어서도 초기의 WTO 패널은 GATT에 위반되는 무역제한조치를 취하기 전에 GATT에 위반되지 않거나 덜 위반되는 가능한 다른 모든 조치를 시도해 보았음을 입증해야 한다고 판시함으로써 XX조 (b)호상 무역제한조치가 "최후의 수단"일 것임을 요구하였다. 아울러 필요한 조치는 명백해야 하고 그러한 조치에 따라 행동하는 것이 예측가능하여야 한다고 판시하기도 했다. 그러나 점차로 WTO패널은 해당 조치가 초래하는 무역제한 효과와 생명·건강보호 효과간의 비교(weighing and balancing)를 바탕으로 이용가능한(available) 정책수단들 중 최적의 수단을 선택하여 환경보호 조치를 취했을 것이 요구된다고 판시함으로써 일종의 '비교형량'(weighing and balancing) 및 '이용가능성'(availability) 기준을 적용하였다. EC-석면사건(EC-Asbestos)에서도 WTO상소기구는 조치의 목적이 더 큰 가치를 보호하려 하면 할수록 필요성(necessity) 요건을 충족시킬 가능성이 높아진다고 판시함으로써 이러한 비교형량 기준을 지지하였다.

따라서 SPS협정 제2조 2항의 필요성 요건을 해석함에 있어서도, "무역제한 효과와 생명·건강보호 효과간의 비교형량을 바탕으로 이용가능한 정책수단들 중 최적의 수단을 선택하여 SPS조치를 취하는 경우"에 필요성이 충족된다고 해석해야 할 것이다. 이용가능한 수단들 중 그 목적달성 이익에 비추어 과도하게

---

417) EC - Biotech 패널 보고서(WT/DS292/R), para. 7.1424.

교역 제한 효과가 발생하는 수단을 선택하게 되면, 비록 과학적 근거가 있는 조치라도 SPS협정 위반이 성립하게 되는 것이다.

이러한 "필요성" 기준은 SPS협정 제5조 6항에도 등장한다. 이에 따르면 "SPS 조치 수립 또는 유지시 회원국은 기술적 및 경제적인 타당성을 고려하여 동 조치가 보호의 적정수준을 달성하는데 필요한 정도 이상의 교역제한적인 조치가 되지 않도록 보장"해야 한다. 호주 연어분쟁에서, 생연어 수입을 금지한 조치가 WTO에서 패소당하자, 호주정부는 SPS조치를 개정하여 즉시 조리할 수 있는(consumer-ready) 연어에 대해서는 금지조치를 해제하는 조치를 취했다. 이에 대해 원 제소국이었던 캐나다는 다시 이러한 개정조치도 제5조 6항을 위반했음을 지적하며, 호주의 개정조치에 대한 대안적 조치를 제시하였다. 즉, 즉시 조리할 수 있는 연어가 아니라도 가공시설에서 오수를 방출하지 않는 시설이라면 생연어를 수입해도 문제가 없음을 들어 현재의 조치보다 더 합리적인 것임을 지적했다. 패널은 이러한 가공시설 제한 조치를 통해서 연어수입을 규제하는 것이 즉시 조리가능 연어만 수입토록 하는 규제보다 교역제한효과가 상당히 덜 발생하면서도 위험에 동등하게 대처할 수 있음에 비추어, 현재의 개정조치도 필요성 요건을 충족하지 못함을 판정했다.[418]

(2) 과학적 근거(Scientific Evidence) 및 위해성 평가(Risk Assessment) 원칙

SPS조치가 과학적 원칙과 근거에 입각하여 인간, 동물 및 식물의 생명 또는 건강에 대한 위험을 평가하고 그러한 위험에 대처하기 위해 필요한 범위 내에서만 적용되도록 해야 한다. 인도 AI분쟁에서 WTO 패널과 상소기구는 SPS협정 제2.2조의 과학적 근거원칙 조항과 제5.1조의 위험평가 조항간의 관계에 대해 의견이 갈리기는 하였으나(패널이 인도정부가 위험평가를 거치지 않아서 제5.1 및 5.2조 위반했다는 사실 자체로부터 제2.2조를 위반했다고 결론지은 것이 상소기구에 의해 기각됨), 국제기준에 어긋나는 SPS조치를 취한 국가가 위험평가를 실시하지

418) Australia - Salmon (Article 21.5 - Canada) 패널 보고서(WT/DS18/RW), para. 7.148.

않은 경우에는 해당 SPS조치가 과학적 근거에 합리적이고 객관적으로 근거하고 있음을 입증하는 것이 대부분 어렵다는 점에는 동의했다. 또한, 상소기구의 입장에 따르더라도, 설령 수입국이 위험평가를 거치지 않았더라도 독자적으로 과학적 근거가 있다는 입증을 할 수 있는 가능성은 있어 제2.2조 위반은 피해갈 수 있을지라도 제5조 위반은 피해갈 수 없는 것이다.

그러므로 SPS조치가 과학적 근거에 기초하고 있는지 여부는 조치를 취한 당사국이 특정한 위험을 평가하고 그러한 평가에 합리적으로 연결되는 조치를 취하였는지를 조사하는데서 비롯된다. 이때 위험평가란 평가자가 가용한 과학적 증거를 고려하여 "사실과 의견을 연구하는 체계적이고, 엄격하며, 객관적인 조사와 분석하는 단계"를 거쳐야 하는바, 남의 나라의 평가에 대한 단순한 참조나 과학적 자료의 요약본을 참조해버리는 등의 편법은 적절한 평가가 아닌 것이다.

과학적 근거의 범위는 특정 조치를 취함으로써 위험을 경감하거나 제거할 수 있다는 증거뿐만 아니라 특정 위험이 발생할 수 있다는 증거도 포함한다.[419] 반면 '특정한' 위험이 아닌 일반적이고 이론적인 가능성 혹은 위험의 존재를 암시하는 데 불과한 데이터는 충분하지 않다.[420] 과학적 근거란 과학적 방법으로 수집한 증거를 말하는바, 역으로 말하면 과학적 방법으로 수집하지 않은 근거는 배제된다는 뜻이기도 하다.[421] 과학적 방법이란 체계적이고, 훈련되었으며, 객관적인 조사 및 분석이라는 특징을 갖춘 절차, 즉 사실과 의견을 연구하고 분류하는 방법을 가리킨다.[422] 이에 따라 근거가 충분하지 않은 정보뿐만 아니라 입증되지 않은 가설도 과학적 근거에서 제외된다.[423] 이러한 과학적 가치를 지니는 원칙에 기초하여 SPS조치가 취해져야 하는 것이다.

특정 SPS조치를 유지하기에 과학적 근거가 충분하다고 인정받으려면, 과학적 근거와 조치 사이에 합리적 관계가 있어야 하고, 위험의 정도를 입증하는 과

419) Japan-Measures Affecting the Importation of Apples ("Japan - Apples") 패널 보고서 (WT/DS245), para. 8.92.
420) Japan-Measures Affecting Agricultural Products ("Japan - Varietals") 패널 보고서 (WT/DS76/R), paras. 8.35/8.42.
421) Japan - Apples 패널 보고서 para. 8.92.
422) EC - Hormones 상소기구 보고서 para. 187.
423) Japan - Apples 패널 보고서 para. 8.93.

학적 근거가 충분해야 하며, 위험 평가에 필요한 종류의 과학적 근거이어야 할 것이다.[424] 이렇게 위험평가(risk assessment) 작업은 과학적 근거를 성립시킬 수 있는 중요한 과정이다. 위험평가의 정의는 SPS협정 제1부속서 4항에 내려져 있다. 이에 따르면 (i) 해충 또는 질병과 관련한 위험평가의 경우는 위험의 도입, 정착, 전파 및 잠재적 결과 발생의 개연성(likelihood)을 평가하는 것이고, (ii) 식품, 음료 및 사료내의 첨가제, 오염물질, 독소 또는 질병원 인체와 관련한 위험평가의 경우는 이로 인해 발생하는 인간 또는 동물의 건강에 미치는 악영향의 잠재적 가능성(potential)에 대한 평가인 것을 주의해야 한다.

즉, 전자의 경우는 단순히 위험이 존재할 수 있다는 가능성(possibility) 입증만으로는 위험평가 의무를 다했다고 할 수 없고, 위험발생 확률이 높은 개연성(probability)까지 입증해야 함을 의미한다.[425] 이 점과 관련해서는 호주 연어사건에서 WTO 상소기구가 호주정부가 SPS조치인 열처리 요건으로 인해 연어제품으로 인한 위험감소 가능성(possibility)만을 평가함에 그치고 그 개연성(probability)을 평가하지 않은 것은 위험평가 의무를 다하지 못한 것이라 판시한 점에서 명확히 드러나고 있다. 반면 후자의 식음료 첨가제 등에 관한 위험평가의 경우는 잠재성(potential) 개념이 가능성(possibility)에 가까운 개념이어서 개연성(probability) 기준보다는 낮은 정도의 연관성을 입증하면 족함을 주의해야 한다.[426] 다시 말하면, 해충 및 질병으로 인한 위험평가는 높은 위험 연관성을 요구하는 데 비해, 식품·음료·사료와 관련한 위험평가는 상대적으로 낮은 연관성만 충족해도 위험평가를 적절히 수행한 것으로 볼 수 있다는 말이다. 그 이유는 식품·음료·사료의 경우는 인간 및 동물이 직접 섭취하는 물질이기에 그 위해성이 더 직접적이기에 낮은 수준인 위험 가능성(potential)만 입증하더라도 SPS 보호조치를 취할 수 있도록 하기 위함이다. 반면, 해충과 질병의 경우는 환경자체에 해롭기는 하나 아직 인체나 동식물에 직접적 위해를 미치고 있는 단계

424) US-Certain Measures Affecting Imports of Poultry from China ("US - Poultry" (China)) 패널 보고서(WT/DS392/R) para. 7.200.
425) EC - Biotech 패널 보고서 para. 7.3044.
426) EC - Hormones 상소기구 보고서 para. 184.

에 이르지 않을 수 있으므로, 좀 더 엄격한 개념인 개연성을 입증해야 SPS조치를 취할 수 있도록 하는 것이 타당하다고 보기 때문일 것이다.

'EC 호르몬사건'에서 WTO 패널은 "SPS협정에 부합되게 수행된 위험평가는 ① 식육제품에서 성장촉진제로 사용된 호르몬이 있음으로 인해 야기되는 '사람 건강에의 부정적 작용을 찾아내고(identify the adverse effectson human health (if any)', ② 그러한 부정적 작용이 존재한다면, '이들 작용의 발생 잠재력 또는 가능성을 평가(evaluate the potential or probability of occurrence of these effects)'해야만 한다."고 평결하였다. 이에 대해 WTO 상소기구는 패널에서 'potential'이라는 용어 대안으로 'probability'를 사용한 것은 중대한 우려를 야기한다고 언급하였다. 상소기구는 '잠재성(potential)'과 '개연성(probability)' 용어를 구별하여, 'likelihood'는 'probability'와 동의어이므로 패널이 "위험평가는 오직 'some evaluation of likelihood or probability'를 요구한다."고 평결한 것을 기각했다. 상소기구는 "'evaluation of likelihood'는 단순히 'possibilities'을 파악하는 것 이상을 요구하며 더 높은 정도 또는 'threshold of potentiality or possibility'를 의미하는 '유입가능성에대한 평가'(assessment of probability of entry)를 요구한다."고 평결하였다.

이러한 위험평가의 결과에 기초하여 SPS조치를 취해야 한다. 즉, 조치와 위험평가 간에 합리적인 관계가 존재하여야 하는 것이다. 이때, SPS조치가 위험평가에서 표출된 소수의견, 혹은 비주류 과학적 의견에 기초한 경우에도 위험평가에 기초하였다고 볼 수 있다는 것이 WTO분쟁사건 판례의 일관된 입장이다.[427] 위험평가는 반드시 단일한 결론에 도달하지 않을 수도 있으며, 주류 과학적 의견뿐만 아니라 소수 의견도 반영할 수 있기 때문이다. 단, 이러한 소수의견은 그 출처가 자격을 갖추고 높이 평가받는 출처이어야 하고, 소수의견 자체가 위험평가에 표현되어 있어야 한다.[428]

이상과 같은 원칙에도 불구하고, 때로는 과학적 근거가 충분하지 않음에도 불구하고 인간과 동식물의 안전을 위하여 조치를 취해야 할 경우가 있다. SPS협

427) EC - Hormones 상소기구 보고서 paras. 193/194.
428) EC - Biotech 패널 보고서 para. 7.3060.

정 제5조 제7항은 이러한 상황에서 잠정적 SPS조치를 정당화하기 위해 마련된 예외규정인바, "관련 과학적 증거가 불충분한 상황"에 적용해야 하고, "입수가능한 적절한 정보에 근거하여" 채택해야 하며, "더욱 객관적인 위험평가를 위하여 필요한 추가정보를 수집하도록 노력"해야 하고, "합리적인 기간 내에 위생 또는 식물 위생 조치를 재검토"해야 한다. 이때, 관련 "과학적 증거가 불충분"하다는 것은 입수 가능한 과학적 증거가 충분한 위험평가의 수행을 정량적·정성적으로 허용하지 않는 경우를 가리킨다.[429] '일본사과사건' 상소기구는 '과학적 불확실성(scientific uncertainty) 개념을 통해 제5.7조를 해석하려는 일본의 입장을 거부하면서"제5.7조의 적용은 '과학적불확실성'의 존재에 의해서가 아니라 '과학적 증거의 불충분함(insufficiency of scientific evidence)'에 의해 유발되는 것으로 '과학적불확실성'과 '과학적증거의 불충분함'의 개념은 상호 바꿀 수 있는 것이 아니다"라고 평결하였다. 이어서 "만약 활용가능한 과학적 증거가 제5.1조에 따라 요구되는 것처럼 위험들에 대한 정량적 또는 정성적 측면에서 적절한 평가를 수행하는 것을 가능하지 않도록 한다면, '관련된 과학적 정보(relevant scientific information)'는 '불충분한(insufficient)' 것이다"라고 평결하였다.

일본 사과 분쟁과 SPS협정 제5.7조

부란병(fire blight)은 사과나무를 포함한 많은 '숙주식물'(host plants)에 영향을 미치는 병으로, 덜익은 사과는 껍질 틈이나 감염된 가지를 통해 전염될 수 있다. 부란병에 걸린 숙주식물의 감염 증후는 감염된 부분에 달려있는바, 감염된 꽃과 새싹 및 가지는 시들어 검게 변하고 죽게 되고, 감염된 과일은 충분히 익지 못하고 색깔이 검게 변하고 시들면서 바짝 마르고 심하면 나무자체가 죽게 된다. 부란병은 북미지역에서 발생했으나, 이후 북부 및 서부유럽 및 지중해지역으로 전파되었다. 라틴아메리카와 아프리카 및 아시아지역은 아직 전파되지 않았다.

일본은 1994년 이래 부란병의 유입피해로부터 관련 국내산업을 보호하기 위하여 미국산 사과수입을 규제하는 검역조치를 시행했다. 동 검역규제는 부란병이 발생된 과수원

429) 여기서 충분한 위험평가의 기준은 SPS 협정 제5조 제1항에서 요구하며 제1 부속서에서 정의하는 것을 가리킨다. Japan - Apples 상소기구 보고서 para. 179.

으로부터의 사과수입 금지, 부란병의 출현시 수출과수원이 연간 3회의 검역 실시, 동 과수원 주변 500m 이내에서 부란병이 발생하면 일본으로의 수출금지, 수출사과에 대한 수확후 염소처리 등이 포함되어 있었다.

그러나 이 당시 이미 부란병의 원인과 전염경로에 대한 국제적 연구결과가 충분히 집적되어 있는 관계로, 이러한 연구들을 참조하지 않고, 일본당국이 주관적으로 과학적 근거가 불충분하다고 주장한 것은 패널에 의해 받아들여지지 않았다.

예를 들어, 전혀 연구되지 않은 새로운 유형의 질병이 발생했거나 새로운 변이가 발생한 경우가 대표적인 예일 것이다. 단, 기존의 연구결과가 충분히 있는 경우이더라도 과학적 증거가 불충분하다고 판단되기 위해서는 기존 과학적 증거를 완전히 대체할 정도의 패러다임 전환이 요구되지는 않으며, 과학의 발전으로 인하여 현존하는 과학적 증거가 객관적인 위험평가에 충분한지 의문이 제기되는 것으로 충분하다.[430] 관련 국제표준이 존재하더라도 회원국에서 국제표준보다 높은 보호의 적정수준을 설정한 경우는 과학적 증거가 불충분하다고 볼 여지도 있다. 국제기구로부터 입수한 정보가 위험평가를 수행하기에 불충분하다거나, 국제기구에서 활용한 과학적 증거가 더 이상 유효하지 않거나 이후의 과학기술 발달에 비추어 보면 불충분하다고 판단되는 상황이 발생할 수 있기 때문이다.[431]

SPS협정 제5조 7항에 따라 채택된 잠정조치는 일시적인 것으로서, 회원국은 합리적인 기간 내에 추가 정보를 수집해서 조치를 재검토해야 한다. 잠정조치에 대한 재검토를 한 번도 완료한 적이 없는 경우에는 당연히 합리적인 기간 내에 재검토했다고 볼 수 없다.[432] 주의할 점은 이러한 잠정조치가 정당한 것인지에 대한 입증책임이 반드시 피소국에 있는 것은 아니라는 점이다. 한국 방사성 물질 사건에서 한국정부는 2011년 후쿠시마 원전사고 이후 방사능 오염의 우려가

430) US-Continued Suspension of Obligations in the EC-Hormones Dispute ("US/Canada - Continued Suspension") 상소기구 보고서(WT/DS321) para. 725.

431) US/Canada - Continued Suspension 상소기구 보고서 paras 694/695.

432) Korea-Import Bans, and Testing and Certification Requirements for Radionuclides ("Korea - Radionuclides") 패널 보고서(WT/DS495), para. 7.107.

있는 일본산 수산물에 대해, 추가검사 요구, 특정제품 수입금지, 특정 지역 생산물 수입금지 조치를 취했다. WTO 패널은 한국정부가 이러한 조치들이 잠정조치로서 정당화될 수 있음을 입증하지 못했으므로 제5.7조 위반을 판정했다. 그러나 상소기구는 5.7조가 예외조항이라기보다는 독자적인 권리조항이므로 이를 원용하는 국가가 입증책임을 지기에, 피소국인 한국에 입증책임이 있음을 근거로 패소판정을 내린 패널 판정을 기각해 버렸다.[433] 따라서 이제는 제5.7조의 잠정조치는 WTO회원국이 당당하게 원용할 수 있는 권리인 것이며, 단순히 과학적 근거원칙의 예외가 아닌 것이다. 따라서 기존의 위험평가가 없는 새로운 형태의 위험이 출현한 경우, 기존의 위험평가가 있더라도 이에 대한 의문이 합리적으로 제기된 경우, 위험에 대한 국제표준이 수립된 경우라도 그 표준이 상정하고 있는 위험 회피율보다 더 높은 회피율을 실현시키고자 하는 경우에는 제5.7조에 의거하여 과감하게 잠정조치를 취해나갈 수 있는 것이다. 이것이 5.7조 요건에 합치하지 않는다는 입증책임은 그것을 주장하는 측에 있기 때문이다. 이는 WTO협정체제가 마련하고 있는 일종의 최소한의 사전주의 원칙(precautionary principle)인 것이다.

(3) 국제표준과의 조화(Harmonization) 원칙

SPS관련 국제표준(국제 표준, 지침 및 권고)이 존재할 경우 각 회원국이 자국의 '위생 및 검역조치'를 이러한 국제표준에 합치시키게 되면 그 정당성이 인정된다.[434] 국제표준에 근거하지 않은 위생 및 검역조치의 과학적 근거와 필요성은 동 위생 및 검역조치를 부과하는 당사국(수입국)이 독자적인 입증책임을 진다.[435] 현재 SPS 조치관련 WTO가 인정하는 국제표준 기구로는 국제식품규격위원회(Codex), 국제수역사무국(OIE), 국제식물보호협약(IPPC) 등이 있으며, 이들이 제정한 국제표준은 동식물 위생·검역 조치의 가이드라인 역할을 수행한다.

인도 AI분쟁 WTO 패널이 "국제기준"의 구체적 의미에 대해 판시한 점은 주

433) Korea - Radionuclides 상소기구 보고서 paras 5.117-5.118.
434) SPS협정 제3조 2항.
435) SPS협정 제3조 3항.

목할 만하다. 국제기준은 과학적 발전과 상황의 변경에 따라 여러 번 개정되기 마련인데, 이때 어느 시점의 기준이 WTO분쟁패널의 판단기준이 되어야 하는지에 대한 가이드라인을 제시하고 있다. 패널의 임무는 가급적 최신 기준에 입각해 국제표준 합치성을 판단해야 하므로, 해당 SPS조치가 취해진 당시 국제기준이 아니라 패널의 심사 위임사항이 분쟁해결기구에 의해 채택된 시점의 국제기준이 패널 판단의 기준이 된다는 것이다. 이것은 SPS조치를 취하는 수입국은 비록 조치를 취할 당시의 국제기준 합치성 뿐만 아니라 그 후 개정되는 기준과의 계속적인 합치성을 모니터링해야 함을 의미한다.

(4) 동등성(Equivalence) 인정 원칙

SPS협정은 제4조에서 동등성 인정 의무도 규정하고 있다. 즉, 제품을 수출하고 있는 WTO회원국의 SPS조치가 수입 WTO회원국의 그것과 다르더라도 그러한 수출국이 자국 수출품에 대해 취하는 조치가 수입국의 SPS 보호수준을 충족할 수 있다는 것을 객관적으로 입증하면, 수입국은 이러한 SPS 조치를 자국의 조치와 동등한 것으로 인정해야 한다.[436] 동등성 제도는 WTO회원국 간 서로 상대국의 SPS조치가 자국의 SPS 보호수준을 충족시킬 경우 이를 자국의 SPS조치와 동등한 것으로 인정하도록 한 것이다. 동등성 인정 제도를 통해 중복된 SPS조치 발동에 따른 행정비용을 줄이고, 수입국이 부당하게 특정한 SPS조치를 고집함으로써 교역의 흐름을 저해하려는 시도를 차단할 수 있게 된다. 동등성은 특정 조치, 일정한 상품이나 상품카테고리 관련 조치, 또는 체제단위로 인정될 수 있는바, 이러한 동등성 인정 요청이 제기되면, 당사국은 특정 상품이나 상품카테고리 관련 조치의 동등성 인정을 추진해야 한다. 필요시, 당사국은 더욱 광범위한 동등성 협정을 체결할 것을 추구할 수 있다. 단, 단일 제품 관련 조치의 동등성 인정을 위해 체제단위 동등성 합의가 반드시 요구되는 것은 아니다.[437]

---

436) SPS협정 제4조 제1항.

437) Decision on the Implementation of Article 4 of SPS Agreement, G/SPS/19, 2001.10.24. as revised by G/SPS/19/Rev.2, 23 July 2004 ("동등성 결정") 제1문단. 이러한 결정의 국제법적 성격에 관해, WTO 패널은 이것이 그 자체로 법적 구속력을 발휘하는 것은 아니나 (SPS위원회의 결정은 대게 WTO협정상의 권리와 의무에 영향을 미칠 의도하에 채택되는 것이 아니

또한 동등성 인정의 이행을 원활하게 하기 위해 수입회원국은 수출회원국으로부터 동등성 인정에 관한 요청을 받을 경우, 자국의 SPS조치에 대하여 그 목적과 근거, 문제가 되는 위험, 적정 보호수준, SPS조치가 기초한 위험평가 사본, 관련 국제표준, 지침, 혹은 권고에 기초한 기술적 정당성 등을 제공해야 한다.[438] 수입회원국은 수출회원국의 조치 동등성 인정 요청에 적절한 기간 내에 (일반적으로 6개월 이내) 응해야 한다.[439] 수입회원국은 수출회원국이 SPS조치에 관하여 제공한 과학에 기초한 기술적 정보를 심사하고 자국의 관련 SPS조치가 제공하는 보호수준을 수출회원국의 SPS조치가 달성하는지 여부를 판단하게 된다.[440] 수출회원국은 수입회원국의 요청이 있을 경우 수입회원국에게 동등성 인정을 위한 검사, 시험 기타 관련 절차를 위하여 합리적인 접근을 허용하여야 한다.[441]

(5) 지역화 수용(Adaptation to Regional Conditions) 원칙

수입국은 수출국의 지역별 차이를 반영하여 SPS조치를 취하여야 하고,[442] 해충/질병 무발생 지역 또는 저발생 지역 개념을 인정해야 한다.[443] 수출국의 지역별 특성을 고려하여 SPS 규제조치의 범위와 강도를 지역 단위로 세분화하여야 하는 것이다. 즉, 해당 지역이 타 지역에 비해 SPS 위험이 낮으면, 상대적으로 덜 엄격한 규제가 취해져야 하고, 반대의 경우는 더욱 엄격한 규제를 취하는 식으로 SPS규제의 강도를 조정해야 한다. 아울러 "병해충 미 발생 및 제한적 발생지역"을 인정해야 하는바, 이를 위해서는 (i) 해충/질병 무발생/저발생 지역 승인 가능성을 규정화해야 하고, (ii) 그러한 승인의 요건을 명시하고, (iii) 승인이 근거요건을 공포하고, 승인절차를 설명(승인 신청에 대한 평가 작업에 대한 정보, 접촉창구에 관한 정보 제공 포함)해야 할 것이다. 한 국가 안에도 기후요건이나 관

므로), SPS 협정 제4조의 이행방법의 표준을 제시해 주고 있다고 판시한 바가 있다(US-China Poultry 사건 패널보고서 para. 7.136 참조).

438) 동등성 결정 제2문단.
439) 동등성 결정 제3문단.
440) 동등성 결정 제7문단. 본 항은 제3·4항과는 달리 shall이 아닌 should을 사용하였으므로 표현을 달리함.
441) 동등성 결정 제4문단.
442) SPS협정 제6조 1항.
443) SPS협정 제6조 2항.

계당국의 방역노력의 차이 등으로 인해 SPS 위험정도가 지역별로 다를 수 있다. 이러한 수출국의 지역별 차이를 반영하여 수입국이 SPS조치를 취할 것을 의무화한 것이 WTO SPS협정상의 지역화 규정인 것이다. 한편, 수출국은 제6조 3항에 의거하여 수입국에 지역화관련 정보를 제공하고 수입국의 일정한 검증을 용인하면서, 지역화를 인정해 줄 것을 요구할 권리가 있음도 유의해야 한다. 이때, 수출국이 필요한 지역화 정보를 수입국에 제공하는데 실패했더라도, 그러한 실패 자체가 제6조 1항이나 제6조 2항에서 발생하는 수입국의 지역화 의무를 면제시켜 주는 것은 아님을 유념해야 한다.

인도 AI 분쟁사례[444]에서는 인도가 지역화 인정을 위한 체제(제도)를 수립하지 않은 것이 제6.2조에 위반이며, 이는 아울러 SPS조치의 지역 특성을 감안한 조정도 간과한 셈이므로 제6.1조도 아울러 위반임으로 판시된 것을 타산지석으로 삼아야 한다. 제6.2조상의 병해충 안전지역 인정의무의 경우, 법규상 일반적인 재량조항이 존재하여 병해충 안전지역을 인정할 수도 있는 가능성만으로는 충족되지 못하고, 실행법규에서 "국가단위로" 수입을 금지하는 제도가 명시되는 등 지역화 의무와 충돌하는 규정이 없어야 하고, 실제로 병해충 안전지대를 인정해 온 관행이 있는 등 총체적 증거가 판단기준이 된다.

미국-아르헨티나 간 구제역 관련 분쟁[445]은 지역화 인정 체제 자체가 미비한 인도 AI 분쟁 사례와는 달리, 지역화인정 제도는 갖추고 있으나, 이를 적용함에 있어 부당하게 절차를 지연시키는 등 국내 산업을 보호하려는 의도로 이를 운용한 것이 SPS협정 부속서C 위반 판정을 받은 점에서 차이가 있다. 수출국측이 국제기준에 따라 안전성에 대한 객관적 입증을 했는데도 불구하고, 수입국이 적응 결정을 내리지 않고 있는 상황자체(부당한 지연)가 SPS협정 위반을 구성할 수 있다는 것이다. 이 점과 관련해서, 수입국이 제5조 7항의 잠정조치 절차를 진행 중이라는 사실 자체도 제6조 위반을 정당화할 수 없는 것이다. 즉, 수출

444) India-Measures Concerning the Importation of Certain Agricultural Products ("인도 - 미국 조류독감 관련 가금류 분쟁"), WT/DS430.

445) US-Measures Affecting the Importation of Animals, Meat and Other Animal Products from Argentina ("미국-아르헨티나 구제역을 이유로 한 축산물 분쟁"), WT/DS447.

국의 협조가 충분히 이루어지고 있고 과학적 근거가 객관적으로 부족한 상황이 아니라면, 수입국의 SPS 지역화 의무는 즉시 발생하는 것이어서 이를 지연시키는 것은 안 된다. 특히 현장조사 이후, 추가적 정보 제공을 요청하지 않고 있는데도 심의를 지연시키는 행위, 수출국 당국에 편지 등을 보내 추가적 정보가 필요하지 않음을 자백하는 행위, 국제기구 등에서 수입국 대표가 수출국이 제출한 정보의 충분성을 확인해 주는 행위 등은 제6.1조 및 6.2조 위반 및 부당한 지연 여부 판정에 있어서 수입국에게 결정적으로 불리한 증거력을 지니게 됨을 주의해야 한다.

러시아 ASF 분쟁[446]은 제6.3조상 수출국이 병해충 또는 질병 안전지역이나 저발생지역 개념 인정하고 있다는 것을 객관적으로 입증하기 위해서 제출해야 하는 증거가 많음을 일깨워주고 있다. 수출국이 병해충 또는 질병 안전지역이나 저발생지역 개념이 일정한 시점에 존재한다는 사실과 그러한 시점 이후에도 계속 안전지역으로 남을 것이라는 점을 모두 입증해야 하는 것이다. 병해충 또는 질병 안전지역이나 저발생지역 개념이 일정한 시점에 존재한다는 사실 입증을 위해 필요한 최소한의 목록은 (i) 지리적 요소(geography), (ii) 생태계(ecosystems), (iii) 전염병 관리실황(epidemiological surveillance), (iv) SPS 통제의 효과성(effectiveness of SPS controls), (v) 특정 질병이나 해충의 전파 수준(level of prevalence of specific diseases or pests), (vi) 질병 박멸이나 통제프로그램의 존재(existence of eradication or control programmes), (vii) 관련 국제기구에 의해 개발된 적절한 기준이나 가이드라인에 상응하는 정보(information corresponding to appropriate criteria or guidelines developed by the relevant international organizations)인 것이다. 수출국이 기준 시점 이후에도 계속 병해충 또는 질병 안전지역이나 저발생지역으로 남을 것(likely to remain)이라는 점을 입증하기 위해서는 특정 지역의 질병 안전 상태가 유지될 것임을 입증하는 것과 함께 통제조치의 효과성(effectiveness of control measures) 자료를 제공하는 것

446) Russian Federation-Measures on the Importation of Live Pigs, Port and Other Pig Products from the EC (러시아-EU 아프리카 돼지콜레라 발생을 이유로 한 돼지 및 돼지고기 분쟁), WT/DS475.

이 핵심이다. 6.3조에 따른 수출국의 정보제공 입증이 반드시 6.1조 지역화 판정의 전제조건이 되는 것은 아니나, 수출국이 관련 안전성 정보에 관한 결정적 증거를 보유하고 있어 이를 제공받지 않고는 수입국이 판정을 내리기가 곤란한 경우에 한해서는 6.3조에 따른 수출국의 증거 제시를 기다렸다가 이를 기초로 6.1조에 따른 지역화 결정을 내리는 방식도 용인된다. 6.2조에 따른 병해충 또는 질병 안전지역이나 저발생지역 인정 의무는 수입국이 추상적인 수준에서 안전지역이나 저발생지역 개념을 인정하고 있는 정도로는 부족하며, 효과적인 기회(effective opportunity)를 수출국에 제공하여 실제로 이러한 지역을 인정하거나 부인한 관행이 존재해야 하고, 이러한 개념을 인정하는 구체적 절차를 실제로 운영하고 있어야 한다.

대표적인 복수국 간 지역무역협정인 CPTPP[447]는 지역화 수용 의무를 WTO SPS협정보다 훨씬 강화해서 규정하고 있는 등 앞으로의 국제통상법의 발전 추이를 예고하고 있어 주목할 만하다. CPTPP는 지역화 개념을 인정할 것은 물론, "지역" 개념보다 좀 더 세분화된 개념인 "구역화 및 구획화"(zoning and compartmentalisation) 개념까지 인정할 것을 요구하고 있다.[448] 또한 지역화 인정을 위해 당사국들이 WTO SPS위원회가 그동안 결정한 관련 안내, 국제기준 및 권고를 따라야 할 의무를 규정하고 있다.[449] SPS위원회는 지역화 인정의 구체적인 표준절차를 가이드라인 형태로 제시한 바 있으나, 이러한 가이드라인은 WTO협정상의 권리와 의무에 영향을 미치지 않는다고 규정하여 참고 사항에 지나지 않았다. 그러나 CPTPP에서는 이러한 가이드라인을 준수할 의무를 협정상의 의무로 규정함으로서 공통된 국제기준에 입각하여 지역화에 대한 절차적 통제를 본격화하고 있는 것이다. 아울러 병해충 미발생/저발생 지역화 인정 절차를 매우 구체적으로 규정하고 있으며, 수출국이 지역화 승인을 요구할 경우

447) 포괄적·점진적 환태평양 경제 동반자 협정(Comprehensive and Progressive Agreement for Trans-Pacific Partnership, CPTPP)은 아시아·태평양 11개국이 2018년 3월 칠레에서 결성한 다자간 무역협상이다. 기존 TPP에서 2017년 1월 미국이 탈퇴한 뒤 호주, 캐나다, 일본 등 남은 회원국이 CPTPP를 결성했다. 현존하는 복수국 간 무역협정 중에서 가장 높은 수준의 자유화와 협력을 추구하는 대표적인 협정이기에 앞으로의 지역주의의 방향을 제시하는 의미가 있다.

448) CPTPP 제7.7조.

449) Ibid., 제7.9조 등.

이를 지연시키기가 매우 어렵게 하고 있다. 수입국이 수출국의 지역화 승인 요청을 접수하면, 수출국이 제공한 정보의 충분성을 심사한 후 합리적 기간 이내에 평가를 실시해야 하며, 수출국이 요청하면 수입국은 평가 진행 현황에 대한 정보를 제공해야 하는 것이다.

이러한 점들은 대표적인 비관세장벽인 위생검역관련 업무 수행에 있어 각국의 자의성과 재량성을 상당히 제한하게 될 것이며, 위험평가 관련 실무업무 수행에 있어서의 표준운영절차를 종합적으로 보완해야 하는 부담을 당사국에 지울 것이다. 평가결과의 시행에 있어서도 당사국들이 정치적 타이밍을 고려하여 위험평가 결과 집행시기를 저울질하는 관행에 제동이 걸리게 되었다. CPTPP 정보교환 제도와 기술협의 절차는 정치문제화되고 대중토론의 이슈로 비화되기 쉬운 비관세장벽 이슈들을 신속하고 효과적으로 해결하는 데 기여하게 된다. 이런 의미에서 CPTPP의 각종 협력, 정보교환, 기술협력, 분쟁해결 관련 규정들은 비관세 장벽관련 사안의 해결을 위한 새로운 모델이 될 것으로 전망된다.

(6) 기타 의무

SPS협정 제2조 제3항 1문은 회원국이 SPS 조치가 "동일하거나 유사한 조건하에 있는 회원국들을 자의적이거나 부당하게 차별하지 아니하도록 보장"할 의무를 규정한다. 이것은 일종의 비차별을 말하는 것이므로, 전통적인 비차별대우 의무와 밀접히 연결되어 있는 것이다. 그렇더라도 주의할 점은 "같은 제품(like products)" 간의 차별금지를 규정하는 비차별대우 의무가 아니라, "유사조건"하에 있는 위험에 대한 "자의적이거나 부당한" 차별만을 금지하고 있다는 점에서 비차별대우 의무와는 다르다.

'자의적이거나 부당한 차별'을 판단시에는 해당 차별을 설명하는 데 사용된 근거와 조치의 목적 간에 '합리적인 연관관계(rational connection)'가 있는지 판단하여야 한다.[450] 즉, 원산지가 다른 수입품 간에, 혹은 수입품과 국산품 간에 규제상 차등이 있을 경우 이러한 차등이 조치의 목적과 합리적으로 연관되는지

450) 인도 - 미국 조류독감 관련 가금류 분쟁, 패널 보고서(WT/DS430), paras 7.428-7.429.

살펴야 하는 것이다.[451] 인도 농산물제품 분쟁[452]에서 인도정부는 수입식품을 통한 조류독감의 전파를 염려하여 조류독감 신고국으로부터의 농축산물의 수입을 금지하였다. 제소국인 미국은 인도에 수출하는 국가는 신고 대상 조류독감 발생시 해당 국가 전역으로부터의 수출을 금지당하게 되나, 인도 내에서 신고 대상 조류독감 발생시는 발발 지역 10km 이내에서 생산된 상품만 유통을 금지하고 있음을 들어, 이것이 자의적 차별이라 주장했다. 또한 감지되지 않은 신고 대상 저병원성 조류독감이 인도 내에 존재하는 것이 거의 확실시되지만, 인도는 신고 대상 저병원성 조류독감을 감지하거나 막을 조치를 취하지 않고 있는 상황인데도 인도가 위험성이 덜한 저병원성 조류독감을 보고한 국가에 대해서는 수입 제한조치를 취하고 있는 점 역시 자의적 차별임을 주장했다. 인도는 미국의 주장을 반박하면서 미국과 같은 수출국에서 질병의 존재가 보고되었고, 인도에서 질병의 존재가 확인되지 않은 것은 양자 간에 동일하거나 유사한 조건이 성립하지 않은 것이라고 주장했다. WTO 패널과 상소기구는 이러한 형식적 차이는 인도에서 신뢰할 만한 감시체계를 구축하고 있지 않고 있기에 발생하고 있는 것에 불과하므로, 실질적으로는 양자 간에 유사한 조건이 성립하는 것이라 판정하였다. 이것은 SPS 협정상의 자의적 차별금지의 핵심인 "유사조건" 여부를 판단함에 있어서, 해당 회원국의 영토 내에서 형식적인 질병발생의 지위뿐만 아니라 회원국의 검역조치 등 규제환경이 상이함까지 고려하여 실질적인 위험상황이 유사한지 여부가 핵심이 되어야 한다는 것이다.

이러한 자의적 차별 금지 의무는 SPS협정 제5조 5항에도 등장한다. 즉, "적정한 보호수준을 설정"함에 있어서 자의적이거나 부장한 차별 금지가 요구되는 것이다. 그래서 제2조 3항 해석과 마찬가지로 제5조 5항에서도 차별이 자의적이거나 부당한지는 분쟁의 대상이 되는 조치의 적용에 따른 차별에 정당한 이유 혹은 근거가 있는지에 초점을 맞추게 된다. 더 낮은 보호수준이 적용되는 상황의 위험이 더 높은 보호수준이 적용되는 상황과 동등하거나 그 이상일 경우 해당 보호수준의 구별은 자의적이거나 부당하다고 할 수 있다.[453] 예를 들면, A,

451) 미국-아르헨티나 구제역을 이유로 한 축산물 분쟁, 패널 보고서(WT/DS447) para. 7.589.
452) 인도 - 미국 조류독감 관련 가금류 분쟁.

B, C 제품이 모두 동일한 위험을 초래하는 것인데도, A에 대해서만 엄격한 보호수준을 설정하여 그 수준에 비추어 위험성이 있는지를 평가하게 되면 자의적인 차별이 성립되는 것이다. 또한 A보다 B가 더 위험한데도 B보다 A제품 수입에 대해 더 엄격한 보호수준을 설정하여 위험평가를 진행하게 되면, 이것도 자의적이거나 부당한 차별이 되는 것이다.

투명성(Transparency) 원칙도 강화되어 있다. 회원국은 자국의 관련 법률이나 법령을 포함하여 위생 및 검역조치가 새롭게 채택되었거나 변경되었을 때, 이를 WTO 사무국에 신속히 통보하고 관련정보를 제공함으로써 투명성을 확보하여야 한다. 특히, SPS법규가 제안된 당시 조기에 이를 공고하여 이해당사국들이 관련 제안을 인지할 수 있도록 조치해야 하고, SPS법규의 공표와 발효사이에 합리적 시간간격을 두어야 함을 잊지 말아야 한다.

SPS조치의 적용에 있어서의 개개의 통제, 검역 및 승인절차(control, inspection and approval procedures)도 비차별대우와 부당한 지연금지 원칙[454]이 적용됨을 주의해야 한다. "부당한 지연"이란 조사당국의 부당한 부작위나 불능으로 인해 절차를 진행하지 않은 기간을 말하므로, 조사당국이 형식적인 조사로 시간을 끌거나, 구체적 자료를 제공해 지연사유를 설명하지 못할 경우에도 부당한 지연을 판정받게 되는 것이다. 통제, 검역 및 승인절차의 표준처리기간 및 예상 처리기간을 공표/통보하고, 신청서 하자를 통보하며, 진행 절차의 경과를 전달하고, 신청에 하자가 있더라도 요청시 가능한 범위 내에서 절차를 진행하며, 요청시 신청인에게 지연사유를 설명하고 진행단계를 통보해야 함도 유념해야 한다.

미국-아르헨티나 동물제품 분쟁에서의 WTO 패널의 판시에 따르면, 지역화 승인 절차는 SPS협정 제8조 및 부속서 C의 "통제, 검사 및 승인절차"에 해당한다. 우리의 경우도 외국으로부터 지역화 승인 요청이 접수되면, 부당한 지연이 발생하지 않도록 심사절차를 신속히 진행해야 하고, 표준처리기간 및 예상 처리기간을 공표하고 통보해 주어야 하며, 신청서상의 하자를 통보해 보완의 기회를

---

453) Australia - Salmon 상소기구 보고서, WT/DS18, para. 158.
454) SPS협정 부속서C.

부여해야 한다. 아울러, 진행 절차의 경과를 전달하고, 신청에 하자가 있더라도 상대방의 요청이 있으면 가능한 범위 내에서 절차를 진행해야 하며, 절차가 지연되면 신청인에게 지연사유를 설명하고 진행단계를 통보해 주어야 한다. 특히 승인 절차의 "부당한 지연"에 대한 판단에 있어 패널이 모든 심의 및 결정절차를 검토하고, 각 단계의 절차 간 대략 6개월 이상의 시간간격이 있게 되면, "지연(delay)"으로 판정하고 그것의 정당성을 사실상 수입국에게 입증토록 하여 입증이 부족할 경우에는 "부당한 지연(undue delay)"로 판단하고 있는 점은 시사하는 바가 크다. SPS당국이 절차의 진행상황이나 지연의 사유를 신청인에게 통보할 경우에도 상대방의 예측가능성이 저해되는 "내부적 절차를 따라야 한다"든지 "시간이 걸린다"는 식의 형식적 답변을 하게 되면 부속서C 위반이 발생하게 되는 것이다.

SPS협정 제2.2조와 5.1조상의 과학적 근거원칙을 해석함에 있어서도 패널은 위험분석 과정에서 절차적 지연이 발생하지 않도록 해석하는 데 초점을 맞추었다. 수입국이 SPS협정 제5.7조상의 잠정조치 권한을 남용하여 위험평가 과정을 지연시킬 수 있는 경우를 차단하기 위해, 수입국의 귀책사유로 부당한 지연이 발생한 경우는 제5.7조 자체의 발동요건인 "합리적 기간 동안 추가적 정보 획득을 위해 노력할 것"을 충족시키지 못하는 것으로 보아 잠정조치의 예외 자체를 원용할 수 없도록 판시하고 있는 점이 그것이다.

최근 선진국들을 중심으로 지역화를 인정하는 추세이며, 농산물 수출국들이 지역화 개념의 불인정을 비관세장벽으로 지목하고 WTO분쟁 제기를 통해 이를 타파하려는 적극적 노력을 기울이고 있다. 미국은 돼지열병, 구제역, 뉴캣슬병, 우역, 아프리카돼지열병 등 12종의 가축전염병에 대해 지역별로 발생/비발생 여부를 평가하고 있으며, 구제역의 경우 브라질의 산타가타리나주, 나미비아의 수의경계철책 북쪽지역 이외 지역 및 아르헨티나의 파타고니아지역(본 분쟁패널의 설치 시점에 인정함)을 비발생지역으로 인정하고 있다. 유럽연합(EU)도 지역화 개념을 폭넓게 적용하여 국가/지역별로 가축전염병 발생여부를 평가하여 수입 가능한 동물·축산물 범위 결정하고 있으며, 아르헨티나, 브라질, 보츠와나, 나미비아 등에 대하여 지역화 개념을 적용하여 축산물 수입을 허용하고 있다.

2014. 12월 미국 오리건 주에서 AI(고병원성 조류인플루엔자) 발생 시 많은 국가들이 발생 州 또는 카운티만 수입금지 조치하였는데 비해, 우리나라는 수출국가 별로 수입금지 조치를 취했다. 미국이 본 분쟁 이후 지역화 인정제도를 좀 더 객관적으로 운영할 것으로 보이는바, 미국이 인도의 지역화체제 미비 자체를 WTO 제소의 근거로 삼은 사례를 통해서도 알 수 있듯이 앞으로 대표적인 비관세장벽인 SPS 장벽에 대해 적극적 공세를 펼쳐 나갈 것으로 전망된다. 이는 TPP를 비롯한 높은 수준의 교역자유화와 제도조화를 추구하는 메가 FTA 시대에 이르러 SPS 지역화 관련 규정의 강화와 실질적 활용이 국제적인 추세가 될 것임을 예고하고 있다.

한국의 경우, 하루속히 지역화 인정의무 및 그 원칙과 절차 규정을 완비해야 하고, 현재 심의 중인 위험평가 사안들에 대해서도 앞으로 합리적 심의기간을 설정해서 그 기간 내에 심의를 완료 추진하고 판정을 내려야 한다. 그렇지 않은 경우, 본 분쟁사례에서 극명하게 판시된 바와 같이, 수출국 측이 국제기준에 따라 안전성에 대한 객관적 입증을 했는데도 불구하고, 수입국이 결정을 내리지 않고 있는 상황자체(부당한 지연)가 SPS 협정위반을 바로 구성할 수 있음을 주의해야 한다.

2 TBT협정을 통한 기술장벽에 대한 국제적 최소기준 실현

가 TBT조치의 개념

오늘날 국가들의 다양한 기술 규격, 규정, 라벨링 조치 등을 시행함에 따라 이를 규율하고 있는 TBT협정의 중요성이 점차 증가하고 있다. GATT와 TBT협정 간에는 내용상 유사성이 많다. TBT협정 제2.1조는 GATT 1994 제III조상의 내국민대우와 유사하고, TBT협정 제2.2조는 GATT의 제XX조 일반예외조항의 취지를 가져왔다. 하지만 TBT협정은 비관세 장벽 중 상품의 기술규정, 표준, 적합성 평가절차 등 특정 형태의 조치에만 국한하여 특별한 규범을 마련했기에, 일반적인 상품무역규범인 GATT에 대해 특별법적 지위를 누린다. 또한 "규범-예외" 구도의 GATT 1994와 달리, TBT협정은 실체적 의무를 규정한 조항에서 그 예외도 함께 규정함으로써, 무역제한적 국내 조치가 협정 위반을 구성하지 않고 바로 정당화될 수 있도록 하고 있다.[455] WTO 상소기구도 EC-석면 사건에서 TBT협정이 회원국의 일부 조치들과 관련하여 GATT상의 의무들과 "다른, 그리고 부가적인" 의무들을 부과하고 있다고 판시한 바 있다.[456]

TBT협정의 적용 대상이 되는 정부의 행위는 ① 제품 기술규정, ② 제품 표준 및 ③ 이러한 규정 및 표준과의 합치성 평가 절차이다. 첫째, '기술규정'(technical regulation)은 "제품의 특성(product characteristics)이나 그 특성과 관련된 제조·생산방법(their related process and production methods)을 기술한(lays down) 행정규정 등의 문서로서 이에 대한 준수가 강제적인 것"을 말한다. 이러한 기술규정은 제품 제조·생산방법에 적용되는 경우의 용어(terminology)·상징(symbols)·포장(packaging)·표시(marking)·라벨링(labelling)요건을 포함하거나 이러한 것들을 전적으로 다룰 수도 있다.[457] 이때, 모든 제조·생산방법(PPMS)을 기술규정으로 인정되는 것은 아님을 주의해야 한다. TBT협정 부속서 1의 1항의 제1문이 "상품의 특성 또는 관련 공정 및 생산방법"(product characteristics or their related processes and production methods)을 규정한 문서를 기술규정으로 명시하고 있어서 공정 및 생산방법이 '상품의 특성과 관련되지 않은' 경우 기술규정에 해당하지 않기 때문이다. 다만, 라벨링 조치의 경우에는 TBT협정 부속서 1의 1항의 제2문에서 "상품, 공정 및 생산방법에 적용되는 라벨링 요건"이라 명시하여 "관련된"이라는 용어를 사용하지 않았다.[458] 따라서 제2문에서의

---

455) P. Van de Bossche, The Law and Policy of the World Trade Organization: Text, Cases and Materials (Cambridge University Press, 2008), pp. 817-818; S. Zleptnig, Non-Economic Objectives in WTO Law (Martinus Nijhoff, 2010), pp. 118-119.

456) WTO Report of the Appellate Body, European Communities - Measures affecting Asbestos and Asbestos-containing Products, WT/DS135/AB/R (12 March 2001), para. 80.

457) TBT협정 Annex 1, 1항.

458) 이로리, "탄소라벨링에 대한 통상법적 검토", 『통상법률』(법무부, 2011), 통권 제100호, 80-81면;

"공정 및 생산방법"이 제1문의 그것보다 광의의 개념으로 사용된 것으로 볼 수 있다. '미국-참치II' 사건에서 미국의 돌고래-안전 라벨 요건이 문제시되었는데, 패널은 상품의 특성과 관련이 없는 공정 및 생산방법에 관한 라벨링일지라 하더라도 그 요건이 제품 자체와 "관련"되기만 하면 TBT협정의 적용대상에 포함될 수 있다고 판시했다. 이는 TBT협정 부속서 1의 1항의 제2문이 적용되는 용어(terminology)·상징(symbols)·포장(packaging)·표시(marking)·라벨링(labelling) 요건의 경우에는 '상품의 특성과 관련되지 않은' 공정 및 생산방법에 관한 요건일지라도 TBT협정상의 기술규정에 해당하고, 그 밖의 기술규정은 '상품의 특성과 관련된' 공정 및 생산방법만이 기술규정으로서 TBT협정의 적용을 받게 됨을 의미하는 것이다.

한편, '표준'(standard)은 "공통적이고 반복적으로 사용하기 위해 제품의 규정, 지침 및 특성을 규정하거나 이와 관련한 제조·생산방법을 규정하고 있는 공인된 기관에서 승인한 문서로서 그 준수가 비강제적인 것"을 말한다. 표준은 제품 제조·생산방법에 적용되는 경우의 용어(terminology)·상징(symbols)·포장(packaging)·표시(marking)·라벨링(labelling)요건을 포함하거나 이러한 것들을 전적으로 다룰 수도 있다.[459]

'합치성 평가 절차'(confirmity assessment procedures)는 "제품 기술규정이나 표준 요건을 충족하는지를 결정하는 데 직간접적으로 사용되는 모든 절차"를 말한다. 예를 들어, ① 표본조사, 시험 및 검사, ② 합치성 평가, 검증 및 보장, ③ 등록, 인가, 승인 및 이들 간의 조합을 위한 절차들이 이에 해당한다.[460]

이소영, "기후변화 대응을 위한 탄소라벨링과 WTO규범에 의한 규율가능성", 『국제법학회논총』(2011), 제56권 4호, 180-181면.

459) TBT협정 Annex 1, 2항.

460) TBT협정 Annex 1, 3항.

나 비차별대우 의무

TBT협정의 주요 실체적 의무로는 제2.1조상의 비차별 원칙과 제2.2조상의 필요성 원칙을 들 수 있다. 이중 제2.1조의 비차별 원칙은 이미 GATT상에서 수립되어 있는 것을 단순히 TBT 맥락에서 확인한 효과에 불과하다. '미국 - 육류원산지표시제도(COOL) 분쟁'[461]에서 2005년부터 시행된 미국의 원산지 표기제도(Country of Origin Labeling, COOL)에 따르면, 육류의 근육부위(muscle cut)에 대해서 생산과정이 어디에서 이루어지는지에 따라 4가지 원산지 라벨링 방법 중 하나를 의무적으로 표기하도록 했다. 이에 따르면, 육류가 '미국산'으로 분류되기 위해서는 가축이 미국에서 태어나고 사육되고 도살돼야 하며, 만약 캐나다와 멕시코에서 태어나 사육되고 미국에서 도살되면 원산지 라벨 표기 내용이 달라질 뿐 아니라 사육지 및 도살지 등의 내용이 모두 원산지로 표기되어야 하는 것이었다. 이러한 미국 원산지법 강화에 대한 불만을 갖게 된 캐나다와 멕시코는 WTO에 제소했다.

소와 돼지는 어느 나라에서 자라고 도축되었는지에 상관없이 각각 자기들끼리 같은 상품(like products)이므로, 문제는 개정된 COOL이 수입품에 대해 "불리한 대우(less favourable treatment)"를 부여하느냐 여부였다. 패널은 수입품은 대게 복수의 국가제품이 연관되기 마련인데, 육류의 가공 등에 더 많은 국가가 연관되어 있다면, 더 많은 원산지 및 이에 따른 라벨이 적용되므로 결과적으로 더 많은 준수비용(compliance cost)이 요구되어, 전적으로 국내산 축산만을 사용하는 것이 COOL 제도에 합치하는 가장 비용 효율적 방법이 된다는 것이다. 결과적으로 패널은 COOL 제도가 국내산 육류를 가급적 사용하여 소매활동 하도록 인센티브를 부여하는 효과가 있어, '수입산 가축에 대해 공정한 시장경쟁 기회를 감소'시키는 효과를 발생시킨다고 보았다. 그러므로 COOL은 수입산 가축 및 육류를 사실상(de facto) 차별하고 있다고 보았다.

WTO 상소기구는 TBT협정 제2.1조의 불리하지 않은 대우(treatment no

461) US-Certain Country of Origin Labelling [COOL] Requirements, WT/DS384.

less favorable)에 관한 패널의 해석을 기본적으로 지지하면서도, 불리한 대우를 판단하는 기준은 (i) 당해 기술규정이 수입품의 시장에서의 경쟁조건을 저해하는 효과(detrimental impact)가 있고, (ii) 그러한 저해효과가 전적으로 정당한 규제를 위한 구분으로부터 발생하는 것(when such impact stems exclusively from a legitimate regulatory distinction)이 아니어야 한다고 설명했다. 이러한 상소기구의 판시는 수입품에 대해 경쟁조건에 있어서 해로운 영향(detrimental impact)이 있다고 해서 이것이 모두 TBT협정 제2.1조 위반으로 연결되는 것은 아니라는 것을 의미한다. 즉, 사실상 해로운 영향이 있더라도 그것이 "전적으로 정당한 규제목적의 구분에서 결과하는 것이라면(when such impact stems exclusively from a legitimate regulatory distinction)" 제2.1조 위반이 성립하지 않는다는 것이다. 상소기구는 이상의 기준을 적용하면서, COOL이 추구하는 소비자 정보제공의 이익에 비해 COOL이 초래하는 생산자/판매자에 대한 부담이 불비례적으로 과중하여(disproportionate) 육류 가공업자들에게 부당하게 불비례적인 부담을 초래하고 있고, 이러한 조치가 취해지는 양태가 자의적(arbitrary)이라는 결론을 도출했다. 이러한 비례성과 자의성 여부는 해당조치가 "전적으로 정당한 규제목적의 구분에서 결과하는 것인지 여부를 판단하는 핵심요소라는 것이다.

수입제품에 해로운 영향이 미치는지 여부는 전통적으로 비차별대우 의무의 위반 기준인 "경쟁조건에 불리한 영향" 여부에 의해 손쉽게 분석될 수 있다. 이 때, 본 분쟁에서 제소국들이 찾아낸 바와 같이, 수입산 제품에 불리하게 변화된 시장 상황에 대한 증거는 그 유력한 입증수단이다. 반면, 정당한 규제를 위한 제도적 구분인지 여부는 해당 조치가 자의적으로(arbitrary) 취해지지 않았는지, 비례성(proportionalities)과 형평성(even-handedness) 원칙을 충족했는지 여부에 의해 분석된다. 사실 이러한 분석기준은 GATT 제20조의 일반적 예외 조항 적용여부를 판정할 때 적용되는 기준과 매우 유사하다. GATT 제3조의 비차별의무 조항의 경우 GATT 제20조의 일반적 예외의 적용을 받으므로, 위와 같은 자의성, 비례성, 형평성에 관한 심사를 자연스럽게 거치게 된다. 반면, TBT협정의 경우 GATT 제20조와 같은 조항을 두고 있지 않아, 과연 GATT 제20조가

TBT협정 제2.1조 위반의 경우에도 적용될 수 있는 것인지가 논란이 될 수 있다. 그런데 TBT협정이 GATT에 우선하는 독립적이고 자기 완결적인 규범임을 강조하는 견해는 GATT 제20조가 TBT협정 제2.1조 위반에도 적용될 수 있는 가능성을 부정한다. 그러므로 상소기구가 제시한 기준에 따르면, TBT협정 제2조 자체 내에서 자의성, 비례성, 형평성에 관한 심사를 거치게 되므로, GATT 제20조 예외의 적용여부를 논할 실익이 없는 셈이다.

다 최소기준

TBT협정 제2.2조는 기술규정이 정당한 목적수행에 필요한 이상으로 국제무역에 "불필요한 장애(unnecessary barriers)"를 유발하는 방식으로 채택되거나 적용되어서는 안 된다고 간단히 기술하여 "필요성 원칙"을 수립하고 있다. 또한 2.3조는 "TBT조치의 채택 시에 존재했던 상황이나 목적이 사라지거나 덜 교역제한적 조치로 목적이 달성될 수 있는 경우에는 해당 TBT를 계속 유지해서는 안 된다"고 규정하고 있다. 이것도 TBT조치 실시 이후에도 필요성 요건을 계속적으로 충족해야 함을 의미한다.

이러한 필요성 원칙이 바로 GATT에서 규정하고 있지 않은 추가적인 최소기준을 TBT조치에 대해 요구하고 있는 것이다. 과연 이러한 필요성 개념이 어떻게 해석되는지는 쉽지 않은 해석의 문제를 던지고 있다. 이 문제에 대해 절대적인 필요성 원칙의 기준을 제시하는 것은 어려운 문제이고 아직 이 부분에 대한 WTO판례가 많지 않아 그 기준이 확립되어 있다고 보기도 어렵다. 그럼에도 불구하고, 미국 COOL분쟁에서의 WTO상소기구의 해석을 기준으로 판단하면 아래와 같이 분석해 볼 수 있다.

TBT협정 제2.2조 필요성 원칙 위반문제와 관해, 제1심인 패널은 미국의 COOL 제도가 소비자에게 전달하는 의미 있는 정보는 미미하고 오히려 다양한 라벨이 소비자를 혼동케 하는 정보를 제공하고 정당한 목적수행에 필요한 이상으로 무역을 규제하는 것이므로 제2.2조의 필요성 요건을 충족하지 못한다고 보았다. 이에 대해 상소기구는 COOL 제도가 전반적으로 소비자들에게 유의미한 정보를 제공하고 있는 것은 사실이고, 해당 제도가 목적을 완전히 달성하는지가 아니라 당해 목적 달성에 기여하는 정도(degree of contribution)를 패널이 고려했어야 하는데, 이를 고려치 않고 제2.2조 위반을 판시한 패널 판정에는 하자가 있다고 판시했다. 또한, 제2.2조 위반 판단시 여러 대안조치와 COOL을 비교하는 것(comparative analysis)이 필요한데, 제소국인 멕시코가 제시한 대안조치들(자율적 원산지 표시제도, 실질적 변형을 기준으로 한 강제적 원산지 표시제도, 실질적 변형을 기준으로 한 자율성과 강제성이 혼합된 원산지 표시제도, 이력추적제도(trace back))을 COOL과 비교하여 교역에 덜 제한적인 제도가 어느 것인지를 판단할 만한 사실관계 파악이 제대로 되어 있지 않으므로 더 이상의 심리를 진행하지 않았다.

아울러, 미국이 패소한 후 개정한 COOL(국내산이든 수입산이든 상관없이 출생, 양육 및 도살과정이 발생한 지역을 모두 표시토록 의무화)에 대해, 개정 COOL이 WTO 패소판정을 제대로 이행하지 않은 것이라며 캐나다와 멕시코가 다시 WTO패널에 제소한 사건에서의 패널의 판시내용을 참고해야 한다. 이행 패널은 개정된 COOL에 대해서도 실질적으로 같은 분석을 진행했다. 그 결과 개정된 COOL이 소비자 정보전달이라는 정당한 목적을 추구하고 이러한 목적을 달성하는데 상당한 기여를 하고 있으나, 생산자/판매자의 준수부담도 증가시켜 교역에 대한 제한정도를 원래의 제도보다 증가시키고 있다고 보았다. 대안조치와의 비교분석의 경우, 패널은 제소국 측이 개정된 COOL보다 덜 교역제한적이면서 동일한 목적을 달성할 수 있는 대안조치로서 제시한 네가지 대안(실질적 변형을 기준으로 한 강제적 라벨링과 출생 및 양육국가에 기초한 자율적 라벨링의 혼합방식, 다진고기에 적용되는 60일 동안의 라벨 계속사용 허용 기간을 근육부위에도 확대적용, 이력추적제도를 사용한 강제적 라벨링 제도, 국가명칭에 추가하여 출생, 양육 및 도축지 지역의 지방명칭표시)을 심사했다. 제소국들은 자국의 주장을 뒷받침하기 위해 각종 시뮬레이션 연구결과를 제출했는데, 패널은 이러한 연구결과들의 가정과 대상의 문제점과 신뢰성에 문제를 제기하고, 제소국들이 이러한 대안조치가 합리적으로 시행 가능한 것인지, 그리고 개정된 COOL과 비교해 목적 달성에 "동등하게 기여"하면서도 "상당히(significantly)" 덜 교역 제한적인지를 입증(prima facie case)하지 못했다고 판시했다. 패널은 결국 TBT협정 제2.2조에 위반한다는 제소국들의 주장을 기각했다. 이에 대해 상소기구는 GATT 제XX조와 같은 예외규정상의 "필요성(necessity)"에 대한 입증책임은 그것을 원용하는 피소국 측에 집중적으로 부여될 수 있으나, TBT협정 제2.2조와 같은 원칙조항에 있어서의 필요성 관련한 입증은 그것을 주장하는 제소국 측에 가혹하게 부여되어서는 안 되므로, 패널이 "이력추적제가 합리적으로 시행가능한지에 대한 입증책임을 제소국들이 다하지 못했다"고 판단한 것은 오류라고 지적했다.

이러한 판시내용을 볼 때, 제2.2조에서 규정하고 있는 "인간의 건강 또는 안전, 동물 또는 식물의 생명 또는 건강 보호"라는 정당한 목적 달성에 기여하는 정도가 그 비용에 비해 전반적으로 큰지 여부가 해당 TBT조치의 필요성 충족 여부를 좌우하게 되는데, 대안조치까지 고려하여 합리적으로 시행 가능한 대안이 존재하면서 해당 TBT조치에 비해 목적 달성에 "동등하게 기여"하면서도 "상당히(significantly)" 덜 교역제한적인 대안이 없는 경우에 비로소 해당 TBT조치가 필요성을 충족하는 것으로 인정할 수 있을 것이다.

라 기타 의무

TBT협정 제2.4조는 국제기준이 있는 경우 이를 사용하여 TBT조치를 취해야 함도 요구하고 있다. 단, 정당한 목적을 달성하기 위해 그러한 국제기준을 사용하는 것이 비효율적이거나 적절치 않은 경우에는 그렇지 않다고 규정하여 국제기준과의 조화의무는 커다란 예외가 수반되고 있다.

제2.7조는 동등성(equivalence) 의무도 규정한다. 다만, 상대국의 동등한 기술규정이 자국의 규제의 목적을 달성할 경우에는 이러한 규정을 인정하여 수락하는 것을 "긍정적으로 고려해야 한다"고 규정하여 절대적 의무규정이 아닌 고려의무의 형식을 지니고 있다.

제2.9조는 다른 회원국의 교역에 상당한 영향을 미치는 기술규정에 대해 공표하고 통보하며 요청시 상세정보를 제공하여 다른 회원국들이 코멘트를 제출할 기회를 보장해야 한다고 규정하여, 투명성 의무를 규정하고 있다.

제5조는 적합성평가 절차를 적용할 경우에도 비차별 대우와 필요성 원칙을 준수하도록 규정하고 있다.

3 교역 관련 지식재산권 분야 최소기준

세계경제환경의 변화로 기술력이 산업경쟁력을 결정하는 중요한 요소로 등장하였고, 지적재산권을 둘러싼 국제적 분쟁도 증가했다. 기존의 관련협약들은 지적재산권 보호를 각국의 국내법에 위임시키는 등의 소극적인 태도를 취했고, 신기술분야(컴퓨터프로그램 및 소프트웨어, 데이터베이스, IC 배치설계, 생명공학 및 미생물공학기술 등)에 대한 보호도 미흡했다. 이러한 지재권 관련 분쟁을 다자분쟁해결 체제로 흡수하고 새로운 분야를 포괄하는 TRIPS협정을 탄생시킴으로써 변화된 현실에 대한 다자규범력의 증대를 꾀하였다.[462)]

그 주요 내용으로는 비차별대우 원칙을 지적재산권 관련 교역부문에 채택하여, WTO회원국이 다른 국가 국민이나 자국 국민에게 부여하는 특혜조치는 다른 회원국 국민에게도 무조건적이고 즉각적으로 부여하도록 했다. 다만, 기존 여러 다자적 지재권협약에서 허용하고 있는 상호주의 등에 입각한 차별대우는 예외로 처리하고 있다.[463)]

TRIPS협정은 이러한 전통적 비차별 대우에 더해, 지재권 분야의 최소기준을 수립했음을 주목해야 한다. 저작권은 저작자의 생애는 물론 그 사후 최소한 50년 동안 보호하도록 했고, 상표권은 최소 7년간 보호해야 하며, 특허권은 출원일로부터 최소 20년간 보호해야 한다. 산업디자인, 지리적표시, 집적회로, 미공개비밀정보 등도 일정한 최소한의 보호를 받도록 규정하고 있다. 또한 컴퓨터프

462) 최원목 (2016), p. 54.
463) TRIPS협정 제3조와 4조 참조.

로그램, 영상저작물, 음반에 대하여 대여행위의 허가금지권을 인정하고, 음반 제작자, 실연가, 방송기관 등을 보호하기 위한 저작인접권도 인정했다.[464] 실체적 권리뿐만 아니라 절차적 권리 측면에서도 최소기준이 수립됐다. 지적재산권의 권리침해가 계속되는 것을 막거나 증거보전을 위해 가보호조치를 발동할 수 있도록 했고, 각국은 저작권 및 상표권 침해 물품에 대해 국경조치를 반드시 규정해야 하며, 특허 등 다른 지적재산권으로까지 확대하도록 하였다. 각국은 분쟁예방을 위해 자국의 관련법, 규정, 결정 등에 대한 명료성을 보장해야 하며 각종 법규 및 결정 등을 공표해야 한다.[465] TRIPS협정은 이러한 내용의 기준을 회원국들에게 의무화하며, "이러한 기준들보다 더 강화된 보호를 제공하는 것도 각국의 재량권임"을 확인함으로써,[466] TRIPS협정의 목적은 "최소" 기준을 수립하는 것임을 분명히 하고 있다.[467]

4 서비스 및 투자 분야 최소기준

이러한 최소기준 수립을 통한 새로운 다자적 규율 경향은 서비스 분야에서도 이루어지고 있다.

우선 GATS 제VI조는 "국내규제(domestic regulation)"에 대해 규율하고 있는 조항이다. 국내규제(domestic regulation)는 주로 허가/승인절차, 면허, 자격요건, 기술표준을 포함해 시장접근 규제나 외국인 차별규제가 아니면서 서비스교역에 영향을 미치는 모든 국내적 조치들(예: 기업의 장애인고용의무, 건설공사의 의무하도급 비율, 병원이나 학교의비영리법인요건)을 말하는 것이다. 이들 국내규제에 대해, "사법, 행정, 중재 법원과 절차를 마련하여 서비스 공급자의 권리 구제체제를 확

464) 최원목 (2016), p. 54.
465) Ibid.
466) TRIPS협정 제1조 1항 (Members shall give effect to the provisions of this Agreement. Members may, but shall not be obliged to, implement in their law more extensive protection than is required by this Agreement, provided that such protection does not contravene the provisions of this Agreement.)
467) WTO 교역관련지적재산권협정(TRIPs) 규정내용 참조.

보할 것", "자격요건 및 절차, 기술표준, 자격인정 요건 등에 대한 규제조치가 불필요한 교역장벽이 되지 않도록 서비스교역위원회에서 필요한 규율을 개발할 것", "양허한 서비스 부문에서는 일반적으로 적용되는 서비스 규제들을 합리적이고 객관적이며 공평한 방식으로 적용할 것" 등의 의무를 부과하고 있다.[468]

이것은 (i) 권리 구제 체제 확보, (ii) 필요성 요건, (iii) 합리성·객관성·공평성 보장 등을 국제적 최소기준으로 설정하여 다양한 형태의 국내규제들을 다자적으로 규율해 나가겠다는 의미이므로, 일종의 서비스분야의 최소기준 원칙이라 볼 수 있는 것이다.

FTA에서는 추가적인 최소기준들이 특히 서비스 및 투자분야에서 속속 도입되고 있다.

첫째, 투자자에 대한 일반적대우(general treatment) 의무를 요구하면서, 국제관습법상(customary international law)의 외국인의 투자에 대한 최소한의 대우를 부여할 것을 의무화하는 경우가 많다. 즉, 이러한 의무는 "공정·공평대우(fair and equitable treatment)"와 "충분한 보호와 안전(full protection and security)"의 두 부분으로 주로 나누어 규정하는데, 전자에 대해 형사, 민사, 행정소송에서의 적정절차 원칙에 입각한 정의수호 의무 등을 언급하는 경향이 있으며, 후자에 대해서는 국제관습법에서 요구하는 경찰보호(police protection) 수준 유지를 규정하는 경향이 있다.

둘째, 현지주재(local presence) 요건 부과 금지를 규정하면서 국경 간 서비스 공급의 조건으로 국내 사무실 구비 요건 혹은 거주 요건을 요구하는 것을 금지하고 있다.

셋째, 이행요건(performance requirement) 부과 금지의무로서, (i) 일정한 비율의 상품이나 서비스 수출, (ii) 국산품 사용비율 부과, (iii) 국산품이나 국산 서비스 구매·사용·선호 부여 요구, (iv) 투자외환의 액수에 수입이나 수출량이나 금액을 연결, (v) 외환 획득고에 상품이나 서비스 판매를 연계, 기술이전, 특정 지역이나 세계시장에서 독점공급자로 활동 등의 의무를 투자의 조건으로 부과하

---

468) GATS 제6조 1~5항.

는 것을 금지한다. 아울러 (vi) 국산품사용비율 부과, (vii) 국산품이나 국산 서비스 구매·사용·선호 부여 요구, (viii) 투자외환의 액수에 수입이나 수출량이나 금액을 연결, (ix) 외환 획득고에 상품이나 서비스 판매를 연계하는 것을 일정한 혜택을 얻는 조건으로 연결하는 것도 금지하는 경우도 있다.[469)]

넷째, 송금보장 의무로서, 투자자의 본국 송금의 자유를 규정하고 그 한계에 대해 언급하고 있다.

다섯째, 수용(expropriation) 및 보상 의무로서, 한-미 FTA를 비롯한 여타 FTA에서도 공공목적의 비차별적 수용의무, 신속·적절·효과적인 보상, 보상에 있어서의 지연금지의 원칙, 보상금의 국제적 이전 가능 원칙 등이 유사하게 규정되어 있다.[470)]

여섯째, 손실에 대한 보상의무로서, 전쟁, 무력충돌, 반란, 폭동, 소요 또는 그 밖의 내란으로 인하여 자국 영역내 투자가 입은 손실에 관하여 주로 비차별적으로 외국인 투자자와 적용대상투자에 부여할 것을 규정한다.[471)]

일곱째, 경영진(Senior Management and Boards of Directors) 국적요건 금지 의무를 규정하여 투자체의 경영진의 중립성을 확보하도록 규정하고 있다.

여덟째, 특별 분쟁해결절차를 마련하여 투자자 보호가 신속하고 중립적으로 이루어질 수 있도록 하는 경우가 많다. 이러한 절차로는 투자자-정부 국제중재제도(Investor-State Dispute Settlement: ISD)가 많이 활용된다. 즉, 피해를 입은 외국인투자자가 직접 투자유치국 정부를 상대로 국제중재에 제소하여 신속하게 권리 구제를 받을 수 있도록 특별제도를 만들고, 이러한 제도를 진행하는 여러 절차적 기준들을 FTA 투자챕터에 기재해 넣게 되는 것이다. 이러한 ISD제도는 전통적으로 국가끼리 국제법적 분쟁해결을 추구하는 체제에 중대한 수정을 가하는 것으로, 투자자라는 개인이 직접 주권국가를 상대로 국제분쟁해결을 추구할 수 있다는 점에서 국가의 "외교적 보호(diplomatic protection)"권리를 우회하는

469) 한-칠레, 한-싱가폴 및 한-미FTA 등 참조.

470) 한-칠레 FTA 제10.13조, 한-EFTA FTA 투자협정 제13조, 한-싱가폴 FTA 제10.13조, 한-미FTA 제11.6조.

471) 한-미 FTA 제11.15조 4항.

측면이 있다. 다국적 투자자들이 정부의 공공규제를 무력화시키는 통로로 활용되고 있다는 비판이 제기되기도 한다. 앞으로 ISD제도가 어떻게 국제적 최소기준 원칙에 입각한 필요성과 국가의 공공정책 재량 확보 필요성간에 합리적인 균형을 찾아나갈지 모두가 지켜볼만 하다.

5 디지털 교역분야 최소기준

최근 디지털교역 및 전자상거래 분야에 특화된 다양한 최소기준들이 국제협정으로 속속 도입되고 있다. 그 대표적 협정인 디지털경제동반자협정(DEPA)에 채택된 기준들을 요약하면 아래와 같다.

① 전자상거래 통관절차를 신속화하고 전자상거래 국제결재 시스템을 효율성과 안전성 원칙에 입각해 촉진시킬 것
② 암호화(cryptography)를 사용하는 제품에 대해 특정 기술이나 생산과정에 대한 정보를 제공할 것을 요구하는 기술장벽이나 적합성판정절차를 적용하지 말 것
③ 개인정보의 보호를 제공하는 법적 프레임워크을 수집제한, 데이터의 질, 목적 적시, 사용제한, 보안유지, 투명성, 개별적 참여, 신뢰성 등의 기준에 입각하여 채택하여 운영할 것
④ 개인정보를 보호하는 체제간 상응성과 공통성을 증진하는 메커니즘을 개발할 것
⑤ 영업 수행에 있어 전자적 수단에 의한 정보의 국제적 이동을 허용할 것
⑥ 영업 수행에 있어 컴퓨터 설비의 자국내 위치 요건을 부과하지 말 것
⑦ 요구하지 않은 상업적 광고 메시지(스팸메일 등)의 계속적인 접수를 최소화하고 소비자의 동의하에 이러한 메시지가 접수되도록 조치를 취할 것
⑧ 소비자에게 피해를 입히는 사기 및 현혹 행위로부터 온라인 소비자를 보호하는 법적제도를 갖출 것

⑨ 디지털 인식정보(digital identities)에 대한 상응성을 제고하고 표준화를 증진시키며, 정당한 공공정책 목적의 규제는 허용할 것
⑩ 핀테크(FinTech) 영업협력과 스타트업에 대한 협업을 장려할 것
⑪ 인공지능의 사용에 대한 윤리 · 거버넌스 체제를 설명가능성, 투명성, 공정성, 인간중심 가치성에 입각해 구축해 나갈 것
⑫ 디지털 환경에서의 데이터 국제공유를 촉진시키고 데이터 공유 협업 프로젝트를 증진시킬 것
⑬ 정부보유 데이터의 공중의 접근을 촉진하여 새로운 제품과 서비스 개발을 유도할 것
⑭ 디지털 경제에 대한 농촌지역 주민, 저소득층, 토착민들의 참여(digital inclusion)를 촉진시킬 것[472]

앞으로 이러한 기준들이 궁극적으로는 다자통상규범에 도입될 것으로 예상된다. WTO차원에서도 복수국 간 전자상거래 협상이 진행 중이다. 1998년 5월 WTO 제2차 각료회의에서 채택된 '국제 전자상거래에 대한 선언문'(Declaration on Global Electronic Commerce)에서 회원국들은 전자적 전송물에 대한 무관세 관행을 유지할 것임을 천명하고, 향후에도 이러한 관행을 계속 유지할지 여부는 향후 작업계획의 논의 경과에 따르기로 약속한 바가 있다. 1998년 9월 WTO 일반이사회는 'WTO 전자상거래에 관한 작업 프로그램'을 채택하고 논의를 지속해오고 있다. 2019년에는 75개국이 WTO 차원에서의 전자상거래에 관한 협상을 시작한다고 발표했다. 이제 90여 개 국가가 참여한 복수국 간 협정인 WTO 전자상거래 협상이 본격적으로 진행되고 있다. 모라토리움 형식으로 계속 연장되어 오고 있는 전자적 전송물에 대한 무관세 관행을 영구적인 의무조항으로 변경할지 여부는 물론이고 전자상거래를 촉진하면서도 소비자와 개인정보 보호간의 균형을 이루기 위한 다양한 국제기준들의 도입이 다자적 차원에서 본격 논의되고 있는 것이다.

472) DEFA 제2조 ~ 11조 참조.

6 환경 및 노동 분야 최소기준

국제적 최소기준이 필요한 대표적 분야가 환경과 노동일 것이다. 그렇지 않으면 모두가 환경 피해를 당하게 되며, 노동자의 기본적 인권보호의 사각지대가 생기기 마련이기 때문이다. 그럼에도 국가 간의 경제적 이해관계와 국내적 민감성 때문에 이러한 기준을 수립하는 것이 쉽지 않다. 이 때문에 UR에서도 GATT와 GATS 중심의 교역자유화 협정체제를 유지하고, 일반적 예외 차원에서 일정한 환경규제 조치를 GATT/GATS상의 실체적 의무의 적용 예외를 통해 허용해 왔다.

그러나 이러한 일반적 예외 차원의 규범체계는 환경 보호조치의 정당성을 규제국이 일일이 입증해야 하는 부담이 있어 환경보호를 위한 적극적 규제가 필요한 현대적 환경에 적합하지 않은 측면이 있다. 따라서 그동안 수많은 환경·노동분야의 국제협약과 기구들이 노력해 온 목표는 결국 합리적인 국제기준을 적극적으로 수립해 이러한 기준에 입각해 환경 및 노동보호 체계를 국제적으로 구축해 나가는 것이다. 이러한 모든 국제기준들을 본서에서 논할 수는 없고, 국제통상법 차원에서 FTA에 도입하고 있는 전형적인 환경 및 노동 조항들을 중심으로 국제적 최소기준을 이해해 보기로 하자.

환경 및 노동 관련 규정들이 FTA에 도입되기 시작한 것은 NAFTA로부터이다. 그 후 국제환경 규범이 자리 잡음에 따라 이러한 국제환경규범의 주요 의무사항을 FTA당사국들이 이행할 것을 약속하고, 환경보호 수준을 낮춤으로써 교역 경쟁력을 갖추려는 시도를 금지하며, 국내 환경법규를 효과적으로 집행할 것을 FTA당사국 간 약속하는 것을 골자로 하는 FTA 환경규정들이 규정되어 왔다. 또한 이러한 의무들이 준수되는지를 이해관계인들이 조사하도록 요청할 수 있는 권한 및 민간의 자발적 인센티브에 기초한 환경보호 메커니즘 사용을 장려하는 체제도 마련되어 왔다.

우선, 한-미FTA에서와 같이 당사국 정부가 "높은 수준의 환경보호를 위해 지속적으로 노력할 의무"를 부과하는 경우가 있다.[473] 이것은 기본적으로 "노력

의무"이므로, 정부가 선의(good faith)의 보호수준 향상 노력을 기울인 경우 반드시 보호수준의 향상 결과가 실현되지 않더라도 이 의무 위반 문제는 제기되지는 않을 것이다. 다만, 정부가 환경보호 수준 저하현상을 방관하거나, 악의(bad faith)로 이를 부추기는 등의 조치를 취하는 경우, 이러한 환경보호 수준 제고 노력을 지속적으로 기울였다고 볼 수는 없으므로 의무위반이 성립한다.

또한, "적용대상 환경협정"상의 의무를 "실질적으로 이행"하고, 국내 환경법규 내용을 "효과적으로 집행(effectively enforce)"하여야 할 의무도 부과한다.474) 이때 "효과적 집행"이란 "지속적이거나 반복적인 미집행 행위로 인해 한-미 양국 간 교역에 영향을 미치는 경우" 그 위반이 성립한다.475) FTA에 따라서 이러한 "적용대상 환경협정"을 선별적으로 리스트화하여 첨부함으로써, 이를 효과적으로 이행하지 않으면 FTA라는 통상협정 위반이 성립되어 당사국 간 실효적인 분쟁해결 메커니즘이 발동되도록 처리하고 있는 셈이다.

이러한 환경법규의 효과적 집행을 위해, 절차적 수단과 제도적 장치를 마련할 것도 요구하게 된다. 이해관계인의 조사요청권 및 행정·사법적 이행보장절차를 구비하여야 하며,476) 자발적 인센티브에 기초한 환경보호 메커니즘 사용을 장려하여야 하고,477) 다양한 방식의 대중참여를 확보하도록 의무화하고 있다.

노동 분야의 경우에도 국제적으로 인정된 노동권을 보장하고, 노동법을 효과적으로 집행하며, 공중의 의견제출 기회를 보장하는 것을 골자로 하여 FTA에 규정하고 있는 경향이다.

한-미 FTA를 예로 들면, 국제적으로 인정된 노동권 준수 노력 의무를 부과하며, 법 적용·집행에 있어서 무역·투자 촉진을 위해 국내노동법상 보호수준을 약화시켜서는 안 됨을 명시하고 있다. 또한 지속적이고 반복적인 작위 또는 부작위를 통해 양국 간 무역에 영향을 미치는 방식으로 노동법의 효과적인 집행에

473) 한-미 FTA 제20.1조.
474) 한-미 FTA 제20.2조, 20.3조.
475) 한-미 FTA 제20.3조 1항(a) "... through a sustained or recurring course of action or inaction, in a manner affecting trade or investment between the Parties, after the date this Agreement enters into force."
476) 한-미 FTA 제20.4조.
477) 한-미 FTA 제20.5조.

실패하지 말아야 할 의무를 부담시키고 있다. 공중의견제출제도(PC: Public Communication)도 마련하여 협정 이행과 관련 양국의 공중에게 의견 제출 기회를 제공하고, 이를 접수 및 검토해야 한다. 노동법 위반시 제재 및 법령상 이해관계자 구제를 위한 사법·준사법·행정절차도 보장해야 한다.[478)]

이러한 환경 및 노동분야의 최소기준들은 CPTPP를 비롯한 최신 FTA에 대부분 유사하게 반영되고 있어 앞으로 이 분야의 국제통상법은 최소기준원칙으로 규율될 것임을 예고하고 있다.

478) 한-미 FTA Chapter 19 참조.

제4장

국제통상법 의무로부터의 일반적 예외 원칙

제1절 GATT 제XX조와 GATS 제XIV조의 이해

제2절 GATT 제XXI조, GATS 제XIV조의2, TRIPS협정 제73조의 이해

GATT상의 비차별대우, 시장개방, 공정무역, 최소기준 대우 등이 기본 의무 규정이라면, 이러한 원칙에 대한 예외를 정당화하는 법적 근거를 제공해 주는 것이 바로 일반적 예외에 대해 규정하고 있는 제XX조와 XXI조이다. 제XX조는 10가지 예외사유를 나열하고 있는데, (e)호는 노동(조건)을 무역과 연계시키고 있는 GATT의 유일한 조항이며, (b)호와 (g)호는 '환경보호'를 목적으로 하는 수출입제한조치를 정당화하는 국제법적 근거가 되는 조항이다. GATS와 TRIPS협정에서도 유사한 일반적 예외조항을 두고 있다.[1)]

이러한 예외사유가 성립되는지에 대한 입증책임은 그 사유를 원용하는 국가에 있기에, 주로 국제분쟁화되고 있는 무역장벽을 취하고 있는 국가(피소국) 측이 입증해야 하는 경우가 많을 것이다.

---

1) GATS 제14조와 14조 bis, TRIPS협정 제73조.

제1절

GATT 제XX조와 GATS 제XIV조의 이해[2)]

1 서두상의 요건과 각 정당화 사유

GATT 제XX조는 회원국이 특정한 상황에서 일반적인 의무에서 면제되는 것을 허용하며 두문(chapeau)과 10가지 예외로 구성되어 있는바, 이러한 10가지 예외사유는 예시적인 것은 아니며 열거조항이므로, 이러한 사유들을 참조하여 10가지 이외의 추가적 사유를 도출하는 것은 허용되지 않는다. 이러한 10가지 예외조치는 '동일한 조건'하에 있는 국가 간에 '자의적(임의적)이거나 부당한 차별의 수단' 또는 '국제무역에 대한 위장된 제한'을 가하는 방법으로 적용되어서는 안 된다. 즉 특정의 무역규제조치가 상기 일반적 예외에 해당하는 경우라도 자의적 차별금지 원칙과 위장된 무역제한금지 원칙을 준수하여야 하는 것이다.

즉, GATT에 부합되지 않는 회원국의 조치가 제XX조에 의해 정당화되기 위해서는 i) 제XX조 (a)-(j)호에 해당하는 예외조치이어야 하고, ii) 제XX조 서두(chapeau) 부분의 요건을 충족시켜야 하는바, 미국-가솔린 사건에서 상소기구는 문제의 조치가 (a)-(j)호상의 사유에 해당하는지 여부를 먼저 잠정적으로 심사한 후, 이에 해당할 경우 서두 규정(자의적이거나 부당한 차별금지, 국제무역에 대한 위

2) 이 부분은 '최원목외 7인 공저, 로스쿨 국제법 사례연습, 제2판, 박영사'에서 필자 등이 작성한 제2부 부분에 기초하여 수정·보완한 것임을 밝힌다.

장된 통상제한금지)에 부합하는지 여부를 심사하는 순서로 심의를 진행해야 할 것임을 판시했다. 제XX조의 서두부분이 일반적 예외 규정의 남용을 방지하기 위한 공통된 원칙일지라도 이러한 남용방지 원칙은 각 (a)-(j)호 항목의 성질에 따라 그 분석을 달리해야 할 것이기 때문일 것이다. 예를 들어, (a)의 공중도덕 보호조치와 (g)호의 고갈가능 자원 보전조치는 그 성질이 다른바, 사회 도덕적 차원의 자의성과 부당성 심사기준과 환경보호 차원의 그것과는 다를 수 있기에 각 호의 맥락에서 서두의 자의성 및 부당성 기준을 달리 세울 수 있도록 하기 위해서는 먼저 해당 조치가 정당화를 시도하는 사유가 어느 맥락에 해당하는지를 확정해야 하기 때문이다. 그러므로 제XX조 예외의 심사 순서는 해당 조치가 자의적으로 적용됐거나 부당한 차별을 초래하는지부터 심사하는 것은 아니고, 해당 조치가 (a)-(j)호 중 어디에 해당하는지를 먼저 확정한 뒤 그 해당 맥락에서 자의성과 부당성 심사를 진행해야 하는 것이다.

2 개별 사유의 검토

가 인간 및 동식물의 생명 또는 건강을 보호하기 위하여 필요한 조치

GATT 제XX조 (b)호는 "인간 및 동식물의 생명 또는 건강을 보호하기 위하여 필요한 조치"를 일반적으로 허용하고 있다. 이것은 WTO회원국이 국내 정책적 필요에 따라 무역자유화보다 공중보건에 우선권을 부여할 수 있도록 근거조항을 만든 의미가 있다. 일정한 제품이 그 속성상 인체 및 생태계의 생명 또는 건강에 위해를 가하는 경우 이를 회피하기 위해 수입금지나 판매금지 처분을 내리는 경우, 그리고 가솔린의 유해물질 배출 기준과 석면과 같은 발암성 위해물질의 판매중지 조치 등이 대표적인 예일 것이다.

이렇게 정당한 사유의 조치로 인정되는 경우에도 그러한 목적달성에 "필요한 (necessary)" 조치일 것이 요구된다. "필요한 조치"인지 여부는 WTO설립 이전

GATT시절부터 패널에 의해 적극적으로 그 기준이 제시된 바 있다. 즉, 태국 담배사건[3]에서, 태국은 미국산 담배를 수입금지하면서, 미국산 담배는 태국 담배보다 인체에 미치는 해가 더 크고, 그 인지도로 인해 사람들이 더 많이 소비하게 되므로, 수입금지 조치는 국민건강을 보호하기 위해 필요한 조치임을 주장했다. GATT 패널은 "태국이 그 목적을 달성하기 위해 합리적으로 적용할 수 있으며 덜 교역제한적인 다른 대안이 없는 경우에만 해당 조치가 필요한 조치에 해당함"을 설명하고,[4] 표지부착 의무, 재정적 조치, 광고금지, 금연 교육, 공공장소 금연 등과 같이 GATT 의무에 위반하지 않으면서도 그 목적을 달성할 수 있는 대안이 존재하므로 태국의 조치는 GATT 제XX조(b)의 필요성 심사를 통과하지 못한다고 판시했다. 이러한 접근 방식은 대안간의 교역제한 효과에만 주목하여 여러 적용 가능한 정책수단들 중에서 가장 덜 교역제한적인 수단을 선택했을 경우에만 필요성 심사를 통과할 수 있다는 이야기가 되므로, 교역제한효과 최소화 기준("least inconsistent measure principle")이라 불릴 수 있을 것이다.

미국 Section 337분쟁에서의 GATT 패널도 기본적으로 이러한 기준에 입각하여 각각 GATT 제XX조(d)호의 맥락에서 필요성을 심사하였다. 단, 미국 Section 337분쟁에서 패널은 "그 목적을 달성하기 위해 합리적으로 적용할 수 있으며 덜 교역제한적인 다른 대안이 없는 경우"라는 태국 담배분쟁 패널의 기준을 이어받으면서도 "이러한 대안이 합리적으로 이용가능(reasonably available)해야 함"을 강조하기에 이르렀다. 즉 해당 조치와 대안간의 비교에 있어 해당 수입국이 "합리적으로 이용 가능한 범위의 대안들만 비교대상으로 삼을 수 있으며, 이들 중에서 가장 교역제한 효과가 적은 수단을 선택했을 때" 필요성 심사를 통과할 수 있다는 것이다.[5]

---

3) Thailand-Cigarettes (1990), BISD 37S/200, para. 75.

4) "The import restrictions imposed by Thailand could be considered to be 'necessary' in terms of Article XX(b) only if there were no alternative measure consistent with the General Agreement, or less inconsistent with it, which Thailand could reasonably be expected to employ to achieve its health policy objectives." Ibid., para. 75.

5) "A contracting party cannot justify a measure inconsistent with another GATT provision as 'necessary' in terms of Articles XX(d) if an alternative measure which it could reasonably be expected to employ and which is not inconsistent with other GATT provi-

WTO가 설립된 이후, EC 석면분쟁의 패널은 더 나아가 "합리적으로 이용가능"하다는 어구의 의미를 해석하는 판시를 했다. "해당 국가가 처해 있는 경제적 및 행정적인 현실을 고려하여 해당 정책을 집행할 수 있는 수단(행정자원, 예산 등)을 구비하고 있는 경우"에 비로소 해당 대안이 "합리적으로 이용가능"하다는 것이다.6) 이러한 접근방식을 "합리적 이용가능 수단 간의 교역제한효과 최소화 기준("least inconsistent measure principle among reasonably available means")이라 명명해 볼 수 있을 것이다.

EC 석면 분쟁 - 필요성 심사기준

석면은 암을 유발하는 위해물질이다. 이에 프랑스정부가 1997년 크리소타일 석면(chrysotile asbestos)을 포함하고 있는 섬유제품과 시멘트제품은 판매금지 조치를 취한 반면 PCG 섬유제품 및 시멘트제품은 예외조치한데 대해 전자의 제품을 주로 수출해 오고 있었던 캐나다가 WTO에 제소하게 되었다. 패널은 두 종류의 제품이 성질과 용도에 있어 유사한 같은 제품(like products)인바, 내국민대우를 의무화하는 GATT 제III조 4항에 위반하여 EC가 수입제품에 대해 사실상의 차별을 가했음을 판시했다. 그렇더라도 크리소타일 석면 제품이 인체 흡입으로 인해 암이 발생할 수 있은 위험물질이고, 이 조치가 프랑스는 물론이고 모든 국가들에 공평하게 적용되고 있음을 들어, 이러한 제품을 판매금지 조치한 것은 GATT 제XX조(b)호의 인간의 건강을 보호하기 위해 필요한 조치임을 판시했다.

---

sions is available to it. By the same token, in cases where a measure consistent with other GATT provisions is not reasonably available, a contracting party is bound to use, among the measures reasonably available to it, that which entails the least degree of inconsistency with other GATT provisions." US-Section 337 Tariff Act of 1930, L/6439 (1989, adopted), panel report, para 5.26.

6) EC 석면 분쟁 패널보고서 para. 8.207.(The fact that, administratively, one measure may be easier to implement than another does not mean that the other measure is not reasonably available.171 We consider that the existence of a reasonably available measure must be assessed in the light of the economic and administrative realities facing the Member concerned but also by taking into account the fact that the State must provide itself with the means of implementing its policies. Thus, the Panel considers that it is legitimate to expect a country such as France with advanced labour legislation and specialized administrative services to deploy administrative resources proportionate to its public health objectives and to be prepared to incur the necessary expenditure.)

상소기구는 패널의 같은 제품(like products) 판정에 있어 양제품이 초래하는 인간의 건강에 대한 위험도를 고려하지 않았으므로 패널의 같은 제품 판정 결과를 기각했다. 한편, GATT 제XX조(b)호 관련, EC조치가 XX조(b)호의 인간의 건강을 보호하기 위한 조치라는 패널 판시내용을 상소기구도 지지했다. 그리고 필요성 심사(인간의 건강을 보호하기 위해 "필요한" 조치인지 여부)에 있어, 패널과 상소기구는 "합리적으로 이용가능한" 수단 중에서 가장 교역제한이 덜한 조치를 선택했을 경우에 필요한 조치로 인정받을 수 있다는 기준을 제시했다. 그런데 피소국은 발암물질 흡입의 위험으로부터 인간의 건강을 철저하게 보호하려는 목적으로 판매금지 조치를 취하고 있는바, 제소국 측이 제시한 대안인 "사용통제"(controlled use) 정도로는 건설부분에서 발암물질 흡입 위험을 철저하게 제거하지는 못함을 설명했다. 따라서 판매금지 조치에 대한 대안은 존재하지 않는다고 보고, 판매중지 조치와 비교할 수 있는 적절한 대안조치 자체를 제소국이 제시하지 못한 셈이므로, EC의 조치가 "필요한" 조치에 해당함을 판시했다.

이렇게 합리적으로 이용 가능한 대안이 있는지 여부를 판단함에 있어, '한국-쇠고기'(Korea-Beef)사건[7]에서 상소기구는 제XX조 (d)항의 '필요성' 테스트 맥락에서 보다 미묘한 차이가 있는 해석을 제공한 바가 있다. 해당 조치의 필요성 여부는 다수의 요소에 대한 평가 및 균형(weighing and balancing)의 결과 판단되는 결론이라고 언급하였던 것이다. 이러한 다수의 요소에는 보호되는 이익 또는 가치의 중요성, 조치가 정책 목적의 실현에 기여하는 정도, 그리고 그러한 조치가 국제무역을 제한하는 정도가 포함된다.[8] 이러한 심사방식을 "균형론적 접근(weighing and balancing approach)"이라 명명할 수 있을 것이다. 이러한 균형론적 접근방식이 그 이전의 방식과 근본적으로 다른 점은 이전의 접근방식이 국제교역에 대한 저해효과(비용) 측면만을 고려했는데 반해, 해당 조치가 사회에 기여하는 이익인 가치증진을 함께 보아, 후자가 전자보다 더 큰 경우에 대해 국제규범 위반 행위의 필요성을 인정했다는 점이다. 상소기구는 해당 정책달성을 위해 필수 불가결한 정도의 조치는 아닐지라도 그런 조치가 "필요한" 조치일 수

7) Korea-Measures Affecting Imports of Fresh, Chilled and Frozen Beef ("Korea-Beef (2000)"), WT/DS169 (2000).
8) Korea-Beef 2000, 상소기구 보고서 paras 163-164.

있음을 인정하면서, 공동의 이해관계의 중요성 또는 조치에 의해 보호되는 가치, 정책목적을 추구하는 데 있어 그러한 조치의 효율성, 그리고 수반되는 법적 효과 및 수입 또는 수출에 대한 규제를 포함하는 일련의 요소에 대한 이익균형적 분석을 진행해야 "필요한" 조치인지 여부를 판정할 수 있다는 것이다.

한국 쇠고기 분쟁(2000) - 필요성 심사기준

2000년까지 한국은 수입쇠고기의 판매장소를 특별수입쇠고기판매점으로 제한하고 한우와 함께 판매하도록 허용된 백화점이나 슈퍼마켓에서도 별도로 수입쇠고기임을 표시하도록 의무화하는 구분판매제도(dual retail system)를 유지하고 있었다. 그리고 이러한 제도를 쇠고기 원산지를 속여 파는 관행으로부터 소비자를 보호하는 목적의 소비자공정경쟁법의 준수를 위해 "필요한" 제도라 주장했다. 호주의 제소로 인해 설치된 WTO 패널은 GATT 제3조 4항의 내국민대우 위반을 판시하면서, "기록보관의무, 조사, 경찰감시, 벌금제도 등 교역을 제한하지 않으면서도 소기의 목적을 달성할 수 있는 대안조치가 존재"하며, 이러한 대안조치는 한국정부에게 "합리적으로 이용가능"(reasonably available)하므로, 쇠고기 구분판매제도는 GATT 제XX조(d)의 필요성 요건도 충족하지 못함을 판시했다.

이에 대해, 상소기구는 목적달성에 "필요한"이란 개념은 목적달성에 "불가피한"(indispensable or inevitable)이란 단어와 목적달성에 "기여하는"(making a contribution to)이란 양 극단의 의미 사이에 있는 개념으로, 굳이 따지자면 "불가피한"이란 의미 쪽에 상대적으로 가까운 개념임을 설명했다. 그렇더라도 "불가피한" 조치 말고도 얼마든지 "필요한" 조치가 더 있을 수 있는 것이므로, 필요성을 판단하는 기준은 "해당 목적(법규 준수 확보)이 차지하는 공공이익과 가치의 중요성"(relative importance of the common interests or values that the law or regulation to be enforced is intended to protect), "해당 조치가 그러한 목적을 실현시키는 데 기여하는 정도"(extent to which the measure contributes to the realization of the end pursued), 그리고 "해당 조치가 국제교역에 미치는 제한효과"(extent to which the compliance measure produces restrictive effects on international commerce)라는 세 가지를 각 사례의 맥락에서 비중을 따지고 균형을 분석하는 일련의 과정을 통해 도출된다는 것이다. 즉, 조치의 목적 기여도, 해당 법규의 공공이익 증진정도, 국제교역에의 영향이라는 세 가지에 대한 균형론적 분석이 핵심기준이라는 것이다.

---

9) Korea-Beef 상소기구보고서, paras. 152-185.

이에 상소기구는 대안조치들인 기록보관의무, 조사, 경찰감시, 벌금제도 등이 충분히 해당 목적달성에 기여할 수 있고, 교역제한 효과가 덜 발생하는데도, 굳이 행정적 부담이 크고 그러한 행정비용을 수입업자들에게 귀결시키는 수입쇠고기 구분판매 제도를 유지하는 것은 이러한 균형론적 필요성 기준을 충족시키지 못한다고 보고, 패널 판시를 지지했다.[9)]

브라질 재생타이어 사건[10)]에서는 조치가 목표로 하는 가치나 이익의 사회적 중요도, 조치가 목적에 기여하는 정도, 그리고 조치가 결과하는 교역제한 효과를 비교 형량하여 해당 조치의 필요성에 대한 "예비적 결론"(preliminary conclusion)을 도출해야 하며, 그 결론이 긍정적이면, 다음 단계로 "제소국 측이 해당 목적에 동일한 기여를 하면서도 교역제한 효과가 덜한 대안을 제시하는 경우 이러한 대안과의 비교심리를 진행해야 하는바, 이러한 비교는 해당 가치와 이익의 중요성 정도를 고려한 상태하에서 이루어져야 한다"는 미국 도박(gambling) 분쟁의 상소기구 판시내용을 GATT 제XX조(b)의 맥락에서의 필요성 심사기준으로 확인했다.[11)] 이러한 대안은 진정으로 합리적으로 이용가능한 대안이어야 하는바, 그러려면 문제의 조치 보다 덜 교역제한적인 것은 물론이고, "대안이 추구하는 보호수준이 해당 조치의 그것과 일치해야 한다"[12)]는 점도 확인했다.

이러한 기준에 입각해, 브라질이 추구하는 정책목표인 재생타이어로부터 초

10) Brazil-Measures Affecting Imports of Retreated Tyres, DS332, 2007.

11) "a panel must consider the relevant factors, particularly the importance of the interests or values at stake, the extent of the contribution to the achievement of the measure's objective, and its trade restrictiveness. If this analysis yields a preliminary conclusion that the measure is necessary, this result must be confirmed by comparing the measure with possible alternatives, which may be less trade restrictive while providing an equivalent contribution to the achievement of the objective. This comparison should be carried out in the light of the importance of the interests or values at stake.319 It is through this process that a panel determines whether a measure is necessary." 브라질 타이어 분쟁 상소기구보고서, para. 178 (미국 도박 분쟁 상소기구보고서, para. 307).

12) "Furthermore, in order to qualify as a "genuine alternative", the proposed measure must be not only less trade restrictive than the original measure at issue, but should also "preserve for the responding Member its right to achieve its desired level of protection with respect to the objective pursued." Appellate Body Report, Brazil - Retreaded Tyres, para. 156 (Appellate Body Report, US -Gambling, para. 308)

래되는 댕기열과 말라리아의 위험으로부터 인간의 건강을 보호하는 가치는 최고 수준의 중요성을 지니고 있는바, 재생타이어의 수입금지라는 조치가 이러한 목적에 기여하는 정도도 큰 만큼, 목적달성에 기여하는 바가 교역제한 효과를 능가하고 있다고 판시했다. 그런 다음 EC측이 제시하는 대안조치인 토지매립, 체계적 보관조치, 소각조치 및 소재재사용 방안을 수입금지 조치와 비교하면서 이러한 대안조치들이 일부는 브라질의 조치에 포함되어 있고 일부는 수입금지 조치만큼 보호효과가 확실하게 나타나지는 않으므로 보호수준 자체가 차이가 나서 모두 수입금지 조치에 대한 대안으로 합리적으로 이용가능하지 않음을 판시했다. 이러한 비교형량의 과정은 "모든 변수들을 각각을 개별적으로 분석한 후, 이들 모두를 함께 비교하여 최종 결론을 도출하는 전체적인 과정이어야 함"을 판시했다.[13]

이렇게 브라질 타이어 분쟁의 상소기구는 해당 조치의 가치, 목적달성에의 기여도, 교역제한 효과간의 비교형량을 거친 후 이용 가능한 대안조치와의 비교까지 진행하여, 전체적인(holistic) 분석을 통해 필요성 여부를 평가하는 기준을 제시한 점에서 이를 "전체 균형론적 접근(holistic weighing and balancing approach)"이라 명명할 수 있을 것이다.

13) "The weighing and balancing is a holistic operation that involves putting all the variables of the equation together and evaluating them in relation to each other after having examined them individually, in order to reach an overall judgement." 브라질 타이어 분쟁 상소기구보고서, para. 182.

GATT 제20조 일반적 예외의 "필요성" 판단 기준의 변화

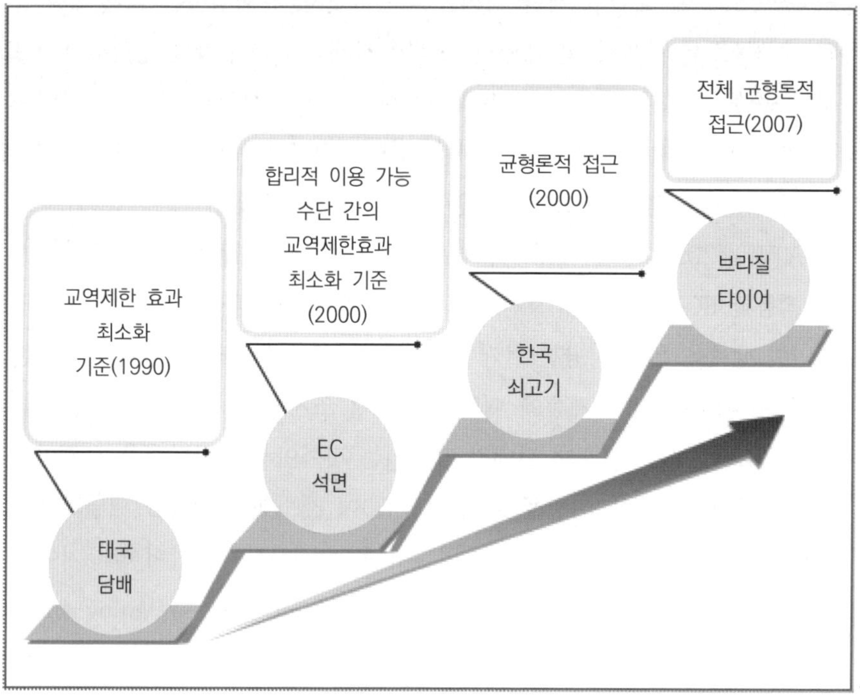

나 공중도덕(public moral)을 보호하기 위하여 필요한(necessary) 조치

GATT 제20조 (a)호는 공중도덕 보호라는 사회적 필요성이 교역자유화 가치에 우선할 수 있는 근거를 마련하고 있다. 문제시되고 있는 협정 위반 조치가 공중도덕을 보호하기 위해 필요한 것인지가 관건인바, 이때 '공중도덕(public moral)'의 의미가 어느 범위까지 확대될 수 있는지는 논란의 여지가 많다. 공중도덕 예외를 최초로 심리한 미국-도박 사건에서 WTO 패널은 GATT 제XX(a)호에 상응하는 GATS 제14조 (a)호 상 '공중도덕'의 개념을 "공동체 또는 국가에 의해서 공동체 또는 국가를 대신해서 유지되는 옳고 그른 행위의 기준"으로 해

석하였다. 중국-출판물 및 시청각 제품 사건에서도 패널은 GATT 제XX조(a)호 상의 '공중도덕'에 대한 이러한 정의를 확인하면서, 문화상품은 다른 문화적 가치의 매개물로서 사회적 및 개인적 도덕에 잠재적으로 심각한 영향을 미치므로 중국의 공중도덕과 충돌할 수 있는바, 중국이 콘텐츠 심의제도를 통해 문화상품의 수입을 금지하거나 유통을 제한하는 것은 수입문화상품의 부정적 영향으로부터 중국의 공중도덕을 보호하기 위한 조치임을 인정하였다.

GATT 제20조 (a)호 맥락에서 필요성에 대한 판단기준은 전체 균형론적 접근을 적용한 EU-물개 제품 사건[14]에서 패널에 의해 이루어졌다. 2009년 EU는 토착민이 생존을 위해 사냥한 물개 제품이나 해양자원관리 차원에서 포획한 물개로 만든 제품이 아닌 제품에 대해 판매금지 조치를 실시했다. 이것은 캐나다와 노르웨이산 제품의 EC내 판매가 제한되는 것이어서 캐나다와 노르웨이는 최혜국대우와 내국민대우 위반을 이유로 WTO에 제소했다. WTO 패널과 상소기구는 필요성 요건 충족여부는 "조치의 목적을 달성하는 데 있어서의 기여의 정도"와 "무역제한성" 등 모든 관련요소들을 검토(process of weighing and balancing)하여 결정하는 것이고, 문제된 조치가 필요하다는 예비결론에 도달하면 "덜 무역 제한적(less trade restrictive)"이면서 목적 달성에 동등한 기여를 할 수 있는 "가능한 대안(possible alternatives)"이 있는지도 추가적으로 검토하여야 한다고 판시했다. 이를 바탕으로 패널은 EU의 물개 규제조치의 목적이 물개 보호에 대한 "EU 공공의 도덕적 관심을 표명"하기 위한 것인바, 이 조치로 인해 물개 제품에 대한 세계적 수요를 줄이고, EU내의 대중이 비인도적으로 사냥한 물개로 만든 제품에 노출되는 것을 감소시키는 목적을 달성하는 데 "실질적인 기여(material contribution)"를 한다고 보았다. 그리고 제소국이 제시한 "동물보호 요건에 부합하는지 여부를 확인해 주는 인증제도 도입"이라는 대안은 물개 사냥에 내재하는 동물복지 위험 등을 고려하고 실질적인 이행의 어려움 등으로 인해 EU입장에서는 합리적으로 이용가능하지 않다고 보았다. 이러한 일련의 분석을 통해 WTO 패널은 EU의 물개제품 규제조치가 GATT 제20조 (a)호에서 의미하

14) EC - Measures Prohibiting the Importation and Marketing of Seal Products, WT/DS401

는 "필요한" 조치라고 판정한 것이다.[15]

다 유한천연자원의 보존에 관한 조치

GATT 제20조(g)호에서는 "유한천연자원의 보존과 관련하여"(relating to the conservation of exhaustible natural resources) GATT상 의무에서 일탈하는 무역조치가 허용된다면서 그러한 조치가 "국내의 생산 또는 소비에 대한 제한과 관련하여 실시되는"(made effective in conjunction with restrictions on domestic production or consumption) 경우에 한하여 허용된다는 단서조항을 통해 이를 제한하고 있다. 즉, (i) 정책대상으로서의 유한천연자원의 존재, (ii) 무역조치와 유한천연자원 보존과의 관련성과(iii) 무역조치의 국내생산 및 소비제한 조치와의 관련성이 모두 요구되는 것이다.

첫째, WTO판례에 따르면 "유한 천연자원"의 해석과 관련, 비생물 천연자원뿐만 아니라 생물자원의 경우에도 보호대상이 될 수 있다. 미국-가솔린 사건에서 패널은 어느 자원이 재생 가능하다고 하여 무한하다는 것을 의미하는 것은 아닌바, "대기는 재생 가능하지만 고갈될 수도 있으므로 유한천연자원이다"고 판시했다. 또한 미국-새우 사건에서도 상소기구는 "재생 가능한 천연자원이라도, 특정 상황하에서 고갈되기 쉬운 것이라면 유한천연자원에 포함된다"고 판단하였다. 그리고 해당 자원이 반드시 자국영역 내에 있을 것이 요구되는 것도 아니다. 국경간 이동하는(migratory) 천연자원의 경우 해당 조치가 비록 자국 영역 밖에 있는 자원에 대해 취해졌을지라도 (g)호가 발동될 수 있다.

둘째, 제20조(g)호상 교역제한 조치와 유한 천연자원 보존과의 "관련성(relating to)"에 대해, 캐나다 청어와 연어 분쟁에서 GATT 패널은 조치가 자원 보존을 "주된 목적으로 해야(primarily aimed)" 한다는 기준을 제시한 바가 있다.[16]

---

15) 단, GATT 제XX조 모든 조항의 요건을 충족하는 데는 실패했으므로 결국 일반적 예외로 인정받지는 못하고, 최혜국대우 및 내국민대우 위반이 확정됐다.

미국 가솔린 분쟁 WTO 패널은 미국산 가솔린과 수입가솔린 간의 성분상 차이가 없으므로 미국의 수입가솔린에 대한 차별대우가 미국 내 대기의 질 개선을 "주된 목적(primary aim)으로" 취해진 것으로 볼 수 없다는 것을 이유로 조치와 목적간의 관련성을 부인하였다. 상소기구는 패널이 관련성 분석에서 기준으로 삼은 것은 차별대우인바, 제20조(g)호상의 관련성 분석의 기준은 차별대우가 아니라 문제의 조치 자체임을 지적했다. 즉, 수입가솔린의 품질 평가에 있어서 법정기준을 적용해서 1990년 생산한 휘발유의 평균 품질을 일괄적으로 적용하는 조치 자체가 과연 대기의 질 개선이라는 목적과 관련성이 있는지 여부가 핵심인 것이다. 결국 상소기구는 문제의 조치는 가솔린 취급업자들의 품질저하 행위를 감시하는 체제의 일환으로 도입된 것이므로 전체적으로 볼 때 대기의 질 개선이라는 목적을 주된 목적으로 하고 있는 것으로 볼 수 있다면서 패널 판시를 기각했다.[17] 이처럼 상소기구가 패널의 결론을 기각하기는 했지만, 관련성의 판단 기준인 "주된 목적(primary aim)" 심사기준 자체를 부인한 것은 아니라고 볼 수 있다.[18]

16) Canada - Measures Affecting Exports of Unprocessed Herring and Salmon, BISD 35S/98, para. 4.6; adopted on 22 March 1988, cited in Panel Report, para. 6.39.

17) US-Gasoline, WT/DS2/AB/R, page 19.

18) "All the participants and the third participants in this appeal accept the propriety and applicability of the view of the Herring and Salmon report and the Panel Report that a measure must be "primarily aimed at" the conservation of exhaustible natural resources in order to fall within the scope of Article XX(g). Accordingly, we see no need to examine this point further, save, perhaps, to note that the phrase "primarily aimed at" is not itself treaty language and was not designed as a simple litmus test for inclusion or exclusion from Article XX(g). Against this background, we turn to the specific question of whether the baseline establishment rules are appropriately regarded as "primarily aimed at" the conservation of natural resources for the purposes of Article XX(g). We consider that this question must be answered in the affirmative." US-Gasoline, WT/DS2/AB/R, pages 18-19.

미국-가솔린 사건 개요(1996)

미국은 대기청정법 개정을 통해 오염이 심한 일부지역에서는 오염물질을 덜 배출하는 개질유만을 판매하도록 하고, 여타지역에서는 기존 휘발유도 계속 판매할 수 있도록 했다. 개질유와 기존 휘발유의 구분 기준은 혼합 및 연료효율 규격인바, 그 기준치를 회사별 과거의 실제 규격에 두었는데(개별기준), 자료가 없거나 과거자료를 신뢰할 수 없는 기업의 경우는 1990년 생산한 휘발유의 평균 품질을 일괄적으로 적용(법정기준)하였다. 문제는 이러한 법정지준을 적용할 경우에는 개별기준의 경우보다 개질유로 인정받기가 어려운 구조로 되어 있는 것이었다. 미국기업에게는 법정기준 적용이 배제되고, 외국기업의 경우는 캐나다를 제외하고는 법정기준이 적용되게 된 점도 문제가 되었다. 이에 브라질과 베네수엘라가 WTO패널에 제소하여 GATT 제III조 4항 위반 판정을 받게 된다. 과연 이 조치가 GATT 제XX조(g)의 예외에 해당할 수 있는지에 대해 패널은 XX조(g)호의 "관련성" 요건을 충족하지 못한다고 판시했으나, 이부분이 상소기구에 의해 기각되어 (g)호 요건 합치성을 인정받게 된다. 그렇더라도 상소기구는 XX조 모두 조항의 요건을 충족하지 못하므로 결국 일반적 예외의 적용은 부인하고 말았다.

미국 새우 분쟁에서도 상소기구는 미국의 수입금지 조치가 바다거북 보호에 "주된 목적이 있는지(primarily aimed at)" 여부를 심사기준으로 삼았다. 단, 이러한 주된 목적을 판단함에 있어서 "조치와 목적간의 관계가 밀접하고 실제적인지 여부"[19]가 구체적 요소임을 설명하고, 이 조치의 천연자원 보존 목적과의 관련성을 인정했다.

미국 새우 사건 개요(1998)

미국은 멸종위기동물보호법에 따라, 1987년 미국 새우잡이 어선이 새우 어획 과정 중 우연히 포획되어 죽는 바다거북을 안전하게 보호하기 위한 거북제외장치(Turtle Excluder Device: TED)를 의무적으로 사용하도록 하였다. 아울러 1989년에는 바다거북에 부정적 영향을 미치는 기술로 어획된 새우 및 새우제품은 일정한 예외(새우어획국

19) "The means and ends relationship between Section 609 and the legitimate policy of conserving an exhaustible, and, in fact, endangered species, is observably a close and real one."

의 바다거북 우발적 포획율이 미국과 유사하거나 포획국의 어업환경상 바다거북에 대해 특별한 위협을 가하지 않는 경우)를 제외하고는 미국 내 수입을 금지시켰다. 인도, 말레이시아, 파키스탄, 태국의 제소로 설치된 WTO패널은 GATT 제11조 위반을 판정했다. GATT 제XX조의 일반적 예외에 해당하는지와 관련, WTO 상소기구는 제20조 (g)호가 보호하고자 하는 천연자원은 비생물자원으로 한정되는 것이 아니라 생물자원도 포함되는 것으로 판단했고, (g)호 단서 요건인 "국내의 생산 또는 소비에 대한 제한과 관련하여 실시되는 경우에 해당하는지"에 대해서도 미국이 TED 사용 위반 시에 금전제재와 민사처벌을 국내수산업자들에 대해서도 부과하고 있는 점에서 그 요건을 충족한다고 판시했다. 이어서 상소기구는 미국의 조치가 제20조 (g)호의 범위 내에 해당하므로 GATT 제20조 (b)호에 해당하는지 여부는 검토할 필요가 없으므로, GATT 제XX조 두문에 해당되는지 여부를 검토하였다. 상소기구는 미국 조치의 일방성과 강압성, 사전 문제해결 노력의 부족, 적정절차적 고려의 부족 등을 이유로 자의적이고 부당한 차별이 발생했으므로, 결국 제XX조의 일반적 예외가 성립하지 못한다고 판정하였다.

셋째, 무역조치와 국내 생산 및 소비제한 조치와의 관련성 요건에 대해, 미국의 캐나다산 참치 및 참치제품의 수입금지사건에서 GATT 패널은 미국이 자국 내에서의 참치 생산이나 소비에 관하여 캐나다에 대한 참치수입제한조치에 상응하는 제한조치를 취하지 않았음을 들어 미국의 조치가 참치라는 자원의 보존을 주된 목적으로 취해진 조치로 인정할 수 없다면서 제20조(g)호를 적용하지 아니하였다. 즉, 미국은 국내적으로 일부 참치어종만 어획하지 못하게 하였고 참치의 소비에 대해서는 아무런 제한도 부과하지 않은 반면에 캐나다산 참치에 대해서는 수입을 금지한 것은 보호무역주의에 불과하다는 것이다. 반면, 미국의 새우수입금지 사건에서는 상소기구가 미국 법 제609조상 미국 국내에서 의무화된 거북제거장치(TEDs)의 사용을 위반하는 경우에도 금전제재와 민사처벌을 부과하고 있는 점에서 동 조항은 국외 및 국내 상품에 동등하게 적용되는 것이므로, 동 조치의 국내생산 및 소비 조치와의 관련성이 성립함을 인정하였다. 미국 가솔린 분쟁의 상소기구는 무역조치와 국내 생산 및 소비제한 조치와의 관련성 요건은 일종의 공평성 요건(even-handedness)이어서 미국 내에서 생산된 소량의 저급 가솔린에 대해서도 제한조치가 적용됨을 들어 무역조치의 국내생산 및 소비제한 조치와의 관련성을 인정하였다.

이상에서 살펴본 바와 같이, 일반적 환경정책을 전개해 나갈 때 GATT 20조 (g)를 원용하여 무역제한 효과를 정당화시키려 한다면, 정책 대상의 선택의 폭이 (b)호에 비해 더 넓다고 할 수 있다. (b)호에서는 주로 자국 영역 내의 규제대상에 한정됨에 비해, (g)호는 국경간 이동하는 천연자원의 경우 해외에 위치한 자원의 보호를 대상으로 한 규제도 가능하기 때문이다. 또한, 이러한 보호를 위해 선택한 정책수단이 반드시 목표달성을 위해 '필요한'(necessary) 경우에만 정당화되는 것은 아니고, 그 수단의 주요 목적이 환경보호에 있는 경우, 더 교역제한적인 수단을 선택했을 경우에도 (g)호에 의해 정당화될 수 있다는 점에서 정책수단 선택에 있어서도 선택의 폭이 넓은 것이다. 다만, (g)호의 경우에는 규제대상에 대한 교역의 제한과 더불어 반드시 국내의 생산 또는 소비에 대한 제한도 함께 실시되어야 한다는 제한이 따르게 되는 점에서는 (b)호 상의 그것에 비해 재량권이 축소된다.

라 정당한 법령 준수를 위하여 필요한 조치

GATT 제XX조 (d)호는 관세의 실시, 제2조 4항 및 제17조에 의해 운영되는 독점의 실시, 특허권, 상표권 및 저작권의 보호, 기만적 관행의 방지에 관한 법령의 시행과 같이 "GATT에 부합되는 특정 법규의 이행을 확보하는 데 필요한 조치"를 일반적 예외사유로 그 정당성을 인정하고 있다. 이때, "법규"(laws or regulations)란 국내적 차원에서 정부와 시민 또는 기업 간의 관계에서 적용될 수 있는 법규를 말하는바, 국제규범의 경우에도 국내규범으로 도입되거나 직접적으로 자국의 국내법체계에 효과를 지니는 경우 이에 해당될 수 있는 것이다. 단, 자국이 아닌 타국의 국제법적 의무까지 포함하는 개념은 아님을 주의해야 한다.[20] 즉, 다른 WTO회원국이 국제의무를 준수하도록 유도하기 위해 WTO협

20) Mexico - Tax Measures on Soft Drinks and Other Beverages, 상소기구 판시 (WT/DS308/AB/R), para. 77.

정 위반조치를 취하면서 GATT 제XX조(d)를 원용해서는 안 되는 것이다. 그렇지 않으면 한 회원국이 일방적으로 타 회원국의 국제법위반행위를 판정하고, 그 준수를 추구하는 일방적 대응조치(countermeasure)를 WTO위반행위로 취할 수 있는 근거로 GATT 일반적 예외를 활용하는 사태가 종종 발생하게 되기 때문이다.

멕시코 음료수 분쟁 개요

2005년 당시 멕시코는 사탕수수당이 아닌 스위트너를 사용해서 만든 음료수 판매 및 유통에 대해 20%의 음료수세(beverage tax)와 20%의 유통세(distribution tax)를 부과하고 기록유지 의무까지 부과했다. 미국의 제소로 설치된 WTO패널은 GATT 제III조 2항과 4항의 내국민대우 의무 위반을 판시했다. 멕시코는 미국이 NAFTA협정 의무를 위반하여 멕시코산 사탕수수당에 대한 시장접근을 저해하고 있는 문제가 해결되지 않고 있는 것이 사건의 발단이라면서, 미국의 NAFTA라는 조약상의 의무준수를 확보하기 위해 필요한 조치로서 20%의 음료수세와 유통세를 도입한 것이므로, 이것이 GATT 제XX조(d)호에 의해 정당화될 수 있음을 주장했다. 패널 및 상소기구는 다른 나라의 국제법적 의무준수를 유도하기 위한 WTO위반행위까지 GATT 제XX조(d)가 일반적 예외로 인정하는 것은 아님을 들어 GATT III조 위반을 최종판정하게 되었다.

이러한 특정 법규의 이행을 확보하는 데 "필요한"(necessary) 조치인지 여부와 관련, 한국 쇠고기 분쟁 패널을 통해 GATT 제XX조(d) 맥락에서 균형론적 접근(weighing and balancing approach) 방식이 도입되고, 브라질 타이어 분쟁과 미국 도박 분쟁을 거치면서 "전체 균형론적 접근(holistic weighing and balancing approach)"으로 발전되어 왔음은 이미 설명한 바와 같다. 캐나다 밀수출과 곡물수입 분쟁에서, 패널은 합리적으로 이용 가능한 대안이 성립되려면, 해당 법규 준수 수준을 달성할 수 있는 정도의 대안이어야 하는바, 이때 "법규 준수의 수준이 어느 정도를 요구하는 것인지는 해당 회원국이 결정할 권리가 있음"을 판시했다.[21] 도미니카 담배 분쟁에서, 도미니카는 모든 담배제품은 납세필증을 도미니카 세관당국의 입회하에 제품에 부착해야 한다는 의무를 부과했

---

21) Canada - Wheat Exports and Grain Imports. 패널보고서(WT/DS276), paras 6.223-6.225.

다. 이것이 GATT XX조(d)의 필요성 요건을 충족하는지가 문제시되었다. 패널과 상소기구는 합리적으로 이용 가능한 대안으로 성립되려면, "해당 국가에게 부당한 비용과 기술적 어려움으로 인해 실제로 채택하기 곤란하며, 단순히 이론적으로만 가능한 것이어서는 안됨"을 확인했다. 그러면서 납세필증 부착을 도미니카 내에서 부착하도록 의무화하지 말고, 제품의 생산 공정 과정에서 부착할 수 있도록 허용하는 것은 충분히 실행 가능한 조치이므로, 합리적으로 이용 가능한 대안이 될 수 있음을 판시했다.[22)]

도미니카-담배 분쟁 개요(2005)

도미니카공화국은 수입 담배에 대해서는 통과세를 부과하고, 모든 담배에 대해서 납세필증을 제품에 부착(세관당국 입회하에 도미니카 내에서 부착)하도록 하고 있었다. 도미니카 국내업체는 납세필증을 구매하여 제품 제조단계에서 일괄부착이 가능하지만, 수출국들은 대형포장을 푼 뒤 다시 납세필증을 부착하여야 하므로 비용증가 등의 문제가 발생하였다. 이에 수출국인 온두라스는 양허표, 내국민대우, 수량제한 금지 등을 위반하였음을 이유로 도미니카 공화국을 WTO 제소했다.

WTO 패널은 GATT 제2조와 3조 위반을 판정했는바, 도미니카는 납세필증 부착이 밀수방지를 위한 도미니카 조세법규의 준수를 확보하기 위한 것이므로 제20조 (d)호에 의해 정당화된다고 주장했다. WTO 패널과 상소기구는 납세필증 부착을 제품의 생산 공정 과정에서 부착하도록 허용해도 동일한 목표를 달성할 수 있으며, 반드시 도미니카 당국의 입회하에서 부착하도록 요구하더라도 이러한 필증을 위조하여 시중에 유통시키는 행위를 막을 수는 없는 것이라 설명했다. 즉, 납세필증 부착을 제품의 생산공정 과정에서 부착하도록 허용하는 것이 합리적으로 이용 가능한 대안이므로 XX조(d)호의 필요성 요건을 충족하지 못한다고 판시했다.

이렇게 GATT 제XX조의 일반적 예외 심사기준이 시대에 따라 점차적으로 진화해 오고 있는 것은 국가가 XX조 사유에 기해 규제재량권을 발휘할 경우 이러한 재량을 가급적 존중해주는 쪽으로 그 정당성 요건을 해석하려는 의도적 노력의 결과라 볼 수 있다. WTO 법리가 너무 교역자유화의 가치를 강조하는 쪽

22) Dominican Republic - Import and Sale of Cigarettes 상소기구보고서(WT/DS302), para. 71.

으로만 발전되어 와서 국가의 정당한 규제재량이 축소되는 상황에 대한 비판이 국제사회에서 수도 없이 제기된 바가 있다. 따라서 국제교역에 대한 최소한의 제한을 가져오는 조치를 선택했는지 여부를 무역효과 특정적 측면에서만 보려는 '미시적' 필요성 테스트로부터 탈피하여 각국의 규제 필요성, 보호가치의 중요성과 함께 교역 제한성을 상호 동등한 가치 차원에서 비교 형량하고, 이를 제소국 측이 제시하는 대안조치와도 비교하는 '거시적이고 일반균형적인 필요성 테스트로 발전시키고 있는 셈이다. 또한 국제사회에 합리적으로 이용 가능한 대안이 있음을 판정 자체에서 현시해 줌으로써, 일반적 예외가 성립되지 않는 경우에도 패소국으로 하여금 해당 판정의 수용가능성을 높이고, 그 대안조치로 자발적으로 변경함으로써 동일한 규제목적을 달성해 나가는 쪽으로 유도하는 효과가 있는 것이다.

마 기타 사유

GATT 제XX조에는 이 밖에도 아래와 같은 조치들을 일반적 예외사유로 인정하고 있다.

(i) 금이나 은의 수출입과 관련한 조치((c)호)
(ii) 죄수노동 상품 관련 조치(e)호)
(iii) 예술적, 역사적, 고고학적 가치가 있는 국보의 보호를 위해 부과하는 조치((f)호)
(iv) GATT회원국들에 제출한 기준에 부합하며, 회원국들이 불승인하지 않은 정부간 상품협정상의 의무 이행 조치((h)호)
(v) 국내가격이 세계가격 미만인 동안 국내 가공산업에 제공하는 필수적 물량을 확보하기 위해 필요한 국내재료의 수출에 대한 비차별적 제한 조치((i)호)
(vi) 공급 부족 상태인 제품의 획득이나 배포에 필수적인 일시적 조치((j)호)

이들 중 대부분은 역사적 의의를 지니고 있을 뿐, 현재는 사실상 필요가 없는 사유들이다. 단, "예술적, 역사적, 고고학적 가치가 있는 국보의 보호를 위해 부과하는 조치"는 아직도 각국이 국보를 거래의 대상으로 금지하고 보호하고 있는 체제를 정당화시켜주고 있다.

그리고 "국내 가공산업을 위한 물량을 확보하기 위해 취하는 수출통제 조치"는 아직도 활용도가 있고 자원전쟁시대를 맞이하여 앞으로도 원용될 가능성이 있는 예외사유일 것이다. 다만, "국내가격이 세계가격 미만이어야 한다"는 조건이 있으므로, 국내가격이 회복된 상황에서는 수출통제를 중지해야 할 것이다. 아울러 "국내 가공산업의 수출을 증가시키기 위해서는 원용할 수 없고, 이미 부여하는 보호를 증가시켜서도 안 되며, 비차별적으로 적용해야"한다는 조건도 충족해야 함을 주의해야 한다.[23)]

"공급 부족 상태인 제품의 획득이나 배포에 필수적인 조치"는 역사적으로 세계 2차 전쟁 직후 경제 회복 단계에서 한시적으로 재화의 공급부족이 발생하는 현상에 대응하기 위해 정부가 직접적인 가격 조정 또는 조달 정책을 시행할 수 있도록 허용하고자 설계된 예외조항이다. 본래는 "전쟁에 따른" 공급부족이라는 조건이 명시되어 있었으나 이것이 1955년에 삭제됨에 따라 현재는 자연재앙에 따른 공급부족과 같은 여러 상황에서 본 예외조항을 활용할 수 있을 것이다. 이때 공급 부족은 "일반적이거나 지역적"(in general or local)이어도 되므로 반드시 전세계적인 공급부족일 필요는 없다. 단, 이 예외를 원용하게 되면 통제대상 제품에 대해 "세계 각국이 형평한 몫(equitable share)을 차지할 수 있는 기회는 보장해야"하고, "공급부족 현상이 해소되면 즉시 통제조치를 중단해야"한다.[24)]

그런데 이러한 GATT XX조 (j)항은 최근 인도 Solar Cells and Modules 사건[25)]에서 원용된 바 있어 자원전쟁 시대를 예고하고 있다. 상소기구는 (j)항은 (d)항의 필요성 요건보다도 엄격한 기준인 "필수성(essential)" 요건에 합치할 것을 요구하고 있는바, "필수성"은 "필요불가결"(indispensable) 또는 "절대적인 필

---

23) GATT 제XX조 (i)호 참조.
24) GATT 제XX조 (j)호 참조.
25) India-Certain Measures Relating to Solar Cells and Solar Modules, WT/DS456.

요성"(absolutely necessary)으로 해석할 수 있다는 것이다. 상소기구는 GATT XX조(d)에서의 "필요성(necessary)" 기준 심사와 마찬가지로 "weighing and balancing" 방식이 필요함을 판시했다. 즉, 통제조치가 공급부족 제품의 획득에 기여하는 정도, 통제조치가 보호하려고 하는 사회적 이익이나 가치의 중요도, 교역제한 정도 등을 비교형량하고 합리적으로 이용 가능한 대안조치와의 비교분석도 필요하다는 것이다.[26] 따라서 이러한 필수성 심사에 있어서도 "전체 균형론적 접근(holistic weighing and balancing approach)"이 적용되는 셈이다.

상소기구는 공급부족 현상이 지역적, 국지적이어도 되고, 또한 전세계의 특정 시장에서의 부족이나 전세계적인 부족도 자국 내에서의 부족과 함께 발생하고 있다면 (j)호에서 말하는 공급부족 상황에 해당될 수 있다고 보았다. 다만, 통제가 적용되는 대상 제품은 자국 내에 있는 제품인 것이지 자국영역을 벗어나서 존재하는 제품은 아닌 것이다.

인도는 "solar cells and modules"제품에 대해 국내제품 사용의무(domestic content requirements)를 태양광 개발업자들에게 부과하고 있었는바, 그 정당화 사유로 제시한 것은 에너지안보(energy security)적인 고려였다. 즉 "인도 산업이 이러한 제품들을 수입품에 계속 의존하다 보니 경제의 대외의존성이 심화되고 산업의 취약성과 변동성이 커지고 있기에 이러한 상황을 통제하기 위해" 수입통제를 가해 국내 산업을 육성하려 한다는 것이다. 상소기구는 현재 상황에서 실제로 공급부족(공급의 수요를 충당하지 못하고 있는 상황)이 발생하고 있는 것이 아닌바, 에너지 안보적인 사고에 입각하여 공급부족에 대한 "위험(risk)"에 미리 대비하기 위한 조치까지 포함하지는 않는다고 판시했다. 따라서 인도의 조치는 XX조(j)호의 "공급부족" 요건을 충족하지 못하고, GATT 제III조 4항 위반으로 결론 내렸다.[27]

---

26) India-Solar Cells, WT/DS/456/AB/R, paras. 5.61-5.72.
27) Ibid.

3 GATT 제20조 두문 합치여부

GATT 제XX조(b)항 또는(g)항의 요건을 충족시킨다 하더라도, 제XX조 모두부문의 제한요건을 충족시키지 못하면 XX조의 예외로서 GATT위반조치를 정당화할 수 없다. 이 모두부분은 문제의 조치가 "동일한 조건하에 있는 국가 간에 자의적이거나 정당화할 수 없는 차별적 수단을 구성하는 방식으로 적용"되거나 "국제무역의 위장된 제한을 구성하는 방식으로 적용"되는 것을 금지한다. 이러한 모두부문은 상당히 추상적 어구로 구성되어 있고, 다양한 판정요소들을 포함하고 있어, WTO패널이 해석 재량을 발휘할 가능성이 크다. 이러한 모두부분은 조치 그 자체를 대상으로 한 것이 아니라 그 조치의 '적용방법'에 관한 것임을 주의해야 한다. 제20조 각호에 해당되어 일견 정당화된 회원국의 조치라 하더라도, 그 적용방법에 있어서 동일한 조건하에 있는 국가 간에 자의적이거나 정당화될 수 없는 차별의 수단으로 활용되거나 또는 국제무역에 있어 위장된 제한을 부과하는 방법으로 적용된다면 정당화될 수 없도록 하여, 제XX조가 보호주의적으로 남용되는 것을 방지하고 있는 셈이다. 즉 이러한 두문 규정의 역할은 다소 간단하게 규정되어 있는 제XX조의 각 항목을 남용하는 것을 방지하여, "일반적 예외를 원용할 수 있는 국가의 주권적 권리와 다른 국가의 WTO협정상의 권리도 존중해 주어야 하는 의무 간의 균형을 추구"하는 일종의 신의성실 원칙(principle of good faith)을 구현하는 데 있다.[28)]

28) 미국 새우 분쟁 상소기구 판시(US-Import Prohibition of Certain Shrimp and Shrimp Products, WT/DS58), paras. 156-160.("a balance must be struck between the right of a Member to invoe an exception under Article XX and the duty of that same Member to respect the treaty rights of the other Members".)

가 자의적이거나 부당한 차별

제XX조 각 항목에 해당하는 조치를 구체적으로 "적용하는 양태(manner)"가 동일한 조건에 있는 국가 간에 "자의적이거나 부당한 차별(arbitrary or unjustifiable discrimination)"을 초래하지 말아야 하는 것이다. 이러한 차별은 수출국들 간에 설정될 수도 있고 수출국과 수입국 간의 차별일 수도 있다. (미국 가솔린 분쟁 상소기구) 자의성과 정당성 여부는 문제의 조치가 엄격(경직)하게 적용되는지, 여러 수출당사국의 의견을 적절하게 수렴하였는지 등이 고려된다. 자국의 정책을 다른 나라에 일방적으로 강요하는 식으로 적용하는 경우가 자의성과 부당성의 예일 것이다. 또한 외교 교섭, 다자협정 체결노력 등 분쟁당사국 간 문제해결을 위한 진지한 선의의 노력을 사전에 기울였는지도 부당한 차별 판단의 기준이 된다.

미국 새우사건에서 미국정부는 수출국들의 국내조건이나 상황을 고려함이 없이 일방적인 기준을 수립해서 그 조건에 맞지 않는 국가들로부터의 새우 수입을 금지시켰다. 수출국들은 질문할 기회도 없고, 수출국들 내부의 상이한 상황을 반영할 기회도 없었다. 바다 거북이를 보호하기 위한 다자협정 체결 노력도 없었다. 미국이 지정한 블랙리스트(바다거북 보호 장치가 없는 그물로 새우를 어획하는 국가)에 오르기만 하면 그 국가로부터의 수입이 전면 차단당했다. 문의, 반론 절차, 통보 등의 적정 절차(due process)를 밟지 않고 엄격하게 시행되는 조치는 투명성과 예측가능성까지 차단하게 된다. 그러므로 상소기구는 미국의 새우수입 금지조치가 XX조 모두의 자의적이거나 부당한 차별 초래 금지 기준을 통과하지 못하다고 판시했다.29)

브라질 타이어 분쟁30)에서 브라질은 재생타이어 수입금지 조치로부터 MERCOSUR회원국들은 제외하였다. 그 이유는 MERSOCUR 자체의 패널 절차에 의해 수입금지가 MERCOSUR조약 위반 판정을 받았기 때문이다. WTO 패

29) Ibid., paras. 177-186.
30) Brazil-Measures Affecting Imports of Retreaded Tyres, WT/DS332.

넓은 MERCOSUR국가들로부터의 재생타이어 수입량이 상대적으로 많지를 않아, MERCOSUR국가들을 제외하더라도 수입금지조치의 목적달성에는 영향이 크지를 않음을 들어 자의적이거나 부당한 차별에는 해당하지 않음을 판시했다. 아울러 "자의성(arbitrary)" 판단은 해당 조치가 "무작위하고 무원칙으로 변하는지"(random or capricious) 여부에 달려있는데, MERCOSUR 예외조치는 그렇지는 않다고 판시했다. 이러한 패널의 설명과 결론은 모두 WT상소기구에 의해 기각 당했다. 상소기구는 차별이 초래하는 "양적인 효과가 중요한 게 아니고 해당 차별이 정책목적과 연관되어 있는지"가 중요한 판단기준임을 지적하고, 단순히 MERCOSUR 판결로 인해 이들 국가들을 예외로 처리한 것은 오히려 인간의 건강보호라는 목적에 역행하는 것이므로 정당한 차별이 아니라 자의적이고 부당한 차별에 해당한다고 판정하였다. 또한 "자의성"의 판단기준도 단순한 무작위성만 심사하는 게 아니고 해당 차별조치의 취지(rationale)가 정책목적과 관련되어 있는지 여부가 중요한 것임에 비추어, MERCOSUR예외 조치의 취지는 건강보호 목적과 관련되어 있지 않으므로 자의적인 차별에 해당한다고 판시했던 것이다.[31]

나 위장된 교역제한

예외조치는 국제무역에 위장된 제한(disguised restriction)을 구성하는 방식으로 적용되어서는 안 된다. 위장된 제한이란 국제무역에 있어서 숨겨진 또는 비공개된(concealed or unannounced) 제한이나 차별을 의미하는 것이다. 또한 이 개념은 위장된 차별을 포함하는 것으로 제XX조의 일반적 예외사유를 빌미로 실제로는 국내산업을 보호하려는 의도의 차별적 조치를 취하면서 이를 정당한 권리행사로 포장하는 행위들을 견제하기 위한 조건인 것이다. 미국 가솔린 분쟁에서 미국정부는 수입 가솔린에 대해 불리한 품질평가 제도를 설치한 이유로 수입품에 대해서는 개별기준(individual baseline)을 적용하게 되면, 외국영토 내에

31) Ibid., paras. 217-239.

서 검증절차를 거쳐야 하는데 그 행정상의 어려움이 큰 점, 수입품의 원산지에 대한 추적제도의 어려움 등을 들어 법정기준이 적용한 것이라고 주장했다. 이에 대해 상소기구는 이러한 변명들은 여러 대안들이 존재하고 사전에 수출국들과 문제를 해결하기 위한 협력절차를 진지하게 기울인 것도 아니므로, 결국 국내 산업을 보호하기 위한 위장된 교역제한에 해당함을 판시했다.[32)]

4 GATS 제14조 및 결론

이러한 일반적 예외 원칙은 상품교역 부문뿐만 아니고 서비스 교역부문에도 존재한다. GATS 제XIV조는 일반적 예외사유로서, "공중도덕 보호, 공공질서 유지, 인간 및 동식물의 생명이나 건강 보호, GATS에 반하지 않는 국내법규 준수를 보장, 사기 관행이나 서비스계약 파기를 방지, 개인 데이터의 유포나 제작 관련 개인의 프라이버시 보호 및 개인 기록 · 계좌의 비밀성 보호, 안전(safety)" 등을 제시하고 있다.[33)] 서비스 부문의 특성상 "공공질서 유지(maintain public order)"가 규정되어 있는 점이 특이하다.

미국 도박(US Gambling) 분쟁에서 WTO 패널은 "공중도덕"이란 "공동체나 국가 입장에서 무엇이 옳고 그른지에 대한 기준"을 의미하며, "공공질서" 개념은 "공공정책이나 법에 반영된 바대로의 사회의 근본적 이익을 보존하는 것"과 관련된다고 정의하면서[34)] 양 개념이 사회적, 문화적, 윤리적, 종교적 가치와 관련된 것으로 시간과 공간에 따라 다양성을 지닐 수 있다고 판시했다. 이러한 가치에 해당하는 경우라도 제XIV조의 모두는 "동일한 조건하에 있는 국가 간에 자의적이고 정당화할 수 없는 차별의 수단이 되거나 국제무역에 대한 위장된 제한

32) 미국-가솔린 사건 상소기구 보고서(WT/DS2), pp. 24-25.

33) GATS 제XIV조 참조.

34) "the term 'public morals' denotes standards of right and wrong conduct maintained by or on behalf of a community or nation... 'public order' refers to the preservation of the fundamental interests of a society, as reflected in public policy and law. "US-Measures Affecting the Cross-Border Supply of Gambling and Betting Services, WT/DS285, panel report, para. 6.461.

이 되도록 조치를 적용되어서는 아니 된다"고 규정하고 있는 점을 유의해야 한다.[35] 즉, 예외사유에 해당되는 조치를 취할 경우에도 "동일한 조건하에 있는 국가 간에 자의적 차별을 가해서는 아니 된다"는 일종의 완화된(soft) 비차별 원칙이 적용되게 되는 것이다.

이상과 같은 GATT 제XX조와 GATS 제XIV조의 일반적 예외조항은 "예외 아닌 예외"이다. WTO협정상의 여러 원칙조항들을 준수하는 것이 핵심이고, 이러한 의무로부터 벗어날 수 있는 대표적인 근거인 일반적 예외조항은 단지 원칙에 대한 예외를 마련한 것에 불과하다고 보는 견해는 위험하다. 예외는 엄격하게 해석하여 제한적으로 허용하기 마련이고, 원칙보다 그 중요성이 떨어진다. WTO가 설립되고 초기 10여 년 동안 이러한 생각이 막연히 자리 잡고 있었기에 수많은 분쟁사례에서 GATT 제XX조의 중요성을 평가절하하며 엄격한 범위로 해석해 온 경향이 있다. 그러다보니 자유교역과 시장개방 가치만 부각되고 주권국가의 정당한 규제재량이 저평가되고 있다는 비판적 인식이 차곡차곡 쌓여 급기야 1999년 시애틀각료회의를 기점으로 WTO체제에 대한 불신과 다자주의에 대한 회의가 일반화되는 사태를 맞고야 말았다. 환경, 노동, 인권분야의 NGO들도 대규모 시위를 벌이며 WTO규범에 대한 교역자유화 편향성을 지적하게 되었다. 뒤늦게 문제의 심각성을 깨달은 WTO상소기구는 GATT 제XX조가 해결통로임을 인정하고 그 해석을 통해 국가의 정당한 규제권한을 확보해주는 노력을 기울이게 된다.

그 결과 XX조 각 항목의 적용범위가 확대되는 효과가 발생하고, 필요성 심사에서도 교역제한효과에 집착하던 과거의 해석론을 탈피하여 해당 정책목적의 가치, 목적달성에의 기여도, 교역제한 효과간의 비교형량을 거친 후 이용 가능한 대안조치와의 비교까지 진행하는 전체 균형론적 접근방식이 자리 잡게 된 것이다. 이제 비로소 주권국가의 규제의 가치가 교역자유화의 가치와 대등한 입장에서 서로 비교형량 될 수 있는 법적 기반이 마련된 것을 의미한다.

GATT 제XX조 모두부문의 해석론도 마찬가지 추세다. 사실 미 모두부분의

---

35) GATS 제XIV조 모두 참조.

조건을 충족하는 것이 그리 어렵지 않게 되었다. 차별적 효과(effect)가 발생하는 식으로 규제재량을 적용해도 된다. 다만 규제의 취지(cause)가 진정성 있게(good faith) 정당한 목적수행을 위한 것이면서, 조치와 목적간의 관련성이 있으면 되는데, 보호주의 수단을 위장하면서 취하는 것만 삼가라는 말이다.

이제 GATT 제XX조와 GATS 제XIV조는 예외조항이 아니다. 다른 원칙조항과 어깨를 나란히 하는 또 다른 원칙조항인 것이다. 따라서 이들 조항을 "일반적 예외"가 아니라 "일반적 예외 원칙(principle of General Exception)"이라 부를 수 있을 것이다. 앞으로 해석론을 통해 이러한 예외의 범위를 더욱 확장시키는 방향으로 나아가야 한다. WTO회원국들이 때로는 자국의 필수 환경·노동·보건·문화에 관한 국내 정책적 필요에 따라 자유무역 가치를 희생하는 조치를 취할 수 있어야 마땅한 것이고, 이러한 최후의 안전판이 있기에 더욱 시장을 개방하고 비차별적으로 교역에 임하며 국제적 최소기준을 충족하는 정책을 마음껏 펼칠 수 있게 되기 때문이다.

제 2 절 GATT 제XXI조, GATS 제XIV조의2, TRIPS협정 제73조의 이해[36)]

1 국가안보 예외 원칙

GATT 제XXI조는 상품교역 분야에서 국가안보 예외 개념을 수립하고 있고, 서비스교역에관한일반협정(GATS) 제14조의2와 무역관련지적재산권협정(TRIPS) 제73조도 그 유사한 개념을 서비스교역 및 교역관련 지식재산권 분야에서 각각 마련하고 있다. 지역무역협정(FTA)들도 국가안보 예외 규정을 두어 중대한 국가안보의 이익보호를 위하여 필요시 무역제한조치를 취할 수 있도록 근거를 두고 있다.[37)]

WTO회원국이 취하는 각종 국가안보 보호조치들(양허관세 이상의 관세부과, 수출입 금지나 수량제한 조치, 발동요건에 어긋나는 무역구제조치 등)이 WTO협정체제상의 기본원칙인 최혜국대우의 원칙(MFN), 내국민대우의 원칙, 관세양허 의무, 수량제한 금지 원칙, 공정무역원칙 등과 충돌하고 있음에 불구하고, 국가안보 예외조항이 그 정당성을 보장해 주는 역할을 수행한다. 실제로 미국을 비롯한 중국, 러시아 등도 무역보복 조치관련 국가안보 예외조항을 원용하고 있고, 앞으로 미-중 패권전쟁 국면에서 각각 미 측과 중국 측의 대외통상제재에 동참하

---

36) 이 부분은 필자가 작성한 “미국의 국가안보 우선주의에 대한 국제법적 평가” (국제법 현안 브리프, 2022. 7. 6., 대한국제법학회) 부분을 일부 참조하였다.
37) Ibid, p.2.

는 여러 나라들이 이 예외조항을 원용하려들 것이기에 그 정당화 요건을 WTO 판례에 입각해 정확히 정리하는 일은 중요하다.[38)]

2 예외의 사유

GATT 제21조의 내용은 아래와 같다.

"본 협정의 어떠한 규정도 다음과 같이 해석되어서는 아니 된다.

(a) 체약국에 대하여, 발표하면 자국의 안전보장상 중대한 이익에 반한다고 인정하는 정보의 제공을 요구하는 것. (b) 체약국이 자국의 안전보장상 중대한 이익을 보호하기 위하여 필요하다고 인정되는 다음의 어느 조치를 취하는 것을 방해하는 것. (i) 핵분열성물질 또는 이로부터 유출된 물질에 관한 조치 (ii) 무기, 탄약 및 전쟁기재의 거래 및 군사시설에 공급하기 위하여 직접 또는 간접으로 행하여지는 기타의 물품 및 원료의 거래에 관한 조치. (iii) 전시 또는 기타 국제관계에 있어서의 긴급 시에 취하는 조치. (c) 체약국이 국제평화와 안전의 유지를 위하여 국제연합 헌장에 의한 의무에 따라 조치를 취하는 것을 방해하는 것."[39)]

위 국가안보 예외의 사유들 중 (a)호는 정보제공 이슈이고, (b)호에서 핵물질, 전쟁물자 관련 통제 부분은 상식적으로도 국가안보와 직결된 것들이므로, 이 근거에 의거해서 WTO회원국들이 핵물질과 전쟁무기에 대한 국제적 교역통제를 실시하는 근거조항으로 기능하고 있다. 그 개념들이 명확해서 특별히 해석의 논란이 발생하지 않는다. 그리고 (c)호의 UN헌장상의 의무수행을 위해 취하는 교역제한 조치도 평화를 침해하는 국가들에 대한 UN회원국들의 집단안전보장체제를 정당화시켜 주는 역할을 수행하는 것이다.

그런데 해석의 논란은 (b)호의 "기타 국제관계에 있어서의 긴급 시에 취하는 조치"(기타 긴급조치)가 구체적으로 무엇을 말하는가와 그 모두 부분인 "체약국이

---

38) Ibid., p. 3.
39) GATT 제21조.

자국의 안전보장상 중대한 이익을 보호하기 위하여 필요하다고 인정하여"를 누가 판단할 권리가 있는가이다.

3 '기타 긴급조치'와 판단 주체

WTO설립 이전에도 이러한 "기타 긴급조치" 예외조항을 원용하여 일방적 무역보복조치를 합리화하려 했던 사례들이 몇몇 존재한다. 1949년 체코를 상대로 한 미국의 수출라이센스 및 단기공급 통제조치, 1961년 앙골라사태 시 가나정부가 취한 포르투갈산 제품 보이콧 조치, 1962년 쿠바 미사일 위기시 미국이 쿠바에 대해 취한 금수조치, 1982년 포클랜드 전쟁시, 영국, 미국, EC 등의 아르헨티나에 대한 교역제한 조치 등이 그것이다.

1986년 미국이 니카라과에 대해 취한 수출입 금지조치는 패널 판정까지 내려졌다. 그 요지는 어떠한 조치가 "필수적 안보이익을 보호하기 위해 필요한 조치"인지를 판단하는 것은 그러한 조치를 취한 국가에 있기에 패널이 그 동기나 합법성 여부를 심사하지는 않는다는 것이다.[40]

WTO설립 이후 WTO패널이 GATT 제21조에 대한 해석을 내린 것은 2019년 4월 러시아 우크라이나제품 통과 분쟁[41]에서였다. 지리적 위치상 러시아의 영역을 통과해서 교역행위를 해야 하는 우크라이나를 견제하기 위해, 러시아는 우크라이나로부터의 교역 및 운송은 벨라루스와 러시아간의 국경을 통해서만 이루어질 수 있고, 우크라이나로부터 출발하여 카자흐스탄과 키르키즈 공화국으로 향하는 특정한 종류의 상품교역을 차단하는 조치를 취하게 되었다. 이러한 조치의 근거로 러시아는 우크라이나가 러시아 주변의 구소련 연방국가들을 직간접적으로 지원하여 러시아의 국가안보를 위협하고 있음을 들고, 이를 차단하는 조치는 GATT 제21조상의 국가안보 보호조치임을 들었다. WTO 패널은 그동안 GATT 패널이 전통적으로 취해 온 일종의 사법자제 원칙(필수적 안보이익을 주장

40) US - Trade Measures Affecting Nicaragua, L/6053 (13 October 1986).
41) Russia - Measures Concerning Traffic in Transit, WT/DS512.

하는 국가가 스스로 판단한 바를 패널이 심사하지 않음)을 대폭 수정한 새로운 해석을 판시한 바가 있어 주목을 요한다. 즉, 패널에 따르면, GATT 제21조(b)(iii)상의 요건의 해석에 있어 국가안보를 원용한 국가가 스스로 판단할 권한이 있는 사항은 해당 조치의 "필요성(necessary)"에 국한된다는 것이다. 여타 요건들인 "전시 또는 기타 국제관계의 긴급시"에 해당하는지 여부는 객관적 사실을 근거로 패널이 판단할 권한이 있는 사항이고, "중대한 안보이익"의 존재 여부는 당사국의 주장이 "신의성실의 원칙(in good faith)"에 합치되는지 여부를 패널이 판단해야 함을 판시했다. 다시 말하면, 당사국이 실제로는 중대한 안보이익이 관련된 사항이 아닌데도 그렇다고 주장하며 해당 조치를 합리화하려는 경우, 이러한 주장이 신의성실의 원칙에 입각해, 해당국이 GATT의 의무를 준수하지 않고 우회하려는 수단으로 이러한 주장을 펼치는지 여부를 패널이 심의해야 한다는 것이다. 이는 국제법 규범을 회피하기 위해 그 예외조항을 남용하는 것은 허용되지 않는다는 신의성실 원칙에 의해 도출되는 결론이라는 것이다. 패널은 이러한 새로운 기준을 수립하면서, 패널의 심의 권한을 부인하고 러시아 측의 스스로의 판단권한(self-judging right)을 주장하는 견해를 부인하고, 러시아가 취한 조치가 객관적으로 국제관계의 긴급 시에 취해진 것인지 여부와 러시아 측의 중대한 안보이익 관련 주장이 신의성실의 원칙에 합치되는지 여부를 심사하였다. 그 결과 러시아 측의 조치는 국제관계의 긴급 시에 취한 중대한 안보이익 관련 조치에 해당함을 판시한 것이다.

● **무역조치의 국가안보 예외 합치성 여부 판단 기준**

GATT 제21조(b)(iii) 국가안보 예외의 요건	합치성 판단 기준
"중대한 안보이익"	신의성실의 원칙
"국제관계의 긴급 시"	객관성 심사
"필요한 조치"	당사국 스스로 판단재량

이상의 GATT 제XXI조와 같은 국가안보 예외 조항은 GATS와 TRIPS협정에도 동일한 문구로 존재한다.[42] 따라서 상품, 서비스, 지재권 교역 분야를 망라하여 국가안보를 이유로 한 WTO협정상의 의무 위반을 정당화시킬 수 있게 된다.

이러한 다소 복잡한 해석을 통해 도출된 합치성 판단 주체와 기준을 변형하고 각국의 판단재량권을 확대하기 위한 노력이 양자협정 등의 체결을 통해 은밀히 이루어지고 있는 점은 주목을 요한다. 일례로 한-미FTA의 국가안보 예외조항을 보면, FTA상의 어떠한 조항도 "당사국이 국제 평화 또는 안보의 유지 또는 회복에 대한 자국의 의무를 이행하기 위하여, 또는 자국의 필수적 안보이익의 보호를 위하여 필요하다고 판단하는 조치를 적용하지 못하도록 배제하는 것"으로 해석되지 아니한다고 규정되어 있다.[43] "전시 또는 기타 국제관계에 있어서의 긴급시"라는 GATT 제XXI조의 어구를 아예 없애버렸다. 또한 "자국의 필수적 안보이익의 보호를 위하여 필요하다고 판단하는"이라는 어구를 명시해서, 전체적인 요건의 성립여부 판단 주체를 "자국"으로 확정해 버렸다. 이에 따라, 한-미 간에는 적어도 한-미FTA가 적용될 수 있는 범위에 대해서는 국가안보 예외 조항을 각 당사국의 스스로의 판단에 의해 무한정 원용할 수 있는 자체판단권한(self-judging right)이 극대화되었다고 평가할 수 있을 것이다. 이것은 미국의 최근 국가안보를 이유로 무역보복을 적극적으로 취하는 정책을 일반화함에 따라, 그 정당성의 근거를 FTA와 같은 협정을 통해 확산시켜나가는 노력의 일환인 것이다. 한국정부는 이를 알게 모르게 수용함으로써 그러한 노력에 동참한 셈이다.

---

42) GATS 제XVI조bis, TRIPS협정 제73조

43) "ARTICLE 23.2: ESSENTIAL SECURITY

Nothing in this Agreement shall be construed:

(a) to require a Party to furnish or allow access to any information the disclosure of which it determines to be contrary to its essential security interests; or

(b) to preclude a Party from applying measures that it considers necessary for the fulfillment of its obligations with respect to the maintenance or restoration of international peace or security or the protection of its own essential security interests."

4 일방적 국가안보 우선주의

바야흐로 국제법 영역에서도 국가안보(national security)라는 개념이 요술방망이처럼 활용되는 시대가 전개되고 있다. 과거에도 국가안보를 이유로 한 일방주의적 대외정책이 추진된 사례가 있었으나, 판도라의 박스를 열지 않으려는 상호주의적 노력이 상당한 억지력을 발휘해 왔다. 9/11 사태를 계기로 미국민 전체의 대외정책에 대한 인식을 국가안보 우선주의로 급속히 변화시키고, 이러한 인식이 전세계로 확산되면서 미-중 패권전쟁과도 결부되게 되었다. 가상 적국들에 대한 보복과 맞보복이 난무하면서, 이러한 조치들의 국제법적 정당화 논리로 내세우는 것이 바로 GATT 제XXI조의 국가안보 예외조항이 되어 버린 것이다. 수많은 무력개입과 통상보복 조치들이 국가안보라는 개념으로 등장하고 합리화되고 있다. 그동안 국제사회가 소중하게 수립해 놓은 자위권, 대응조치, 국가안보 예외 조항 개념들도 그러한 개념을 지탱하는 강대국들에 의해 무용지물화되고 있다.

특히 미국 트럼프 행정부는 중국을 비롯한 전세계를 대상으로한 무역보복 조치를 국가안보를 위한 필요조치로 정당화하려 하고 있는 실정이다. 2025.4.2. 미국 백악관이 발표한 상호관세 부과 행정명령은 전세계 50여 개국을 대상으로 대미국 교역흑자 규모에 비례한 보복관세 부과를 예고하였다. 즉, 미국은 별도 조사 없이 즉각 시행 가능한 국제비상경제권한법(IEEPA)에 따라 국가 비상사태 선포 후 아래와 같은 관세를 부과할 것을 선언하고야 말았다.[44)]

① 보편관세(Baseline Tariff): 모든 국가로부터의 모든 수입에 대해 종가 기준 10%의 추가 관세를 부과하는바, 이는 해당 세율이 수입품에 적용되는

44) "By the authority vested in me as President by the Constitution and the laws of the United States of America, including the International Emergency Economic Powers Act (50 U.S.C. 1701 et seq.)(IEEPA), the National Emergencies Act (50 U.S.C. 1601 et seq.)(NEA), section 604 of the Trade Act of 1974, as amended (19 U.S.C. 2483), and section 301 of title 3, United States Code" 백악관 행정명령 전문.

기존 관세, 수수료, 세금 등에 "추가되는(in addition to)" 것

② 개별 상호 고율 관세(Individualized Reciprocal Higher Tariff): 한국을 포함한 57개 국가에 대해서는 개별 상호관세율 적용

③ 미국산 내용물(U.S. Content)이 전체 가치의 20% 이상 포함된 경우 비미국산 내용물에 대해서도 상호관세 적용[45)]

● **미국의 상호관세 부과 대상국가 및 관세율**

Country	Tariffs Charged to U.S.	New U.S. Reciprocal Tariff
China	67%	34%
European Union	39%	20%
Vietnam	90%	46%
Taiwan	64%	32%
Japan	46%	24%
India	52%	26%
South Korea	50%	25%
Thailand	72%	36%
Switzerland	61%	31%
Indonesia	64%	32%
Malaysia	47%	24%
Cambodia	97%	49%
United Kingdom	10%	10%
South Africa	60%	30%

45) 행정명령 제2, 3조 참조. 위 조치에 대한 예외로서 기존 IEEPA관세 대상 품목, 무역확장법 제232조가 적용되는 자동차 및 자동차부품, 구리, 의약품, 반도체, 목재, 핵심광물, 에너지 및 에너지제품 등 부속서 II에 열거된 기타 제품, 쿠바, 북한, 러시아, 벨라루스산 모든 품목, 장래 232조 관세가 부과되는 품목, USMCA에 따른 원산지 요건을 충족하는 캐나다/멕시코산 물품(원산지 요건을 충족하지 못하면 12%의 상호관세 부과) 등이 규정되어 있다.

Brazil	10%	10%
Bangladesh	74%	37%
Singapore	10%	10%
Israel	33%	17%
Philippines	34%	17%
Chile	10%	10%
Australia	10%	10%
Pakistan	58%	29%
Turkey	10%	10%
Sri Lanka	88%	44%
Colombia	10%	10%
Peru	10%	10%
Nicaragua	36%	18%
Norway	30%	15%
Costa Rica	17%	10%
Jordan	40%	20%
Dominican Republic	10%	10%
United Arab Emirates	10%	10%
New Zealand	20%	10%
Argentina	10%	10%
Ecuador	12%	10%
Guatemala	10%	10%
Honduras	10%	10%
Madagascar	93%	47%
Myanmar(Burma)	88%	44%
Tunisia	55%	28%

Kazakhstan	54%	27%
Serbia	74%	37%
Egypt	10%	10%
Saudi Arabia	10%	10%
El Salvador	10%	10%
Côte d'Ivoire	41%	21%
Laos	95%	48%
Botswana	74%	37%
Trinidad and Tobago	12%	10%
Morocco	10%	10%

트럼프 행정부가 내놓은 상호관세 제도는 전세계의 모든 교역국들이 대미교역에서 거둔 무역수지 흑자폭에 비례해 관세를 부과하기로 한 것이다. 미국과 FTA를 체결해 관세를 철폐해 버렸는지 여부와 상관없이, 대미 교역에서 무역수지 흑자를 보고 있는지 여부는 별도의 문제라는 것이다. 그래서 한국에 대해서는 25%를 부과하고, 미국과 FTA를 체결하지도 않은 일본은 24%, EU는 20%, 영국과 브라질에 대해서는 10%의 상호관세 부과가 선언됐다. 서로 교역 및 환율 장벽을 쌓아놓지 않고 있다면 일시적인 무역흑자를 보더라도 환율이 그만큼 변동되어 교역조건을 변경시킴으로 인해 무역수지가 상호 균형으로 나아가려는 힘이 작용하게 된다. 한 국가가 일방적으로 무역수지 흑자를 계속 볼 수는 없다는 말이다. 따라서 무역수지 흑자 구조가 고착화된 것은 흑자국이 교역장벽을 쌓아놓거나 환율 변동을 막는 정책을 취하기 때문이라는 것이다.

그래서 세계 각국이 대미교역에서 거둔 무역수지 흑자폭에 비례한 관세를 미국이 부과하는 것은 불공정한 교역구조를 공정하게 만들기 위한 조치라는 것이다. 미국의 한국에 대한 상호관세율이 일본, EU, 영국, 브라질보다 높은 것은 그만큼 한국이 대미교역에서 흑자를 많이 보고 있기 때문이고, 한국이 비관세 장벽을 쌓아놓은 상황을 입증하는 지표라는 것이다. 이제 미국 정부의 연간 국채 이자 지급액이 미국의 국방비 지출액을 넘어서는 상황까지 도달했고, 제조업 기반이 무너져 미국내 중산층이 몰락하고 있다. 미국으로의 불법 이민과 마약 유입 상황까지 더해 초래하는 국가안보 비상상황을 타개하기 위해, 그동안은 참아왔던 불법 및 불공정 교역구조를 근본적으로 시정해야 한다는 명분이다.[46]

정말로 이러한 명분이 WTO협정상의 국가안보 예외원칙에 부합하는지는 의문이다. "국제관계의 긴급시" 요건은 객관적 심사의 대상이고 "중대한 안보이익"에 해당하는지는 신의성실의 원칙에 의해 평가된다. 교역을 통한 무역적자의 누적으로 인해 제조업 기반이 무너지고 있는 것이 "국제관계의 긴급 시"에 해당된다고 보기는 어렵고, 교역 불균형 문제를 중대한 안보이익 문제로 판단하는 것이 신의성실의 원칙에 입각한 판단인지도 의심스럽다. 2025년 6월 현재 중국 등에 의해 이 문제가 WTO 패널에 제소되어 있는 것은 당연하다.[47] 그럼에도 불구하고 WTO 상소절차가 마비되어 있는 상황이라 미국의 조치에 대한 최종 위반판정이 내려질 수가 없는 상황이고, 한-미FTA 등 미국이 여러나라와 체결해 놓은 FTA에서는 국가안보 예외조항의 요건을 축소하고 자체판단 요건으로 입법화해 놓은 상황임을 감안하면, 미국의 조치에 대한 국제법적 구속력 있는 판결이 내려지는 상황은 기대할 수가 없다. 그러하기에 한국을 비롯한 대부분의 국가가 미국과 협상을 통해 양보를 제공하고 상호관세를 면제받거나 줄이는 접근방식을 택해 2025년 6월 현재 대미협상이 적극적으로 진행 중이다.

이제 국가안보라는 요술방망이가 사실상 강대국들에 의해 국제정치 현실에 만연되는 시대다. 이러한 경향은 가히 "국가안보 예외 원칙"을 넘어 "일방적 국가안보 우선주의"라 불릴만 하다. 이러한 국가안보 우선주의는 테러와의 전쟁과 미-중 패권전쟁과 결부되어 상당히 오랫동안 국제사회를 지배하게 될 것이다.

이러한 방망이가 그 효과성 또한 획득할지라도, 국제법적인 면죄부까지 차지할 수는 없을 것이다. 그래서 하루가 멀다 하고 등장하는 국가안보 우선주의에 입각한 조치들이 국제규범의 기준들로부터 얼마나 일탈하고 있는지를 속속들이

---

46) 최원목, "관세협상, 트럼프 때리기부터 극복해야"(디지털타임스 2025.4.10.자 칼럼 참고).
47) United States - Universal and Country-specific Additional Duties on Imports from China, DS638 (2025.4.4. 중국이 WTO에 제소, 2025.6 현재 WTO협의 중).

분석하고 평가하는 일은 더욱 중요해진다. 그것이 수많은 세계 전쟁과 대외 개입을 딛고, 지구촌의 평화질서를 수립해 온 인류의 지혜를 보존하는 길이고, 인간의 세계를 짐승의 세계와 구별시키는 방식인 것이다.[48)]

관세 협상, 트럼프 때리기부터 극복해야

미국 트럼프 행정부가 세상을 향해 전방위 관세폭탄을 터뜨렸다. 한국에 대해서도 미국은 25% 관세 부과를 선언했다. 미국과 FTA를 체결하지도 않은 주요국들이 한국보다도 낮은 관세를 부과받는 경우도 많다. 일본은 24%, EU는 20%, 영국과 브라질은 10%를 부과받는다.

경제동맹국을 제대로 대우하지 않는 트럼프 행정부에 대한 불만이 국내에서 터져 나오고 있다. 그동안 국내 언론들은 트럼프 대통령 후보 시절부터 그의 정책과 인격에 대한 우려와 비난의 목소리를 남발해 왔다. 예측 불가능한 기행과 욕설을 일삼는 대통령 후보라는 식의 비판은 물론이고, 그의 외교정책 노선을 '광인 전략'(madman strategy)으로 평가하는 전문가들도 많았던 게 사실이다.

미 대통령 선거 막판에 이르러 미국 내에서는 이미 판세가 트럼프 쪽으로 기울었음이 감지되는 상황이었는데도, 한국의 언론들은 하나같이 해리스 후보의 승리를 예측하는 목소리를 끝까지 냈다. 트럼프 대통령이 취임하고 나서 젤렌스키 우크라이나 대통령과 진행한 문제해결식 담판을 놓고도 미국이 약소국들을 대상으로 벌이는 제국주의적 압박이라는 식의 보도로 일관했다.

트럼프의 일거수 일투족은 우리의 앞날을 위해 올바르고 객관적으로 평가돼야 마땅하다. 그래야 합리적 대책도 도출될 수 있다. 트럼프 행정부가 내놓은 상호관세 제도는 전 세계의 모든 교역국들이 대미교역에서 거둔 무역수지 흑자폭에 비례해 관세를 부과하기로 한 것이다. 미국과 FTA를 체결해 관세를 철폐해 버렸는지 여부와 상관없이, 대미 교역에서 무역수지 흑자를 보고 있는지 여부는 별도의 문제인 것이다.

서로 교역 및 환율 장벽을 쌓아놓지 않고 있다면 일시적인 무역흑자를 보더라도 환율이 그만큼 변동되어 교역조건을 변경시킴으로 인해 무역수지가 상호 균형으로 나아가려는 힘이 작용하게 된다. 한 국가가 일방적으로 무역수지 흑자를 계속 볼 수는 없다는 말이다. 따라서 무역수지 흑자 구조가 고착화된 것은 흑자국이 교역장벽을 쌓아놓거나 환

---

48) 최원목, "미국의 국가안보 우선주의에 대한 국제법적 평가" (국제법 현안 브리프, 2022.7.6., 대한국제법학회). p. 4 참조.

율 변동을 막는 정책을 취하기 때문이라는 것이다.

그래서 세계 각국이 대미교역에서 거둔 무역수지 흑자폭에 비례한 관세를 미국이 부과하는 것은 불공정한 교역구조를 공정하게 만들기 위한 조치라는 것이다. 미국의 한국에 대한 상호관세율이 일본, EU, 영국, 브라질보다 높은 것은 그만큼 한국이 대미교역에서 흑자를 많이 보고 있기 때문이고, 한국이 비관세 장벽을 쌓아놓은 상황을 입증하는 지표라는 것이다.

이제 미국 정부의 연간 국채 이자 지급액이 미국의 국방비 지출액을 넘어서는 상황까지 도달했고, 제조업 기반이 무너져 미국내 중산층이 몰락하고 있다. 미국으로의 불법이민과 마약 유입 상황까지 더해 초래하는 비상상황을 타개하기 위해, 그동안은 참아왔던 불법 및 불공정 교역구조를 근본적으로 시정해야 한다는 것이다.

이런 트럼피즘의 논리는 선거 캠페인 시절부터 미리 예고된 것이다. 그동안 트럼프 캠프가 선언하고 취해 온 정책들은 예측 불가능하지도 않고, 불투명하지도 않았다. 트럼피즘에 대한 미국 내에서의 광범위한 지지와 실제로 선거 결과를 좌우하는 중서부 지역 중산층들의 압도적인 지지를 있는 그대로 바라보게 되면, 트럼프 후보가 당선될 것이라는 것은 쉽게 예측 가능한 일이라 할 수 있다.비록 경제동맹국일지라도 이들 나라를 통한 중국 제품의 우회수출을 막기 위해서라도 미국이 일정한 상호관세를 부과할 것임도 충분히 예측 가능했다. 중국은 물론 베트남, 미얀마, 방글라데시, 태국, 인도네시아 등의 동남아 국가들이 30% 이상의 높은 상호관세를 부과받은 이유다. 그런데도, 이들 동남아 국가들을 주요 생산기지로 삼아 전자제품을 생산해 상당 물량을 미국으로 수출해 온 우리 주요 수출기업들은 해외투자 다변화 조치를 취하지 않고 있었다.

정부도 국내로의 핵심 원자재 공급망 수입다변화 정책을 취하고 있었을 뿐, 해외투자 및 제조기지 다변화 정책은 고려하지도 않고 있었다. 트럼프의 재선 가능성조차 제대로 파악하지 못하고, 미리 전략적으로 대응하지도 못한 상황에서 이제 발등에 떨어진 불을 끄느라 정신이 없다.

국내 주요 언론들은 아직도 제대로 된 분석이나 보도는커녕, 사실을 왜곡하면서 반미 프레임으로 엮어가려는 노력까지 벌이고 있다. 트럼프 대통령이 마지막 임기이니 2년만 버티면 레임덕에 빠질 것이라는 견해도 종종 언론에 등장한다.

객관적 시각으로 미국 내 트럼피즘의 위상을 제대로 분석해보면, 밴스 부통령을 비롯한 트럼피즘의 후계자들이 미국 내에서 얼마나 인기가 있는지, 이들을 대적할 민주당 후보는 실종 상태임을 실감하게 된다. 앞으로 적어도 10여 년 동안은 트럼피즘이 지배하는 미국을 우리는 마주해야 한다. 트럼프 진영이 궁극적으로 내놓을 카드는 전세계를 상호관세로 압박한 후 동맹국들을 대상으로 10년 이하의 단기 미국 국채를 100년 만기의 무이자 국채로 교체하도록 요구하며, 환율까지 약달러로 조정하는 것이다.

'제2의 플라자 합의'가 우리를 기다리고 있다. 이제라도 트럼피즘의 위상과 정책 방향을 제대로 분석하는 체제를 갖추고 기업과 정부가 협력하여 장기적 국가 대응방안을 적극적으로 추진해 나가야 한다. 당장 중국, 베트남, 미얀마, 태국 등에 투자한 생산기지의 투자 가치를 재평가함에 있어, 미국발 장기적 위험요소를 제대로 반영시켜야 한다. 우리의 대미 무역수지 흑자폭을 대폭 완화해 나가는 전향적 시각부터 수립해야 한다.

- 2025.4.10. 최원목, 디지털타임스 기고문

제5장

평화적 수단에 의한 신속·강제 분쟁해결 원칙

제1절 이상주의의 재등장

제2절 WTO분쟁해결절차에 대한 각 단계별 설명

제3절 분쟁해결절차의 개혁노력과 미래

제1절 이상주의의 재등장

이상에서 설명한 국제통상법의 여러 원칙들은 일종의 실체법적 원칙이라 볼 수 있다. 한편, 이러한 실체법적 권리와 의무가 침해되거나 위반된 경우, 어떠한 절차적인 과정을 거쳐 그 사실을 확인하고 위반상황을 치유하는지에 대한 국제통상법적 원칙이 수립된 바 있다. 이를 "평화적 수단에 의한 신속하고 강제적인 분쟁해결 원칙"이라 부를 수 있을 것이다. 이는 국제통상법상의 절차법적 원칙인 셈이다. 본 장에서는 이를 설명하고 그 미래를 전망해 보고자 한다.

국제분쟁을 신속하고 강제적으로 해결하는 것은 국제사회의 꿈이자 진정한 국제공동체의 시작이다. 분쟁을 평화적으로 해결하는 데 합의하고, 전쟁을 국가정책의 수단으로 삼는 것을 포기하기로 다자적으로 합의한 것은 1928년 부전조약에서 부터이다.[1)] 1차 세계대전 이후 국제연맹 헌장에서는 분쟁당사국들이 국제분쟁을 국제중재, 사법재판 또는 이사회(Council) 중 하나에 회부해야 하고, 중재나 사법재판의 결정이나 판결 또는 이사회 보고서가 나온 이후 3개월까지는 전쟁을 벌이지 않기로 합의했다.[2)] 특히 국제법 관련 분쟁은 중재나 사법재판에 적합한 분쟁으로써 중재재판이나 사법재판에 회부하는 것에 합의했다. 사법재판에 회부하는 경우를 대비해서 상설국제사법재판소(PCIJ)를 설립하기도 했다. 이러한 재판의 판결에 대해서는 신의성실의 원칙에 입각해서 이행해야 하고, 판

1) 1928년 General Treaty for the Renunciation of War (Kellogg-Briand Pact) 제2조와 1조 참조.
2) The Covenant of the League of Nations, 1924, 제12조.

결을 준수하는 국가에 대해서는 전쟁을 벌여서는 안됨도 규정했다.[3] 비록 이러한 국제연맹 헌장상의 합의가 국제법적 효력이 발생하는 강제조항으로 되어 있지는 않고 당사국들의 외교적이고 정치적인 합의인 신사협정의 성격을 지니고 있을지라도,[4] 분쟁을 일정한 평화적 수단에 의해 종국적으로 해결하여 세계전쟁의 참화를 방지하려는 국제사회의 의지가 반영된 결과물인 것이다. 특히, 만일 이러한 조항들에 위반하여 전쟁을 벌이는 회원국에 대해서는 모든 다른 회원국에 대해 전쟁을 벌이는 것으로 간주하여 집단적인 재재와 군사적 보복을 가하는 것을 의무화함으로써[5] 일종의 강력한 이행보장 체제도 갖추었다.

이러한 다소 극단적인 이상주의 노력은 제2차 세계대전 발발을 막지 못하고 국제사회는 또 다시 전쟁으로 분쟁을 해결하는 악순환을 되풀이하고 말았다. 제2차 대전 이후 수립된 국제연합 체제는 좀 더 현실주의적인 접근 방식을 취했다. UN헌장은 타국의 영역의 일체성이나 정치적 독립성을 저해하는 무력사용이나 위협을 자제할 국제법적 의무를 부과함[6]과 동시에 평화의 침해나 위협, 또는 침략행위를 안전보장이사회가 다루어 권고와 결정을 내릴 수 있도록 했다. 국제사회의 책임 있는 강대국들의 모임인 안보리가 힘을 바탕으로 평화적 해결을 모색하는 현실주의적 접근 방식을 채택한 것이다. 다른 한편으로 국제사법재판소(ICJ)를 설립하여 분쟁당사국이 합의하면 사법재판의 관할권이 성립되도록 규정했다.[7]

그런데 문제는 분쟁당사국의 합의가 성립되지 않으면 사법재판 자체가 진행되지 않고, 안전보장이사회의 경우에도 5대 상임이사국의 거부권이 적용되어 5개 강대국 하나라도 이해관계가 직결되는 분쟁에 대해서는 거부권을 행사함으로써 강제적인 제재조치 등이 취해지지 못하는 경우가 수도 없이 발생하고 말았다는 데 있다. 결국 국제분쟁을 강제적이고 평화적으로 해결하려는 국제사회의 꿈은 완전히 성취되지 못하고 만 것이다. 드물게나마 분쟁당사국이 합의하여 국제

---

3) Ibid, 제13조.
4) 이상의 합의조항들에서 “shall”이 아닌 “will”이 공통적으로 사용되었다.
5) Ibid, 제16조.
6) UN헌장 제2.4조.
7) ICJ 규정 제36조.

사법재판소에 회부하는 경우에도 심리과정이 지연되어 판결까지 장시간이 소요되는 경우도 많았다.

한편, 국제통상 분쟁의 경우에는 일찌감치 평화적 수단에 의한 강제적 분쟁해결의 전통이 비록 불완전하나마 차곡차곡 쌓였다. GATT1947체제하에서 이미 분쟁해결을 위한 기구로 소수의 전문가 집단(panel)을 구성하여 이들이 분쟁당사국의 의견을 듣고 판정을 내리는 식으로 국가 간의 통상분쟁을 해결하는 관행이 자리 잡아 왔다. GATT조약 자체가 분쟁당사국인 회원국 한 나라라도 사안을 이러한 패널에 회부하게 되면 관할권이 성립되는 것으로 규정하고 있었기에,[8] 패널의 강제관할권(compulsory jurisdiction) 문제를 입법적으로 해결하는 데 성공했던 것이다.

이러한 점은 국제분쟁 해결절차의 발전방향과 관련하여 매우 중요한 의미를 지닌다. 국제법원이 강제관할권이 없는 경우는 정작 국제분쟁 해결절차로 이행해야 할 중요하고도 민감한 분쟁들이 국제법원에 회부되지 못하고 양 당사국 간의 분쟁의 씨앗으로 남게 되는 경우가 허다하다. 이는 양국관계를 지속적으로 악화시키게 된다. 특히, 국내정치적으로 민감한 사안인 영토분쟁이나, 한나라가 너무나 큰 잘못을 저지른 것이 명백한 사안인 경우, 즉 이 나라가 국제 분쟁해결절차에서 패소할 것이 명백한 경우, 이 나라가 피해국의 제소요청을 수락하여 국제분쟁해결절차로 이행하는 것은 기대하기 어렵다. 즉, 객관적으로 국제분쟁해결절차가 해결하는 것이 여러모로 보아 필요한 분쟁일수록 국제분쟁해결절차에 회부되지 못한다는 말이다. 반면에, 국제법원의 강제관할권이 성립하는 경우는 이러한 분쟁일수록 조속히 국제분쟁 해결절차를 통해 판정을 받게 되는 것이며, 분쟁당사국은 당해 사안을 조속히 뒤로 할 수 있는 것이다.[9]

그러나 GATT 패널 절차의 문제는 패널의 판정내용을 GATT 회원국들이 채

8) GATT 제XXII조 및 제XXIII조.

9) 이러한 차이는 국제사법재판소에 회부되는 분쟁과 WTO분쟁해결기구에 회부되는 분쟁의 양 및 질이 현격한 차이를 보이고 있는 점에서도 확인할 수 있다. WTO분쟁해결절차가 설립된 1995년 이후 매년 평균 35건 이상의 분쟁이 제소되고 있으며 최근에는 그 숫자가 급증하는 추세를 보이고 있다. 또한 분쟁의 질에 있어서도 당사국 간에 정치적으로 민감하고 중요도가 높은 분쟁이 WTO에 회부되는 경향을 나타내고 있다. 이는 국제사법재판소의 경우와 대조적인 것이다. 최원목 등, 법학입문(법문사, 2020), pp. 517-518.

택할 때 총의제(consensus)가 적용되므로, 한 회원국이라도 명시적인 반대를 표명하면 패널의 판정이 GATT회원국들의 판정으로 채택되지 못한다는 데 있었다. 따라서 패소국이 패널 판정의 채택을 적극적으로 원하지 않는 경우 패널 판정이 채택되지 못하고 통상분쟁은 다시금 다자적 규율에서 벗어나게 되는 악순환이 되풀이되고 있었다. 진정한 의미의 강제적 분쟁해결의 꿈은 달성되지 못하고 있었던 셈이다.

마침내 이러한 꿈을 달성한 체제가 1995년 1월 1일부로 출범하였다. WTO는 여러 측면에서 국제통상체제에 혁신적인 변화를 가져왔으나, 그 중 대표적인 것이 분쟁해결제도의 변화이다. GATT 패널 판정 채택 문제의 단점을 극복하기 위해 WTO체제는 패널 판정의 채택을 사실상 보장하는 제도적 변혁을 이루어냈다. 우선, WTO는 상소기구(Appellate Body)를 두어, 패널 판정에 대한 상소심을 진행할 수 있게 함으로써 분쟁해결 과정에서의 법률적 분석을 강화하였다. 또한, 모든 회원국이 반대할 경우에만 상소심 또는 패널 판정이 채택되지 못하고 한 회원국이라도 찬성하는 경우에는 상소심이나 패널 판정의 채택이 보장된다.[10] 일반적으로 승소국은 반대할 이유가 없으므로 결국 모든 상소심이나 패널 판정들이 WTO회원국들의 판정으로 채택되게 되는 셈이다. 그리고 판정의 이행과정에 대한 다자적 통제가 강화되었다. 채택된 판정을 패소국이 이행하기를 원하지 않는 경우 승소국과 일정한 보상을 제공하기 위한 협상을 벌여야 하며, 이러한 보상협상이 결렬되게 되면, 승소국은 WTO회원국들의 승인 하에 패소국에 대해 보복을 가할 수 있게 된다. 이러한 모든 절차가 일정한 시간제한 하에 이루어지게 되므로 부당한 절차의 지연을 방지할 수 있다.[11] 더구나, 전통적으로 국제법 위반 행위로 인해 개인이 피해를 입은 경우 이 문제를 국제재판에 회부하기 위해서는 그 개인이 국내구제 수단을 완료하는 것이 선행되어야 한다는 원

---

10) 이를 역총의제(reverse consensus)라 부른다.

11) 약 2년 반 정도(10년 이상이 걸린 예도 있음) 걸리는 국제사법재판소 판결절차에 비해 WTO분쟁해결절차는 대략 1년 반이면 판정을 얻을 수가 있다. 이는 WTO분쟁해결절차가 2심(상소제도)으로 진행되는 것을 감안하면 매우 고무적인 것이라 할 수 있다. 아울러, WTO협정은 분쟁해결절차의 단계별로 상세한 절차적 규정을 두고 있어, 분쟁이 우연히 또는 고의적으로 지연되는 것을 방지하고 있다. 최원목 등, 법학입문(법문사, 2020), pp. 517-518.

칙(exhaustion of local remedy rule)이 수립된 바 있으나, GATT/WTO분쟁해결절차의 경우에는 이러한 국내구제를 조건으로 요구하지 않고 있다. 이는 그만큼 신속한 통상분쟁 해결을 기대할 수 있음을 의미한다.

그러므로 이제 WTO체제는 국제통상분쟁을 평화적 수단에 의해 강제적이고 신속하게 해결하기 위한 만반의 준비를 갖추게 된 것이다. 1924년 국제연맹 체제에서 구상한 이상주의적 접근이 70년간의 현실주의 시행착오를 거친 끝에 국제통상분쟁이라는 제한적인 영역에서 비로소 이상주의의 꿈 나래를 다시금 활짝 펼치게 된 것이다.

제2절 WTO분쟁해결절차에 대한 각 단계별 설명

1 WTO분쟁해결절차 회부(WTO제소)[12]

통상현안을 WTO분쟁해결절차에 회부하고자 하는 회원국은 상대국 및 WTO분쟁해결기구에 WTO협의를 요청[13]하는 공한을 송부한다. 이때, WTO협정 관련조항 및 이에 대한 위배내용 개요를 이 공한에 기술하게 된다.

일반적으로 WTO분쟁해결절차 회부여부는 관련 국내산업의 문제제기에 따라 정부부처간의 의견조율을 거쳐 결정되는바, 검토시 주로 아래사항들이 고려된다.

- 승소가능성
- 회부의 이익 및 손실
- 우리기업들의 해외진출 촉진 효과
- 상대국 및 제3국의 무역규제에 대한 예방적 효과

12) WTO분쟁해결양해(Understanding on Rules and Procedures Governing the Settlement of Disputes: DSU)라는 협정이 WTO협정의 일환으로 채택되었다. DSU 제4조는 WTO분쟁해결절차 회부단계인 "협의"(consultation)에 대해 규정하고 있다.

13) GATT 제XXII조 또는 제XXIII조 둘 중 하나를 원용하게 된다.

- 분쟁해결절차 진행기간 동안의 기간이익
- 상대국과의 전통적 우호관계에 대한 영향
- 국내정치적 요소
- 관련 기업들의 입장
- 회부에 대한 지지도 등 분쟁해결에 대한 태도
- 비용분담 의사
- 예산 및 업무량: 가용예산 및 인력의 범위

GATT 제XXIII조에 근거 WTO협의를 요청하는 경우 협의 단계에서의 이해관계 있는 제3국의 참여가 배제되므로 제3국 참여를 유도하기 위해서는 GATT 제XXII조를 근거로 협의를 요청해야 함에 유의해야 한다.

2 WTO협의[14)]

협의 요청을 받은 회원국은 공한접수 후 10일 이내에 회신해야 한다. 이 기간 내에 회신하지 않는 경우 협의요청국은 곧바로 패널 설치를 요청할 수 있으므로, 회신하여 패널 설치 일을 가급적 늦추는 것이 피소국 입장에서는 여러모로 유리하다는 점에서 대부분 회신하게 된다.

WTO협의는 요청이 접수된 후 30일 이내에 개최한다. 단, 분쟁당사국 간 합의 시 30일 경과 후 개최도 가능하며, 이 기간 내에 협의가 개최되지 않는 경우 협의 요청국은 곧바로 패널 설치를 요청할 수 있다는 점에서 피소국은 실제로 협의에 응할 유인을 갖게 된다.

WTO협의가 GATT 제XXII조에 근거하여 요청된 경우, 당해 분쟁에 실질적인 교역 이해관계(substantial trade interest)가 있는 제3국은 협의 피요청국에 제3자 자격으로 협의에 참가할 것을 요청할 수 있다. 이러한 3자 참여를 위해서는 협의개최 사실이 WTO회원국에 회람되는 날로부터 10일 이내에 요청하는

14) DSU 제4조.

것이 필요하며, 피요청국(피소국)이 실질적인 교역 이해관계가 있다고 판단, 이를 수락할 경우에만 제3자 참여가 보장된다. 물론, 제3차 참여 요청국은 참여가 거부된 경우에는 별도의 WTO제소(GATT 제XXII조 또는 제XXIII조)를 감행할 수 있다.

WTO협의의 장소는 분쟁당사국 간 합의로 결정하게 되는데, 대개 제네바의 WTO 사무국에서 개최된다. WTO협의는 분쟁해결의 원만한 합의를 도출하는 것을 목표로 하되, 패널심리에 대비하여 사실관계 확인, 상대국의 논거 등의 파악에도 노력을 경주하게 된다. 협의개최 이전에 자문변호사와 협의질문서를 작성하여 상대국에 전달하고 협의시 이를 기초로 진행하는 경우가 많으며, WTO 협의시 피제소국이 답변한 내용을 추후서면으로 작성, 송부하여 줄 것을 요청하기도 한다.

3 패널 절차[15)]

가 패널 설치 요청

WTO협의 요청이 접수된 날로부터 60일 이내에 분쟁이 타결되지 않을 경우, 협의 요청국은 WTO분쟁해결기구(DSB)에 패널 설치를 요청할 수 있다. 단, 60일 경과 이후 협의요청국은 패널 설치 요청의 권리를 보유할 뿐, 당사국 간 합의가 있는 경우 동협의 기간연장이 가능하며, 그 이후 언제 패널 설치를 실제로 요청하는지 또는 패널 설치를 요청할 것인지 여부는 전적으로 협의요청국의 의사에 달려있다. 협의 요청이후 수년이 경과된 후에 패널 설치가 요청된 사례도 있다.

패널 설치 요청서에는 제소대상이 되는 조치(specific measure)를 적시하고 요청의 법적근거의 간략한 요약을 기술한다. 특정 조치를 적시(identify)하지 않는 경우 패널 설치 요청 자체가 각하될 가능성도 있으므로 주의를 요한다.

15) DSU 제6~제16조.

나 패널 설치

협의 요청국이 DSB 회의에서 패널 설치를 요청하는 경우, 늦어도 그다음 번 개최되는 DSB 회의에서는 패널 설치 반대에 대한 총의(consensus)가 성립되지 않는 한 패널이 자동적으로 설치된다. 패널 설치 요청국은 15일 이내에 상기 목적을 위한 특별 DSB 회의의 개최를 요청할 수 있다. 이때, 10일 이상의 사전공고가 필요하다. 즉, 패널 설치 피요청국은 패널 설치 요청이후 최초로 열리는 한 번의 DSB회의에 한해 패널 설치를 방지할 수 있으므로, 대게는 첫번째 DSB회의에서는 패널 설치가 이루어지지 않고 그다음 회의에서 설치되게 된다.

다 패널 구성

패널리스트는 일반적으로 3명으로 구성되나, 패널 설치 후 10일 이내에 분쟁당사국 합의시 5명도 가능하다. 개도국-선진국 간 분쟁일 경우, 개도국 요청시 최소한 1명의 패널리스트는 개도국 인사로 선정되도록 되어 있다. WTO 사무국이 패널리스트 후보를 추천하게 되는데, 패널 설치 후 20일이 지나도록 패널리스트 선정이 되지 않을 경우에는 일방 분쟁당사국의 요청에 따라 WTO 사무총장이 DSB 의장 등과 협의하에 지명한다.

라 패널 진행 협의

패널은 패널 설치 직후 패널 심리절차 진행과 관련 운영회의를 개최한다. 이 회의에서는 서면입장서 제출, 구두변론회의 개최 등 주요 패널심리 절차의 시한을 결정하게 되는데, 당사국 간 합의에 의해 사실관계 부분을 패널보고서에 포함시키지 않을 수도 있으며(대신 각국의 제출서류를 보고서에 첨부), 아울러 서면이유서 등 각국 제출 자료의 공개여부를 결정하게 된다.

패널은 패널 구성 완료 후 6월(신속절차의 경우에는 3월)내에 최종보고서를 분쟁당사자에게 제출하는 것을 원칙으로 하되, 어떠한 경우에도 패널 설치로부터 보고서 배포 시까지 9개월이 초과되지 않는다. 다만, 실제로 당사국들의 묵인하에 9개월이 초과된 예도 있으며, 당사국 간의 합의와 패널의 요청으로 DSB가 패널 심리기간을 연장해준 경우도 있다.

마 서면입장서 작성 및 제출

패널 설치 요청국 및 피요청국은 각각의 주장 및 그 법적근거를 포함한 서면입장서를 작성, 시한 내에 패널에 제출한다. 이때, 제소국은 제소자 최초입증책임(prima facie case) 충족에 유의하여 사실관계에 대한 증거 및 법적쟁점에 대한 논거를 충분히 기술할 필요가 있다. 이러한 서면입장서는 WTO 사무국에 제출되며, 당사국과 제3자 참여국에 배포된다.

바 구두변론회의

제1차 패널심리 개최 시 당사국은 상기 서면입장서를 중심으로 구두발표하고 패널의 질문에 답변한다. 제3자 참여국은 당사국의 구두변론회의와는 별도로(분쟁당사국 참석하에) 회의를 개최한다. 제3자 참여국은 패널 심리절차 중 제1차 패널 심리까지만 참여가 가능하다.

제1차 심리 후 당사국은 상대국의 주장에 대한 반론(rebuttal)을 서면으로 제출한다. 이러한 양 당사국의 반론서를 기초로 제2차 구두변론회의가 개최되게 된다.

당사국들은 구두변론회의에서 패널이 질의한 사항에 대한 답변을 패널이 설정한 시한 내에 WTO사무국에 추후 제출하게 된다.

사 잠정보고서 검토 및 패널보고서의 채택

패널은 보고서 사실부분(descriptive part) 및 잠정보고서(interim report)를 작성, 당사국에 회람하며, 이에 대해 당사국은 의견을 제출할 수 있다. 그 후 패널은 최종보고서를 완성하여 당사국에 송부한 후, WTO회원국에 회람한다. 패널보고서는 회원국들에게 배포된 날로부터 60일 이내에 DSB에서 채택된다. 이때, 회원국들에게 검토시간을 주기위해 배포일로부터 20일 이후에야 DSB에서 심의가능하며, 일방 당사국이 상소한 경우에는 상소절차 종료시까지 채택절차가 연기되게 된다.

4 상소 절차[16)]

가 상소 제기 결정

분쟁당사자만이 패널보고서에 대한 상소가 가능한바, 피상소자도 상소(cross appeal)할 수 있다. 패널 판정의 승소국도 승소한 법률적 근거에 이의가 있는 경우 상소 가능하며, 패소국의 상소가 확실시되는 경우, 승소국이 바로 상소해버림으로써 패소국의 상소준비 기간을 단축시키는 전략이 사용되기도 한다. 이때, 제3자 참여국도 상소심리 절차에 참여가 가능하다.

상소를 위해서는 패널보고서 채택 전에 DSB에 통지함으로써 상소절차를 진행시켜야 한다. 상소가 결정되면 상소통지문을 작성하여 기한 내 WTO 사무국에 제출해야 하는데, 제출기한은 패널보고서 배포를 기점으로 20일후 60일 이내에 당해 패널보고서 채택을 위한 DSB회의 이전이다.

16) DSU 제17조.

나 상소 절차

상설 상소기구는 7인으로 구성되며, WTO 사무총장이 당사국과의 협의 없이 3인의 상소위원을 특정사안에 배정하여 심의한다. 상소의 대상은 패널보고서에서 다루어진 법률문제 및 패널이 행한 법률 해석에만 국한된다. 상소자의 서면입장서 및 피상소자의 반박서를 제출하고 이어 구두변론회의를 한 차례 개최한다. 상소기구는 당사국에 의한 상소의사의 공식 통보일로부터 60일 이내에 보고서를 배포하여야 하며, 원칙적으로 90일을 초과할 수 없다. 단, 실제로는 90일을 넘어 연장된 사례도 있다.

다 상소기구 보고서의 채택

상소기구의 보고서는 회원국에 회람된 후 30일 이내에, 분쟁해결기구가 채택하지 아니할 것을 총의에 의하여 결정하지 아니하는 한 채택된다. 상소기구 보고서 내용에 불만이 있더라도 이를 수용하는 것이 관례이나, 일부국가(미국 등)는 수용거부 의사를 밝히는 경우도 있다. 물론 수용 거부 시에도 수용 거부에 대한 총의가 성립되지 않는 한, 상소보고서는 채택된다.[17)]

5 판정 결과 이행[18)]

가 이행의사 표명

패널 또는 상소기구 보고서가 채택된 후 30일 이내에 개최되는 차기 DSB 회의에서, 패소한 국가는 판정에 대한 이행의사를 전달해야 한다. 이행을 위하

17) 역총의제(reverse consensus)가 적용된 결과다.
18) DSU 제21조.

여 관련법의 개정 등 국내제도의 변경이 필요한 경우, 관련부처의 의견을 적극적으로 수용하게 된다.

나 이행기간 협의

즉각적인 이행이 현실적으로 어려울 경우(impractical), 패소국은 아래 3유형 중 하나의 합리적 기간(reasonable period of time)을 부여받게 된다.

(i) 패소국이 제시하고 DSB가 승인한 기간
(ii) 보고서 채택 후 45일 이내에 분쟁당사국이 합의하는 기간
(iii) 이행기간에 대한 당사국의 합의가 없는 경우 보고서 채택 후 90일 이내에 일방 당사국의 요청으로 회부된 중재(binding arbitration)에서 결정된 기간

단, 이행기간은 당사국이 별도로 합의하지 않는 한 15개월 이내이다.

이행기간의 결정에 있어 주로 참조되는 사항들로서, 이행을 위해 국내 관련 법령의 개정을 필요로 하는 경우, 특히 의회의 심의를 요하는 법률 개정에 대하여는 국회일정을 감안하게 된다.

다 이행적합성 판정

이행여부 및 내용에 대한 이의가 승소국으로부터 제기되는 경우, 원패널이 이행의 적합성에 대한 판정을 회부일로부터 90일 이내에 내리게 된다. 이러한 판정에 대해서도 상소가 가능하다. 단, 당사국이 사전에 상소하지 않을 것을 합의하는 것은 가능하다. WTO사무국은 통상 이러한 이행적합성 판정을 원패널 또는 해당 상소기구위원에게 의뢰하는 경향이 있다.

라 보상 또는 보복[19]

패소국은 이행이 어려운 경우 상기 합리적 기간 내에 승소국과 보상에 대한 협의를 개시할 수 있다. 보상에 대한 합의가 이행기간 종료 후 20일 내에 이루어지지 않는 경우, 승소국은 DSB에 보복조치에 대한 승인을 요청할 수 있다. DSB는 이행기간 종료 후 30일 이내에 보복조치의 정도(level)에 대해 승인하게 되는데, 이때 타방당사국이 승소국이 제시한 보복조치의 정도에 대해 이의 제기 시 중재에 회부할 수 있다. 중재자는 이행기간 종료 후 60일 이내에 보복조치 수준에 대한 판정을 내리게 된다.

이와 관련, 승소국이 패소국의 이행에 대해 이의가 있을 경우 곧바로 DSB에 보복조치의 승인을 요청[20]할 수 있는지 아니면 원패널에 의한 이행의 적합성 판정절차를 거쳐야[21] 하는지에 대해서는 논란이 있다. DSU 제22조와 21.5조각 각각 이러한 절차적 권리를 정당화해 주고 있는데, 두 조항간의 우선효력에 대해서는 침묵하고 있기에, 승소국은 곧바로 보복조치를 승인요청하려 하는데[22] 반해 패소국은 이행의 적합성 절차를 먼저 밟을 것을 요구하기 때문이다. 이 문제가 소위 이행적합성 판정과 보복조치 승인절차간의 순서 확정("sequencing") 문제이며, 양당사사간의 사전합의로 이행적합성 판정절차를 선행하되, 승소국의 보복조치 승인요청 권한은 그 이후까지 존속하는 것으로 보장하는 경향이 있다.

---

19) DSU 제22조.
20) DSU 22.2조와 22.6조상의 권리.
21) DSU 21.5조상의 권리.
22) 보복조치 승인요청은 시간제한이 있어서 합리적 이행기간이 만료된 이후 20일 이내에 요청해야 한다. DSU 22.2조.

WTO분쟁해결절차도

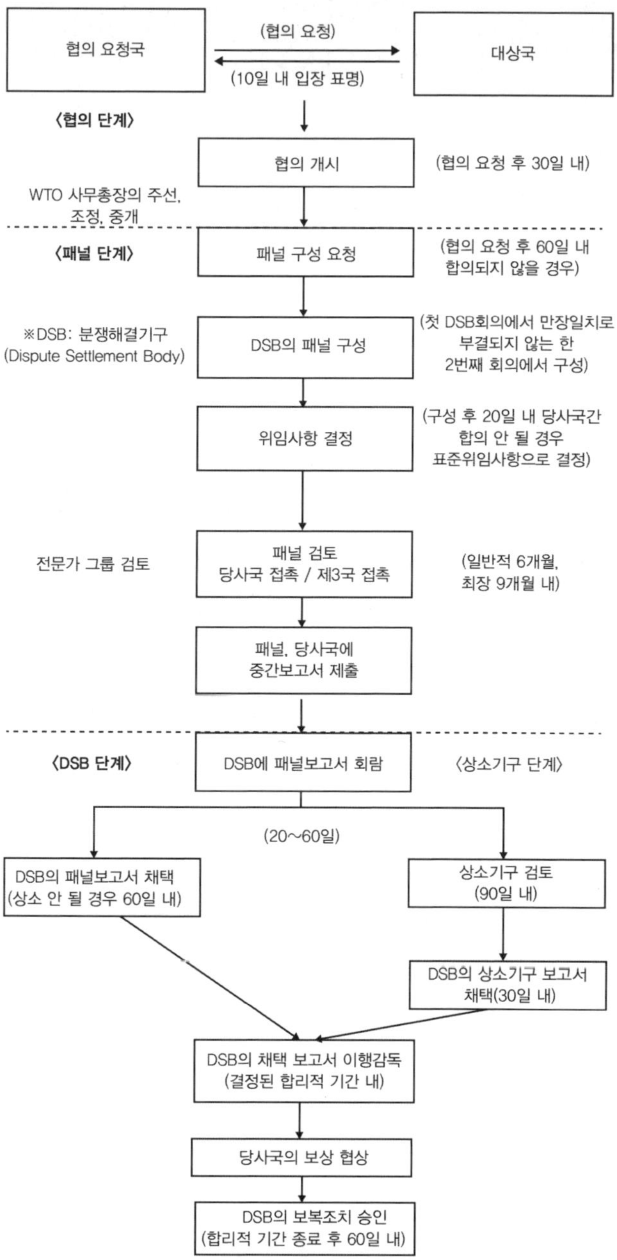
협의 요청국
(협의 요청)
(10일 내 입장 표명)
대상국
〈협의 단계〉
협의 개시
(협의 요청 후 30일 내)
WTO 사무총장의 주선, 조정, 중개
〈패널 단계〉
패널 구성 요청
(협의 요청 후 60일 내 합의되지 않을 경우)
※DSB: 분쟁해결기구 (Dispute Settlement Body)
DSB의 패널 구성
(첫 DSB회의에서 만장일치로 부결되지 않는 한 2번째 회의에서 구성)
위임사항 결정
(구성 후 20일 내 당사국간 합의 안 될 경우 표준위임사항으로 결정)
전문가 그룹 검토
패널 검토 당사국 접촉 / 제3국 접촉
(일반적 6개월, 최장 9개월 내)
패널, 당사국에 중간보고서 제출
〈DSB 단계〉
DSB에 패널보고서 회람
〈상소기구 단계〉
(20~60일)
DSB의 패널보고서 채택 (상소 안 될 경우 60일 내)
상소기구 검토 (90일 내)
DSB의 상소기구 보고서 채택(30일 내)
DSB의 채택 보고서 이행감독 (결정된 합리적 기간 내)
당사국의 보상 협상
DSB의 보복조치 승인 (합리적 기간 종료 후 60일 내)

제 3 절 분쟁해결절차의 개혁노력과 미래

보복조치에도 불구하고 패소국이 WTO 패널 판정을 이행하지 못하고 있는 상태가 점점 증가함에 따라, 보복절차를 비롯한 이행절차 전반을 개혁하려는 시도가 제기되었다. 즉, 미국 등 강대국들이 의회의 반발로 불법성이 확인된 법률을 개정하지 못하는 사태가 빈발하고 있어, 패널 판정의 이행에 갈음하여 금전적 배상(monetary assessment)을 대신 지불할 수 있도록 허용하자는 아이디어가 등장했다. 이러한 아이디어에 대해서는 현재의 보복절차의 비경제성과 비효율성에 비추어 찬성하는 견해[23]와 재정이 풍부한 선진국에만 유리하다는 비판적 견해[24]가 동시에 제기되고 있다.

한편, 패널 판정 이행문제뿐만 아니라 WTO분쟁해결절차의 전반적 비효율성과 구조적 문제점을 개혁하기 위한 노력이 국제적으로 진행 중이다. 특히, 이행적합성 판정과 보복조치 승인절차 간의 순서확정("sequencing")문제는 입법적인 해결을 요한다는데 국제사회의 공감대가 형성되고 있다.

---

23) See Jagdish Bhagwati, After Seattle: Free Trade and the WTO, 77 Int'l Aff. 15 (2001), at 28; Marco Bronckers, More Power to the WTO?, 41 J. Int'l Econ. L. (2001), at 62; William Davey, Implementation Problems in the WTO Dispute Settlement System: The US Experience, paper presented at the "The US and WTO Dispute Settlement: Crisis in Implementation?" seminar hosted by the Korea International Trade Association at Seoul, 1 June 2004 (on file with the author), at ch. IV.

24) Wonmog Choi, To Comply or Not to Comply? - Non-implementation Problems in the WTO Dispute Settlement System, Journal of World Trade 41(5) (2007).

아울러, 상소기구가 법률문제에 한해서 심사할 수 있고, 사실문제는 심사할 수 없는데, 패널 절차로 사건을 파기환송(remand)할 수 없다는 점도 구조적 문제점으로 지목되고 있다. 즉, 패널이 파악한 사실관계가 부족할 경우, 상소기구는 추가적인 사실심사를 진행하든지 아니면 사건을 패널로 환송하여 패널이 추가적 사실파악을 할 수 있도록 해야 하는데, 이 두 가지 모두 금지되어 있어, 상소기구의 기능이 정상적으로 진행하지 못하는 사태가 발생할 수 있다는 것이다.

이 밖에도 WTO 패널 및 상소기구 절차에서의 투명성 부족과 NGO 등의 이해관계 집단의 의견 반영 노력 부족 등의 문제점들이 시민단체 등을 통해 제기되어 왔다.

이에 각국은 FTA 등 양자 및 복수국 간협정을 체결하여 그 협정내의 분쟁해결절차를 새롭게 구성함으로써 이러한 문제점들을 양자 및 복수국 간 해결해나가려는 노력을 기울이게 되었다. FTA에서는 WTO분쟁해결절차를 다소 수정하여 좀 더 신속하고, 강력하며, 효과적인 분쟁해결을 추구하는 경향이 있다. 즉, 2심절차가 아닌 단심(패널 판정)으로 분쟁을 종결하도록 하여 분쟁해결의 기간을 1년 이내로 축소하고, 패소국이 판정을 이행하지 않는 경우의 무역보복을 손쉽게 가할 수 있도록 하여(교차보복의 일반화) FTA당사국 간 적극적으로 분쟁해결을 추진하는 것이 일반화되고 있는 것이다.

금전적 배상 아이디어는 이미 미국이 체결한 FTA(한-미FTA 포함)에 다수 반영되어 있는바, 미국을 중심으로 양자협정의 거미줄을 형성함으로써 마치 다자협정에 이러한 제도가 반영된 것과 같은 효과를 누리려는 시도라 볼 수 있다. 이러한 "미국류"의 금전배상 제도의 근본적 문제점은 패소국이 패널 판정을 이행할 수 없어 보복을 당하는 경우에 금전배상을 대신 지불할 것을 패소국이 선택할 수 있게 허용하는 유연성 자체에 있는 것이 아니다. 원래 WTO분쟁해결절차상의 보복이란 일시적인 것으로써 패소국이 판정을 이행할 때까지 보복을 취함으로써 판정 이행의 유인을 높이기 위한 제도인 것이다. 그런데도 한-미FTA 등에 규정된 금전배상 제도는 영구적인 제도로 규정되어 있어, 보복을 갈음할 뿐만 아니라 패소국이 금전배상을 지불하게 되면 판정 불이행 자체가 그대로 영구적으로 용서를 받는 것으로 해석된다는 데 문제의 심각성이 있는 것이다.[25)] 다시 말하면, 미국과 FTA를 맺은 국가들은 금전배상만 받은 후 FTA 위반 상태를 영구적으로 안고 살아야 하는 처지에 놓이게 됨을 의미한다. 이렇게 불법성을 돈으로 사는 새로운 체제에 한국정부는 그 해석의 중요성을 알았든지 몰랐는지 결국 동참하게 된 셈이다.

FTA에서는 일반적인 패널 절차와 특별분쟁해결절차를 두는 경우도 있다. 한-미FTA의 경우는 환경, 노동, 자동차 등의 특정 주제나 품목 분야에서 특별분쟁해결절차를 두고, 패널위원의 전문성을 강화하거나 정치적 협의체에서의 협의절차를 강화하기도 한다. 협정의 이행 및 절차의 투명성 및 대중 참여를 강화하기 위해 이해관계자의 서면의견 제출을 허용하고 패널 심리 및 제출문서를 원칙적으로 공개하기도 한다. 한-EU FTA에서는 비관세장벽을 대상으로 별도의 비구속적이고 신속한 중개절차(mediation)를 도입하여 일률적으로 승패를 판정하기 보다는 상호 만족스러운 합의점을 찾는 데 주력하기도 한다.

한편, WTO 상소기구와 WTO 사무국의 법률국을 중심으로 지나치게 법학적 접근(jurisprudence)을 강조하는 움직임이 조직적으로 전개되다 보니, 각 회원국의 정책재량(특히 반덤핑 등의 무역구제관련 재량)이 지나치게 축소되는 데 대한 비판적 목소리가 미국을 중심으로 강력히 제기된 바가 있다.

급기야는 WTO 상소기구 위원들의 임기가 만료되어 후임자를 선발하는 과정에서 미국이 동의해주지 않음으로써 상소기구 자체는 협정상 존재하나 그 구성원들이 임기가 모두 만료되어 더 이상 상소기구가 기능하지 못하는 사태가 발생하고야 말았다. 이에 유럽을 중심으로한 20여 개 일부 WTO회원국들은 WTO패널 판정을 상소하지 않는 경우 패널 판정이 그대로 역총의제에 의해 채택됨을 인정하며, 패널 판정에 대해 이의가 있는 회원국은 WTO 상소기구 대신에 자신들이 별도로 구성한 중재재판부에 회부하여 최종판정을 받는 제도를 고안한 바가 있다. 이를 복수국 간 임시상소중재조치(Multi-party Interim Appeal

25) 한-미FTA 제22.13조 5, 6, 7항 어디에도 금전배상은 불이행 기간을 보상하기 위한 일시적인 제도이며 패널 판정은 결국 패소국이 이행해야 한다는 취지의 문구가 없다. 대신 패소국이 금전배상을 지불할 의사표시를 하면 보복을 취할 수 없다는 문구만 존재한다.

Arbitration Arrangement: MPIA)라고 부른다.26) 이러한 임시방편적 제도에 미국은 물론 대부분의 개도국들이 동참하지 않고 있어서 그 적용의 한계가 있음은 물론이다. 이에 EU는 대외 무역보복 근거규정을 개정해서 EU와의 WTO패널에서 패소한 국가가 패널판정을 최종판정으로 수락하지 않으면서 MPIA절차에 회부하지도 않는 경우, 또한 분쟁해결절차의 진행에 필요한 조치를 취하지 않으면서 이를 부당하게 지연시키는 경우 EU가 일방적인 무역보복을 가할 수 있도록 했다.27)

예를 들어, MPIA 비회원국인 미국이 EU와의 WTO분쟁 패널절차에서 패소한 경우, WTO협정상 상소의 권리가 있음을 내세워 WTO상소기구 절차에 상소해버리게 되면, WTO협정상으로는 패널판정은 최종판정이 아니므로 그 이행의 의무가 발생하지 않게 된다. 또한 상소기구는 작동을 중단하고 있으므로 상소절차가 진행되지도 못하므로 최종판정이 내려지지 않게 되어, 미국으로서는 불리한 패널판정을 이행하지 않는 구실로 삼을 수 있게 되는 것이다. 이러한 행태를 견제하기 위해 EU는 개정된 대외 무역보복 근거규정에 의거하여 미국에 대해 일방적 무역보복 조치를 취할 수 있게한 것이다. 미국으로서는 이러한 EU의 일방적 무역보복이 WTO협정 체제를 위반한 것임을 이유로 WTO패널에 제소해 승소판정을 받아낼 수는 있으나, EU역시 이러한 패널판정이 최종판정이 아님을 내세워 상소해버리는 선택을 할 수 있다. 미국으로서는 결국 자신이 취한 패널

---

26) JOB/DSB/1/Add.12 (30 April 2020).

27) EU Regulation 2021/167 amending EU Regulation No 654/2014 (10 February 2021).
"Article 1 Regulation (EU) No 654/2014 is amended as follows:
(3) Article 3 is amended as follows:
(a) the following point is inserted: '(aa) following the circulation of a WTO panel report upholding, in whole or in part, the claims brought by the Union, if an appeal under Article 17 of the WTO Dispute Settlement Understanding cannot be completed and if the third country has not agreed to interim appeal arbitration under Article 25 of the WTO Dispute Settlement Understanding;';
(b) the following point is inserted: '(ba) in trade disputes relating to other international trade agreements, including regional or bilateral agreements, if adjudication is not possible because the third country is not taking the steps that are necessary for a dispute settlement procedure to function, including unduly delaying the proceedings amounting to non-cooperation in the process;"

판정 회피전략이 다시 자신을 향해 부메랑이 되어 돌아오게 되는 상황에 맞닥뜨릴 수 있게 되는 것이다. 2025년 6월 현재 아직 MPIA에 가입하고 있지 않은 한국의 경우에도 위 미국과 같은 상황이 동일하게 발생할 수 있다.

그러므로 EU가 현재 취하고 있는 전략은 가급적 많은 국가들이 WTO패널 판정을 최종판정으로 수용하든지 아니면 MPIA에 가입해 WTO패널 판정을 MPIA중재절차에 회부해 재검토를 받는 두 가지 선택 중 하나를 택하도록 대외적 압력을 가하고 있는 것이라 평가할 수 있다. 앞으로 이러한 압력이 통해 MPIA 회원국 수가 많이 늘어나서 미국 측의 WTO분쟁해결절차 무력화 시도를 견제하며 WTO상소기구를 명실공이 대체하는 새로운 상소절차 역할을 수행하게 할 수 있을지 귀추가 주목된다.

바람직한 국제분쟁 해결절차의 미래는 어떤 것일까? WTO분쟁해결절차나 국제형사재판소 절차처럼 강제관할권이 성립되고 신속하고 효과적인 판정이행이 보장되는 체제임은 두말할 나위가 없다. 각종 국제분쟁이 평화적이고 효과적이며 투명성 있게 해결되는 세계, 모든 종류의 국제범죄행위에 대해 상응하는 처벌과 배상이 이루어지는 세계, 그래서 국제법에 대한 존중과 인권에 대한 자발적 보호가 이루어지는 세계, 강대국과 약소국 간의 갈등이 해소되는 세계, 기업인들은 안정되고 예측가능성 있는 환경하에서 마음껏 국제통상활동을 수행할 수 있는 세계, 그것이 우리의 미래의 바람직한 모습이라는 것은 누구나 말할 수 있는 것이다.[28]

그러나 이러한 세계로 이행하는 방법론에 대해서는 신중한 검토가 필요하다. 하루아침에 국제사회가 선진적인 국내사회처럼 변화하는 것은 아니다. '만국의 만국에 대한 이리'의 상태에 있었던 과거의 국제사회에 '국제연맹'(League of Nations)과 '국제무역기구'(ITO)라는 이상주의가 하루아침에 정착될 수는 없는 것이었다. 따라서 결과는 이상주의의 패배로 나타났다. 가장 합리적이고 정당한 체제일지라도 그것이 심어진 토양에 맞지 않을 때에는 오래 살지 못하는 법이다. 더구나 최근에는 미국발 신보호주의 열풍이 국제적으로 불고 있어, 미국과

---

28) 최원목 등, 법학입문 (법문사 2020), pp. 519-520.

같은 다자주의 세계질서 형성의 핵심국가가 WTO분쟁해결절차의 무용론을 제기하며 자국의 무역보복의 실효성을 담보하려 하고 있다. 따라서 WTO분쟁해결절차는 심각한 존재의 위협에 직면하고 있어, 새로운 형태로의 진화가 불가피해지고 있다.[29)]

문제는 어떻게 변화하는 국제환경과 함께 호흡하고 더 나아가서는 이러한 변화를 바람직한 방향으로 점진적으로 유도할 수 있도록 국제법이 이상과 현실을 조화해 나가는가에 있다. 어떻게 국가중심적인 체제에서 세계중심적인 체제로 변화해가는 국제현실에 맞게 국가중심적인 토양에서 성장해 온 국제분쟁해결절차를 세계 중심적으로 발전시켜 나갈 수 있는가? 더 나아가서는 이러한 발전이 장기적으로 국제현실의 변화를 바람직한 방향으로 유도해 나갈 수 있는 방법은 무엇인가?[30)]

이상의 질문들의 해답은 아무래도 '점진주의'에 있는 것 같다. 하나하나 문제를 개선해 나가고 여타분야에서의 발전된 분쟁해결절차의 장점들을 흡수해 나갈 때, 그리고 이러한 변화에 대한 국제사회의 반응을 고려할 때 바람직한 국제분쟁 해결의 미래는 한 걸음 한 걸음 다가오는 것이다. 물론 '국제연맹'과 '국제무역기구'의 신화는 하나의 밀알로 항상 우리 가슴속에 남아 있어야 할 것이다. 이것은 단순히 국제분쟁해결 측면에서뿐만 아니라 국제법의 전반적인 입법과 집행 차원에서도 명심해야 할 교훈이다. 즉, 이러한 점진주의적 접근을 통한 국제평화의 실현은 가공할 만한 힘을 보유한 두 주인(masters)인 '세계'와 '국가'를 동시에 섬기는 국제법에 남겨진 영원한 과제인 것이다.[31)]

29) Ibid.
30) Ibid.
31) Ibid.

한국의 WTO분쟁해결절차 첫 경험[32)]

한-EU/미 주세분쟁은 우리나라가 WTO분쟁해결절차에 당사자로 참여한 분쟁 중 최초로 패널 및 상소기구 판정에까지 이른 분쟁이다. 최초의 경험은 어렵기 마련이고 여러 가지 아쉬움을 남기게 된다…. 실로, 이러한 과정을 거치면서 우리 측이 학습한 경험은 소중한 것이었다. 역사상 최초의 패널과 상소기구 심리과정 그리고 최초의 이행 기간에 관한 중재절차를 겪으면서 우리는 WTO분쟁해결절차의 완결된 모습을 상세히 습득할 수 있었고, 이는 이후 통상분쟁 해결의 소중한 노하우(know-how)로 쌓이게 된다. 또한, 비록 판정결과가 우리 측의 완패였다 할지라도 우리 측은 이러한 패소판정으로부터 국내제도 개혁을 위한 강력한 계기(momentum)를 얻을 수 있었다. 우리가 과거의 유산으로 물려받아 무비판적으로 유지하고 있었던 (또는 국내 이익집단의 반발로 인한 정치적 부담 때문에 개선하지 못하고 있던) 주세제도를 다자적 분쟁해결 기관에서 내린 판결의 구속력에 의존하여 비로소 개편할 수 있게 된 것이다. 우리 측은 각종 증류주간 단일 세율을 적용하게 됨에 따라 조세의 형평성을 높이고 조세제도의 투명성을 제고하게 되었다. 이러한 점들이 우리 소비자들에 혜택을 가져왔음은 물론이고, 우리 소주생산자들도 이제 균일해진 경쟁조건하에서 수입주류와 경쟁하기 위해 제품의 질을 향상시키고 종류를 다양화하는 유인을 얻게 된 것이다. 이는 다자적 분쟁해결절차가 국가의 전통적인 기능인 '자국민의 권리의 구제기능(diplomatic protection)'을 대리하여 수행함을 넘어, 유력한 '경제개혁'의 수단을 제공해 주고 있음을 의미한다. 물론, 이러한 제도개혁은 우리 측이 고도주인 위스키 수입의 일정한 증가로 인한 국민건강상의 문제 등을 주세의 자의적 차별이 아닌 다른 정당한 방식을 통해 해결해 나가야 함을 의미했다.

한편, 승소국인 EU나 미국이 주세분쟁을 통해 얻은 이익은 막대했다. 일본에 이어 한국의 주세제도 개선이라는 오랜 숙원을 WTO분쟁해결절차를 통해 신속히 달성하게 됨에 따라 국제통상 체제에 예측가능성을 높이고 위험비용(risk premium)을 낮추어, 자국의 주류생산업계 및 다국적 유통업체의 무역활동을 촉진시킬 수 있었던 것이다. WTO체제의 효율성을 다시 한번 확인한 EU와 미국이 곧이어 이들의 다음 시장인 칠레로 기수를 돌렸음은 물론이다. (칠레주세분쟁, WT/DS87,110).

32) 최원목, WTO 비차별원칙의 이해와 적용 연구(법무부 2003), pp. 169-171.

제6장

요약 및 결론

국제통상법의 근간을 이루는 WTO협정은 관세(tariff), 조세(tax), 보조금(subsidy), 반덤핑(antidumping), 수량제한(quantitative restriction), 관세쿼터(TRQ) 등 회원국들의 산업무역정책 수단에 대해 6가지 원칙을 바탕으로 규율하고 있다.

- 시장개방원칙(Open Market Principle)
- 비차별대우 원칙(Non-discrimination Principle)
- 공정무역원칙(Fair Trade Principle)
- 최소기준원칙(Minimum Standard Principle)
- 일반적 예외 원칙(General Exception Principle)
- 평화적 수단에 의한 신속·강제 분쟁해결 원칙(Peaceful, Rapid and Compulsory Settlement of Disputes)

시장개방원칙(Open Market Principle)은 상품이나 서비스가 국제교역을 통해 수입국 시장으로 진입하는 것을 다자적으로 보장하는 개념인 시장접근(market access) 개선을 추구한다. 한편, 비차별대우 원칙(Non-discrimination Principle)은 서로 경쟁하고 있는 같은(like) 상품 및 서비스(공급자)간의 경쟁조건의 비차별성을 제도적으로 보장한다.

관세(Tariff)는 국제경제적 왜곡효과가 다소나마 발생하기에, 양허를 통해 시장접근을 보장하도록 하며, 양허율 이하에서는 국내산업 보호수단으로 운용할 수 있도록 허용한다. 이러한 양허를 통한 시장접근 보장 효과는 최혜국대우 원칙에 따라 비차별적으로 WTO회원국들에게 확산시킨다. 따라서 관세에 대한 국제통상법의 규율은 시장개방원칙과 비차별대우 원칙 양자에 걸쳐 있는 것이다.

쿼터(Quota)와 같은 수량제한은 국제경제적 왜곡효과가 크기에 원칙적으로 금지시킴으로써 시장개방을 추구한다. 식량부족 수출제한, 상품 등급화 표준마련, 농수산물 생산량 제한하의 수입제한, 그리고 관세율쿼터(TRQ) 제도 등 예외적으로 수량제한을 허용하는 경우에도 쿼터 배분을 비차별적으로 수출국들에게 배분하도록 의무화함으로써 차별적 효과발생은 최소한 방지하고 있다. 따라서 수량제한에 대한 국제통상법의 규율도 시장개방원칙과 비차별대우 원칙에 걸쳐 있다.

조세(Tax)는 교역행위 자체에 대한 제한이 아니고 국내거래시 부과되는 재정적 부담인바, 기본적으로 국내문제로 본다. 조세에 대한 양허의무나 금지의무가 없는 이유이다. 다만 국내제품과 직접경쟁하거나 대체관계에 있는 수입품 간의 시장거래에서의 경쟁조건의 비차별성은 최소한 국제교역 측면에서 보장해야 하고, 같은(like) 수입제품들 상호간의 조세부담에서의 비차별성도 보장해야 하기에, 비차별대우 의무만을 조세에 대해 요구하고 있는 것이다.

서비스 부문과 디지털 교역에서도 시장접근(Market Access)을 저해하는 규제조치들을 금지하고 규제조치들의 비차별성도 보장하되 유보를 통해 민감한 규제의 권한은 확보할 수 있도록 허용함으로써, 이러한 시장개방원칙과 비차별원칙의 토대위에서 서비스 교역이 이루어지도록 하고 있는 것이다.

공정무역원칙(Fair Trade Principle)은 상품 수출국과 수입국 간의 교역에 있어서의 공정성을 보장하기 위해, 저가수출과 정부지원하의 수출·판매로 인해 상대국이 손해를 입은 경우를 불공정행위로 간주한다.

보조금(Subsidy)은 국제경제적 왜곡효과가 간접적이고 비교적 적은 정책수단인바, 보조금을 금지하거나 양허하도록 요구하지도 않는다. 주권국가의 속성상 국내산업을 도와주는 일은 기본적으로 국내문제에 속하는 영역인 것이다. 다만 수출보조 및 수입대체보조는 경쟁하는 해외상품과의 경쟁조건에 직접적 악영향을 미치는 국제교역의 문제이므로 금지하게 된다. 또한 국내보조금일지라도 경쟁하는 같은(like) 제품에 심각한 손상이나 피해를 입히는 경우에는 다자적 확인과정을 거쳐 부정적 효과를 제거토록 하거나, 국내조사를 통해 산업피해 사실을 확정한 후 수입국이 일방적 조치를 통해 그 부정적 효과를 제거하는 조치를 취할 수 있도록 하여 수입국과 수출국 간의 교역의 공정성을 회복시킬 수 있도록 하고 있다. 단, 농업보조의 경우는 각국의 농업보조 관행이 만연되어 있어, 수출보조와 국내보조가 초래하는 왜곡효과가 크므로, 일정한 액수만큼의 보조만 허용하는 일종의 양허의무를 부과하고 있는 것이다.

저가 수출행위인 덤핑(Dumping)은 금지되는 것이 아니고, 수입국내의 같은(like) 제품 생산업자에 피해가 가해지는 경우, 수입국이 상응하는 반덤핑 조치를 취할 수 있도록 허용함으로써 교역의 공정성을 회복하도록 하고 있다. 이러한 반덤핑 조치 과정이 과도하게 산업 보호수단으로 악용되어 오히려 공정성을 해치는 경우는 다자적 확인과정을 거쳐 반덤핑 조치를 불법화시킴으로서 공정성을 회복시킨다.

최소기준원칙(Minimum Standard Principle)은 위생조치나 기술장벽에 대해서는 시장개방, 비차별 및 공정무역 원칙들로는 효과적 규율의 한계가 있음을 전제로 하고 있다. 시장 자체는 개방하고, 차별조치도 아니고, 공정성을 해치지도 않으면서, 교역왜곡 효과를 창출하는 위생조치나 기술장벽이 속속들이 도입되고 있기 때문이다. 이를 견제하기 위해 보다 효과적인 국제규범이 필요한바, 과학적 근거원칙, 필요성과 비례성 원칙, 국제표준에 기초, 동등성과 지역화 인정 등을 최소기준으로 설정하고, 위생조치와 기술장벽이 이러한 기준을 준수할 것을 요구하고 있는 것이다. 교역관련 지재권 분야에서도 각 지재권의 성립요건, 보호기간, 보호체제 집행의 최소기준을 마련함으로써 전세계적인 지재권보호 체계를 수립하고 있다. 서비스 분야와 디지털교역에서도 국내규제의 필요성 요건 충족 및 합리성 · 객관성 · 공평성 보장을 요구하고 개인의 권리구제 체제를 확보토록 최소기준을 설정하여 다양한 형태의 국내규제들을 다자적으로 규율해 나가고 있는 것이다. 이러한 국제적 최소기준 수립 움직임은 FTA를 통해 다양한 분야로 급속히 확대되고 있다.

이러한 모든 원칙들을 위반하는 것이 절대적으로 금지되는 것도 아니다. 일반적 예외원칙(General Exception Principle)이 있기 때문이다. 공중도덕, 보건, 환경, 정당한 국내법 준수, 부족한 필수자원 확보, 국가안보, 그리고 서비스 부문의 공공질서 유지 · 프라이버시 보호 · 사기 방지 · 안전 등의 사유가 있는 경우, 이러한 목적을 달성하기 위해 당당히 취하는 교역제한 조치들은 그 정책적 이익이 교역제한 효과보다 큰 경우 그 정당성이 확보되기 때문이다. 다만, 그 적용과정에 있어서의 자의성과 부당한 차별성을 최소화해야 한다는 제한이 가해진다.

이상의 실체법적 의무를 위반하는 경우 평화적인 수단인 패널절차에 의거한 신속하고 강제적인 분쟁해결이 이루어진다.

이러한 규율의 결과로 각국의 무역정책은 더욱 경제적 효율성이 높아질 것이고 예측 가능해질 것이며, 무역 왜곡적인 정부의 간섭은 줄어들 것이고 국제무역은 자연적인 비교우위에 입각하여 특화될 가능성이 증대하게 된다. 결론적으로 국제통상법 규범은 국제경제 활동의 공통규범을 마련함으로써 국제경제 체제의 경제적 효율성을 더욱 높이는 기능을 수행하고 있는 것이다.

이상을 하나의 그림으로 요약하면 아래와 같다.

국제통상법의 이해

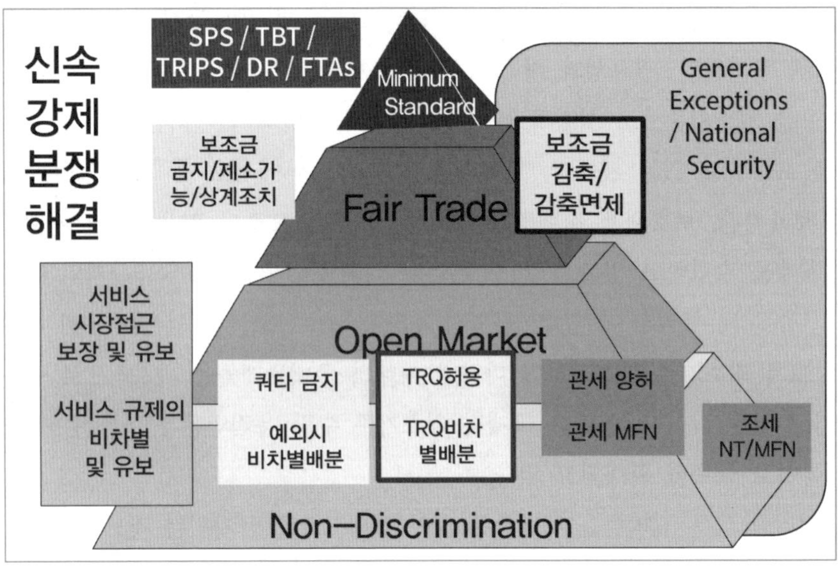

이러한 우루과이라운드(UR) 구상이 아직도 충분한가? 각 원칙들 간의 비례적 균형(principle of proportionality among principles)은 잘 이루어지고 있는가? 즉 하나의 원칙이 다른 원칙들을 지배해버리는 식의 원칙남용은 어떻게 견제해 나갈 수 있는가? 마비된 WTO분쟁해결절차 상소기구 기능은 복원될

수 있을까? 추가적인 원칙이나 예외가 필요한 것은 없는 걸까? 문제를 해결하겠다면서 난립하고 있는 FTA 등 경제협력 협정들이 초래하는 새로운 문제는 없는 걸까?

FTA 등 양자 및 복수국 간 협정에서는 주로 투자, 환경, 노동, 경쟁정책, 디지털 교역 등 분야에서 국제적 최소기준을 수립하려는 노력이 본격화되고 있다. 이 분야의 다자협정과 관련국내법을 효과적으로 집행해야 하고, 보호수준을 낮추어 산업경쟁력을 낮추려하는 정책행위의 확산(race to the bottom)을 견제하고 있다. 대표적인 복수국 간 지역무역협정인 포괄적·점진적 환태평양경제동반자협정(CPTPP)은 규제일관성(regulatory coherence), 국영무역기업, 경쟁, 공급사슬(supply chains) 등의 이슈에 대한 광범위한 다자적 규율을 도입하고 있어, 본격적으로 비관세장벽(non-tariff barriers) 부문을 규율해 나갈 태세도 갖추고 있다. 미래 교역환경에 필요한 새로운 원칙들도 속속 등장시켰다. 전자상거래 챕터에서는 정부가 자유로운 데이터의 이동을 보장해야 하고, 금융부문을 제외하고는 데이터 서버의 지역소재 의무화를 부과할 수 없도록 했으며, 모든 가입국이 개인정보 보호를 위한 법적 틀을 마련토록 하고, 정부가 자국 시장에서 영업하는 민간회사에 대해 소스코드(source code)를 이전할 것을 요구할 수 없도록 규정하고 있다. 원산지규정도 새로운 접근을 시도해 재료·가치·공정의 누적 원산지 규정을 회원국들이 활용할 수 있게 했다. 11개 회원국 내의 어디에서든 생산된 재료를 사용하여 제품을 수출하면 마치 자체 생산한 재료로 생산한 것처럼 보기에 가입국들은 회원국 내에서 창출한 부가가치와 제조 공정을 모두 자국 내에서 창출한 것처럼 계산하여 무관세 혜택을 볼 수 있다. 이는 자원의 공급망과 제조 기지를 공유하는 측면에서 강력한 역내 통합체제를 마련한 셈이다. 특별위원회까지 설치하고 생산 방식의 역내 통합, 교역 증진, 사업비용 감축을 위해 노력하기로 돼 있다. 역내 공급망을 개발하고 강화해 나가기 위한 구체적인 방법도 강구한다. 또 관련 경험과 모범사례를 공유하도록 의무화하고 있다.

미국은 그동안 '더 나은 세계 재건' 구상(B3W) 등 대중국 견제를 위한 구상들을 구체화하면서 인도-태평양 경제프레임워크(Indo-Pacific Economic Framework:

IPEF)를 본격적으로 추진한 바가 있다. 무역 촉진, 디지털 경제와 기술 표준 정립, 공급망 회복력 달성, 탈 탄소화와 청정에너지 발전, 인프라 구축, 노동 표준화 등 6가지 주요 분야에서 국제적 합의안을 도출해 내려하고 있다. 이는 결국 인도-태평양 지역 내 파트너 국가들과 미래 산업 정책의 공조를 위한 국제표준을 정립함으로써 인도-태평양 지역을 거대한 경제 플랫폼으로 자리 잡게 하기 위한 것으로 보인다.

이제 현재 또는 차세대 경제대국들이 시장 개방도를 제고시키고 역내 안보를 강화하기 위한 유인체계를 형성시켜나가는 전략적 플랫폼을 수립하는 작업이 전개되고 있다. 국제통상체제는 바야흐로 이러한 플랫폼 전쟁까지 벌이고 있는 것이다. 미국을 중심으로한 국가안보 우선주의 열풍은 기존 다자통상규범 체계를 국가안보 가치의 하위개념으로 접근하며 그동안의 규범체계를 근본적으로 흔들어대고 있다.

그만큼 세계 교역 질서의 불확실성이 급속히 확산되고 있는 시점이다. 앞으로 브레튼우드(Bretton Woods) 체제와 UR에 기반을 둔 국제통상법이 응용과 창조의 과정을 거쳐 얼마나 더 지역단위로나마 업그레이드될까 궁금해진다. 세계무역기구 설립협정의 전문과 CPTPP 전문부터 다시 꼼꼼하게 읽어보자. 건설적 사고와 논쟁을 거쳐 국제통상법 체계를 변화하는 국제사회 현실에 맞게 개선해 나갈 중요한 과제가 우리 모두를 향해 손짓하고 있다.

세계무역기구 설립협정 전문

AGREEMENT ESTABLISHING THE WORLD TRADE ORGANIZATION

The Parties to this Agreement,

Recognizing that their relations in the field of trade and economic endeavour should be con-ducted with a view to raising standards of living, ensuring full employment and a large and steadily growing volume of real income and effective demand, and expanding the production of and trade in goods and services, while allowing for the optimal use of the world's resources in accordance with the objective of sustainable development, seeking both to protect and preserve the environment and to enhance the means for doing so in a manner consistent with their respective needs and concerns at different levels of economic development,

Recognizing further that there is need for positive efforts designed to ensure that developing countries, and especially the least developed among them, secure a share in the growth in international trade commensurate with the needs of their economic development,

Being desirous of contributing to these objectives by entering into reciprocal and mutually advantageous arrangements directed to the substantial reduction of tariffs and other barriers to trade and to the elimination of discriminatory treatment in international trade relations,

Resolved, therefore, to develop an integrated, more viable and durable multilateral trading system encompassing the General Agreement on Tariffs and Trade, the results of past trade liberalization ef-forts, and all of the results of the Uruguay Round of Multilateral Trade Negotiations,

Determined to preserve the basic principles and to further the objectives underlying this multilateral trading system,

Agree as follows:

CPTPP 전문

PREAMBLE

The Parties to this Agreement, resolving to:

ESTABLISH a comprehensive regional agreement that promotes economic integration to liberalise trade and investment, bring economic growth and social benefits, create new opportunities for workers and businesses, contribute to raising living standards, benefit consumers, reduce poverty and promote sustainable growth;

STRENGTHEN the bonds of friendship and cooperation between them and their peoples;

BUILD on their respective rights and obligations under the *Marrakesh Agreement Establishing the World Trade Organization;*

RECOGNISE the differences in their levels of development and diversity of economies;

STRENGTHEN the competitiveness of their businesses in global markets and enhance the competitiveness of their economies by promoting opportunities for businesses, including promoting the development and strengthening of regional supply chains;

SUPPORT the growth and development of micro, small and medium-sized enterprises by enhancing their ability to participate in and benefit from the opportunities created by this Agreement;

ESTABLISH a predictable legal and commercial framework for trade and investment through mutually advantageous rules;

FACILITATE regional trade by promoting efficient and transparent customs procedures that reduce costs and ensure predictability for their importers and exporters;

RECOGNISE their inherent right to regulate and resolve to preserve the flexibility of the Parties to set legislative and regulatory priorities, safeguard public welfare, and protect legitimate public welfare objectives, such as public health, safety, the environment, the conservation of living or non-living exhaustible natural resources, the integrity and stability of the financial system and public morals;

RECOGNISE further their inherent right to adopt, maintain or modify health care systems;

AFFIRM that state-owned enterprises can play a legitimate role in the diverse economies of the Parties, while recognising that the provision of unfair advantages to state-owned enterprises undermines fair and open trade and investment, and resolve to establish rules for state-owned enterprises that promote a level playing field with privately owned businesses, transparency and sound business practices;

PROMOTE high levels of environmental protection, including through effective enforcement of environmental laws, and further the aims of sustainable development, including through mutually supportive trade and environmental policies and practices;

PROTECT and enforce labour rights, improve working conditions and living standards, strengthen cooperation and the Parties' capacity on labour issues;

PROMOTE transparency, good governance and the rule of law, and eliminate bribery and corruption in trade and investment;

RECOGNISE the important work that their relevant authorities are doing to strengthen macroeconomic cooperation, including on exchange rate issues, in appropriate fora;

RECOGNISE the importance of cultural identity and diversity among and within the Parties, and that trade and investment can expand opportunities to enrich cultural identity and diversity at home and abroad;

CONTRIBUTE to the harmonious development and expansion of world trade and provide a catalyst to broader regional and international cooperation;

ESTABLISH an Agreement to address future trade and investment challenges and opportunities, and contribute to advancing their respective priorities over time; and

EXPAND their partnership by encouraging the accession of other States or separate customs territories in order to further enhance regional economic integration and create the foundation of a Free Trade Area of the Asia Pacific,

HAVE AGREED as follows:

\-------

저자 약력

최원목

서울대학교 법과대학(법학사) 및 동 행정대학원 졸업(정책학 석사)

미국 조지타운대학교 로스쿨 졸업(법학석사 LL.M. 및 법학박사 S.J.D.)

한국 국제경제법학회 회장, 한국 에너지법제연구회 회장, 한국 ABS포럼 회장, 건국정신과미래학회 회장

외무부/외교통상부/통상교섭본부 근무(제23회 외무고시, 제34회 행정고시)

미 뉴욕주 변호사

Journal of International Economic Law(Oxford) 편집위원, Indian Journal of International Economic Law 편집위원, Journal of Korea Trade 편집위원, The Law and Development Review 편집위원, Korea Journal of International and Comparative Law 편집장

싱가폴대학교, 홍콩대학교 방문교수

매일경제 객원논설위원, 서울신문, 디지털타임즈, 한국경제, 조선일보, 세계일보, 문화일보 등 칼럼니스트

현: 이화여자대학교 법학전문대학원 교수

주요 저서 및 논문

'Like Products' in International Trade Law - Towards a Consistent GATT/WTO Jurisprudence (Oxford University Press, 2003)

Trade Law and Regulation in Korea (Co-author) (Edward Elgar Publishing, 2011)

International Economic Law - Asia-Pacific Perspectives (Cambridge Scholars Publishing, 2015)

Regional Economic Integration in East Asia: Prospect and Jurisprudence (Journal of International Economic Law, Oxford University Press, 2003)

Legal Problems of Making Regional Trade Agreements with Non-WTO-Member States (Journal of International Economic Law, Oxford Univ. Press, 2005)

Legal Analysis of Korea-ASEAN Regional Trade Integration (Journal of World Trade, Kluwer Law International, 2007)

To Comply or Not To Comply? - Non-implementation Problems in the WTO Dispute Settlement System (Journal of World Trade, Kluwer Law International, 2007)

The Present and Future of the Investor-State Dispute Settlement Paradigm (Journal of International Economic Law, Oxford University Press, 2007)

Aggressive Regionalism in Korea-U.S. FTA: The Present and Future of Korea's FTA Policy (Journal of International Economic Law, Oxford University Press, 2009)

Defragmenting Fragmented Rules of Origin of RTAs: A Building Block to Global Free Trade (Journal of International Economic Law, Oxford University Press, 2010)

China's First Loss (Co-author) (Journal of World Trade, Kluwer Law International, 2011)

FTAs and Safeguard Norms: Their Variation and Compatibility (Asian Journal of WTO & International Health Law and Policy, 2011)

Aggressive Regionalism with the First Partner in the Far East: The Korea-EU FTA and Its Implications for the Future (European Yearbook of Int'l Economic Law, Springer, 2015)

WTO 비차별원칙의 이해와 적용 연구 (법무부, 2003)

농업통상법 (법영사, 2015)

로스쿨 국제법 이론과 사례(제4판) (공저) (박영사, 2024)

신국제경제법(제4판) (공저) (박영사, 2022)

남북한 경제협력 정책과 한국의 자유무역협정 추진과의 관계 - 국제통상법적 접근 (국제법학회논총, 2002) 등

제2판
국제통상법의 이해
-WTO, FTA, 트럼피즘-

초판발행 2023년 1월 3일
제2판발행 2025년 8월 20일

지은이 최원목
펴낸이 안종만 · 안상준

편 집 이수연
기획/마케팅 조성호
표지디자인 권아린
제 작 고철민 · 김원표

펴낸곳 (주) 박영사
서울특별시 금천구 가산디지털2로 53, 210호(가산동, 한라시그마밸리)
등록 1959. 3. 11. 제300-1959-1호(倫)
전 화 02)733-6771
f a x 02)736-4818
e-mail pys@pybook.co.kr
homepage www.pybook.co.kr
ISBN 979-11-303-2470-8 93360

정 가 34,000원